Journalistische Praxis

Gründungsherausgeber

Walther von La Roche, (1936-2010), München, Deutschland

Reihe herausgegeben von

HTWK Lepzig, Fakultät Informatik und Medien, Leipzig, Deutschland

Der Name ist Programm: Die Reihe Journalistische Praxis bietet ausschließlich praxisorientierte Lehrbücher für Berufe rund um Journalismus und Medien. Praktiker aus Redaktionen und aus der Journalistenausbildung zeigen, wie's geht, geben Tipps und Ratschläge. Alle Bände sind Leitfäden für die Praxis - keine Bücher über ein Medium, sondern für die Arbeit in und mit einem Medium. Walther von La Roche begründete die Reihe 1975 mit der „Einführung in den praktischen Journalismus" (heute: „La Roches Einführung in den praktischen Journalismus"). Seit 2013 erscheinen die Bücher bei SpringerVS.

Die gelben Bücher mit ihren Webauftritten geben allen, die journalistisch tätig sind oder sein wollen, ein realistisches Bild von den Anforderungen redaktionellen Arbeitens und zeigen, wie man sie bewältigt. Lehrbücher wie "Recherchieren", „Informantenschutz", "Frei sprechen" oder „Interviews führen" konzentrieren sich auf Tätigkeiten, die in mehreren journalistischen Berufsfeldern gefordert sind. Andere Bände führen in das professionelle Arbeiten bei einem Medium ein (die Klassiker zu Radio-, Fernseh- oder Online-Journalismus). Es gibt Bücher zu journalistischen Techniken („VR-Journalismus", „Mobiler Journalismus" oder „Social Media für Journalisten"), und zu Berufsfeldern wie Pressearbeit und Corporate Media („Pressearbeit praktisch") oder redaktionellem Arbeiten für Unternehmen oder Institutionen („Gebrauchstexte schreiben").

Jeden Band zeichnet ein gründliches Lektorat und sorgfältige Überprüfung der Inhalte, Themen und Ratschläge aus. Sie werden regelmäßig überarbeitet und aktualisiert, oft in weiten Teilen neu geschrieben, um der rasanten Entwicklung in Journalismus und Medien Rechnung zu tragen. Viele Bände liegen inzwischen in der dritten, vierten, achten oder noch höheren Auflagen vor wie La Roches "Einführung" selbst. Allen Bänden gemeinsam ist der gelbe Einband. Deshalb ist die Reihe unter Lehrenden, Studierenden und angehenden Journalistinnen und Journalisten auch als „Gelbe Reihe" bekannt.

Michael Grytz

EU-Journalismus

Ein Handbuch für Theorie und Praxis.
Mit Beiträgen von EU-Korrespondent:
innen

Michael Grytz
Bonn, Deutschland

ISSN 2524-3128　　　　　　　ISSN 2524-3136 (electronic)
Journalistische Praxis
ISBN 978-3-658-48279-4　　　ISBN 978-3-658-48280-0 (eBook)
https://doi.org/10.1007/978-3-658-48280-0

Die Deutsche Nationalbibliothek verzeichnet diese Publikation in der Deutschen Nationalbibliografie; detaillierte bibliografische Daten sind im Internet über https://portal.dnb.de abrufbar.

© Der/die Herausgeber bzw. der/die Autor(en), exklusiv lizenziert an Springer Fachmedien Wiesbaden GmbH, ein Teil von Springer Nature 2025

Das Werk einschließlich aller seiner Teile ist urheberrechtlich geschützt. Jede Verwertung, die nicht ausdrücklich vom Urheberrechtsgesetz zugelassen ist, bedarf der vorherigen Zustimmung des Verlags. Das gilt insbesondere für Vervielfältigungen, Bearbeitungen, Übersetzungen, Mikroverfilmungen und die Einspeicherung und Verarbeitung in elektronischen Systemen.
Die Wiedergabe von allgemein beschreibenden Bezeichnungen, Marken, Unternehmensnamen etc. in diesem Werk bedeutet nicht, dass diese frei durch jede Person benutzt werden dürfen. Die Berechtigung zur Benutzung unterliegt, auch ohne gesonderten Hinweis hierzu, den Regeln des Markenrechts. Die Rechte des/der jeweiligen Zeicheninhaber*in sind zu beachten.
Der Verlag, die Autor*innen und die Herausgeber*innen gehen davon aus, dass die Angaben und Informationen in diesem Werk zum Zeitpunkt der Veröffentlichung vollständig und korrekt sind. Weder der Verlag noch die Autor*innen oder die Herausgeber*innen übernehmen, ausdrücklich oder implizit, Gewähr für den Inhalt des Werkes, etwaige Fehler oder Äußerungen. Der Verlag bleibt im Hinblick auf geografische Zuordnungen und Gebietsbezeichnungen in veröffentlichten Karten und Institutionsadressen neutral.

Springer VS ist ein Imprint der eingetragenen Gesellschaft Springer Fachmedien Wiesbaden GmbH und ist ein Teil von Springer Nature.
Die Anschrift der Gesellschaft ist: Abraham-Lincoln-Str. 46, 65189 Wiesbaden, Germany

Wenn Sie dieses Produkt entsorgen, geben Sie das Papier bitte zum Recycling.

Für Christiane, Meret und Frieda

VORWORT

Der Teppich ist bunt und in warmen Farben gestaltet. Die einzelnen Teppichteile sind unterschiedlich groß, er sieht aus wie ein textiles Mosaik und macht den großen Sitzungssaal im Brüsseler Ratsgebäude so charakteristisch. Diese Teppiche und Malereien des belgischen Malers Georges Meurant finden sich fast überall auf 13 Stockwerken des Ratsgebäudes, in Räumen, Lounges, in Fahrstühlen. Meurant gestaltet seine Kompositionen in unterschiedlichen Quadraten und Rechtecken. Immer wieder sollen Besitzer über die beruhigende Wirkung von Meurants Werken und Bildern auf sie berichtet haben, woraufhin der Psychologe Gerhard Kelnberger eine Untersuchung begann, deren Ergebnis er so beschreibt: „Psychotherapie-Klientinnen und -Klienten mit unterschiedlichen klinischen Beschwerdebildern wurde die Möglichkeit von Bildbegegnung und Bilderleben mit Gemälden des belgischen Malers Georges Meurant geboten. Diese Gemälde weisen unter anderem die besondere Qualität auf, dass sich bei eingehender Bildbetrachtung in der Regel der Eindruck eines flüssigen Gestaltwandels einstellt. Die ursprüngliche Sorge, dass diese besondere Qualität von Klientinnen und Klienten in bestimmten Problemlagen ungünstig aufgenommen werden könnte, hat sich in der Untersuchung nicht bestätigt. Die Begegnung mit den Gemälden Meurants erweist sich vielmehr als potenziell unterstützend und bereichernd für diejenigen, die sich auf diese Art des Erlebens einlassen können und wollen und eine Lebenssituation und Stabilität aufweisen, die ihnen eine konstruktive Nutzung solcher Möglichkeiten in einem dafür geeigneten therapeutischen Rahmen erlauben. Die Begegnung mit diesen Gemälden erwies sich zugleich als ‚ungefährlich' für diejenigen, für die ein Bilderleben überfordernd sein könnte – natürliche Selbstschutzpotenziale lassen in ihrem Fall ein solches Erleben erst gar nicht zu."[1] *Flüssiger Gestaltwandel*, der sich einstellt, bei *Beschwerdebildern*, wer also als Teilnehmer mit eigenen und überzogenen Interessen und Ansprüchen auf einen Gipfel geht, dem könnte demnach auch eine „unterstützende und bereichernde" und damit förderliche Wirkung durch die dekorative Gestaltung Meurants mit Blick auf eine politische Einigung zugutekommen. Ob der Bezug von Staats- und Regierungschefs zu Klienten mit erhöhtem psychotherapeutischen Betreuungsbedarf so zulässig ist, darüber mag der Betrachter selbst urteilen. Und ob die Planer des Ratsgebäudes bei der Gestaltung der Räume eine beruhigende Wirkung auch bei europäischen Auseinandersetzungen im Blick hatten, ist so nicht überliefert. Den kompromissfreudigen Belgiern wäre diese kleine subversive Überlegung aber zuzutrauen. Klar ist, dass die Förderung „flüssigen Gestaltwandels" nicht nur im Ratsgebäude, sondern in der ganzen EU nicht schaden kann angesichts der so unterschiedlichen kulturellen, sozialen und ökonomischen Herkunft der Europäer und erst recht angesichts ihrer historischen Auseinandersetzungen.

Man kann es auch einfacher machen: Die Farben geben die Vielfalt der EU-Mitglieder wieder. Wenn dort die Staats- und Regierungschefs zusammensitzen, sind es ihre unterschiedlichen Kulturen und Interessen, die die Atmosphäre ausmachen und zusammengeführt werden wollen. Ein sich ständig wiederholender Prozess und in dieser Form einzigartig in der Welt. Es lohnt sich, immer wieder das große Bild dieser Abläufe zu sehen: Denn die EU ist ja kein Staat, in dem eine demokratisch legitimierte Regierung mit ihren Mehrheiten Politik und Geschicke einer Gesellschaft bestimmt. Dieses Europa ist eine supranationale Organisation, ein Bund aus Staaten, die sich vertraglich aneinandergebunden haben, mit vielen verschiedenen Regierungen, kulturell und historisch höchst unterschiedlich gewachsen und geprägt, mit völlig unterschiedlichen Mentalitäten. Und daraus ergeben sich natürlich Konsequenzen. Die Möglichkeit zu reisen, ist heute so selbstverständlich, das Staunen über die Verschiedenartigkeit der Menschen und Gesellschaften ist groß, wir genießen die Vielfalt des Kontinents zwischen Skandinaviern und Portugiesen, zwischen Balten und Griechen. Deren Unterschiede und Eigenheiten nehmen wir im Urlaub gerne wahr und erfreuen uns daran. Sobald wir aber miteinander Politik und *Geschäfte* machen, müssen wir auch diese Unterschiede akzeptieren (lernen) und mit ihnen umgehen können und lernen, dass manche ersten Eindrücke auch täuschen.

---

[1] Stemberger, Gerhard (2020): Psychische Wirkungen des Erlebens von Gemälden von Georges Meurant – Eine Untersuchung im klinischen Kontext [Psychic effects of experiencing Georges Meurant's paintings – an investigation under clinical conditions], doi: https://doi.org/10.13140/RG.2.2.20241.35685.

Doch noch viel wichtiger ist: Viele dieser Länder haben sich über Jahrhunderte in unterschiedlichen Konstellationen blutige Kriege geliefert. Man kann gar nicht oft genug daran erinnern und darauf hinweisen, was es bedeutet, dass sich diese Nationen irgendwann dazu entschieden haben, zusammenzuarbeiten. Nach dem Zweiten Weltkrieg einige wenige, eine historische Leistung großer Staatenlenker, dann wurden es immer mehr, bis die große Erweiterung nach dem Ende des *Eisernen Vorhangs* zehn weitere Länder der EU zuführte, darunter einige, die zuvor jahrzehntelang unter kommunistischem Einfluss und Moskauer Dirigat standen. Viele Ungarn zum Beispiel weisen noch heute darauf hin, sie hätten nicht nur unter kommunistischer Herrschaft gestanden, sondern zuvor unter dem Nationalsozialismus gelitten und davor unter der habsburgischen Krone. Und deshalb lasse man sich nun von „Brüssel" überhaupt nichts vorschreiben. Deutschland betrachtet die EU hingegen durch seine besondere historische Verantwortung und mit Blick auf die Tatsache, seit der großen EU-Erweiterung, zu der es 2004 kam, nur von Partnern und Freunden umgeben zu sein. Frankreich sieht sich immer in einer Führungsrolle. Bis zum Ende der Diktatur Francos in Spanien hat es immerhin bis 1975 gedauert. Die jetzige EU ist also noch jung und nicht so lange im Verbund und die wenigen Beispiele zeigen nur exemplarisch, wie unterschiedlich die historischen Wege ihrer Mitglieder, vor allem jener im Osten der EU, sind. Um Konflikte, erst recht kriegerische, zu heilen, braucht es Generationen, ein konstruktives Miteinander, Vertrauen, ist aber in kürzester Zeit zerstört. Viele Unterschiede in Auffassung und Herangehensweise, in Interessensunterschieden, aber auch historisch-sozialen Kontexten gilt es in der EU zu berücksichtigen. Trotz dieser Komplexität ist das Modell EU offenbar immer noch so attraktiv, dass viele weitere Staaten Mitglied der Europäischen Union werden wollen. Daran ändert auch der Austritt der Briten nichts, von denen die meisten ihre Entscheidung wohl längst bereuen und der auch von außen gesteuert war. In der EU befindet sich also eine heterogene Gruppe von Interessen, von Politikstilen, von Parteien, von Mentalitäten, die unweigerlich zu Auseinandersetzungen führen und dennoch haben sich diese Länder dazu entschieden, zusammen zu besseren Lösungen zu finden. Berücksichtigt man nun diese unterschiedlichen kulturell-historischen Identitäten, die Herkunft und die verschiedenen Interessen der Mitgliedstaaten, liegt die Überlegung nahe, dass der viel und oft beschriebene *Streit* zwischen den EU-Mitgliedern, von dem immer wieder vor allem in den Medien die Rede ist, womöglich gar kein wirklicher Streit ist, sondern nichts anderes als der geradezu zwingend notwendige Konflikt in einer Annäherung, für einen Kompromiss, ohne den in Europa nichts funktioniert. Wie zu zeigen sein wird, ist die EU viel einiger, als es meist den Anschein hat.

Skandale und Streit jedoch bringen mehr Aufmerksamkeit, mehr Klicks, sie verkaufen sich besser, deshalb werden sie in den Medien immer wieder neu hervorgehoben, analysiert und beschworen. Der Streit wird so zu einem Markenzeichen der EU. Doch ist das zutreffend? Nun ist die EU kein Hort der Einigkeit und die vielen Konflikte lediglich eine Erfindung der medialen Darstellung. Die Frage in diesem Buch aber lautet: Braucht es zur Bewertung politischer Prozesse in der EU nicht auch eine Art Kompromissparameter, der die Unterschiedlichkeit von Herkunft und Interessen bei den Politikprozessen in Berücksichtigung zieht? Sind auch die politischen Ergebnisse in einer EU von 27 Mitgliedstaaten nicht zwingend genau vor dem Hintergrund eines *Kompromissfaktors* zu sehen?

Eine These dieses Buches lautet: Für Medien, Journalisten und politische Beobachter und erst recht für deren Zielgruppen sollte solch ein Kompromissfaktor wesentlicher Bestandteil der Betrachtung sein. An dieser Stelle stellt sich auch die Frage, ob EU-Journalismus lediglich die Fortsetzung nationaler Berichterstattung mit Büro in Brüssel bedeutet oder ob es auch einen Weg zu einem echten europäischen Journalismus geben kann oder sogar geben muss und was ihn ausmacht. Oder ganz konkret: Es ist sicher müßig und zu einfach, die jahrelange fehlende Einigkeit, die fehlenden Ergebnisse in der EU-Migrationspolitik als ewigen Streit abzutun, ohne die unterschiedliche geostrategische Lage der Mitgliedsstaaten, ihre unterschiedlichen Interessen, ihre unterschiedliche Betroffenheit in Betracht zu ziehen. Hinzu kommt: Wesentliche Fragen brauchen nach wie vor Einstimmigkeit. Das kann bedeuten, dass jedes einzelne EU-Mitglied in der Lage ist, Prozesse aufzuhalten oder sogar die gesamte Union zu erpressen. Selbst wenn solch extreme Beispiele selten vorkommen, verlangt die besondere Art der Zusammenarbeit in der EU eine besondere Form des Entgegenkommens, des Kompromisses. So kann es sein, dass ein bestimmtes Politikergebnis in den Augen mancher Brüsseler Beobachter vielleicht als nicht ausreichend angesehen wird, das Zustandekommen eines Kompromisses unter besonders schwierigen Bedingungen aber durchaus als ein Erfolg betrachtet werden kann, weil er ja auch die Interessen der jeweils anderen berücksichtigt. Viele Beobachter meinen, dieses Vetorecht müsse aufgehoben werden, das Mehrheitsprinzip sei überall durchzusetzen. Davon abgesehen, dass solch eine Forderung absehbar kaum realistisch durchzusetzen ist, stellt sich die Frage, ob sie der europäischen Integration überhaupt förderlich ist, oder nicht eher zum Gegenteil führen kann. Auch um Überlegungen wie diese geht es in diesem Handbuch. Und zwar nicht in dem Sinne, Partei für die eine oder andere Ansicht zu beziehen, sondern zu sensibilisieren, welche Befindlichkeiten in Europa eine Rolle spielen. Denn das tiefe Verständnis genau darum beeinflusst selbstverständlich auch die eigene Berichterstattung. Dazu braucht es ein Verständnis für das große Bild der EU und das muss man sich erarbeiten. Und es braucht Zeit. Viel Zeit. Besonders schwierig ist dabei, die Kompromisse immer wieder einzuordnen und den Zuschauern, Lesern, Nutzern, dem Publikum verständlich zu machen. Das aber ist außerordentlich schwierig angesichts der beschriebenen Gemengelage.

Denn ein Verständnis der Systeme ist notwendig für eine Demokratie, die Bürger brauchen eine grundsätzliche Kenntnis der Prozesse, wenn sie durch Wahl oder direkte Beteiligung zur Gestaltung dieser Prozesse beitragen wollen und sollen. Und dieses Verständnis transportieren auch Korrespondenten. Sie und deren Publikum sind allerdings in einem Dilemma, denn die Europäische Union ist immer komplizierter geworden. Die Folgen sind bekannt: Die großen *Vereinfacher*, die Populisten, machen sich das zunutze und kritisieren viel, ohne echte Lösungen zu präsentieren. Dieses Handbuch will auch versuchen, einige dieser Prozesse nachvollziehbar und verständlich zu machen.

Viele Korrespondenten sagen über sich, die EU-Berichterstattung erst durchdrungen zu haben, als ihre Zeit in Brüssel (meist nach fünf Jahren) abgelaufen war. Berichterstattung über Brüssel und die EU ist anspruchsvoll. Im besten Fall kann dieses Handbuch den Zeitraum des Durchdringens ein wenig verkürzen. Während die meisten Medien in den Heimatredaktionen oft mehrere Fachleute für einzelne Ressorts haben, ist es in Brüssel oft ein Korrespondent, in wenigen Fällen einige wenige, die die wichtigen Entscheidungen für europäische Verbraucher genauso im Blick haben müssen wie die geopolitischen Ambitionen der EU, ihre Verteidigungsfähigkeit, den Binnenmarkt mit seinen Regeln, die komplexen Fragen von Migration, um nur wenige Beispiele zu nennen. Es ist wichtig, die Geschichte der EU einigermaßen im Blick zu haben, genauso wie die Mechanismen, nach denen sie heute funktioniert. Es ist wichtig, die politischen Mehrheitsverhältnisse in den einzelnen Mitgliedstaaten zu kennen, aber genauso wichtig ist, internationale Verhältnisse und Interessen zu berücksichtigen, sonst sind jahrelange Verhandlungen zum Beispiel über Handelsverträge (die in die Kompetenz der EU-Kommission fallen) kaum zu durchdringen. Alles das bedeutet viel Arbeit, bedeutet, zahllose Termine wahrzunehmen und Menschen zu treffen, komplexe Zusammenhänge zu erläutern und Beiträge zu produzieren, die es in der Regel nicht in die erste Auswahl der Journalistenpreise schaffen. Für diese viele Arbeit aber gibt es einen Lohn, dessen Wert gar nicht zu überschätzen ist: Korrespondent in Brüssel zu sein, erweitert den eigenen Denk- und Lebenshorizont wie kaum ein anderer journalistischer Arbeitsplatz. Es ist zudem eine enorme intellektuelle Herausforderung. Denn immer, wenn der offene, kluge Geist glaubt, die Zusammenhänge verstanden zu haben, trifft er, vorausgesetzt er ist wirklich offen genug, auf Überlegungen, die diese Zuversicht prompt wieder infrage stellen. Der Glaube, etwas verstanden zu haben, erweist sich schnell als kurzlebig und überheblich. Diese permanente, intellektuelle Spreizung muss man aushalten können.

Dieses Handbuch versucht ein wenig Orientierung zu geben, um in diesem Abenteuer zu bestehen, im besten Fall hilft es, Brüssel und diesen Arbeitsplatz noch besser *genießen* zu können. Es erhebt keinen Anspruch auf Vollständigkeit und die *richtige* Sichtweise. Und schon gar nicht sollte der Leser glauben, die EU am Ende verstanden zu haben, oder Patentrezepte zu bekommen, wie ein Journalist am ehesten vorgeht. Journalistische Grundregeln zu beherrschen, wird in diesem Buch vorausgesetzt, es sei an dieser Stelle nur ganz grundsätzlich auf die entsprechende Fachliteratur hingewiesen. Es ist auch kein weiteres Buch in der Reihe hunderter anderer, die rechtliche und politische Grundlagen der EU analysieren. Auch historische Betrachtungen gibt es bereits zu genüge. Daran will dieses Handbuch nicht anknüpfen, das haben andere Autoren bereits vorgelegt. Dieses Handbuch will etwas anderes, es oszilliert zwischen Betrachtungen der politischen und journalistischen Abläufe aus jahrelanger Erfahrung mit sehr aktuellen Beispielen am Arbeitsplatz Brüssel einerseits und andererseits konkreten Hinweisen, Hilfen und Einordnungen für Journalisten, die sich neu mit diesem Themenfeld beschäftigen oder beschäftigen wollen. Das Handbuch führt ein mit einigen Missverständnissen zur Rolle der wichtigen Organe und Institutionen der EU am Beispiel des EU-Kommissionspräsidenten. Es beschreibt die Arbeitsfelder der Korrespondenten im Parlament, der Kommission und des Europäischen Rates. Es stellt den *Kompromissfaktor* zur Diskussion und stellt die Frage, nach europäischer Politikbewertung, nach einem europäischen Journalismus und seiner Bedeutung für die tägliche Arbeit. Es gibt zahlreiche Tipps und Hinweise zu (investigativen) Recherchemöglichkeiten und stellt aus der Erfahrung des Autors verschiedene Darstellungsformen vor und zur Diskussion. Schließlich zeigt es Erkenntnisse namhafter deutscher und internationaler Korrespondenten auf, die ihre Arbeit in jeweils ihrem Genre unter den ihnen wichtigen Gesichtspunkten beschreiben. Die Inhalte des Buches beschreiben den Stand des Autors vom 31.12.2024. In wenigen Ausnahmen ist danach noch eine kleine Aktualisierung erfolgt.

Der Autor hat sich dazu entschieden, in seinen Darstellungen nicht zu gendern, weil die Sätze und Beschreibungen schlicht zu umständlich geworden wären. Es gibt allerdings eine Ausnahme. Wenn es um das Amt des Kommissionspräsidenten geht, ist häufig von Ursula von der Leyen die Rede. In diesen Fällen heißt es selbstverständlich *Kommissionspräsidentin*.

Bonn, Deutschland

Literatur

Stemberger, Gerhard (2020): Psychische Wirkungen des Erlebens von Gemälden von Georges Meurant – Eine Untersuchung im klinischen Kontext [Psychic effects of experiencing Georges Meurant's paintings – an investigation under clinical conditions], https://doi.org/10.13140/RG.2.2.20241.35685.

Einsichten

Ob Mafiabosse oder ihre Anwälte, Baumwollpflücker im Kindesalter oder Textilfabrikanten, ob afrikanische Flüchtlinge oder ihre zurückgebliebenen Frauen, ob Chefs oder ihre Untergebenen, Bundeskanzler oder ihre Wähler, Interviews habe ich mit allen gemacht. Es gibt nicht die eine und einzige Wahrheit, aber es gibt ziemlich viele Grautöne.

Eigentlich wollte ich nie etwas anderes, als die Welt jeden Tag etwas besser zu verstehen. Der Journalismus ist ein wunderbares Berufsfeld dafür.

Zu den kompliziertesten Interviewpartnern gehörten EU-Politiker. Viele tun sich schwer, etwas zu erklären und aus ihrem Kosmos EU herauszutreten. Dabei sollten sie doch das Publikum und die Menschen erreichen.

Zu den vielen spannenden Aspekten des Journalismus gehört eine besonders großartige Herausforderung: Komplexe Zusammenhänge zu erkennen und verständlich darzustellen. Es ist auch die schwierigste.

Die wichtigste Aufgabe von Journalismus bleibt dieselbe, ob auf Zeitungspapier, bei Instagram, TikTok und Co.: Zeigen, in welcher Welt wir eigentlich leben, zeigen was ist.

Inhaltsverzeichnis

Teil I Die Arbeitswelt von EU-Korrespondenten

1 Wie Ursula von der Leyen Präsidentin wurde.................. 3
2 Unendliche Welten 17
3 High Noon 35
4 Bootcamp.. 49
5 Die Schlussfolgerungen 63
6 Der Kompromissfaktor 81
7 Das Kontrollsystem funktioniert nicht....................... 107
8 Die fünfte Macht.. 121
9 Noch mehr Quellen....................................... 133
10 Brexit Wie Fake News und Desinformation wirken 139
11 Das Publikum erreichen Darstellungsformen und Zielgruppen 151
12 Nato und Sicherheit Ein eigenes Berichtsgebiet 179
13 Mehr oder weniger EU? Anmerkungen und journalistische Ansätze... 187
14 Warum Belgien? Ein unbekanntes Land entdecken 207

Teil II Erfahrungen und Ansichten von EU-Journalisten

15 Entpolitisierung als Weg der Kompromissfindung:
    Thomas Gutschker, Frankfurter Allgemeine Zeitung............ 221

16 Netzwerken in Brüssel: Carsten Volkery, Handelsblatt........... 227

17 No National or Institutional Point of View: Paola Tamma,
    Financial Times.. 233

18 Veränderungen und Skepsis: Christoph B. Schiltz, Welt/Welt am
    Sonntag... 239

19 Ethnologie im Staatenzoo: Der Deutschlandfunk, die EU und
    der ganze Rest: Peter Kapern, Deutschlandfunk................ 247

20 Difficult to Meet the Expectations: Reporting for Hungary:
    Katalin Halmai, Népszava................................... 259

21 Warum Brüssel ein großartiger Standort für
    Agenturjournalismus ist: Ansgar Haase, Deutsche Presseagentur 263

22 Bloggen in Brüssel – Ein kritischer Rückblick: Eric Bonse,
    Autor und EU-Blogger Lost in EUrope....................... 271

23 Behaupten, was man nicht ist – Über das tägliche Ritual
    des Pressebriefings der Kommission: Ulrich Ladurner, Die Zeit.... 281

24 EU investigativ: Viele Informationen und einige Informanten:
    Markus Becker, Der Spiegel................................. 287

25 "The Bible of EU-affairs": Jacopo Barigazzi, Politico............ 293

26 Wie ein Polit-Briefing in wenigen Jahren zum Leitmedium in
    der EU-Community wurde: Markus Grabitz, Europe.Table....... 301

27 ENTR und europäischer Journalismus: Patrick Große,
    Head of content ENTR..................................... 305

28 Konstruktiver Journalismus in der Europaberichterstattung:
    Roman Rusch, Hochschule Ansbach......................... 313

Danksagung... 325

Literatur.. 327

Über den Autor

Michael Grytz Michael Grytz war zwei Mal als Redakteur und Korrespondent insgesamt mehr als 12 Jahre für den Westdeutschen Rundfunk und die ARD in Brüssel tätig. Er entwickelte die europapolitische Sendung „Bericht aus Brüssel" und berichtete für Tagesschau und Tagesthemen. In diese Zeit fiel der EU-Konvent 2002/2003 zur Erarbeitung einer europäischen Verfassung, die im Lissaboner Vertrag mündete. In der Folge berichtete er u. a. über die große EU-Erweiterung 2004 und verfolgte später intensiv den Austritt des Vereinigten Königreiches aus der EU 2020. Zwischen seinen beiden Brüssel-Stationen war er verantwortlich für verschiedene Wirtschaftsmagazine der ARD und des WDR, verfolgte intensiv die Finanz-, Banken- und Eurokrise, produzierte als Autor zahlreiche Wirtschaftsporträts und entwickelte verschiedene neue Wirtschaftsformate, die mehrfach ausgezeichnet wurden. Als Filmautor drehte er zudem zahlreiche Dokumentationen, so über gesellschaftliche Entwicklungen in Belgien, die Drogenkriminalität in den Niederlanden, über fragwürdige EU-Subventionen und über die Migration und Flucht aus Afrika nach Europa. Als Trainer unterstützte er Journalisten und Fernsehanstalten in Afrika und Asien.

Michael Grytz studierte in Münster Politikwissenschaften, volontierte beim WDR und begann seine Laufbahn im Regionalen, gehörte zu den Gründungsmitgliedern des ARD-Morgenmagazins und war später Inlandskorrespondent und -reporter für Tagesschau und Tagesthemen. In dieser Zeit arbeitete er auch zeitweise in Auslandsstudios der ARD und war als Reporter in verschiedenen Ländern unterwegs, bevor er sich hauptsächlich mit Europapolitik beschäftigte.

Teil I
Die Arbeitswelt von EU-Korrespondenten

Wie Ursula von der Leyen Präsidentin wurde

Ein Lehrbeispiel für die Machtstrukturen der EU

Das Verfahren zur Bestimmung des Kommissionspräsidenten ist einfach und doch hoch kompliziert. Es hat zahlreiche Fallstricke und muss viele Interessen berücksichtigen. Der Vorgang sagt viel über die Machtstrukturen innerhalb der Europäischen Union aus, über die Entscheidungsfindung, aber auch über manche Fehleinschätzung. Die Kommission wird manchmal auch als europäische Regierung bezeichnet und in der Folge deren Präsident als europäischer Regierungschef. Das trifft es aber so nicht. Die institutionellen Machtverhältnisse in der EU sind nicht mit denen in einem Mitgliedsland zu vergleichen. Für Korrespondenten ist wichtig, früh zu verstehen: Wer spielt welche Rolle in der EU, welche Macht haben die Institutionen wirklich und wie funktionieren die Abläufe untereinander.

„**Wäre es nicht fantastisch**, wenn ein Europaparlamentarier als Spitzenkandidat zum Chef einer europäischen Regierung gewählt werden könnte?" Im VW-Bus klingt Manfred Weber geradezu euphorisch. Ich begleite ihn als ARD-Korrespondent für ein Portrait. Er ist auf dem Weg zu einer Wahlveranstaltung im Süden Spaniens. Weber ist Fraktionsvorsitzender seiner EVP im Europaparlament und er ist 2019 Spitzenkandidat der Europäischen Volkspartei. Das Europaparlament will das *Spitzenkandidatenprinzip* etablieren, wonach der Gewinner der Wahl später Kommissionspräsident werden soll. Seit Wochen ist Weber auf Wahlkampftournee. Die Halle in Malaga ist gut gefüllt, aber nur wenige im spanischen Publikum kennen ihn. Weber bekommt höflichen Applaus, auf den Rückhalt der spanischen Konservativen kann er sich verlassen. Nach Frankreich dagegen fährt er praktisch gar nicht. Er ahnt die Gründe. Noch sieht es aber gut für ihn aus, er dürfte eine stramme Mehrheit bei der Europawahl bekommen und dann kommt niemand an ihm vorbei, so hofft Weber. Weber lebt einen Traum, er personifiziert die Idee einiger und vor allem deutscher Politiker, die EU immer weiter zusammenzuführen und demokratischer zu gestalten. Sie wollen zudem die Europawahl attraktiver machen. Personen und Gesichter sollen für Transparenz sorgen, die Wähler sollen wissen, wen und was sie da wählen. Die Idee stammt wesentlich vom ehemaligen deutschen EVP-Abgeordneten Elmar Brok, aber auch von seinem damaligen Berater und späteren Generalsekretär der EU-Kommission, Martin Selmayr.[1] Beide haben schon im Verfassungskonvent[2] eng zusammengearbeitet und kämpften damals für das Mehrheitsprinzip in möglichst vielen Politikfeldern, beide sind überzeugte Europäer und wollten, als sie noch an einflussreicher Stelle saßen, den Kontinent immer weiter zusammenführen. Ihre Idee hatte allerdings mehrere Haken, wie sich noch zeigen wird.

Der Vertrag über eine Verfassung für Europa wurde von einem Verfassungskonvent in Brüssel erarbeitet. Er hatte 105 Mitglieder, darunter Europaabgeordnete, Vertreter der Staats- und Regierungschefs, Repräsentanten der nationalen Parlamente, der Kommission und der Beitrittskandidaten. Vor allem der Beitritt von zehn neuen Mitgliedern erforderte Veränderungen in der europäischen Zusammenarbeit. Der Vertrag wurde im Europäischen Rat am 18. Juni 2004 angenommen und in Rom unterzeichnet. Dennoch wurde keine echte Verfassung daraus: Nachdem das Europaparlament den Vertrag angenommen hatte, lehnten Franzosen und Niederländer ihn in Volksentscheiden ab. In der Folge begannen die Mitgliedstaaten mit der Ausarbeitung des Vertrags von Lissabon. Im Wesentlichen basiert er auf den Ergebnissen des Verfassungskonvents und ist rechtliche Grundlage der EU.

Neben Manfred Weber gibt es 2019 noch einen zweiten aussichtsreichen Kandidaten, den Niederländer und Sozialdemokraten Frans Timmermans. Auch er ist ein überzeugter Europäer. Timmermans hat bereits, anders als Weber, eine lange politische Karriere in hohen Ämtern hinter sich. Er war Außenminister der Niederlande und ist zum Zeitpunkt der Wahl bereits EU-Kommissar. Und es kommt noch etwas anderes hinzu, das ihn zu einem attraktiven Kandidaten macht. Er spricht einwandfrei Deutsch, tritt sogar gegen Weber in deutschen Wahlkampfsendungen auf. Weber sehen damals viele nicht als den besten Redner, hat einen bayerischen Akzent und in Brüssel spotten einige Journalisten sogar, wer denn in den Wahlkampfsendungen eigentlich der deutsche Kandidat gewesen sei. Timmermans spricht

---

[1] Vgl. Kapern, Peter (2019): Europawahl – Der Streit um das Spitzenkandidaten-Modell, *Deutschlandfunk*, 23.5.2019.
[2] www.europarl.europa.eu/about-parliament/de/in-the-past.

1 Wie Ursula von der Leyen Präsidentin wurde

zudem ein nahezu perfektes Englisch – Weber hat da mehr Schwierigkeiten. Timmermans macht in Italien Wahlkampf, natürlich auf Italienisch und er spricht, besonders wichtig, Französisch. Auch das soll später für Weber noch zu einem Problem werden. Umfangreiche Sprachkenntnisse sind für hohe Funktionäre und Politiker in Brüssel nicht zu unterschätzen. Timmermans tritt weltmännisch und zugleich sehr bodenständig auf. Er kann in seinen Auftritten begeistern und gibt den lahmenden Sozialdemokraten Rückenwind. Eine weitere Kandidatin tritt für die Liberalen auf: Margrethe Vestager. Die Dänin ist EU-Kommissarin für Wettbewerb, eine sympathisch auftretende, durchsetzungsstarke Persönlichkeit. Auch ihr Auftritt wirkt überzeugend, gegen beide verblasst Weber nach Auffassung mancher ein wenig. Weber will die europäische Idee der Einigung und des Kompromisses immer wieder nach vorne bringen. Er positioniert sich als Vermittler, als Brückenbauer im fortwährenden europäischen Konflikt um Interessensunterschiede. Eine gerade in Europa besonders wichtige Eigenschaft, doch wenn er sich in bayerisch gefärbtem Englisch als *Bridgebuilder* charakterisiert, entfacht auch ein seriöser, erfahrener und europaüberzeugter Politiker wie er nicht unbedingt die gewünschte Wirkung. Doch auch Äußerlichkeiten zählen im politischen Wettbewerb. Dennoch erreichen die Konservativen bei der Europawahl eine Mehrheit. Nicht so umfangreich wie gewünscht, aber ob das Ergebnis nun der Spitzenkandidatur Webers zuzuschreiben ist? Tatsächlich sind dieser Wahlkampf und das Spitzenkandidaten-System überwiegend eine deutsche Erfindung und die findet vor allem in deutschen Medien viel Widerhall. In manch anderen Ländern wird dies eher skeptisch gesehen. Die Idee, Kandidaten aufzustellen, Wählern auch ein Gesicht zu präsentieren, mit dem sie ihre Wahl konkreter und persönlicher machen können, das bleibt vor allem eine deutsche Idee. Wenn sich aber Weber nun tatsächlich durchsetzen könnte, wäre die europäische Demokratie, die europäische Einigung ein gutes Stück weitergekommen, so die Hoffnung bei den Befürwortern. Doch, man ahnt es, es kommt anders.

Wochenlang touren Weber und Timmermans als Spitzenkandidaten der beiden größten europäischen Parteienfamilien durch den Kontinent und debattieren in TV-Duellen. „Doch am Ende bekommt den Job eine Person, die Anfang Juni die wenigsten der 500 Mio. Bürger überhaupt kannten," schreibt Steffen Dobbert in der Zeit und urteilt: „Wie Ursula von der Leyen binnen weniger Tage von der Chefposition beim deutschen Verteidigungsressort in das mächtigste Amt der EU kam, ist deshalb ein Skandal."[3] Diese Meinung zieht sich damals in unterschiedlichen Varianten durch viele Kommentare in den Medien und findet sich, natürlich, vor

---
[3] Dobbert, Steffen (2019): Ursula von der Leyen: Es bleibt ein Skandal, *Zeit Online*, [online] https://www.zeit.de/politik/ausland/2019-07/ursula-von-der-leyen-eu-kommissionspraesidentin-wahlsieg [28.12.2024].

allem bei den Abgeordneten im Europaparlament. Von *Hinterzimmerdeal* ist die Rede, Verrat an europäischer Demokratie. Selbst auf der offiziellen Seite des Europaparlaments ist von „*Hinterzimmerabsprachen*" die Rede.[4] Doch was hat es mit den Hinterzimmern auf sich? Und ist es wirklich ein Skandal? Wie ist es überhaupt zu der Situation gekommen?

Die Geschichte ist auch ein Lehrbeispiel für den Machtkampf innerhalb der EU und Anschauungsmaterial für den Umgang von Journalisten mit den politischen Abläufen. Das Spitzenkandidaten-System ist in den EU-Verträgen nämlich nirgendwo vorgesehen. Und es ist ganz offensichtlich nicht gewollt, zumindest in den EU-Mitgliedstaaten. In einer internen Umfrage des Rates zeigt sich, dass die Staats- und Regierungschefs sehr skeptisch sind gegenüber diesem Prozess. Die große Mehrheit lehnt ihn schlicht ab. Die zögerlichen Einlassungen der Staats- und Regierungschefs zum Spitzenkandidatenprinzip im und nach dem Wahlkampf lassen zudem darauf deuten, dass diese Grundhaltung schon länger existierte. Der französische Präsident Macron jedenfalls sieht keine rechtliche Grundlage dafür, einen Spitzenkandidaten bei der Europawahl zu installieren. Das Europaparlament hat also hoch gepokert. Den Wählern wurde eine Option offeriert, die so kaum umzusetzen war. Die Kandidaten und das System spielen in Frankreich keine Rolle. Ein Kommissionspräsident, über den ein französischer Präsident nicht zumindest mitbestimmt, ist da nicht vorgesehen und käme einem Machtverlust gleich.

Der Kommissionspräsident wird stattdessen in einem austarierten Prozess bestimmt, in dem zahlreiche Aspekte eine Rolle spielen. Die Person selbst wird nämlich von den Staats- und Regierungschefs ausgesucht und vorgeschlagen. Dies soll im Lichte des Europawahlergebnisses geschehen und, das wird häufig in der Diskussion vernachlässigt, nach Konsultationen mit dem Europaparlament, ein Vorgang, der später noch von Bedeutung sein wird. Nach Abschluss dieses Verfahrens steht die Wahl mit Mehrheit im Europaparlament an.[5] Anders als Emma-

---

[4] Vgl. Spitzenkandidaten: Wer erhält den Vorsitz der Europäischen Kommission?, *Europäisches Parlament*, [online] https://www.europarl.europa.eu/topics/de/article/20240508STO21425/spitzenkandidaten-wer-erhalt-den-vorsitz-der-europaischen-kommission [28.12.2024].

[5] Vertrag über die Arbeitsweise der Europäischen Union. TITEL III: BESTIMMUNGEN ÜBER DIE ORGANE – Artikel 17 Absatz 7. Dort heißt es wörtlich: Der Europäische Rat schlägt dem Europäischen Parlament nach entsprechenden Konsultationen mit qualifizierter Mehrheit einen Kandidaten für das Amt des Präsidenten der Kommission vor; Dabei berücksichtigt er das Ergebnis der Wahlen zum Europäischen Parlament. Das Europäische Parlament wählt diesen Kandidaten mit der Mehrheit seiner Mitglieder. Erhält dieser Kandidat nicht die Mehrheit, so schlägt der Europäische Rat dem Europäischen Parlament innerhalb eines Monats mit qualifizierter Mehrheit einen neuen Kandidaten vor, für dessen Wahl das Europäische Parlament dasselbe Verfahren anwendet.

nuel Macron leitet Elmar Brok daraus durchaus die Möglichkeit ab, einen Spitzenkandidaten zu nominieren. Auch im Deutschen Grundgesetz finde sich dieses Wort nicht, dennoch gebe es dieses Prinzip. Der Spitzenkandidat sei nichts anderes als die logische und politisch-praktische Umsetzung der primärrechtlichen Vorgaben des Vertrags. Denn der billige den Staats- und Regierungschefs nur ein eingeschränktes Vorschlagsrecht zu.[6] Brok legitimiert seine Überlegungen, wenn auch indirekt, mit einem Bezug auf das Deutsche Grundgesetz. Weil aber die Deutschen etwas Bestimmtes tun oder nicht tun, überzeugt es nicht zwangsläufig die anderen in der EU. Brok sagt: „Der Europäische Rat (…) hat nur ein Vorschlagsrecht, und er musste seinen Vorschlag im Lichte des Ergebnisses der Europawahl und nach Konsultationen mit dem Parlament vorlegen, das dann entscheidet. Beides sollte die Legitimation des Präsidenten und die Wahlbeteiligung erhöhen. Diese Konsultationen fanden 2019 nicht statt."[7] Und weiter: „Die Volksvertretung erweist sich als unfähig und zum Teil unwillig, dem Diktat der Staats- und Regierungschefs entgegenzutreten. Die aus dem Rat gesteuerten neuen Fraktionsvorsitzenden der Sozialdemokraten und Liberalen spielten das Spiel ihrer nationalen Regierungschefs mit, und so fiel EVP-Spitzenkandidat Weber durch. Und so setzte sich Emmanuel Macrons Vorschlag durch: Ursula von der Leyen."[8]

Das Verfahren zur Bestimmung des Kommissionspräsidenten ist also klar beschrieben und dennoch in seiner Konsequenz hoch kompliziert. Mit wem hätten, bei der disparaten Situation im Europaparlament, eigentlich Konsultationen durchgeführt werden können. Und wer sagt, dass diese im Sinne Einzelner im Parlament ausgehen? Schon die geeignete Person zu finden, erfordert unter den Staats- und Regierungschefs enorme Kompromissfähigkeit. Ist sie einmal gefunden, darf sie auch später bei ihrer Wahl im Europaparlament nicht völlig aussichtslos sein. Der Kommissionschef braucht die Akzeptanz der Staats- und Regierungschefs, sonst wird sein Einfluss nicht sehr hoch sein während seiner Amtszeit. Schließlich hat die Auswahl auch Auswirkungen auf zahlreiche andere Positionen. Zunächst geht es um den Chefsessel in der EU-Kommission, er ist den Staats- und Regierungschefs am wichtigsten, weil seine Kompetenzfülle entsprechend hoch ist. Dann geht es um den Ratspräsidenten, er sitzt den Gipfeln der Staats- und Regierungschefs für zweieinhalb Jahre vor. Da er das Gremium führt, hat er einen hohen Einfluss, weil er unterschiedliche Interessen zusammenbringen muss und zudem die EU

---

[6] Vgl. Kapern, Peter (2019): Europawahl – Der Streit um das Spitzenkandidaten-Modell, *Deutschlandfunk*, 23.5.2019.

[7] Brok, Elmar; Köpf, Peter (2024): *Verspielt Europa nicht! Ohne die EU ist Deutschland ein Zwerg*, München: Europa Verlag, S. 233.

[8] Ebd.

nach außen repräsentiert. Diese Persönlichkeit muss außerordentliches Geschick haben, eine hohe Reputation und möglichst selbst Staats- oder Regierungschef gewesen sein, um die nötige Akzeptanz bei seinen Kollegen zu haben. Dann verteilen sie noch den Posten des Hohen Beauftragten für Außenpolitik. Ein Trostpreis, wie ein hoher Diplomat einmal in einem Hintergrundgespräch sagte. Der Posten ist den Chefs zwar nicht gleichgültig, aber die Außenpolitik machen sie in ihrem Selbstverständnis und unter Bezug auf die europäischen Verträge selbst. Dennoch, einen *Irgendwen* kann man auf diesen Posten gleichfalls nicht setzen. Der Kommissionschef ist also ein Teil eines großen Entscheidungsprozesses. Elmar Brok: „Ich gehörte zu den Erfindern des Spitzenkandidatenprozesses. Klares Ziel war: Europas Bürger sollten mit ihren Stimmen nicht nur den Abgeordneten wählen, sondern auch den nächsten Regierungschef. Es dient der Glaubwürdigkeit, wenn die Menschen sehen, dass ihre Stimme Gewicht hat. Ganz so wie bei der Bundestagswahl, deren Ergebnis ebenfalls entscheidend ist für die Wahl des Bundeskanzlers, den der Bundespräsident unter Berücksichtigung des Wahlergebnisses und nach Absprache mit der Mehrheit des Bundestages vorschlägt."[9]

Da ist es wieder: Die *Regierung Europas* sei die EU-Kommission. Und interessant ist auch das deutsche Beispiel, das Brok anführt. Die EU und ihre Mitgliedstaaten dürften weit davon entfernt sein, sich die deutsche Systemarchitektur zu eigen machen zu wollen. Dabei spielen andere Faktoren zur Besetzung der Ämter eine wichtige Rolle. Nachdem Ursula von der Leyen als Vertreterin der konservativen EVP und eines großen Landes Kommissionspräsidentin wird, ernennt man Charles Michel als Vertreter der Liberalen und des kleinen Belgiens zum Ratspräsidenten. Für die Sozialdemokraten und den Spanier Josep Borrell bleibt das Amt des Außenbeauftragten, also der Trostpreis. Hinzu kommt, niemand stimmt einer Person einfach zu, wenn er dafür nicht etwas anderes bekommt. Und dann gibt es da noch einen wichtigen Posten, der zwar etwas außerhalb dieser Arithmetik liegt, nämlich den des Präsidenten der Europäischen Zentralbank, aber natürlich hat Frankreich mit Macron hier einen Hintergedanken.

Personalentscheidungen spielen in den europäischen Prozessen eine entscheidende Rolle, weil alle Mitgliedstaaten und alle politischen Strömungen sich angemessen in allen Institutionen repräsentiert fühlen wollen. Ein zeitgemäßes Verhältnis von Männern und Frauen spielt dabei eine ebenso wichtige Rolle wie ein Ausgleich zwischen Ost und West, Nord und Süd, Klein und

---

[9] Ebd.

1 Wie Ursula von der Leyen Präsidentin wurde

Groß, genau wie die politische Orientierung der Mitgliedsländer einen Ausgleich finden muss. Wenn das nicht immer funktioniert, wird ein entsprechender Ausgleich in der nächsten Legislaturperiode gefordert. Auch wenn es das Parlament ist, das seinen Präsidenten wählt, spielt die Auswahl in der Gesamtarithmetik ebenfalls eine Rolle und natürlich auch die Auswahl des Präsidenten der Europäischen Zentralbank. Die Auswahl der Big Jobs hat letztlich auch Auswirkungen auf Spitzenpositionen in den wichtigen anderen Institutionen. Wer wird Chef des Rechnungshofes, der europäischen Investitionsbank, der Grenzschutzagentur Frontex und vieler anderer, auch der europäischen Agenturen. Es macht durchaus einen Unterschied, wie erfolgreich Länder dabei sind, eigenes Personal in wichtigen Stellen unterzubringen.

Unter den Staats- und Regierungschefs gilt Vertraulichkeit, da wird auch einmal ein Gedanke aufgeworfen und wieder verworfen, ohne dass jemand bloßgestellt wird. Die Besetzung europäischer Posten hat eine Reihe besonderer Aspekte zu berücksichtigen, die mitunter die Frage verdrängen, wer tatsächlich auch der geeignetste Kandidat für ein Amt sein könnte. Und natürlich werden solche Vereinbarungen nicht öffentlich ventiliert, das funktioniert auch gar nicht anders. Die Diskussionen um Auswahl und Transparenz bei den Kandidaten, die immer wieder geführt werden, mögen ein nettes Thema für Redaktionskonferenzen oder Kommentare sein, sind aber kaum realistisch. Und trotzdem kommen solche Forderungen auch in Korrespondentenberichten und politischen Analysen immer wieder auf, doch das ist wohlfeil. Jeder Vorschlag wäre sofort *tot*, würde er zunächst öffentlich diskutiert, und jeder zweite Vorschlag würde auch als zweite Wahl gelten. Es bräuchte also eine vollständig neue Arbeitsweise der Europäischen Union und auch die ist auf absehbare Zeit nicht in Sicht.

Die Idee des Spitzenkandidaten ist den meisten Staats- und Regierungschefs ein Dorn im Auge. Dies muss das Parlament in Berücksichtigung ziehen. Wenn nun deren Protagonisten diesen Prozess öffentlich vorantreiben, müssen sie in der Konsequenz auch dazu stehen. Das bedeutet, Fraktionen müssten gegebenenfalls einen Kandidaten ihrer eigenen Partei ablehnen, in diesem Fall also Ursula von der Leyen, weil sie ja keine Spitzenkandidatin war. Die EVP hätte also geschlossen klar machen müssen, Ursula von der Leyen nicht zu wählen. Denn wenn das Parlament einen Kandidaten ablehnt, können die Staats- und Regierungschefs ihn nicht durchsetzen.[10] Aber die Parlamentarier tun 2019 genau das nicht und wählen von

---

[10] Siehe Vertrag über die Arbeitsweise der Europäischen Union.

der Leyen doch, auch Elmar Brok übrigens.[11] Weil das Parlament seine Macht hier nicht konsequent nutzt, schwächt es sich selbst. Die Verantwortung für das Scheitern liegt also beim Parlament selbst. Elmar Brok, das ehemalige Mitglied des Europaparlamentes, sieht es jedenfalls so. „Ich sehe die Verantwortung für das Scheitern des Spitzenkandidatenprinzips 2019 zu fast 100 % beim Europaparlament", so Brok in einem Gespräch mit dem Autor. In den Medien wird es seinerzeit überwiegend anders dargestellt.

Grundsätzlich hat die Idee des Spitzenkandidaten tatsächlich viel für sich, die Person nämlich von den europäischen Bürgern wählen zu lassen. Sie schafft mehr Transparenz für Wähler, weil sie eine Idee davon bekommen, wen sie wählen und welche Vorstellungen der Kandidat mitbringt. Doch schafft das System mehr Demokratie? Der polnische Ministerpräsident und frühere Ratspräsident Donald Tusk meint, nein: „'The idea that the *Spitzenkandidaten* process is somehow more democratic is wrong,' Tusk said, standing next to Juncker at a news conference. 'The treaty says that the president of European Commission should be proposed by the democratically elected leaders of the member states. And that he or she should be elected by the democratically elected members of the European Parliament. This is the double democratic legitimacy of the Commission president. Cutting away any of the two sources of legitimacy would make it less democratic, not more.'"[12] Noch etwas anderes ist entscheidend. Wählern muss auch klar sein, dass der Kandidat später an zahlreiche Kompromisse gebunden ist, denn anders als Manfred Weber im Interview insinuierte, ist ein Kommissionspräsident zwar durchaus einflussreich und mächtig, aber weit von der Machtfülle eines Regierungschefs entfernt. Die EU-Kommission ist eine wichtige Institution innerhalb des supranationalen Gebildes Europäische Union, die eben kein Bundesstaat ist, sondern ein Staatenverbund einzelner souveräner Staaten, die Teile ihrer Souveränität abgegeben haben.[13] Die Kommission kann Gesetze initiieren, sie kann viel vorantrei-

---

[11] Brok, Elmar; Köpf, Peter (2024): *Verspielt Europa nicht! Ohne die EU ist Deutschland ein Zwerg*, München: Europa Verlag. Seite 232.

[12] David M. Herszenhorn and Maïa de La Baume (2018): EU leaders: We won't be bound by Spitzenkandidat process, *Politico*, Brüssel, 23.8.2018.

[13] Vgl. Hauptseite – Staatslexikon, [online] https://www.staatslexikon-online.de/Lexikon/Hauptseite [28.12.2024]. Ausführliche Beschreibung zum Rechtscharakter der EU mit einem Zitat des Bundesverfassungsgerichts. „Das Grundgesetz ermächtigt mit Art. 23 GG zur Beteiligung und Entwicklung einer als Staatenverbund konzipierten Europäischen Union. Der Begriff des Verbundes erfasst eine enge, auf Dauer angelegte Verbindung souverän bleibender Staaten, die auf vertraglicher Grundlage öffentliche Gewalt ausübt, deren Grundordnung jedoch allein der Verfügung der Mitgliedstaaten unterliegt und in der die Völker – das heißt die staatsangehörigen Bürger – der Mitgliedstaaten die Subjekte demokratischer Legitimation bleiben".

ben und beeinflussen. Die Entscheidungen selbst treffen am Ende aber im Wesentlichen die Mitgliedstaaten mit ihren Ministern, Staats- und Regierungschefs und dem Europaparlament als Co-Gesetzgeber.

Die Initiatoren haben sich weit aus dem Fenster gelehnt mit der Spitzenkandidatenidee, sie haben die Verfahrensregeln sehr weit ausgelegt oder sich sogar ein Stück weit über sie hinweggesetzt und ignoriert, dass sich die Staats- und Regierungschefs damit möglicherweise nicht abfinden werden. Sie haben das Risiko des Scheiterns in Kauf genommen in der Annahme, die Staats- und Regierungschefs würden sich schon nicht gegen das Wählervotum stellen. Zwar verteidigt die damalige deutsche Regierungschefin Angela Merkel das Spitzenkandidatensystem und unterstützt Manfred Weber, allerdings ist ihr damals anzumerken, dass es Zweifel gibt. „‚Merkel is okay with Weber' as a Spitzenkandidat but ‚without any guarantee for him to become Commissionpresident,'" schreibt Politico mit Berufung auf einen erfahrenen Offiziellen der Christdemokraten.[14] Sich gegen eine Deutsche aus der eigenen Parteifamilie zu stellen, zudem noch die eigene Ministerin, wäre nicht einfach gewesen. Der französische Präsident Macron allerdings ist deutlich skeptischer und aus seiner Ablehnung Manfred Webers macht er keinen Hehl. Weber habe überhaupt keine Regierungserfahrung und spreche kein Französisch. Die Antwort ist also klar: „Non!".

Natürlich wollen sich Macron und andere diese wichtige Personalentscheidung nicht aus der Hand nehmen lassen. Die Abgeordneten hingegen gehen einen kühnen Schritt mit dem Versuch, mehr Macht im Parlament anzusiedeln. Die Initiatoren verdrängen allerdings, dass der Schuss nach hinten losgehen könnte. Und tatsächlich kommt es schließlich so. Staats- und Regierungschefs handeln nach den Buchstaben der europäischen Verträge. Und Emmanuel Macron spielt dabei eine entscheidende Rolle. Er lehnt Weber ab und schmiedet einen Plan, der im Nachhinein aus seiner Sicht geradezu genial anmutet. Vieles deutet später daraufhin, dass Macron nach einem Treffen mit von der Leyen in Paris von ihr überzeugt ist. Sie hat eine europäische Biografie, ihr Vater, Ernst Albrecht, war einst Generaldirektor der EU-Kommission, die höchste Ebene, die man als Beamter dort erreichen kann. Von der Leyen ging in Brüssel zur Europäischen Schule, wie die meisten Kinder von EU-Beamten, und spricht perfekt Französisch. Wer nun glaubt, es seien ihre Qualifikationen allein, die zu dieser Idee des Europäers Macron führen, sollte sich nicht täuschen lassen. Macrons Schachzug besteht auch darin, dass er der Deutschen Bundeskanzlerin mit diesem Vorschlag ein Geschenk macht, das sie kaum ablehnen kann. Das Verhältnis von der Leyens zur Bundes-

---

[14] Eder, Florian; De la Baume, Maya (2018): Germany's Weber in pole position to lead center right in EU election, *POLITICO*, [online] https://www.politico.eu/article/manfred-weber-in-pole-position-to-lead-center-right-in-eu-election-spitzenkandidat/ [28.12.2024].

kanzlerin gilt damals als gut, das der Bundeskanzlerin zu Weber als suboptimal. Zudem steht von der Leyen damals als Verteidigungsministerin unter Druck. Viel wichtiger aber ist die Aussicht, dass die Bundesrepublik die große Chance bekommt, zum ersten Mal eine deutsche Frau an der Spitze der EU-Kommission zu haben. Macron seinerseits hätte jemanden, den er befürwortet, mehr noch, er würde seine Chancen erhöhen, später die Französin Christine Lagarde zur Präsidentin der Europäischen Zentralbank machen zu können, obwohl es schon einmal einen französischen Amtsinhaber gab. Diese Personalie ist ihm angesichts der hohen Schulden Frankreichs vielleicht sogar noch wichtiger, mit der Französin könnte er sich eher eine Fortsetzung der laxeren Geldpolitik erhoffen, zumal die Deutschen Jens Weidmann bevorzugen, einen harten Kritiker der EZB-Politik der niedrigen Zinsen und des leichten Geldes. Er war sicher kein Favorit der Franzosen.

All solche Interessen verdrängen die Befürworter Manfred Webers und des Spitzenkandidatensystems. Doch worin liegt nun eigentlich der „Skandal", wie es Stobbert und viele andere nennen? Wer begeht nun den „Verrat" am deutschen Wähler? Aus Sicht der Kritiker und vieler Medien war das Urteil eindeutig: Die Staats- und Regierungschefs sind schuld. Sie haben mit dem erwähnten Hinterzimmerdeal den europäischen Wählern eine Ohrfeige versetzt und sich undemokratisch verhalten. Doch es gibt auch eine andere Perspektive. War es nicht das Parlament, das seinen Einfluss und seine Macht ausweiten wollte, welches unbedingt ein Spitzenkandidatensystem durchzusetzen versuchte, das bei den Staats- und Regierungschefs keine Mehrheit finden würde? Waren also die kühnen Protagonisten dieses Spitzenkandidatensystems nicht jene, die den Wählern etwas vorgemacht haben und somit zu einem Glaubwürdigkeitsverlust der Europawahlen beitrugen, der womöglich noch immer nachwirkt? Der Katzenjammer danach ist jedenfalls groß. Weber und Timmermans (der als lachender Zweiter und Kompromisskandidat fast noch zum Zuge gekommen wäre) lassen sich in ihrem Frust Vollbärte wachsen, halb Brüssel schmunzelt über deren monatelanges Grummeln. Das Spitzenkandidatensystem ist erst einmal dahin.

Welche Lehren hat das nun für die journalistische Arbeit in Brüssel? Die medialen Reaktionen auf den Prozess sind durchweg negativ kritisch und entsprechen in ihrer Bewertung dem „Skandal" wie Stobbert ihn in der Wochenzeitung *Die Zeit* beurteilt. Kaum jemand übt Kritik an den Befürwortern des Projektes Spitzenkandidat und seiner gescheiterten Umsetzung. Und natürlich, es liegt auch nahe, einem Mehr an Demokratie und Transparenz positiv gegenüberzustehen. Und wer, wenn nicht Journalisten, sollte dies positiv kommentieren? Doch das Beispiel zeigt auch, dass die eigenen normativen Vorstellungen zur EU und Europa nicht die Verfahrensregeln der EU-Verträge außer Acht lassen und die Sichtweise auf das Spiel der Mächte beeinflussen oder trüben sollten, es sei denn ein EU-

Korrespondent kommentiert den Vorgang. Aber selbst zum Kommentar gehörte auch die Betrachtung der realen vertraglichen und politischen Bedingungen. Die werden und wurden in der Spitzenkandidatendebatte aber gern ausgeblendet. „Im Prinzip war es ein Anspruch des EU-Parlaments, um auf diese Weise mehr Einfluss auf das Geschehen zu bekommen. Das ist legitim, aber nicht unproblematisch. Denn es gibt bei der EU-Wahl nur nationale Listen. In Österreich konnte man weder Manfred Weber, noch Frans Timmermans oder Margrethe Vestager direkt wählen. Sondern man hat jemand anderen gewählt, in der Vorstellung: Vielleicht führt das dazu, dass ein bestimmter Kandidat EU-Kommissionspräsident wird. In gewisser Weise sind die EU-Spitzenkandidaten ein Fake,"[15] meint der Politologe Herfried Münkler zu dieser Idee in einer österreichischen Zeitung. Das Beispiel gibt auch einen Einblick in die Machtverhältnisse in der EU und den fortwährenden Kampf des Parlamentes um mehr Einfluss. Die Parlamentarier gerieren sich gern als die einzigen und wahren Volksvertreter, ihnen ist dabei die Sympathie, zumindest das Wohlwollen gewiss. Kritik daran gibt es eher selten, aber zurecht? Denn auch die Staats- und Regierungschefs in der EU sind demokratisch gewählt. Und schließlich, bei manchen Fragen lohnt sich ein Blick in die EU-Verträge.

Ursula von der Leyen wird 2019 mit einer knappen Mehrheit von gerade einmal neun Stimmen im Europaparlament gewählt. Und das auch nur deshalb, weil sie verschiedenen Gruppen viele Versprechungen macht, die sie später einhalten muss. Und zwar nicht nur, weil sie sonst kaum gewählt worden wäre, sondern auch, weil es unmittelbar zur großen *Kompromissmaschine* Brüssel gehört, von der später in diesem Handbuch noch ausführlich die Rede sein wird. Doch sollte der Kandidat nicht eher jene Versprechungen einhalten, die er seinen Wählern zuvor im Wahlkampf gemacht hat? Wir haben es also mit zwei oder gar drei Täuschungen zu tun. Die erste ist, der Wähler und das Parlament seien alleinige Herren des Verfahrens, das sind sie allenfalls teilweise. Die zweite ist, der Spitzenkandidat könne eine Art Regierungschef werden, obwohl die Kommission keine Regierung ist, sondern wichtige Institution einer supranationalen Organisation namens EU. Und die dritte besteht darin, dass ein Spitzenkandidat im Wahlkampf Versprechungen macht oder machen muss, die er später kaum alle wird einhalten können, weil er für die Zustimmung anderer und seiner Wahl erhebliche Zugeständnisse wird machen müssen. Im Übrigen bestimmt nicht ein Kommissionspräsident allein, welche Politik gemacht wird. Die Grundzüge seiner Politik bekommt er von den Staats- und Regierungschefs als Leitlinien ins Buch geschrieben. All dies müsste er im Wahlkampf ehrlicherweise erwähnen, damit er keine falschen Versprechungen

---

[15] Metzger, Ida (2019): EU-Spitzenkandidaten sind ein Fake, *Der Kurier*, [online] https://kurier.at/politik/inland/eu-spitzenkandidaten-sind-ein-fake/400544756 [28.12.2024].

macht. Und wenn er so ehrlich ist, im Wahlkampf genau darauf zu verweisen, wird er konsequenterweise ziemlich unkonkret bleiben müssen. Denn ein Kandidat kann sich im Europaparlament nicht zwangsläufig auf eine Mehrheit verlassen. Selbst innerhalb der EVP wählen einige Abgeordnete aus den verschiedensten, teils innenpolitischen Gründen den eigenen Kandidaten nicht. Er muss sich in der Regel also überall Stimmen sichern. Auch dieses Beispiel zeigt, wie komplex der Brüsseler Politikbetrieb ist, und dass er vor allem anders funktioniert als zu Hause.

Zu ihrer Wiederwahl 2024 tritt Ursula von der Leyen nochmals an, anders als 2019 dieses Mal tatsächlich als Spitzenkandidatin der EVP. Und sie schafft es sogar, nochmals gewählt zu werden. Sie hat diesen extrem schwierigen Job in einer extrem schwierigen Zeit ziemlich gut ausgefüllt. Es gibt jedenfalls kaum Kritik an ihr. Der frühere EU-Parlamentspräsident und ehemalige SPD- Kanzlerkandidat Martin Schulz bezeichnet ihre Kandidatur in einem Interview ebenfalls aber als „Fake-Kandidatur",[16] wie Münkler dies für die Spitzenkandidaten formuliert hatte. Der Unterschied: Schulz gehört zu den Treibern und Befürwortern des Spitzenkandidatensystems. Er kritisiert das Verfahren aus anderen Gründen. Von der Leyen komme nicht aus dem Europaparlament und kandidiere dafür auch nicht. Noch etwas anderes macht den Prozess fragwürdig. Zur Europawahl laufen vor allem in Deutschland alle möglichen Kandidaten als sogenannte Spitzenkandidaten auf, auch wenn sie sich gar nicht für den Posten des Kommissionspräsidenten bewerben. Katarina Barley zum Beispiel als Spitzenkandidatin der europäischen Sozialdemokraten. Den tatsächlichen europäischen Bewerber um das Amt des Kommissionspräsidenten, den Luxemburger Nicolas Schmit, kennt aber kaum jemand. Er wird in Deutschland auch nicht beworben, Zeitungen und Sender ignorieren ihn weitestgehend, obwohl er als Luxemburger sogar Deutsch spricht. In allen Parteien nennen sich alle möglichen Kandidaten Spitzenkandidat, dabei bewerben sie sich um nichts anderes als einen Sitz im Europaparlament.

Und was die viel zitierten Hinterzimmerdeals angeht hat Herfried Münkler eine pointierte Meinung: „Ich bin vorsichtig mit den denunziatorischen Beschreibungen dieses Prozesses. Sie kommen von einer Seite, von der ich sagen würde, sie haben Europa in seiner Komplexität nicht verstanden."[17] Nun wird man von den vielen Beteiligten im Diskurs, wie dem ehemaligen Präsidenten des Europaparlaments, Martin Schulz und dem jahrzehntelangen Europaabgeordneten Elmar Brok kaum sagen können, sie hätten Europa in seiner Komplexität nicht ver-

---

[16] Wax, Eddy (2024): Von der Leyen: „Fake" Spitzenkandidat, *POLITICO*, [online] https://www.politico.eu/newsletter/eu-election-playbook/von-der-leyen-fake-spitzenkandidat/ [28.12.2024].

[17] Metzger (2019) ebd.

standen. Aber das Spitzenkandidatensystem ist auch Schulz und vor allem Broks *Baby*, beide argumentierten also vollständig aus ihrer Perspektive, die auch darauf ausgerichtet war, dem Parlament und ihnen als (nun ehemalige) Europaparlamentarier mehr Macht zu verschaffen. Das sollte berücksichtigt werden und ist daher nicht verwunderlich. Zweifellos aber trägt der gescheiterte Versuch zur Verwirrung der Wähler bei, indem ihnen etwas präsentiert wird, was offenbar nicht einzuhalten ist. Zur Glaubwürdigkeit der Parlamentarier und des Systems EU hat all das sicher nicht beigetragen. Und wie das schlussendlich in der Öffentlichkeit wahrgenommen wird, darüber entscheiden auch Journalisten und EU-Korrespondenten, je nachdem, welchem Narrativ sie am Ende folgen. Doch sollten sie nicht irgendeinem Narrativ folgen, sondern das ganze Bild sehen.

Literatur

Brok, Elmar; Köpf, Peter (2024): *Verspielt Europa nicht! Ohne die EU ist Deutschland ein Zwerg*, München: Europa Verlag.

Blick zurück, *Europäisches Parlament*, [online] https://www.europarl.europa.eu/about-parliament/de/in-the-past [03.01.2025].

David M. Herszenhorn and Maïa de La Baume (2018): EU leaders: We won't be bound by Spitzenkandidat process, *Politico*, Brüssel, 23.8.2018.

Dobbert, Steffen (2019): Ursula von der Leyen: Es bleibt ein Skandal, *Zeit Online*, [online] https://www.zeit.de/politik/ausland/2019-07/ursula-von-der-leyen-eu-kommissionspraesidentin-wahlsieg [28.12.2024].

Eder, Florian; De la Baume, Maya (2018): Germany's Weber in pole position to lead center right in EU election, *POLITICO*, [online] https://www.politico.eu/article/manfred-weber-in-pole-position-to-lead-center-right-in-eu-election-spitzenkandidat/ [28.12.2024].

Kapern, Peter (2019): Europawahl – Der Streit um das Spitzenkandidaten-Modell, *Deutschlandfunk*, 23.5.2019.

Metzger, Ida (2019): EU-Spitzenkandidaten sind ein Fake, *Der Kurier*, [online] https://kurier.at/politik/inland/eu-spitzenkandidaten-sind-ein-fake/400544756 [28.12.2024].

Hauptseite – Staatslexikon, [online] https://www.staatslexikon-online.de/Lexikon/Hauptseite [28.12.2024].

Spitzenkandidaten: Wer erhält den Vorsitz der Europäischen Kommission?, *Europäisches Parlament*, [online] https://www.europarl.europa.eu/topics/de/article/20240508STO21425/spitzenkandidaten-wer-erhalt-den-vorsitz-der-europaischen-kommission [28.12.2024].

Vertrag über die Arbeitsweise der Europäischen Union. TITEL III: BESTIMMUNGEN ÜBER DIE ORGANE – Artikel 17 Absatz 7.

Wax, Eddy (2024): Von der Leyen: „Fake" Spitzenkandidat, *POLITICO*, [online] https://www.politico.eu/newsletter/eu-election-playbook/von-der-leyen-fake-spitzenkandidat/ [28.12.2024].

Unendliche Welten

Einblicke in die Informationsstrukturen der EU

2

Die Möglichkeiten sich über die EU zu informieren sind so groß, dass man leicht den Überblick verlieren kann. Es braucht also eine gute Strategie, sich zurecht zu finden, eine entsprechende Flughöhe zu erreichen und zu behalten. Oft behaupten Kritiker, man wisse ja nichts über die Strukturen und Entscheidungen, die in Brüssel fallen. Wer das so sieht, hat sich vielleicht noch nicht die Mühe gemacht, ein wenig zu suchen. Jedem Bürger stehen umfangreiche Quellen und Texte zu allen Themen zur Verfügung. Für den professionellen Rechercheur gibt es allerdings noch deutlich mehr Wege, sich in der Brüsseler Welt viele relevante Informationen zu beschaffen. Wer einmal die Eintrittskarte, das entsprechende Jahresbadge, hat, bekommt Zugang zu den meisten Institutionen, kann Entscheidungsträger treffen, erhält Einladungen zu Hintergrundgesprächen und muss im Informationsdschungel fortan sortieren lernen, was wichtig und was weniger wichtig ist.

Der Eintritt in die Informationswelt der Europäischen Union beginnt mit einer Hundemarke. Keine richtige Hundemarke natürlich, aber ein Ausweis in Form eines *Plastikbadges,* das um den Hals getragen wird. Ohne diese Hundemarke geht nichts in Brüssel. Es ist die Art Erkennungsmarke, an der in praktisch allen Städten der Welt mit internationalen Institutionen, deren Mitarbeiter, oder eben jene, die aus anderen Gründen Zutritt bekommen, sofort erkennbar sind. Das Badge ist eine Art Dosenöffner in die schier unendlichen Informationsweiten des europäischen Universums, das im Laufe des Korrespondentenlebens auf eine wundersame Weise zunehmend größer und unüberschaubarer wird. Diese Informationswunderwelt beginnt ziemlich trivial und dennoch nicht ganz unaufwändig mit Anmeldeformalitäten bei den Presse- und Akkreditierungsabteilungen der europäischen Institutionen. Jedes Jahr müssen die Akkreditierungen erneuert werden, nachzuweisen sind unter anderem Wohnsitz und Medium. Wer einmal diese Hürden überwunden hat, ist endlich Teil der Bubble. Fast 900 Journalisten gehören laut einer Umfrage[1] im Jahr 2020 dazu. 20 Jahre zuvor waren es noch 300, 2014 fast 1300. Die kontinuierliche Steigerung dürfte mit der Erweiterung der EU zu tun haben aber vor allem mit dem gestiegenen Interesse. Während der Corona-Phase ging die Zahl der akkreditierten Journalisten allerdings deutlich zurück. Die durchschnittliche Verweildauer der Korrespondenten liegt bei acht Jahren. Die Spanne reicht allerdings von einem bis 19 Jahre.[2] Manche bleiben ihr ganzes Leben, typisch sind eher drei bis fünf Jahre.

Nun betritt der Korrespondent Ebene Eins des Informationsuniversums. Denn mit Angabe der digitalen Adresse und gewissen Einverständniserklärungen bekommt er zahlreiche Termine und Themen aus dem Europaparlament und der EU-Kommission vorgeschlagen. Im Laufe der Zeit kommen ständig mehr Terminvorschläge hinzu, auch Pressemitteilungen von Abgeordneten. Das Muster der Auswahl ist schwer durchsichtig, daher sollte ein Korrespondent in keinem Fall dort stehen bleiben, sondern sofort fortschreiten auf die jeweiligen Seiten des Rates, der Kommission und des Parlamentes und sich möglichst in sämtliche Verteiler aufnehmen lassen, und zwar in den jeweils zur Auswahl angegebenen Politikbereichen. Fortan gibt es eine weitere, tägliche Flut von neuen Informationen. Aber bleiben wir zunächst auf der Ebene der Parlamentsverwaltung. Dort ist das Pressereferat die erste Anlaufstelle. Das Parlament betreibt einen sehr großen Aufwand, um möglichst viel Öffentlichkeit herzustellen. Das Pressereferat[3] hat für jede EU-Sprache einen Pressereferenten, der gibt erste Tipps und Kontakte weiter. Zudem haben alle Fraktionen nochmals jeweils nationale Pressesprecher aus den einzelnen Ländern. In einem weiteren Schritt gilt es, die Pressemitteilungen[4] des Europaparlamentes zu abonnieren. Hier kann der Neu-Korrespondent anklicken, was ihn interessiert, zum Beispiel welche Ausschüsse für ihn wichtig sind. Besonders hilfreich ist der Plenar-Newsletter mit den Schwerpunkten der Plenartagung. Die Pressemitteilungen sind weitestgehend politisch ausgewogen und präsentieren die Sichtweise der Mehrheit im Europäischen Parlament (im Folgenden auch: EP) mit Zitaten der Europaparlamentarier in ihren Rollen als Berichterstatter oder Ausschussvorsitzende. Die Mitteilungen der Fraktionsmitglieder geben ihre eigenen

---

[1] Vgl. Lecheler, Sophie (2021): *Live from Brussels: a study of the Brussels press corps.*, Brüssel: Publications Office.
[2] Vgl. ebd. S. 11.
[3] Vgl. Alle Fraktionen | Aktuelles, *Europäisches Parlament*, [online] https://www.europarl.europa.eu/news/de/press-room/contacts/5/alle-fraktionen [28.12.2024].
[4] Vgl. European Parliament, *European Parliament*, [online] https://epspfo.europarl.europa.eu/epspfo/MISSINGLINK [28.12.2024].

politischen Erfolge natürlich besonders deutlich wieder. Ähnlich geht man auch bei der EU-Kommission und beim Rat vor. Auf den entsprechenden Seiten sind zahlreiche Hinweise auf weitere Pressedienste zu finden, auf die EU-Agenturen, auf Sprecher, die verschiedenen Themenfelder der EU. Es liegt nahe, dass deutsche Korrespondenten vor allem deutschen Abgeordneten folgen, schon allein, weil der Zeitaufwand, alles zu berücksichtigen, groß ist. Doch das Bild bleibt entsprechend unvollständig.

Es gibt eine Fülle von nützlichen Infos auf nahezu allen Webseiten aller EU-Organe, besonders auf den Seiten des Parlaments. Manche sind nicht immer einfach zu finden, aber das Pressereferat ist sehr offen und hilft weiter. Zu erwähnen ist noch die Vielzahl an Zahlen und Statistiken, die dort zu finden sind, aber eben nicht nur dort, sondern vor allem, wenn auch etwas komplexer, bei der europäischen Statistikbehörde Eurostat.[5] In den vielen europäischen Vergleichen und Datensätzen sind zahlreiche spannende Ansätze für eine Berichterstattung enthalten. Nach Interesse kann oder sollte man sich nun in die entsprechenden Newsletter eintragen. Aber Vorsicht: Das führt rasch zu einem täglichen Schwall von Nachrichten im Postfach. Bis hierhin sind fast alle Informationen sogar auch ohne die Hundemarke zu bekommen.

Man kann drei Ebenen der Informationsbeschaffung unterscheiden. Viele Informationen der Ebene Eins sind sogar ohne Pressebadge praktisch jedem zugänglich und bieten bereits ausführliche Einblicke in die Welt der Europäischen Union, viele Informationen sind auf den umfänglichen Webseiten der Kommission, des Parlamentes, des Rates und vieler anderer einsehbar. Dazu gehört auch das Abonnement verschiedener Newsletter wie Euractiv, Politico und anderer. Spätestens für Ebene Zwei aber braucht es ein Pressebadge, mit ihm erhält man Zugang zu den Pressekonferenzen und bekommt Einladungen zu Hintergrundgesprächen. Da braucht es auch etwas Zeit, bis man die Protagonisten kennen gelernt hat. Erst so werden auch die tieferen Hintergründe von EU-Politik ersichtlich und erst mit ihnen ist wird das Verständnis über EU-Berichterstattung besser. Ebene Drei umfasst viele direkte Drähte zu Entscheidungsträgern. Durch deren Erläuterungen dringt man noch tiefer in das europäische Verständnis ein, um das Verhältnis verschiedener Mitgliedstaaten zueinander zu durchdringen und damit Entscheidungsprozesse nachvollziehen zu können.

---

[5] Siehe Home – Eurostat, *Eurostat*, [online] https://ec.europa.eu/eurostat [28.12.2024].

Die deutsche Ständige Vertretung hält eine nützliche Liste deutscher Korrespondenten auf ihrer Webseite bereit, die praktisch für neu ankommende Journalisten in Brüssel ist, um die neuen Kollegen zu finden.[6] Wer frühzeitig Kontakt auch zu anderen, internationalen Journalisten aufnehmen will, kann das auch über die API-IPA, die *Association de la Press Internationale/International Press Association* tun.[7] Dort bekommt der Korrespondent viele Hilfen und Hinweise, etwa zu den Akkreditierungsformalitäten bei den verschiedenen Organen und Institutionen. Die Interessenvertretung hilft bei Fragen weiter und wird in Brüssel vor allem von erfahrenen Mitgliedern geführt, die Brüssel in- und auswendig kennen und immer eine Hilfe sein können. Die API handelt auch den jeweilige *Code of Conduct* mit den Institutionen aus. Dort sind einige grundsätzliche Verhaltens- und Umgangsregeln festgelegt. Die Mitgliedschaft hat auch handfeste Vorteile. Mit ihr ist ein internationaler Presseausweis verbunden, der die Rolle der internationalen Journalisten in Brüssel unterstreicht. Das ist beim Zugang und der Akkreditierung für Brüsseler Organe und Institutionen oft hilfreich, aber auch wenn es um Berichterstattung über Belgien selbst geht. Angenehmer Nebeneffekt: Mit diesem Ausweis bekommt ein Korrespondent in nahezu allen Museen freien Eintritt und er berechtigt, mit einer entsprechenden Marke, zum kostenlosen Nutzen der Regionalzüge in Belgien. Der Wochenendtrip an die belgische Küste und ihre Strände wird somit stressfreier und günstiger. Ähnliche Ziele wie API-IPA verfolgt Association of European Journalists.[8] Spätestens bei den ersten wichtigen Terminen im Parlament oder im Rat treffen Korrespondenten aber ihre internationalen Kollegen.

Zu Ebene zwei in der Welt der Informationsbeschaffung gehört der direkte Kontakt zu allen Pressesprechern, vor allem der unterschiedlichen Parteien im Parlament. Wichtig ist, sich zunächst beim Presseteam des Parlamentspräsidenten zu melden und sich dort in den Verteiler aufnehmen zu lassen.[9] Noch wichtiger ist, sich bei den Presseteams der Fraktionen zu melden, um sich auch dort in einen Verteiler[10] aufnehmen zu lassen. Dieser Schritt ist nötig, um die Voraussetzungen für viele Einladungen zu den so wichtigen Hintergrundgesprächen zu schaffen. Auch hier hilft das Pressereferat weiter, aber auch ohne sind die Ansprechpartner rasch

---

[6] Siehe Journalisten deutscher Medien/Dienste in Brüssel, bruessel-eu.diplo.de, (2024).
[7] Siehe International Press Association, *API – IPA*, [online] https://www.api-ipa.org/ [28.12.2024].
[8] Vgl. Homepage, *Association of European Journalists*, [online] https://aej.org/ [28.12.2024].
[9] Siehe The Cabinet | The President, *European Parliament*, [online] https://the-president.europarl.europa.eu/en/the-cabinet [28.12.2024].
[10] Siehe Alle Fraktionen | Aktuelles, *Europäisches Parlament*, [online] https://www.europarl.europa.eu/news/de/press-room/contacts/5/alle-fraktionen [28.12.2024].

zu finden. Die Abgeordneten sind die wichtigsten *Sprecher* für politische Einschätzungen und Kommentare auf Parlamentsebene und in aller Regel, wenn sie gerade die Möglichkeit haben, besonders wichtige Quellen für Auskünfte. Korrespondenten können Europaparlamentarier meist problemlos direkt erreichen. Zuvor ist hilfreich, Kontakte zu knüpfen, denn es ist wichtig, dass der Abgeordnete mit einem Anruf auch ein Gesicht verbinden kann. Manche Parlamentarier haben sogar eigene Pressereferenten und organisieren Pressebriefings. Deren Qualität ist sehr unterschiedlich, es gibt Assistenten bei den Abgeordneten, die umfängliche Sachverhalte, Zusammenhänge, Zeitleisten und Abstimmungsprozedere erklären können oder den öffentlichen Einlassungen ihrer Chefs anfügen. Die Kompetenz dieser Mitarbeiter variiert allerdings deutlich. Es ist fast überflüssig zu sagen, dass solche Hintergründe natürlich die Sicht des jeweiligen Ansprechpartners transportiert. Die Informationsseite[11] der Abgeordneten mit Kontaktdaten sind auch nach Land[12] aufrufbar oder nach Fraktion.[13] Wer diese Informationsstruktur einmal aufgebaut hat, bekommt in der Folge täglich Pressemitteilungen und Einladungen zu Briefings. Die fanden vor Corona meist physisch statt, meist in irgendeinem Nebenraum der Parlamentskantine (die im Übrigen gutes Essen serviert und zu der ein Korrespondent mit der erforderlichen Hundemarke Zutritt hat) und meist morgens mit einem kleinen Frühstück verbunden sind. Dort werden die immer gleichen Croissants, schlechter Kaffee und Tee angeboten, was auf Dauer dem Metabolismus nicht zuträglich ist. Die Grünen achten übrigens bei solchen Gelegenheiten auf gesünderes Essen, hier gibt es gern auch ein zuckerarmes Müsli, aber all das hat sich nach Corona insofern geändert, als dass digitale Pressehintergrundgespräche deutlich öfter vorkommen. Das hat den Vorteil, an wesentlich mehr Gesprächen teilnehmen zu können, aber den Nachteil, dass der persönliche Kontakt zu den Protagonisten etwas nachlässt. Dennoch bleibt er wichtig und ist nachhaltiger. Brüsseler Korrespondenten verlassen sich im Übrigen in hohem Maß auf die Pressemitteilungen der EU-Institutionen, sie nutzen sehr traditionelle Kommunikationskanäle, bekam Sophie Lecheler in einer Umfrage für eine Studie über die Situation von Korrespondenten in Brüssel bestätigt.[14] Sie messen offiziellen Veranstaltungen der EU-Institutionen wie dem Midday-Briefing der EU-

---

[11] Siehe Home | Abgeordnete, *Europäisches Parlament*, [online] https://www.europarl.europa.eu/meps/de/home [28.12.2024].

[12] Siehe Erweiterte Suche | Suche | Abgeordnete, *Europäisches Parlament*, [online] https://www.europarl.europa.eu/meps/de/search/advanced [28.12.2024].

[13] Siehe Suche nach Land und Fraktion | Suche | Abgeordnete, *Europäisches Parlament*, [online] https://www.europarl.europa.eu/meps/de/search/table [28.12.2024].

[14] Vgl. Lecheler (2022), Seite 20.

Kommission, den Pressekonferenzen des Europaparlamentes oder auch dem Rat große Bedeutung bei, wie auch die Presseaktivitäten als wichtige Quelle von Informationen angesehen wird.[15] Wer von Ministerräten berichtet, kann die Pressesprecher bitten, in einen besonderen Kommunikationskanal aufgenommen zu werden, der über die Plattform Signal kommuniziert. Dort werden kurzfristige Informationen ausgetauscht, Fragen können gestellt werden. Wann findet die Pressekonferenz oder *die PK* genau statt? Wie war dieses oder jenes Statement gemeint? Eine sehr praktische und schnelle Austauschform. Auch für den EU-Gipfel gibt es einen solchen Kanal.

Das also sind wichtige offizielle Quellen. Etwas informeller, aber nicht weniger aufschlussreich wird es meist abends. Regelmäßig laden die Fraktionen und Abgeordneten dann zu Hintergrundgesprächen, Diskussionen oder Empfängen ein. Spätestens hier gibt es die ultimative Chance, die Personen auch persönlich zu treffen und Gespräche zu führen. Solche Abendveranstaltungen finden gern zu Beginn der Parlamentssaison oder deren Ende statt, gern aber auch vor den Plenarwochen in Straßburg. Spätestens bei diesen Gelegenheiten sollte ein Korrespondent sein Telefonverzeichnis konsequent um die privaten Mobilfunknummern der Abgeordneten auffüllen. Denn wenn es schnell gehen soll, eine Einschätzung oder ein schneller O-Ton nötig ist, ist der Umweg über den Pressesprecher umständlich. Die finden das unschön, wissen andererseits auch, dass sich Journalisten direkt an die Abgeordneten wenden. Der direkte und gute Kontakt zum Parlament und zu möglichst vielen Abgeordneten und Sprechern betrifft sowohl die reinen Fakten und Abläufe aber vor allem auch Hintergründe. Wer rasch eine Einschätzung benötigt, kann sich so schnell bei den entsprechenden Experten schlau machen. Zur Ebene zwei gehört auch, sämtliche Newsletter, die mit Brüssel zu tun haben, zu abonnieren. Dazu zählt insbesondere Politicos *Brussels Playbook,*[16] das erstaunlich gut und vor allem vielfältig informiert ist. „Namely the Playbook, Politico's flagship product, a morning newsletter that reaches every morning tens of thousands of readers and has become a compulsory reading for officials across the bloc. It reaches mailboxes at around 7 CET, like all the other morning sectorial newsletters, but they are behind a paywall, whereas the Playbook is free. Once a sherpa from an Eastern European country asked me whether it was possible to publish it earlier, the hour difference means that the Playbook arrives too late for the first cabinet meeting at 8.30, the official complained. Like all our newsletters it has a looking forward approach that helps to set the tone for the day. And, also in this case, the language

---

[15] Vgl. ebd.
[16] https://www.politico.eu/newsletter/brussels-playbook/.

plays a key role, meaning that newsletters have a different tone compared to the articles we write. Newsletter language is more flexible, it's a mix of scoops, reporting, blog, analysis, gossip … but also personalities have a clear impact."[17]

Dort arbeiten zahlreiche Journalisten und besuchen ziemlich viele Veranstaltungen bis in den späten Abend hinein, um zu sammeln was unter anderem ihren morgendlichen Newsletter füllt. Vermutlich dürften sie alle auf 50 oder 60-Stunden-Wochen kommen. Politico wirkt wie ein großer Informationsverteiler in Brüssel, als Multiplikator, den jeder Korrespondent morgens durchsieht. Politico betreibt natürlich so auch Agenda Setting. Es gibt noch eine ganze Reihe anderer Newsletter und Informationsbörsen. Auch Euractiv gehört zu diesen Medien, die vor allem ein europäisches Publikum und die Bubble ansprechen. „Euractiv ist ein unabhängiges und pan-europäisches Mediennetzwerk spezialisiert auf EU-Politik. Das Euractiv Netzwerk bietet kostenlose, lokalisierte Nachrichten zur EU-Politik auf 12 Sprachen. Gemeinsam mit unseren Medienpartnern erreichen wir jeden Monat 2,4 Mio. Nutzer:innen in ganz Europa und darüber hinaus …. Der Austausch hochwertiger Inhalte spart den „EU-Akteuren" (Fachleuten aus der EU und den nationalen Politikbereichen sowie weiteren Journalist:innen, die diese Informationen nutzen) Zeit. Die Entwicklung einer vertrauenswürdigen Marke und das Erreichen von Nutzer:innen in der gesamten EU hilft den Kund:innen von Euractiv bei ihrer Kommunikation. Grenzüberschreitender Journalismus und Medieninnovationen unterstützen eine faktenbasierte und konstruktive Politikgestaltung in und für Europa."[18] Interessant ist, wie klar und offensiv Euractiv seine Grundsätze darstellt und damit wohl als eines der wenigen paneuropäischen Medien bezeichnet werden kann: „Wir teilen qualitativ hochwertigen Journalismus sowie recherchierte Inhalte zwischen zuverlässigen Expert:innen, die durch eine gemeinsame Marke und deren Kernwerte (Unabhängigkeit der Medien, Transparenz, Sprachen, pro-europäisch und konstruktiv) vereint sind. Dezentral und mehrsprachig bauen wir Brücken zwischen verschiedenen europäischen Ländern. Effizient streben wir eine zeitsparende Plattform an, die unterschiedliche Positionen der „EU-Akteure" im Vorfeld politischer Entscheidungen zur Verfügung stellt. Konstruktiv zeigen wir Gemeinsamkeiten auf und suchen nach politischen Lösungen. Das bedeutet, dass EURACTIV sich nicht nur auf Probleme und Konfliktanalysen konzentriert."[19] Dieser Ansatz ist insofern interessant, als dass er auf einen europä-

---

[17] Siehe Teil 2. Abschnitt 11. Barigazzi, Jacopo. „The Bible of EU-Affairs."
[18] Papastolopoulos, Tolis (2020): Euractivs Mission, *Euractiv*, [online] https://www.euractiv.de/euractiv-mission/ [28.12.2024].
[19] Ebd.

ischen und konstruktiven Journalismus abzielt. Dazu mehr im Kapitel Darstellungsformen. In jedem Fall findet hier jeder EU-Korrespondent zahlreiche Hintergrundgeschichten aus europäischer Perspektive und eine Vielzahl interessanter Themen. Zu Ebene zwei gehört auch noch das Abonnement von Newslettern und der Kontakt zu Industrieverbänden, Nichtregierungsorganisationen und sonstigen Verbänden. Auch sie halten oft interessante und wichtige Informationen aus jeweils ihrer Sicht vor, die für die Arbeit Korrespondenten sehr hilfreich und sogar notwendig sein können. Wegen der besonderen Relevanz geht ein späteres Kapitel noch auf die Themen *Lobbyismus* und *Nichtregierungsorganisationen* (im Folgenden auch: NGO) ein. Nicht zu vergessen ist eine vor allem deutsche Besonderheit, nämlich die der Landesvertretungen in Brüssel. Sie sind oft Informations- und Kontaktbörsen. Vor allem aber finden dort regelmäßig interessante Abendveranstaltungen zu spannenden europapolitischen Themen mit hochinteressanten Vertretern aus allen Institutionen oder den Bundesländern selbst statt. Die Landesvertretungen laden zu regional wichtigen Themen ein, aber auch zu ganz grundsätzlichen. Dort sitzen oft Entscheidungsträger aus Kommission oder Rat, aus dem Parlament oder NGOs auf dem Podium und erörtern Themen, die einem Korrespondenten bei der Einschätzung wichtiger politischer Prozesse helfen können, zumal bei solchen Gelegenheiten auch wichtige Bekanntschaften gemacht werden. Solche Abende werden von den Veranstaltern mit Fingerfood und Trinkbarem einigermaßen angenehm gestaltet, stellen aber meist bereits Stunde zehn oder zwölf eines langen Arbeitstages dar. Manche Abendveranstaltungen dienen allerdings ausschließlich dem angenehmen Zusammenkommen und dem Networking. Niedersachsen feiert gerne ein Grünkohlessen, Baden-Württemberg ist bekannt für besonders üppige Büffets und besten Wein. Solche Veranstaltungen sind aus diesen Gründen oft völlig überfüllt und dienen der Kontaktaufnahme aber eben nicht nur. Deshalb ist wichtig, von vornherein einen guten Blick für interessante Persönlichkeiten zu entwickeln und sich mit genau jenen zu befassen. Denn ein Phänomen solcher Veranstaltung ist die Anwesenheit vieler Mitarbeiter Brüsseler Institutionen, von denen oft nicht viel zu erfahren ist, die aber vor allem mal wieder heimische Küche genießen wollen, oder auch mancher sympathischer Altvorderer, die gern von früher reden. Aber auch Ministerpräsidenten oder andere hochrangige Politiker lassen sich bei solchen Gelegenheiten regelmäßig blicken und es ergibt sich häufig die Gelegenheit zu direkten Gesprächen. Manch ein Korrespondent verdient sich durch die Moderation von Podiumsdiskussionen ein gutes Zubrot. Wer dies ablehnt, um Interessenskonflikte zu vermeiden, kann sein Honorar (abhängig von Bekanntheitsgrad und Marktwert, rund 500 bis 1500 pro Abend) spenden und ist so bestimmten Protagonisten, etwa Kommissaren, Ministerpräsidenten oder Managern etwas näher als der normale Besucher. Auch Unternehmen und

Wirtschaftsverbände veranstalten zahlreiche, erkenntnisreiche Informationsabende. Aber noch einmal, es sind sehr lange Arbeitstage. Manche Regionen veranstalten in der Winterzeit deutsche Weihnachtsmärkte, wo lange vermisste Bratwürste, Sauerkraut oder andere Dinge, die es im Gourmetland Belgien ausnahmsweise nicht gibt, angeboten werden. Doch dies sind keineswegs nur folkloristische Nebenschauplätze. Die meisten Veranstaltungen dienen seriös dem tieferen Verständnis europäischer und deutscher Interessen und der politischen Prozesse. Wobei die Aufzählung deutlich macht, dass deutsche Institutionen und Landesvertretungen besonders stark in Brüssel vertreten sind. Auch politisch ist Deutschland – mit Frankreich – „das größte Kalb auf der Wiese", wie es der langjährige ständige Vertreter der Bundesrepublik Deutschland in Brüssel, Botschafter Michael Clauß, gegenüber der ARD einmal ausdrückte. Alle schauen in irgendeiner Weise auf Deutschland und richten sich danach aus, in eine ähnliche oder eben entgegengesetzte Richtung. Dies ist für die Einschätzung politischer Entscheidungsmuster wichtig. Das Wissen um diese Rolle fließt im besten Fall auch in die Berichterstattung ein. Dabei befinden wir uns noch immer auf Ebene zwei der Informationsbeschaffung. Besonders wichtig auf dieser Ebene ist der Kontakt zur Ständigen Vertretung der Bundesrepublik Deutschland.[20] Der Botschafter und vor allem seine Pressereferenten sind dauernde Ansprechpartner und Informationsvermittler für die Inhalte und Hürden bei Politikprozessen, sprechen aber meist nur im Hintergrund. Nach Corona sind auch sie dazu übergegangen, ihre Hintergrundgespräche vor entsprechenden Sitzungsterminen der Ministerräte online zu veranstalten. Vor Corona fanden diese überwiegend in physischer Anwesenheit statt und waren auf deutschsprachige Journalisten beschränkt. Seit Corona hat sich der Online-Hintergrund in englischer Sprache durchgesetzt, dann auch mit Journalisten anderer Mitgliedstaaten. Die Hintergründe verlieren so etwas an Exklusivität, dafür bekommt der Korrespondent einfacheren Zugang auch zu anderen ständigen Vertretungen. Wichtig zu erwähnen sind natürlich Frankreich (weiterhin selbstverständlich auf Französisch), die Niederlande (informiert wie die meisten anderen auch auf Englisch), und Österreich. Wie viel wirklicher Hintergrund bei diesen Veranstaltungen dann tatsächlich vermittelt wird, hängt auch von den Personen ab, die informieren. Je größer die Veranstaltung wird, umso allgemeiner die Informationen. Mehr Input muss man sich in der Folge anderswo holen.

Innerhalb der EU-Kommission sind die Reglementierungen streng festgelegt. Der Zugang ist nur in den Pressebereich, in die Arbeitszonen und die Kantine erlaubt. Alle anderen Bereiche bedürfen der vorherigen Absprache. Dreharbeiten

---

[20] Siehe Ständige Vertretung EU, *Auswärtiges Amt*, [online] https://bruessel-eu.diplo.de/eu-de [28.12.2024].

sind nicht ohne Weiteres möglich. Wer den täglichen Arbeitsablauf in der EU-Kommission zeigen will, beißt sehr schnell auf Granit. Das Interesse, dass jemand hinter die Kulissen dieses wichtigen Maschinenraums schaut, ist nicht sehr ausgeprägt. Folglich gibt es einen gewissen Widerspruch. Die Kommission stellt eine enorme Menge an Informationen zur Verfügung, ist mit solchen über sich selbst sehr zurückhaltend oder sogar restriktiv. In der Press Corner[21] im Netz bekommt jeder, auch Nicht-Journalisten, sehr viel, sehr aktuelles Material zur Verfügung gestellt. Dazu gehören neben den Pressemitteilungen auch Videos, Footage, Fotos und Links zu „Europe by Satellite". EBS (European Broadcasting Service) ist der TV-Informationsservice der Europäischen Union und hält audiovisuelles Material mit EU-Bezug vor.[22] Der Kanal bietet Live-Übertragungen an, etwa von Pressekonferenzen, von Reisen der EU-Protagonisten, aber auch Footage-Material zu EU-relevanten Themen. Medien aus Ländern, die sich kein Journalistenbüro in Brüssel leisten können, bekommen so die Möglichkeit, dennoch umfangreich über EU-Fragen zu berichten. Und natürlich Vorsicht: Es ist Material, das von den EU-Institutionen zur Verfügung gestellt wird. Auch wenn es dem Augenschein nach neutral aussieht, ist es das allein wegen der Auswahl natürlich nicht. Es wirkt einfach, ein paar Bilder aus dem Footage mit O-Tönen der Kommissionspräsidentin und einigen anderen zu montieren, und fertig ist der Beitrag. Es ist die zentrale Aufgabe von Korrespondenten, die dargestellten Inhalte immer auch von hinten oder der anderen Seite zu denken. Der EBS-Service ist aber nicht nur für die audiovisuellen Medien wichtig. Alle Korrespondenten empfangen ihn in ihren Büros, um vor allem Pressekonferenzen zu verfolgen. Da der audiovisuelle Dienst auch stets Kamerateams auf die Reisen der Präsidenten schickt, sind so Einlassungen verfügbar, ohne selbst vor Ort gewesen zu sein. Gibt es sonst keine O-Töne von einem solchen, aber vielleicht wichtigen Ereignis, neigen die Berichterstatter natürlich dazu, den vorhandenen O-Ton des EU-Vertreters zu nutzen oder ihn zu zitieren. Die EU-Repräsentanten vergrößern jedenfalls durch die ständige Begleitung von eigenen Fernsehteams ihre Aufmerksamkeit und Wahrnehmung, dafür betreibt die Kommission einen erheblichen Aufwand. Um das Material zu nutzen oder zu sehen, braucht es keine Akkreditierung in Brüssel. Es ist frei zugänglich. EU-Kommission und Parlament halten auch große, modern ausgestattete Fernsehstudios vor, die von Berichterstattern genutzt werden können.

---

[21] Siehe Press corner, *European Commission*, [online] https://ec.europa.eu/commission/press-corner/home/en [28.12.2024].
[22] Siehe EC AV PORTAL – Audiovisual Service, *European Commission*, [online] https://audiovisual.ec.europa.eu/en/ [28.12.2024].

Ebene Drei der Informationsbeschaffung umfasst den direkten Draht zu den Entscheidungsträgern und ist in der Regel nur ausgewählten, langjährigen und bekannten Korrespondenten vorbehalten und enthält zahlreiche Widersprüche. Hier wird gelegentlich zu sehr exklusiven Hintergründen eingeladen, sei es zum Lunch oder Dinner bei Botschaftern, gelegentlich auch bei ihnen zu Hause, auch die Kommissionspräsidentin oder ihr Kabinettschef gewähren gelegentlich einen Zugang. Ähnliches gilt für die unterschiedlichen anderen Protagonisten. Bevorzugt behandelt werden oft die Bürochefs, wer sein eigener Chef ist, also alleine für ein Medium in Brüssel arbeitet, hat hier einen Vorteil. Gleichwohl bemühen sich die meisten Protagonisten, niemanden zu diskriminieren. Dennoch spielt es eine Rolle, für welches Medium der Korrespondent arbeitet, um den Kreis nicht zu groß werden zu lassen. Einmal im Jahr lädt auch die Bundesregierung ausgewählte EU-Journalisten nach Berlin ein, dort haben sie dann die Chance, mit Kanzler, Bundesministern und anderen direkt zu sprechen. Wer es dazu noch in vergleichbare Kreise anderer Länder schafft, bekommt einen umfassenden Einblick in Interessenlagen und Verfasstheit einer Regierung, einer Gesellschaft und der EU generell. Um solch einen Status zu befördern, können Korrespondenten sich frühzeitig *zeigen* und dazu dient vor allem, sich tatsächlich zu präsentieren, auf Veranstaltungen, Pressekonferenzen, persönlichen Begegnungen. Einige stellen immer und grundsätzlich Fragen, stellen sich regelmäßig dabei vor und geben an, für welches Medium sie arbeiten. Da praktisch alles auf verschiedenen TV-Kanälen übertragen wird, erlangt der Korrespondent im Laufe der Zeit eine Bekanntheit in der Bubble, also jenem EU-eigenen Kosmos aus Korrespondenten, Entscheidungsträgern und Mitarbeitern aller Institutionen. Das setzt voraus, gut informiert zu sein und kluge Fragen zu stellen. Es ist nicht jedermanns Sache, stets so in Erscheinung zu treten und auch jene, die das nicht tun, machen auch ohne diese Nähe zu den Protagonisten einen guten Korrespondentenjob, erst recht, weil sie aus einer größeren Distanz heraus berichten. Denn wer so tief eintaucht, so nah dran ist, kann auch in ein gewisses Abhängigkeitsverhältnis kommen, weshalb viele darauf bewusst verzichten. Wer besonders nah an den Protagonisten ist, kann auch Zugang zu internen Besprechungen bekommen, etwa Nachbesprechungen eines Gipfels. Wer hier dabei ist, bekommt Eindrücke einer Atmosphäre, einer Stimmung, die Journalisten normalerweise verwehrt bleiben. Manche Journalisten tauschen vertraulich ihre Mitschriften aus den jeweiligen nationalen Delegationen aus. So kann es kleine Kreise von gut vernetzten Korrespondenten geben, die ihre Informationen aus wichtigen Hintergrundgesprächen teilen. Verbunden damit ist ein informelles Regelwerk, das keine Weitergabe oder Nennung der Quellen vorsieht.

Es gibt also zahlreiche Quellen und Informationsstrukturen in der EU. Es sind zu viele, um den Überblick zu behalten. Korrespondenten brauchen so etwas wie eine ständige *Flughöhe* über die Themen und Entwicklungen. Sie müssen zu praktisch allen Entwicklungen stets etwas parat haben. Denn häufig kommen besondere Anfragen aus den Redaktionen über Zusammenhänge, die mit Halb- oder Viertelwissen irgendwo aufgeschnappt worden oder Veröffentlichungen, die völlig verkürzt sind, auch Falschmeldungen, mit der Bitte an das Korrespondentenbüro, darüber zu berichten oder zumindest für Klärung zu sorgen. Solche Anfragen sind keine Seltenheit, oft handelt es sich auch um Themenbereiche, die überhaupt nicht auf der Agenda stehen. In solchen Fällen nicht reagieren zu können, ist unangenehm. Aber auch Journalisten im Mitgliedstaat können sich, wie beschrieben, durchaus kündig machen, weil viele Informationen für jeden relativ leicht einsehbar sind. Bestimmte Grundstrukturen sind also für jeden außerhalb nachvollziehbar. Für den Korrespondenten vor Ort gilt das aber umso mehr. Wer ist zuständig in der EU für das Thema? Welche Institution hat die entsprechenden Kompetenzen? Wo bekomme ich besonders schnell eine Zusatzinformation? Wer hat welche Grundinteressen? Welchen Experten oder Abgeordneten habe ich im Telefonverzeichnis der mir rasch weiterhelfen kann? Paola Tamma, Korrespondentin der Financial Times, beschreibt es so: „Know your stuff. Even a basic grasp of the EU can seem intimidating when one first arrives here, but I was lucky to have a couple of seminal texts and extremely generous colleagues to steer me through the thicket of it. There's at least three layers of knowledge to conquer: institutional – how does the EU work, who are the key actors, how do they interact and what is their relative power; specific knowledge of the subject matter at hand, which would change depending on the topic; and a third 'quintessential' knowledge of how politics work, and therefore what is likely to happen. The more you progress in your time in Brussels, the more easily this will become a natural reflex. There are people who would graciously provide you with first-class lectures on any given topic (I once had a WTO for dummies crash course from a former WTO director general), but as a rule, do not show up to an interview or briefing without having done your research: While there is never a stupid question, there are sometimes unnecessary questions that are a waste of people's time – yours, and your sources'. While this applies to every beat, I believe that EU complexity makes this even more relevant. It took me approximately six months to feel the training wheels could come off, having enough confidence in my sourcing/institutional and topic knowledge to be able to authoritatively pitch, report and write a story. It is a layered process and there is always new things to learn, but after a few months of feeling like a fraud, and a good amount of knowledge gathering, I felt like I had been initiated into the EU ways.[23]"

---

[23] Siehe Teil 2. Abschnitt 3. Tamma, Paola. No national or institutional point of view.

Eine besondere Rolle wird künftig die künstliche Intelligenz (im Folgenden auch: KI) spielen. Sie könnte bei der Sortierung, der Einordnung von Themen helfen. Wer ChatGPT nach seiner künftigen Rolle selbst fragt, bekommt dazu immerhin folgende Antwort. „Der Einsatz von künstlicher Intelligenz (KI) als EU-Korrespondent kann auf vielfältige Weise erfolgen, um die Effizienz und Qualität der Berichterstattung zu verbessern. Hier sind einige Möglichkeiten:

1. Datenanalyse und -aufbereitung = Datenextraktion: KI kann große Datenmengen aus EU-Datenbanken und -Dokumenten extrahieren und analysieren, um wichtige Trends und Statistiken zu identifizieren. Textanalyse: Natural Language Processing (NLP) kann genutzt werden, um politische Reden, Gesetzestexte und Pressemitteilungen zu analysieren und die wichtigsten Punkte hervorzuheben.
2. Automatisierte Berichterstattung: Erstellung von Nachrichten: KI-Modelle wie GPT können automatisch Nachrichtenartikel auf Basis von Pressemitteilungen und anderen offiziellen Dokumenten verfassen. Übersetzungen: KI-gestützte Übersetzungstools können dabei helfen, Dokumente und Nachrichten in verschiedene Sprachen zu übersetzen, um eine breitere Leserschaft zu erreichen.
3. Personalisierung und Zielgruppenansprache: Personalisierte Inhalte: Durch die Analyse von Leserpräferenzen kann KI maßgeschneiderte Inhalte erstellen und den Nutzern entsprechend ihren Interessen präsentieren. Social Media Monitoring: KI kann soziale Medien überwachen, um aktuelle Trends und Diskussionen zu verfolgen und darauf basierend relevante Berichte zu erstellen.
4. Recherche und Verifizierung: Faktenprüfung: KI kann verwendet werden, um Fakten in Echtzeit zu überprüfen und Fehlinformationen zu identifizieren. Recherche-Assistenz: KI-gestützte Tools können bei der Recherche helfen, indem sie relevante Informationen und Quellen schnell zugänglich machen.
5. Interaktive Technologien: Chatbots: KI-gesteuerte Chatbots können Leserfragen in Echtzeit beantworten und dabei helfen, komplexe EU-Themen verständlicher zu machen. Virtuelle Assistenten: Diese können Korrespondenten unterstützen, indem sie Aufgaben wie Terminplanung, Recherche und Datenanalyse übernehmen.
6. Vorhersage und Szenarioanalyse: Trendprognosen: KI-Modelle können genutzt werden, um politische und wirtschaftliche Entwicklungen vorherzusagen und deren mögliche Auswirkungen zu analysieren. Szenarioanalysen: Durch die Simulation verschiedener politischer Szenarien kann KI-Korrespondenten dabei helfen, potenzielle Entwicklungen und deren Auswirkungen besser zu verstehen."

Wer ChatGPT aber eine andere Frage stellt, bekommt eine andere Antwort und je mehr und unterschiedliche Fragen er stellt, desto besser könnte die KI in Zukunft zu einem Assistenten des EU-Korrespondenten werden. So jedenfalls sieht es der KI-Journalist Patrick Große im Interview: „Zum einen ist es eine Frage des *Promptens,* man muss einen guten Prompt schreiben und zum anderen ist das aber eine Frage des Trainings insofern, dass man die KI wirklich mit Informationen füttert, die auch etwas bringen. Man muss die KI schon ein bisschen begleiten, über ein paar Tage oder Wochen, und schauen, ist das Ergebnis jetzt gut oder nicht? Und dann gibt man Rückmeldungen. Also, es hängt viel mehr mit der Qualität der Trainingsdaten tatsächlich zusammen als mit dem Prompting, aber das sind die zwei großen Dinge, die da funktionieren. Das ist mein anderes Projekt, dass ich auch Journalisten mit KI schule. Meine Hauptaussage ist, ihr müsst einfach dranbleiben, schaut euch an, was ihr wollt, schaut euch an, was die KI braucht. Ihr könnt auch die KI fragen, was sie braucht, dafür ist es ja künstliche Intelligenz, und dann sagt die KI euch, welche Dokumente sie braucht. Ladet das hoch, trainiert sie, bleibt dran, gebt Antworten, gebt Feedback und dann habt ihr in kürzester Zeit einen gut trainierten Bot, der euch bei der täglichen Arbeit helfen kann, egal für welche Aufgabe. Es gibt auch Dinge, die nicht möglich sind. Und eine eurer Erkenntnisse kann am Ende auch sein, dass das, was ihr braucht, nicht möglich ist, aber in diesem Fall glaube ich, dass es auf jeden Fall möglich ist, zumindest grundlegend eine Art Bot aufzusetzen, der schon ein bisschen helfen kann. In jedem Fall kann die KI ein sehr guter Assistent sein. Man geht nach Brüssel und hat einen persönlichen Assistenten an der Seite, den man vorher programmieren muss. Das kostet ein bisschen Arbeit, aber dann kann man den wirklich immer anstellen, Fragen stellen, vielleicht sogar darum bitten, bei der Arbeit zu helfen. Recherche ist möglich, sich ein paar Textinspirationen geben zu lassen, ohne den kompletten Text schreiben zu lassen. Es wird auf jeden Fall eine sehr große Arbeitserleichterung und auch eine große Hilfe sein."[24]

Schon hier aber wird es schwierig mit der künstlichen Intelligenz. Wie ist eigentlich die Quelle anzugeben? Je nach Fragestellung und Fragesteller dürften unterschiedliche Ergebnisse kommen, das Ganze eine Woche später wiederholt, ergäbe ein neues Ergebnis. Und wer sind eigentlich die Autoren? Wo holt ChatGPT seine Informationen eigentlich her? Würde man mehrfach und unterschiedlich prompten, also Fragen stellen und der KI die Aufgabe geben, mehr Unterstützung anzubieten, es käme noch deutlich mehr heraus. Zu prüfen wird also schwierig. Alle Medien arbeiten intensiv daran, wie sie die künstliche Intelligenz für ihre

---

[24] Siehe Teil 2. Abschnitt 13. Große, Patrick. ENTR und europäischer Journalismus.

Arbeit nutzen können. Einige haben Abkommen geschlossen und sind Selbstverpflichtungen eingegangen, die einen verantwortungsvollen Umgang mit künstlicher Intelligenz garantieren sollen. Doch wie unterscheidet die KI künftig zwischen Fakten und Fake? Selbst wenn sie vorgäbe, genau das zu tun, wie ist das zu prüfen? Wie genau kann ich mich darauf verlassen? Oft haben Journalisten auch in Brüssel die KI schon lange genutzt, ohne groß darüber nachzudenken, etwa bei automatischen Sprachassistenten wie Trint,[25] mit deren Hilfe Interviews schnell und unaufwendig in eine andere Sprache übersetzt werden können. Denkbar wäre tatsächlich ein Hilfsmittel, das die stetig notwendige, bereits erwähnte Flughöhe erleichtert, das Themen sortiert, das Daten sofort bereitstellt oder Informationen verifiziert. Der WDR und die ARD arbeiten auf vielen Ebenen, um KI sinnvoll und redaktionell verantwortungsvoll zu nutzen. „Der Einsatz von Künstlicher Intelligenz im WDR muss den Werten und Zielen dienen, die sich aus der öffentlichrechtlichen Verfassung des WDR, seinem Programmauftrag und seinen Programmgrundsätzen ergeben. Neben den Punkten Rechtmäßigkeit, Verantwortlichkeit und Transparenz betrifft dies vor allem seinen gesellschaftlichen Auftrag, durch vielfältiges, umfassendes, inklusives, wahrhaftiges und unabhängiges Programm Medium und Faktor des Prozesses freier individueller und öffentlicher Meinungsbildung zu sein."[26] Wesentlich für den WDR ist die Transparenz. Daher erprobt man „ein „KI-Siegel", eine Art „digitalen Beipackzettel". Als erstes öffentlichrechtliches Medienhaus im deutschsprachigen Raum ist der WDR zwei Initiativen zur Kennzeichnung vertrauenswürdiger Inhalte beigetreten: der „Content Authenticity Initiative" (CAI) und der damit verbundenen „Coalition for Content Provenance and Authenticity" (C2PA). Dabei geht es um die eindeutige Kennzeichnung echter Videos, Fotos und Tonaufnahmen. Die Aufnahmen werden mit einem „digitalen Beipackzettel" untrennbar verwoben, der genauen Angaben zur Aufnahme und zu jedem Bearbeitungsschritt enthält und vom Nutzer per Klick sichtbar gemacht werden kann."[27] Alle Medien experimentieren mit den verschiedensten Tools. Dazu gehören auch Themenfinder, die Trends beim Publikum ausmachen, zunächst auf lokaler Ebene und nun auch auf europäischer. Besonders weit gehen Sender, die bereits ganze Programme mit künstlicher Intelligenz herstellen. Ob aber KI helfen kann herauszufinden, an welchen EU-Themen das Publikum tat-

---

[25] Trint https://trint.com ‚transcription' software, [online] Trint https://trint.com ‚transcription' software.
[26] Wie wir im WDR mit Künstlicher Intelligenz umgehen, *WDR*, [online] https://www1.wdr.de/ki/ki-wdr/index.html [28.12.2024].
[27] Ebd.

sächlich interessiert ist? Akzeptieren Zuschauer Programme, die von Avataren präsentiert werden? Es gibt praktisch niemanden in der Medienbranche, der nicht experimentiert. Wie hilfreich KI wird, das zeigt sich gerade erst, besonders auch mit Blick auf europäische Themen und Recherchen. Patrick Große ist zumindest für sein Projekt ENTR optimistisch: „Sie kann dabei helfen, die europäischen Prozesse ein bisschen nahbarer zu machen, das kann man vielleicht sagen. Wir wollen ja das, was in der EU passiert, auf die Lebensrealität von jungen Menschen herunterbrechen und zeigen, was und wie betrifft. Und ich glaube, dass das auch sehr gut mit KI funktionieren kann, dass man da in Zukunft über die KI zeigt, was macht die EU gerade? Was passiert da gerade? Sei es jetzt eine Regulierung, sei es eine Gesetzgebung, sei es andere Dinge, die es innerhalb des Konstrukts gibt, dann kann es Bots geben, die uns dann erklären, wie was habe ich damit zu tun? Die vielleicht daraus Erklärungen machen, vielleicht sogar uns in den Medien helfen, uns dann direkt Dinge zu erklären, Explainer, wie wir sagen."[28]

Klar ist nur, dass sich die Bedingungen durch KI drastisch verändern werden und das Tempo der Veränderung immer weiter zunehmen wird. Und es wird eine interessante Entwicklung sein, welche Rolle sie im EU-Journalismus spielen wird. „Ich glaube auch natürlich, eure Art und Weise zu arbeiten wird sich weiters drastisch ändern, insbesondere mit den ganzen neuen Künstliche Intelligenz Technologien, die kommen. Das ist etwas, worüber wir alle nachdenken müssen. Ich glaube, dass es wichtig sein wird. Für euch und für uns. Ich habe gelesen, wie Le Monde und Open AI ein Abkommen unterschrieben haben, um sicherzustellen, dass die journalistische Arbeit von Open AI benutzt werden kann, aber auch anerkannt wird, und auf der anderen Seite, dass die Medien Open AI benutzen können, wenn es für sie interessant ist. Ich glaube, das wird unsere Arbeit in der Zukunft bestimmen,"[29] sagt Eric Mamer, unter Ursula von der Leyen Sprecher der EU-Kommission zwischen 2019 und 2024. Lange hat Google redaktionelle Inhalte, von Journalisten produziert, genutzt, ohne dafür zu zahlen und somit ein eigenes Geschäftsmodell entwickelt und damit das eigentliche Geschäftsmodell Medien gefährdet. Was bedeutet das aber für ChatGPT zum Beispiel? Bei Suchergebissen dort ist nicht einmal die Herkunft der Information bekannt. Das ist es, was Eric Mamer meint. So bekommt die künstliche Intelligenz abseits der Möglichkeiten und Einflüssen für die Arbeitsstrukturen noch eine zusätzliche ökonomisch-politische Dimension.

---

[28] Siehe Teil 2. Abschnitt 13. Große, Patrick. ENTR und europäischer Journalismus.
[29] Mamer, Eric (2024): Sprecher EU-Kommission.

Literatur

Nachrichten-Abonnementdienste, *https://epspfo.europarl.europa.eu/epspfo/d*
Mamer, Eric (2024): Sprecher EU-Kommission. Interview mit dem Autor.
Lecheler, Sophie (2021): *Live from Brussels: a study of the Brussels press corps.*, Brüssel: Publications Office.
Alle Fraktionen I Aktuelles, *Europäisches Parlament*, [online] https://www.europarl.europa.eu/news/de/press-room/contacts/5/alle-fraktionen [28.12.2024].
Brussels Playbook – Newsletters, *POLITICO*, [online] https://www.politico.eu/newsletter/brussels-playbook/ [28.12.2024].
EC AV PORTAL – Audiovisual Service, *European Commission*, [online] https://audiovisual.ec.europa.eu/en/ [28.12.2024].
Erweiterte Suche I Suche I Abgeordnete, *Europäisches Parlament*, [online] https://www.europarl.europa.eu/meps/de/search/advanced [28.12.2024].
European Parliament, *European Parliament*, [online] https://epspfo.europarl.europa.eu/epspfo/MISSINGLINK [28.12.2024].
Home I Abgeordnete, *Europäisches Parlament*, [online] https://www.europarl.europa.eu/meps/de/home [28.12.2024].
Home – Eurostat, *Eurostat*, [online] https://ec.europa.eu/eurostat [28.12.2024].
Homepage, *Association of European Journalists*, [online] https://aej.org/ [28.12.2024].
International Press Association, *API – IPA*, [online] https://www.api-ipa.org/ [28.12.2024].
Journalisten deutscher Medien/Dienste in Brüssel, bruessel-eu.diplo.de.
Press corner, *European Commission*, [online] https://ec.europa.eu/commission/presscorner/home/en [28.12.2024].
Pressereferenten in Brüssel/Straßburg nach Politikfeldern und Sprachen, *Europäisches Parlament*, [online] https://www.europarl.europa.eu/news/de/press-room/contacts/1/pressereferenten-in-brussel-strassburg-nach-politikfeldern-und-sprachen [28.12.2024].
Ständige Vertretung EU, *Auswärtiges Amt*, [online] https://bruessel-eu.diplo.de/eu-de [28.12.2024].
Suche nach Land und Fraktion I Suche I Abgeordnete, *Europäisches Parlament*, [online] https://www.europarl.europa.eu/meps/de/search/table [28.12.2024].
The Cabinet I The President, *European Parliament*, [online] https://the-president.europarl.europa.eu/en/the-cabinet [28.12.2024].
Wie wir im WDR mit Künstlicher Intelligenz umgehen, *WDR*, [online] https://www1.wdr.de/ki/ki-wdr/index.html [28.12.2024].
Papastolopoulos, Tolis (2020): Euractivs Mission, *Euractiv*, [online] https://www.euractiv.de/euractiv-mission/ [28.12.2024].

High Noon 3

Das Mittagsbriefing in der Kommission

Es ist eine sehr spezielle Veranstaltung, wenn jeden Mittag um 12 im Pressesaal der EU-Kommission das tägliche Briefing stattfindet. Vor den Coronabeschränkungen war der Saal gut gefüllt mit internationalen Journalisten, der Termin war also auch eine gute Gelegenheit, viele Kontakte zu knüpfen. Seitdem das Briefing auch digital angeboten wird, schenken sich viele Korrespondenten den Gang in die Kommission mit seinem Sicherheitscheck und schauen sich die Verlautbarungen am Bildschirm im Büro an. Der Kommissionssprecher gibt Auskunft über die aktuellen Fragen, diese Auskunft lautet aber nicht selten „kein Kommentar hierzu", und zwar dann, wenn die Kommission nationale Angelegenheiten nicht öffentlich beurteilen will. Die EU-Kommission ist zwar eine mächtige Institution und hat als einzige das Initiativrecht, aber sie kann in den meisten Fällen nicht ohne die Mitgliedstaaten (und das Parlament) handeln. Das macht sie deutlich weniger mächtig als gelegentlich angenommen. Sie muss sich oft zurückhalten, um es sich mit den Mitgliedstaaten nicht zu verscherzen.

12 Uhr mittags – Zu dieser Uhrzeit tritt im Brüsseler Berlaymont natürlich nicht Gary Cooper auf die Bühne, um Recht und Ordnung herzustellen. Der Bezug ist, zugegeben, etwas weit hergeholt, aber in gewisser Weise soll ja auch die Kommission für Recht und Ordnung sorgen, sie ist ja die *Hüterin der Verträge* in der EU. Die andere Gemeinsamkeit mit dem Film ist das jeweilige Entstehungsjahr, und das war es dann auch.

Auf dem Grundstück des heutigen Kommissionsgebäudes stand früher ein Frauenkloster des Augustinerordens, wo der Couvent des Dames de Berlaymont ab 1864 untergebracht war. Dort gab es einen großen Park der Berlay-

> *mont-Damen. Gegründet wurde der Couvent von Marguerite de Lalaing mit Unterstützung ihres Ehemannes Florent de Berlaymont. Nachfolgerin gewissermaßen ist Ursula von der Leyen. Sie hat sich eine kleine Wohnung im 13. Stock einrichten lassen.*

Die Kommission entstand ebenfalls wie der legendäre amerikanische Western im Jahr 1952. Im Rahmen des Pariser Vertrages zur Gründung der Europäischen Gemeinschaft für Kohle und Stahl hieß sie zunächst noch *Hohe Behörde*, wird aber bereits *Kommission* genannt. 1958 erhält sie auch offiziell den Namen Kommission, im internen Sprachgebrauch wird sie oft verkürzt als *Komm* bezeichnet. Die Spannung im täglichen Mittagsbriefing hat kaum Aussichten auf nur einen der vier Oscars des Westerns, selbst wenn hin und wieder kleinere verbale Duelle zwischen Journalisten und Kommissaren oder Kommissionssprechern stattfinden. Dennoch gehört das *12-Uhr-Mittagsbriefing* in der Kommission für viele Korrespondenten zum Pflichtprogramm. Normalerweise tritt hier der Sprecher der EU-Kommission auf, um über die täglichen Abläufe zu berichten, Gesetzesvorhaben zu erläutern oder über allgemeine, weltweite oder sonstige Geschehnisse Auskunft zur Haltung der Kommission zu geben. „Der Tagesablauf eines Pressesprechers und insbesondere des Pressesprechers der Präsidentin ist ziemlich langwierig und fängt früh an", sagt Eric Mamer,[1] Kommissionssprecher unter Ursula von der Leyen während ihrer ersten Legislaturperiode, im Gespräch. „Er fängt damit an, dass wir uns natürlich die Presse anschauen müssen, worüber ihr in den letzten Stunden berichtet habt, am Abend davor, am Tag davor. Im Grunde genommen, um ein Gefühl dafür zu kriegen, was da draußen los ist, auf das wir zu reagieren haben könnten. Natürlich diskutiere ich mit meinen Kollegen im Kabinett und mit der Präsidentin, um uns darauf zu verständigen, was wir antworten werden, wenn eine Frage kommt." Eric Mamer ist Franzose und seine Positionierung dürfte kein Zufall gewesen sein. Man darf davon ausgehen, dass der französische Präsident im Zweifel einen direkten Draht in die Abläufe der Kommission unter einer deutschen Präsidentin haben wollte.

Natürlich hat die Kommission zu den meisten Dingen etwas zu sagen und selbst wenn sie gar nichts sagen will, fragt ganz sicher einer der anwesenden Journalisten nach einer Reaktion. Dabei will die Kommission auf keinen Fall *alt* aussehen. Im großen Auditorium sitzen nicht mehr viele Journalisten, seit der Corona-Krise finden die Pressekonferenzen immer auch virtuell statt und die Korrespon-

---

[1] Mamer, Eric (2024): Sprecher EU-Kommission 2019–2024. Interview mit dem Autor. Alle weiteren Zitate mit Mamer entstammen demselben Interview und werden daher nicht nochmals als Quelle genannt.

denten folgen ihr von zu Hause aus, aus ihrem Büro oder woher auch immer. Für Eric Mamer ist das eine besondere Situation. „Es ist meine Arbeit, Fragen von allen zu beantworten, solange sie journalistische Arbeit machen. Egal, ob sie für eine große Fernsehanstalt arbeiten oder für eine kleine Zeitung", so Mamer. „Und wir haben im Presseraum sehr oft Journalisten, die nicht unbedingt für die wichtigsten Medien arbeiten. Aber die Fragen, die beim *Midday* gestellt werden, nehmen alle wahr. Auch wenn nur zehn Leute im Presseraum sitzen, hören Hunderte von Journalisten zu. Wenn wir da eine schlechte Antwort geben, gilt sie nicht nur für den besonderen Journalisten, sondern für alle. Insofern muss man sehr darauf aufpassen, alle mit Respekt und den richtigen Antworten zu bedienen. Denn es gilt für alle und kann von allen verwendet werden." Die Kommissionssprecher bestimmen gern die Regeln und versuchen die Kontrolle zu behalten. „Die einzige Sache, die wichtig ist", stellt Mamer klar, „der Presseraum ist kein Verhandlungsort, in den die Leute kommen, um ihre politischen Meinungen zu äußern und auf uns aus nicht journalistischen Gründen Druck auszuüben. Wenn Journalisten anfangen, Kommentare abzugeben, anstatt Fragen zu stellen, dann greife ich ein und sage: Das ist nicht das Ziel unserer Zusammenarbeit hier." Freilich ist die Wahrnehmung, wann es sich um rein journalistische Fragen handelt und wann ein Kommentar damit verbunden ist, sehr dehnbar.

Häufig bringt der Chefsprecher Kollegen aus seinem Sprecherdienst mit, die für die einzelnen Kommissare oder Dossiers sprechen und verantwortlich sind. Der Sprecherdienst ist die offizielle Stimme der Kommission, er versorgt die Medien mit aktuellen Informationen, bereitet Pressemitteilungen vor, beantwortet Anfragen von Journalisten. Er steht für die gesamte Kommunikation zwischen EU-Kommission und Öffentlichkeit zur Verfügung. Dies ist besonders in Krisensituationen notwendig, wenn er die Haltung der Kommission zu wichtigen Fragen verdeutlichen muss. Tut er das nicht, steht die Kommission womöglich sprachlos und ohne Haltung da, oder noch schlimmer, mit einer nicht kohärenten Haltung, oder sie widerspricht den Äußerungen, die zu wichtigen Themen aus dem Rat kommen. Die Position des Chefsprechers ist also herausragend und er weist im Gespräch auf einen wichtigen Unterschied hin: „Wir unterscheiden zwischen Kommunikationsstrategie und Medienstrategie. Hier im Sprecherdienst machen wir keine Kommunikationsstrategie. Das ist, was die Generaldirektion Kommunikation macht. Das ist an das allgemeine Publikum und Stakeholder gerichtet. Wir sind nur dafür zuständig, Informationen und politische Aussagen den Medien zu übermitteln. Und das macht einen riesigen Unterschied. Zum Beispiel macht die Kommission Werbekampagnen in Kinos, in U-Bahn-Stationen usw. Das hat mit meiner und unserer täglichen Arbeit nichts zu tun. Wir sind hier, um eure Berichterstattung zu ermöglichen, indem wir euch Informationen zur Verfügung stellen und auch natürlich unsere Botschaften überzubringen."

Die Agenda der Kommission will der Sprecherdienst vorstellen. Im Gespräch bemängelt Mamer, dass Journalisten oft die kurzfristigen Ergebnisse beleuchten und zu wenig das langfristige Bild sehen. Die Prozesse gehen mal langsamer, mal schneller und wichtig sei, das Ziel zu erreichen, so Mamer. Klar ist aber auch, Journalisten können nicht immer warten, womöglich Jahre, bis etwas auch umgesetzt ist. Wer aber immer darauf wartet, bis endlich etwas funktioniert, wird als Journalist Schwachstellen kaum benennen können. Der Kommissionssprecher muss präzise sein, er muss die verschiedenen Haltungen in der Kommission kennen, er muss bei heiklen Fragen Diplomat bleiben und, was ihm möglicherweise schwerfällt, auch bei eher schlichten Fragen noch freundlich bleiben. Denn er weiß ja, alle anderen Journalisten hören mit. Und selbst wenn er nichts sagen kann oder will oder sogar darf, muss er zumindest noch präzise und klar wirken. Eine Kunst. Er muss seine Community, also die Journalisten kennen, die ihn jeden Tag löchern. Das Ganze kann er in der Regel in mehreren Sprachen, Mamer spricht neben seiner Muttersprache und Englisch fließend Deutsch, auch das Gespräch mit dem Autor führte er in einwandfreiem Deutsch. Er ist in der Lage, die Sprachen innerhalb eines Satzes mühelos zu wechseln, für viele Neuankömmlinge ist das oft faszinierend. Da der Chefsprecher Verantwortung trägt für einen riesigen Stab von Mitarbeitern, den Chef oder die Chefin der EU-Kommission auf Reisen begleitet und schließlich für das Bild der Kommission in der Öffentlichkeit mitverantwortlich ist, hat er täglich eine komplexe Aufgabe mit vielen Fallstricken zu bewältigen. Nach fünf Jahren Amtszeit befähigt ihn das normalerweise für höhere Aufgaben, 2019 ist der damalige Chefsprecher Margaritis Schinas sogar zum Kommissar aufgestiegen. Mamers Ausführungen stehen durchaus stellvertretend auch für andere Kommissionssprecher.

High Noon ist aber nicht nur der Auftritt des Chefsprechers. Bei wichtigen Gesetzesinitiativen der Kommission treten die Kommissare selbst auf. „Und deshalb machen wir große Ankündigungen durch Pressekonferenzen zum Beispiel jedes Mal, wenn die Kommission einen wichtigen Vorschlag macht", erläutert Eric Mamer, „und dann kommen Kommissare in den Presseraum und geben ihre politischen Botschaften ab." Das ergänzt der Sprecherdienst oft mit *Technical Briefings*, welche die politischen Botschaften auf technischem Niveau erläutern. Dies sind häufig komplexe Vorträge, in denen die Kommissionsbeamten den Hintergrund und die Basis der politischen Entscheidung nachvollziehen können. Diese Briefings finden normalerweise *off the record* statt, denn es handelt sich nicht um politische Aussagen mit Politikern, „sondern es sind Mitarbeiter der Kommission, die die Sachen ganz einfach erklären", so Mamer. Diese Einschätzung allerdings ist etwas wohlwollend und eher Wunschdenken des Chefsprechers, denn meist sind diese technischen Briefings alles andere als einfach zu verstehen, sie geben die oftmals hochkomplexe, auch wissenschaftliche Basis der politischen Entscheidungen wieder. Auch wenn Journalisten dafür etwas Zeit aufbringen müssen, diese Briefings sind sehr wertvoll. Wenn die Kommission nur bedingt und vordergründig etwa inhaltlich schwer nachvollziehbare Sanktionen gegen Russland vorschlägt, erläutert sie in einem solchen technischen Briefing die tieferen Absichten dahinter. Oder als es um die Verträge für neue Corona-Impfstoffe geht, erklärt sie, warum bestimmte Verträge abgeschlossen wurden und andere nicht. Wenn absehbar ist, dass Entscheidungen schwer verständliche Maßnahmen darstellen, etwa bei Finanzfragen oder Wettbewerbsentscheidungen, sind solche technischen Briefings für die Kommission auch hilfreich, weil sie im besten Falle unangenehmen Nachfragen vorbeugen können. Insofern stellen technische Briefings eine Form von präventiver Öffentlichkeitsarbeit dar.

Vor solchen Ereignissen versendet der Sprecherdienst akkreditierten Journalisten Pressemitteilungen, Hintergrundmaterial und erste Zitate häufig im Voraus, manchmal bereits am Tag zuvor. Dieses Hintergrundmaterial bekommt ein Korrespondent bis zur offiziellen Veröffentlichung in der Regel *unter 3*, er sollte also nichts zuvor veröffentlichen. Zur Einhaltung dieser Regel haben sich die internationale Pressegemeinschaft und ihre Mitglieder verpflichtet, wenn auch nur informell. Auf diese Weise kann sich der Korrespondent besser auf den Tag der Veröffentlichung vorbereiten. Wer sich nicht daran hält, riskiert, künftig nur noch ein Minimum von Informationen zu bekommen. Mamer unterscheidet im Gespräch ganz offen zwischen „vertrauenswürdigen" und „nicht-vertrauenswürdigen" Journalisten. Die „vertrauenswürdigen" sind für ihn jene, die Hintergrundinformationen, die einen Kontext wiedergeben, nutzen, um sich ihre eigene Meinung zu bilden, aber nicht um sie zu veröffentlichen. Zu den vertrauenswürdigen Journalisten gehört ihm zufolge auch, wenn „die Berichterstattung in Ordnung ist. Und der Journalist unsere Spielregeln respektiert." Mamer schickt auch gleich sehr deutlich eine klare Ansage hinterher: „Sie sind angeraten, mit uns professionell umzugehen. Sonst kriegen sie von uns nur noch offizielle Aussagen und wir verweisen sie an die offiziellen Links." Aus den Äußerungen ist bereits ein deutlicher Ton herauszulesen. Läuft das High Noon Briefing, können sich Journalisten die Zitate im Büro aufzeichnen, um direkt berichten zu können. Die Fernsehleute zeichnen das Bild aus dem Presseraum auf, sie können virtuell nachfragen und die Antworten direkt in ihre Beiträge schneiden. Zwar funktionierte das in Teilen auch schon vor der Corona-Krise, dennoch wurden die Prozesse deutlich vereinfacht und professionalisiert. Das hat die tägliche Arbeit erheblich und entscheidend verändert. Journalisten sparen sich viele Wege, vom Parlament zur Kommission oder zum Rat, heute können in der gleichen Zeit wie vor Corona zwei, drei Briefings mehr absolviert und bearbeitet werden.

High Noon ist also eine wichtige Quelle für Journalisten und für Mamer und seine Leute „eine Riesenarbeit, denn die Kommission ist in einer riesigen Zahl von Arbeitsfeldern tätig. Und wir beantworten nicht nur Fragen von den Korrespondenten in Brüssel. Meine Kollegen und jene die sich um die externe Politik kümmern, bekommen Anrufe, Emails, Interviewanfragen aus der ganzen Welt. Wir erhalten viele Fragen von den Korrespondenten hier in Brüssel zu den Aussagen von Politikern im Europäischen Parlament, zu den Schwierigkeiten in den Verhandlungen über einen gewissen Bereich, aber auch sehr spezifische Fragen von nationalen Korrespondenten. Und das hängt sehr oft mit nationalen Prioritäten zusammen." Dazu arbeitet der Sprecherdienst auch mit den Kommissionsvertretungen in den Mitgliedstaaten zusammen. Schließlich haben auch die einzelnen Kommissare ihre Kabinette und auch dort gibt es Pressesprecher. Wer also Interviews oder Hintergründe mit einem Kommissar ausmachen will, wendet sich an die Sprecher dort. Im Übrigen hält die Kommission auch Büros in den Mitgliedstaaten vor, in Deutschland in Berlin, Bonn und München. Auch dort versorgen Pressesprecher Journalisten und Interessierte mit Informationen. Eric Mamers Ansagen an „vertrauenswürdige" oder „nicht vertrauenswürdige" Journalisten und an die „Spielregeln", an die sich jeder zu halten habe, klingen strikt und dienen den Kontrollmechanismen einer Institution, die penibel auf ihre positive Außendarstellung achtet. Derartige Maßnahmen kennt jeder Korrespondent auch aus dem Regierungsumfeld in seinem eigenen Land. Und je „vertrauenswürdiger" ein Journalist ist, desto kleiner und exklusiver werden dann auch die Hintergrundrunden, mit Kabinettchefs, mit dem Pressesprecher oder mit Kommissaren. Letztlich sind solche Maßnahmen aus der Sicht dieser Institution durchaus nachvollziehbar, denn die Kommission, und nicht nur die, sondern die *EU* generell, ist ein Lieblingsziel von Kritikern aller Art, gerne auch aus den Mitgliedstaaten. Elmar Brok, der nahezu vierzig Jahre als einflussreicher Abgeordneter im Europaparlament saß und an vielen entscheidenden europäischen Verträgen mitgearbeitet hat, formuliert dazu drastisch: „Und doch wird die EU gern als Prügelknabe benutzt, auf unerträgliche, niederträchtige Weise ausgerechnet von Regierungen der Einzelstaaten. Keine Regierung redet gut über Europa. Wenn es regnet, war es Brüssel, wenn die Sonne scheint, waren es Paris, Amsterdam und Berlin. Dabei bestimmen diese Regierungen im Rat entscheidend mit!"[2] Brok benutzt den Oberbegriff EU, und er meint damit sozusagen das große Ganze. Oft ist aber die Kommission der Prügelknabe, andere Mitgliedstaaten werden selten kritisiert, das gilt auch für das Parlament, es ist die Kommission, die gern für alles verantwortlich gemacht wird. Das ist so

---

[2] Brok, Elmar; Köpf, Peter (2024): *Verspielt Europa nicht! ohne die EU ist Deutschland ein Zwerg*, München: Europa Verlag, S. 22.

3 High Noon

schön anonym, genau wie das Kürzel EU. Damit ist alles und nichts gemeint. Solchen Äußerungen ist mit großer Vorsicht zu begegnen. Korrespondenten sollten stets genau unterscheiden, wer damit eigentlich gemeint ist. Der *Europäische Rat*, das *Parlament*, die *Kommission?* Wenn diese Vorschläge macht und Gesetzesentwürfe vorlegt, tut sie das nicht im luftleeren Raum, ohne vorherige Absprachen mit den Mitgliedstaaten. Es ist also ein wichtiges journalistisches Aufgabenfeld, herauszufinden, wer für welche (Fehl-)Entwicklungen tatsächlich Verantwortung trägt. Das hohe Maß an Kontrolle, das bisweilen distanziert und zurückhaltende Auftreten der Kommissions-Mitarbeiter hat auch darin seinen Grund: Bloß keinen Anlass für Kritik geben. Es liegt an jedem einzelnen Korrespondenten selbst, damit umzugehen. Denn diese kontrollierte Selbstdarstellung innerhalb der Kommission, verknüpft mit ihrem enormen Output an Informationen kann noch zu einem ganz anderen Effekt führen, nämlich, dass Fehlentwicklungen in der Organisation selbst nur selten zum Thema werden.

Als das Thema *Katargate* im Europaparlament ein Beben auslöst, schafft es die Kommission, weitgehend ohne öffentlichen Aufschrei die eigenen Fehlentwicklungen nicht weiter zu thematisieren. Und es ist bis heute unklar, warum nur wenige Medien das Thema aufgriffen.[3] Der Skandal erschüttert zunächst das Europaparlament, unter anderem, weil einige Abgeordnete auf Kosten Katars nach Doha geflogen sind, offenbar Geld angenommen haben, in Luxushotels übernachteten und sich später für die Interessen Katars im Parlament einzusetzen schienen. Weitgehend unbeachtet bleibt, dass wohl auch Beamte der EU-Kommission auf Kosten Katars reisten, und zwar während wichtige Abkommen mit dem Land ausgehandelt wurden. Aber wäre das nicht noch viel kritischer zu beurteilen? Ein frei gewählter Abgeordneter ist seinen Wählern verantwortlich, ein Beamter aber wird aus Steuergeldern bezahlt und hat dagegen völlig unabhängig zu sein. Was erschwerend hinzu kommt: Der hohe Kommissionsbeamte, der wegen seiner Reisen im Fokus stand, handelte damals offenbar im Einklang mit den Regeln der EU-Kommission. Mit seinem Fall wurden einige andere bekannt, doch wirklich groß in der Öffentlichkeit landete dieses Thema nicht. Erst ein Jahr später behandelt den Fall auch die europäische Staatsanwaltschaft, zu diesem Zeitpunkt eine noch junge Einrichtung. Das Beispiel zeigt, wie notwendig diese Institution ist, würde sie mit den Ermittlungen nicht beginnen, der Fall fiele womöglich unter den Tisch. Die Kommission hat das Ganze aber ohne großes Aufheben behandelt, die öffentliche

---

[3] Vgl. Eccles, Mari; Stolton, Samual; Posaner, Joshua (2023): Top EU official flew free with Qatar while Brussels drafted Doha air deal, *POLITICO*, [online] https://www.politico.eu/article/eu-transport-chief-henrik-hololei-flew-free-qatar-airways-negotiate-aviation-deal-doha-qatargate-corruption/ [28.12.2024].

Aufmerksamkeit und Empörung jedenfalls war nicht andeutungsweise so groß, wie über die Vorfälle im Parlament. Korrespondenten sollten sich also nicht allzu sehr auf die Narrative der EU-Kommission einlassen. Dort liegen, über die offiziellen Stellungnahmen hinaus, zahlreiche interessante Geschichten, die aber nur mit hohem Aufwand zu bearbeiten sind. Die beschriebene Haltung aus Kommissionssicht ist also in gewisser Weise nachvollziehbar, sie gehört zu den internen Kontrollmechanismen der Institution, aber Korrespondenten sollten auch hier kritisch bleiben. Einer Institution gegenüber, die nicht nur die Informationsflüsse kontrollieren, sondern stets auch die guten Seiten ihrer Arbeit darstellen will. Dass etwas schiefläuft in der EU-Kommission ist nur selten ersichtlich, aber natürlich passiert es. Korrespondenten sollten sich daher nicht allzu sehr den Vorgaben *anpassen*. Die gesamte Selbstdarstellung der EU-Kommission ist darauf ausgerichtet, dass sie selbst und ihr Chef gut aussehen. Das *Footage,* also das Bildmaterial auf dem EU-eigenen TV-Kanal *Europe by Satellite,* zeigt selbstverständlich alle *Errungenschaften* der Europäischen Union und wenn es dabei oberflächlich neutral wirkt, so bleibt allein die Auswahl der Themen, Bilder und O-Töne ganz klar vorab ausgewählt. Auch für den Zugang zum EU-Gebäude gelten ganz klare Regeln. Unbegleiteten Zugang erhalten akkreditierte Journalisten, nach genauem Sicherheitscheck beim Eintritt, nur zum Pressebereich, den Cafés und Kantinen. Grundsätzlich ist dabei die Akkreditierung zu tragen.[4] Wer tatsächlich in die Räumlichkeiten will, hat zwar theoretisch die Möglichkeit, aber nur begleitet. Wer dort Aufnahmen machen will, wird sicher aufgefordert werden, genau zu begründen wofür. Wer für die Kommission unangenehme Themen berührt, muss sich auf viel Arbeit gefasst machen. Um weiterzukommen, müssen mitunter Interviews und Anfragen immer wieder neu gestellt und konkretisiert werden.

Ein simpler Trick (nicht nur) in europäischen Institutionen, um Journalistenanfragen zu unangenehmen Themen auszuweichen, besteht darin, den Weg bis zum Interview auf höfliche Weise möglichst kompliziert und lang zu gestalten. Das kann in etwa so funktionieren: Man bedankt sich sehr freundlich für die Anfrage und bittet um zusätzliche Informationen. Die Kommission möchte vor Interviews praktisch immer die Fragen kennen, und zwar möglichst konkret. Schließlich müsse sich der Interviewte vorbereiten können.

---

[4] Vgl. Europäische Kommission (2016): Verhaltenskodex für Journalistinnen und Journalisten in den Räumlichkeiten der Europäischen Kommission.

Dann kann ein Spiel beginnen, denn selbstverständlich will sich der Journalist Nachfragen vorbehalten oder auch nicht alle Karten auf den Tisch legen. Er beschreibt also Themen, die er abfragen will. In der Folge wird nach Konkreterem gefragt und zusätzlich werden Terminschwierigkeiten in den Raum gestellt. Bis Antworten eingehen, kann einige Zeit vergehen in der Hoffnung, dass sich der Interviewwunsch vielleicht schon von selbst erledigt, weil alles zu lange dauert und niemand mehr nachfragt. Das Ziel ist, entweder das Interview ganz zu verhindern, ohne es offen zu sagen, denn öffentlich später in einem Beitrag zu erfahren, dass sich die Behörde nicht äußern wollte, ist schlecht für die Außenwirkung. Und natürlich wollen die Pressesprecher so viel wie möglich darüber erfahren, was der Journalist weiß und welche seine Ziele sind. Die Antwort kann immer nur sein, ebenso freundlich und sehr hartnäckig zu bleiben. Oder, wenn offensichtlich wird, dass die Behörde blocken will, höhere Abteilungen in aller Freundlichkeit deutlicher anzugehen. Wer allerdings meint, mit einem großen Fragenkatalog Antworten in weniger als 24 h regelrecht einzufordern wird wenig Erfolg haben, weil es als nicht unbedingt seröses Vorgehen entlarvt werden dürfte.

Der fragende Journalist wird intern mitunter auch *gescannt*, für welches Medium arbeitet er, welche Reichweite hat er beim Publikum, wie ist er einzuschätzen. Der Sprecherdienst der EU-Kommission ist seit jeher klar hierarchisiert. Korrespondenten in Brüssel wissen das. Christoph Schiltz, Korrespondent von der WELT beschreibt es deutlich und hat seine Konsequenz daraus gezogen: „Gerade die EU-Kommission versucht intensiv, den Informationsfluss nach außen zu kontrollieren und dabei bestimmte Narrative während der täglichen Pressekonferenzen um 12 Uhr mittags zu präsentieren. Ich höre mir diese Konferenzen heute meistens nicht mehr an. Man könnte auch Roboter anstelle der Kommissionssprecher aufs Podium stellen – das wäre auf Dauer billiger und aus Sicht der Kommissionsbehörde genau so effektiv."[5] Schiltz bekommt die Informationen schließlich über die Agenturen oder andere Quellen. Die Informationen aus der Kommission bleiben aber bedeutend. 39 % der Korrespondenten halten Mitarbeiter oder Offizielle der Kommission als Quelle für besonders wichtig. Dabei schätzen sie deren Relevanz deutlich wichtiger ein als die anderer Institutionen.[6]

---

[5] Siehe Teil 2. Abschnitt 4. Schiltz, Christoph. Veränderungen und Skepsis.
[6] Vgl. Lecherer (2021), S. 21.

Für EU-Korrespondenten sind die Informationen aus der Kommission also trotz aller Kritik besonders wichtig und offenbar gibt es grundsätzlich ein gewisses Vertrauen. Sie beziehen Grundlageninformationen aus technischen Briefings, die die Gesetzesentwürfe der Kommission und ihr Zustandekommen detailliert erläutern. Sie verlassen sich auf deren Erhebungen und Zahlen und verwenden in ihren Veröffentlichungen diese Daten. Um noch einmal auf Gary Cooper zurückzukommen: Die Kommission wird vielfach als *Hüterin der Verträge* bezeichnet und hat somit innerhalb der EU eine Art Schiedsrichterfunktion, weshalb sie neutral zwischen den Institutionen und den Mitgliedstaaten bleiben muss. Die Kommissionspräsidentin beschreibt ihren Job auch mit Blick auf das *gesetzliche Initiativrecht* der EU-Kommission so: „Da gibt es zwei Elemente. Die Kommission hat eine ganz wichtige Rolle, die Kommission ist die Einzige, die das Vorschlagsrecht hat. Das heißt, wir müssen mit Lösungen und Vorschlägen kommen. Die Entscheidungen des Europäischen Rates richten sich aber auch wieder an die Europäische Kommission. Wir sind dann auch Adressat und müssen das alles umsetzen. Insofern haben wir ein hohes Interesse daran, dass es gute umsetzbare und zukunftsweisende Ergebnisse im Europäischen Rat gibt. Und um das zu erreichen, arbeite ich im Vorfeld eines Europäischen Rates ganz, ganz viel, indem ich mit einzelnen Staats- und Regierungschefs spreche. Ich führe zig Telefonate, um zu hören, wo sind deine Schwierigkeiten, was geht dir zu weit. Ich will erklären, warum wir dies oder jenes machen. Und da spielt eine ganz, ganz große Rolle, das Feld zu bereiten und ein Gespür dafür zu kriegen. Wo sind deine Empfindlichkeiten, wo sind die Widerstände oder wo ist die Unterstützung bei Staats- und Regierungschefs. Also das persönliche Gespräch ist eines meiner wichtigsten Instrumente".[7] Man darf also davon ausgehen, dass die Kommission und ihre Chefin vor Gipfeln aber auch sonst viel mit den Staats- und Regierungschefs sprechen. Jedem Gesetzgebungsprozess, jedem Vorschlag stehen lange Konsultationen voran. Die Kommission kann nicht einfach irgendetwas vorschlagen. Und ein Mitgliedstaat kann kaum sagen, er sei nicht beteiligt gewesen am Prozess und ihn dann am Ende des Verfahrens kritisieren. Und das gilt genauso für den weiteren Verlauf der Gesetzgebungsverfahren.

Fehlende Neutralität, dieser Vorwurf an die Kommission von dem einen oder anderen Staats- oder Regierungschef aus Eigeninteresse gelegentlich unterstellt, liegt in der Natur der Sache. Fehlende Neutralität muss sie aber vermeiden, wenn sie sich nicht unglaubwürdig machen will. Freilich gab es in der Vergangenheit daran eine Menge Zweifel, etwa wenn der damalige für Finanzen zuständige italienische Kommissar Gentiloni den italienischen Haushalt prüfen soll, für den er einst als

---

[7] Von der Leyen, Ursula (2022) im Interview mit Olga Chládková für die ARD-Dokumentation „Der Gipfel. Einblick in Europas Machtmaschine.".

3 High Noon

Ministerpräsident in seinem Land in hohem Maße selbst verantwortlich war. Natürlich entsenden Regierungen Kommissare, von denen sie sich einen hohen Einfluss im Sinne ihrer eigenen nationalen Politik erhoffen. Spätestens 2016 offenbarte der damalige Kommissionschef Jean-Claude Juncker, dass die Kommission bei der Ausübung ihrer Funktion ohnehin eingeschränkt ist und kaum neutral sein kann. Auf die Frage, warum die Kommission bei Frankreich immer wieder ein Auge zu drücke, wenn es sich nicht an die Haushaltsregeln hält, antwortete er mit verblüffender Offenheit: Weil es Frankreich ist. Es war ein Ausdruck von Macht- und Hilflosigkeit. Und rief in Europa viel Kritik hervor. Es zeigte, wer im Zweifel das Sagen hat im europäischen Machtzentrum.

Manche Medien werfen der Kommission vor, sie sei opportunistisch und *richte ihr Fähnchen nach dem Wind* aus, und kritisieren so auch Ursula von der Leyen. Sie lassen dabei unberücksichtigt, dass auch diese Kommissionspräsidentin ihr Amt im Sinne eines obersten EU-Repräsentanten zwar sehr weit ausgelegt hat, sie aber letztlich als Kommissionspräsidentin auch Chefin einer Behörde ist, die letztlich die politischen Grundausrichtungen der Staats- und Regierungschefs umzusetzen hat. Zudem geben die Mitgliedstaaten der Kommission jeweils die eigene Positionierung mit, weil sie rechtzeitig Einfluss nehmen, und zwar noch bevor die Kommission ein Gesetzgebungsverfahren veröffentlicht. Das bedeutet, wenn die Kommission mit einem Vorschlag kommt und ein Mitgliedstaat reagiert empört oder kritisch, dann sicher nicht, weil er überrascht worden ist. Die Kommission hat deshalb stets ihr Ohr an den Mitgliedstaaten und die lassen die Kommission stets ihre Vorstellungen bereits sehr früh wissen. Zudem ist jedem Mitgliedstaat klar, dass wenn es mit seiner Positionierung zu spät kommt, Änderungen nur noch unter größten Schwierigkeiten durchsetzbar sind. Verlässlichkeit ist ein großer Wert bei europäischen Verhandlungen.

Mitgliedstaaten nutzen ihren Einfluss auch, wenn sie ein bestimmtes Politikfeld besser auf europäischer Ebene geregelt wissen wollen. Gut aufgestellte Regierungen und ihre Brüsseler Diplomaten können mit guten Kontakten die Kommission überzeugen und die Behörde zu einer Initiative bewegen. Natürlich sind schon zu diesem Zeitpunkt viele Vorstellungen eines Mitgliedstaates bei der Kommission eingespeist und Unterstützer in anderen Mitgliedstaaten gewonnen worden. Mit denen werden Strategien verabredet, wie ein Dossier nicht nur in der Kommission, sondern auch in der Öffentlichkeit und dem Parlament vorangebracht werden kann. Was dann später als Gesetzesinitiative der EU-Kommission vorgestellt wird, hat also in der Regel eine bereits lange Geschichte und viele Urheber.

Gleichwohl hat wohl kaum ein Kommissionspräsident das Amt derart im Sinne eines Regierungschefs ausgelegt wie Ursula von der Leyen, was von einigen Staats- und Regierungschefs sehr kritisch gesehen wird. Ein langjähriger Botschafter bei der EU schildert es so, einerseits verlangten die Mitgliedstaaten Führung von der EU-Kommission, in dem Augenblick wo sie diese Führung aber ausübe, komme die Kritik, weil die ersten um ihren eigenen Einfluss fürchteten. Der frühere Kommissionspräsident Jean-Claude Juncker beschreibt es so: „Man muss auch als Kommissionspräsident, aber nicht nur als Kommissionspräsident, die Dinge benennen, die schief laufen in Europa. Europa ist keine Gefühlsduselei und kein romantisierter Scheinbetrieb. Es gibt vieles, was nicht klappt in Europa und die Dinge muss man benennen, nur wenn man sie benennt und wenn man andere auch auf die Schwachstellen der Europäischen Union aufmerksam macht, kann man ja die Fehler, die sich in das System geschlichen haben, auch beheben. Und man muss dann mit den Menschen in unterschiedlicher Form im Gespräch bleiben und auch den Eindruck geben, dass Europa, weil es so kompliziert ist, nie einfacher werden wird. Aber man macht die Dinge in Europa nicht begreifbarer dadurch, dass man die Fehlerquellen, die es gibt, nicht benennt. Denn dadurch kriegt man mit vielen Menschen Streit in Europa. Ich habe mit allen Premierministern irgendwie und irgendwann Krach auch hinter verschlossenen Türen gehabt, ohne den Eindruck zu geben, dass man sich dauernd streitet. Das ist auch nicht die Wirklichkeit, reflektiert und nicht angebracht. Aber Europa mit offener Sprache verteidigen und mit offenem Visier sich in das Gemetzel der Zeit werfen, das ist notwendig."[8]

In einer komplexen Lage also muss der EU-Sprecher kommunizieren, er muss mit vielen Bällen jonglieren – und um seine Einlassungen einschätzen zu können, ist hilfreich, diese komplexe Lage ein wenig nachzuvollziehen. Dazu noch einmal Jean-Claude Juncker: „Mir fällt auch auf, dass die Berichterstattung, auch der elektronischen Medien, den Institutionen nicht in dem Sinne gerecht wird, dass sie die Dinge nicht richtig erklären. Wenn die Kommission einen Vorschlag macht, dann heißt das in den deutschen Nachrichten: Europa möchte, die EU hat entschieden. Die EU hat nichts entschieden. Wenn die Kommission vorschlägt, hat die Union erst entschieden, wenn der Ministerrat und das Europäische Parlament, das letztere mit Mehrheit, der erste auch sehr oft mit Mehrheit, entschieden hat. Wieso sagt man jetzt, wir haben einen neuen Migrationspakt, nur weil das Europäische Parlament zugestimmt hat? Gott sei Dank hat es zugestimmt, aber es braucht auch die Zustimmung der Regierungen. Also die Dinge sind so kompliziert, dass man trotz-

---

[8] Juncker, Jean-Claude (2024) im Interview mit Ulrike Brincker für die ARD-Dokumentation „Europa im Machtkampf – Wohin steuert die EU du mit wem?".

dem der Versuchung widerstehen sollte, allzu sehr zu vereinfachen. Die Kommission ist nicht der große Dominator Europas. Weit davon entfernt. Die Kommission macht keine Gesetze. Die Kommission schlägt Gesetze vor, und wenn sie vorschlägt, hat die Europäische Union noch längst nicht entschieden."[9]

Literatur

Brok, Elmar; Köpf, Peter (2024): *Verspielt Europa nicht! Ohne die EU ist Deutschland ein Zwerg*, München: Europa Verlag.

Eccles, Mari; Stolton, Samual; Posaner, Joshua (2023): Top EU official flew free with Qatar while Brussels drafted Doha air deal, *POLITICO*, [online] https://www.politico.eu/article/eu-transport-chief-henrik-hololei-flew-free-qatar-airways-negotiate-aviation-deal-doha-qatargate-corruption/ [28.12.2024].

Europäische Kommission (2016): Verhaltenskodex für Journalistinnen und Journalisten in den Räumlichkeiten der Europäischen Kommission.

Juncker, Jean-Claude (2024) im Interview mit Ulrike Brincker für die ARD-Dokumentation „Europa im Machtkampf – Wohin steuert die EU du mit wem?".

Mamer, Eric (2024): Sprecher EU-Kommission. Interview mit dem Autor,.

Von der Leyen, Ursula (2022) im Interview mit Olga Chládková für die ARD-Dokumentation „Der Gipfel. Einblick in Europas Machtmaschine.".

---

[9] Ebd.

Bootcamp 4

Eine Woche im Europaparlament in Straßburg

Das Europaparlament ist eine besonders gute Informationsquelle für Korrespondenten. Parlamentarier haben ein besonders hohes Interesse daran, dass ihre Sichtweisen in einer breiten Öffentlichkeit dargestellt werden. Sie sind noch weniger bekannt als ihre Kollegen in nationalen Parlamenten. Gleichzeitig stecken sie in einem Dilemma. Einerseits wollen sie selbstverständlich ihre Standpunkte deutlich machen, andererseits wissen sie, dass diese später in eine komplexe Kompromissspirale einfließen und das bedeutet, dass sie am Ende mitunter zahlreiche Abstriche vertreten müssen. Das liegt daran, dass Abgeordnete ihre Positionen zunächst in vielen Ausschüssen beraten, um eine gemeinsame Parlamentshaltung zu finden, die sie später in die Verhandlungen mit den Mitgliedstaaten und der Kommission vertreten. Dabei sind viele Interessen und zahlreiche legislative Fallstricke zu berücksichtigen, die manchen Abgeordneten an seine Grenzen führen, wenn er das verständlich öffentlich darstellen soll. Das Parlament ist zudem in einem ständigen Kampf um mehr Einfluss und stellt sich gelegentlich als besonders wichtig dar, manche meinen sogar, an einigen Stellen als zu wichtig. Für Korrespondenten ist hilfreich, dies bei der Einschätzung der EU-Machtverhältnisse stets zu berücksichtigen. Eine Woche in Straßburg während der Parlamentswoche ist für Politiknerds in jedem Fall ein Erlebnis voller Einsichten und Erkenntnisse.

Die Tiefgaragen des Europaparlaments sind am Wochenende noch unheimlicher und leerer als Tiefgaragen sonst. Doch einmal im Monat ändert sich das. Dann beginnt in den Katakomben des Brüsseler Parlamentsgebäudes ein unheimlich anmutendes Treiben. Die Packer eines Umzugsunternehmens beladen LKW mit mehr als siebenhundert stabilen olivgrünen Kisten im Format 76×43×31 cm, die jeweils vor einer Parlamentswoche in Straßburg vor den Abgeordnetenbüros stehen, bevor sie nach Straßburg umziehen. Diese im internen Sprachgebrauch nach dem französischem Ausdruck *cantines* genannten Boxen beladen zuvor Assistenten und Abgeordnete mit ihren Akten für die Abstimmungen am Hauptsitz des Europaparlaments der kommenden Woche. Bis vor wenigen Jahren waren es noch 2500 solcher cantines, doch auch im Europaparlament ist mittlerweile vieles digitalisiert. Nun werden *nur* noch 750 Koffer von Brüssel nach Straßburg transportiert, was die Anzahl der nötigen LKW von sieben auf vier reduzierte. Sind die LKW beladen, fährt die Flotte ins 432 km weit entfernte Straßburg, lädt die Kisten aus und stellt sie vor den Büros der Parlamentarier wieder ab. Am Montag setzen sich dann internen Informationen zufolge mindestens 2600 Menschen in Bewegung, mehr als 900 Assistenten, 1700 technische Mitarbeiter und Dolmetscher, dazu noch die meisten der 720 Abgeordneten, von denen viele freilich aus ihren Wahlkreisen anreisen. Dazu kommen noch einige Kommissare und Mitarbeiter der EU-Kommission sowie zahlreiche Journalisten. Sie kommen mit dem Flugzeug, mit dem Auto oder extra eingesetzten Sonderzügen. Einige Züge fahren dann sogar direkt von Brüssel nach Straßburg, andere über Paris. Die Züge sind voll und teuer, genau wie die Hotels in Straßburg, die ihre Preise in diesen Parlamentswochen kurzerhand um 30, 40 oder sogar 50 % verteuern. Die Kisten mit den Unterlagen bleiben dort für vier Tage, bevor sie mit dem gleichen Aufwand wieder retour nach Brüssel gebracht werden. So läuft das Monat für Monat für jeweils eine Woche.

Praktisch jeder neue EU-Korrespondent muss diese Geschichte, meist zu Beginn seiner Tätigkeit, einmal geschrieben haben. Die Schätzungen über die Kosten sind sehr unterschiedlich, der europäische Rechnungshof hatte einmal 114 Mio. veranschlagt, andere gehen von deutlich mehr aus. 11.000 bis 19.000 t CO_2 würden so unnötigerweise verursacht. In zahllosen Artikeln kursieren die unterschiedlichsten Zahlen, die Wahrheit wird irgendwo in der Mitte liegen, zumal davon abhängt welche Berechnungen zugrunde liegen. Vor allem aber geht es immer wieder um die Beschwerden von Abgeordneten, das alles sei ineffizient, anstrengend und niemandem mehr vermittelbar. Parlamentarier jeglicher Couleur beklagen sich regelmäßig, weil sie die öffentliche Kritik an den hohen Ausgaben natürlich nicht sich selbst zuschreiben lassen wollen, verbunden mit der Forderung, der ganze Zirkus müsse abgeschafft werden. Nur, das ist so gut wie unmöglich. Denn um den Parlamentssitz Straßburg abzuschaffen, bräuchte es eine Änderung der Europäischen Verträge und diese Änderung müsste einstimmig erfolgen. Sie als Leser haben genau eine Chance zu raten, welches Land vor allem dagegen ist. Das wissen auch all jene, die solche Forderungen erheben. Würde man diesen *Wanderzirkus,* wie es manche beschreiben, tatsächlich beenden, ginge den EU-Journalisten allerdings auch etwas ganz Spannendes und Besonderes verloren.

Die Geschichte des Parlamentssitzes Straßburg ist schnell erzählt. Der Ursprung der EU liegt 1952 in der Gründung der Europäischen Gemeinschaft für Kohle und Stahl (EGKS), deren Organe sich in Luxemburg befanden. Der Europarat, das

4 Bootcamp

ebenfalls unmittelbar nach dem Zweiten Weltkrieg gegründete, zwischenstaatliche Gremium für Menschenrechte und Kultur, befand sich zu diesem Zeitpunkt bereits in Straßburg, die Versammlungen der EGKS konnten also dort im Plenarsaal stattfinden. Straßburg wird so der Hauptsitz für Plenartagungen, weitere Sitzungen finden damals auch noch in Luxemburg statt. 1992 bestimmen die Mitgliedstaaten der EU einstimmig, die offiziellen Sitze der EU-Organe im EU-Vertrag festzulegen. Ein Großteil der Arbeit, nämlich des Ministerrates und der Kommission hatte sich inzwischen nach Brüssel verlagert, also beschlossen die Abgeordneten auch ihre Arbeit verstärkt in Brüssel anzusiedeln.[1] „Seit Anfang der 1990er-Jahre hat sich mehr oder weniger die aktuelle Regelung etabliert, d. h. die Ausschüsse und Fraktionen tagen in Brüssel und die Plenarsitzungen finden in Straßburg statt. Ein Großteil der Parlamentsmitarbeiter befindet sich in Luxemburg. Der Beschluss von 1992 hatte wichtige Auswirkungen auf die Arbeitsweise des Parlaments: Der offizielle Sitz und der Ort, an dem die meisten Plenarsitzungen stattfinden, ist seitdem Straßburg, die Sitzungen der parlamentarischen Ausschüsse werden in Brüssel abgehalten, und das Sekretariat des Parlaments (sein Personal) ist offiziell in Luxemburg angesiedelt. Im Jahr 1997 wurde diese Regelung vollständig in den EU-Vertrag aufgenommen."[2] Und jetzt kommt der entscheidende Punkt: „Für jede Änderung des gegenwärtigen Systems wäre eine Änderung des Vertrags erforderlich, die von den Regierungen aller Mitgliedstaaten einstimmig vereinbart und von allen nationalen Parlamenten ratifiziert werden müsste."[3] Es ist kaum denkbar, dass Frankreich der Aufhebung des Parlamentssitzes in Straßburg zustimmen würde. Und dasselbe gilt für Luxemburg. „Es steht nicht zur Debatte, den Parlamentssitz in Straßburg aufzuheben,"[4] zitiert die frühere Brüsselkorrespondentin Astrid Corall in ihrem Artikel die damalige Europaministerin Frankreichs, Nathalie Loiseau. Es sei die Hauptstadt der Demokratie und der Menschenrechte in Europa.[5] Straßburg ist auch ein symbolischer Ort, im früher wiederholt von den Erbfeinden Frankreich und Deutschland umkämpften Elsass gelegen. Es gibt aber auch ein schnöderes Argument für die Franzosen: Der europäische Wanderzirkus subventioniert kräftig die örtliche Restaurant- und Hotellandschaft. Nahezu sämtliche Lokale und Restaurants, und davon gibt es in Straßburg viele und erst recht viele gute, sind in diesen Tagen ausgebucht.

---

[1] Vgl. Warum wechselt das Parlament zwischen Brüssel und Straßburg?, *Europäisches Parlament*, [online] https://www.europarl.europa.eu/news/de/faq/2/warum-wechselt-das-parlament-zwischen-brussel-und-strassburg [29.12.2024].

[2] Ebd.

[3] Ebd.

[4] Corall, Astrid (2019): Warum das Europaparlament monatlich pendelt, *tagesschau.de*, [online] https://www.tagesschau.de/ausland/europaparlament-pendeln-bruessel-strassburg-101.html [29.12.2024].

[5] Vgl. Ebd.

Für Journalisten und ihre Arbeitgeber ist Straßburg eine teure Angelegenheit. Die API (International Press Association) erstattet auf Anfrage Reisen von in Brüssel akkreditierten Journalisten und auch das EP verfügt über ein Budget, um Reisekosten von Journalisten aus Deutschland nach Straßburg zu erstatten, ohne dass damit eine redaktionelle Einflussnahme einhergeht. Wer aus Deutschland anreist, muss mit seinem Presseausweis oder einem Schreiben des beauftragenden Mediums seine journalistische Arbeit nachweisen, kann einen Account erstellen und eine Kurzzeit-Akkreditierung beantragen. Für Brüsseler Korrespondenten gilt das Pressebadge, die bereits erwähnte Hundemarke. Dafür gibt es von Montag bis Donnerstag eine politische und inhaltliche Druckbetankung mit der Chance auf fortgesetztes *Networking*. Der genaue Ablauf einer solchen Woche hat viele Rituale und Regeln über Abstimmungsprozedere, Anwesenheiten und alles, was zu einem Parlament gehört, nachzulesen im Benutzerleitfaden[6] oder den Erläuterungen, wie ein Parlament arbeitet.[7] Nicht alle Details davon sind für Korrespondenten so wichtig wie für die Abgeordneten und Fraktionen. Korrespondenten interessieren sich in der Regel mehr für die Abstimmungsergebnisse und zahlreichen Hintergrundgespräche, mit denen die Parlamentswoche beginnt. Bereits eine Woche vor Straßburg informieren Parteien über die wesentlichen Fragen und Abstimmungen, über technische und politische Hintergründe einer politischen Entscheidung sowie über die eigenen Positionen. Sie laden zum Abendessen, andere versenden Dossiers mit ihren Ansichten, veranstalten Videokonferenzen. All das dient der inhaltlichen Vorbereitung auf die Themen, die zur Abstimmung stehen, aber auch zur Einordnung. Und es dient den Korrespondentenbüros in Brüssel dazu, aussagekräftige und interessante Themen auf die Wochenvorschauen für ihre Heimatredaktionen zu setzen. Die Themenvielfalt ist so enorm, dass es gilt, die wesentlichen Strukturen zu erkennen und wer mit wem wofür oder wogegen stimmt, aber vor allem, in welchem Abstimmungsstadium sich eine Entscheidung befindet. Einzelne Abgeordnete stilisieren ihren Themenbereich dabei gern zu einer existenziellen Frage, um Aufmerksamkeit zu bekommen, Abstimmungen oder Debatten werden als entscheidend oder final beschrieben, obwohl sie in der Gesamtbetrachtung nur einen Schritt darstellen. Gerne gibt es auch illusorische Forderungen, um das eigene Profil zu schärfen. Manche Abgeordnete räumen im Vertrauen ein, dass sie und das Parlament gerne dazu neigen, politische Forderungen aufzustellen, die weit über das hinausgehen, was die Kommission in ihren Gesetzesvorschlägen

---

[6] Siehe Europäisches Parlament, Generaldirektion Präsidentschaft (Direktion Plenarsitzungen): Das Plenum: Benutzerleitfaden (überarbeitete Fassung von 2024).

[7] Siehe Arbeitsweise, *Europäisches Parlament*, [online] https://www.europarl.europa.eu/about-parliament/de/organisation-and-rules/how-plenary-works [29.12.2024].

vorsieht und was realistischerweise gar nicht umsetzbar ist. Dabei hat die Kommission in der Regel zuvor bereits austariert, was unter den Mitgliedstaaten geht oder nicht geht, was sinnvoll und realistisch ist oder nicht. Es ist das normale Machtspiel. Nun ist es natürlich Aufgabe eines Parlamentes und einzelner Abgeordneter weiterzugehen und ihre Forderungen aufzustellen, es ist Teil des demokratischen Prozesses. Manches aber gehört eher in die Kategorie *ich muss auf mich aufmerksam machen*. So sind auch bei der Vorabinformation und den Hintergründen große Unterschiede zu beobachten. Manche Abgeordnete informieren in ihren Mitteilungen die EU-Korrespondenten inhaltlich sehr gut. Sie liefern Hintergrund und Chronologie eines Gesetzgebungsverfahrens gleich mit, wissend dass die wenigsten Korrespondenten das immer parat haben. Ein guter Service, der vor allem zeigt, wie gut die jeweiligen Assistenten und Pressemitarbeiter der Fraktionen und einzelner Personen arbeiten. Dabei ist zu beachten: Auch wenn die Herleitung und Darstellung der Sachlage neutral und serviceorientiert erscheint, so ist sie natürlich aus der Sicht des Abgeordneten zusammengestellt. Andere Abgeordnete verschicken dagegen zu allen möglichen Sachthemen ihre zwar pointierte, aber ansonsten weitestgehend nutzlose, inhaltsleere Meinung. Das Parlament unterhält noch einen Pressestab in Berlin eigens für die deutschen Journalisten. Dort arbeiten sehr kompetente Leute, die die Korrespondenten unmittelbar bis ins Detail über Abläufe und Prozesse informieren. Es ist vorteilhaft, rechtzeitig in deren Telefonverteiler zu kommen.

Vier Kriterien für die mediale Präsenz von Abgeordneten lassen sich beschreiben. Kriterium *eins* ist, je besser die Informationsarbeit, desto häufiger werden sie gefragt und finden Niederschlag. Zu dieser Informationsarbeit gehört auch der glaubwürdige Versuch, über die eigenen Sichtweisen hinauszuschauen und andere miteinzubeziehen, realistisch und pragmatisch an Lösungen zu arbeiten. Solche Abgeordnete werden dann auch gern von Journalisten gefragt, um allgemeine Einschätzungen zu bestimmten Politikprozessen zu bekommen. Ein *zweites* Kriterium ist ihre Fähigkeit zu formulieren und ihre Politik in kurzen und klaren Worten verständlich zu erklären. Dies gelingt nicht vielen und ist besonders problematisch für TV-Berichterstatter, die in Interviews häufig nachfragen müssen, bis ein (für den späteren Audio- oder Fernsehschnitt) geeigneter Satz entstanden ist. Viele Abgeordnete sind so tief in ihren Dossiers, dass sie Schwierigkeiten haben, die Dinge zu vereinfachen, um sie ihrem Publikum verständlich zu machen und zu erklären, warum eine Entscheidung von Bedeutung ist. Andere verlegen sich darauf, eine schlagkräftig klingende Aussage fast parolenhaft abzugeben, ohne etwas Inhaltliches zu sagen. Für die Radiojournalisten versenden Abgeordnete häufig auf Anfrage kurze Statements per WhatsApp oder auf anderen Kanälen. Korrespondenten sparen sich so den Weg zum Interview. Für die Zeitungen versenden die Büros der

Abgeordneten ständig Reaktionen und Zitate zu allen möglichen Entscheidungen, die so direkt in die Beiträge eingebaut werden können. Allerdings ist die Qualität auch hier sehr unterschiedlich und viele Stellungnahmen stellen nicht mehr als eine Standardfloskel dar. Ein *drittes* Kriterium ist die Kompetenz. Ist der Abgeordnete Ausschussvorsitzender, ist er der Berichterstatter

> *Berichterstatter im Europaparlament sind Meister des Kompromisses. Neben ihnen gibt es noch andere wichtige Funktionen. „Wenn ein Ausschuss entschieden hat, einen Bericht zu einem bestimmten Thema zu verfassen, ernennt der Ausschuss eine(n) EU-Abgeordnete(n), der/die diesen Prozess leitet. Diese(r) Abgeordnete wird Berichterstatter(in) genannt. Berichterstatter entwerfen einen Text und gegebenenfalls Änderungsanträge, wenn es sich um einen Bericht zu einem Gesetzesvorschlag der Kommission handelt. Nachdem die anderen Mitglieder des Ausschusses ihre Änderungsanträge eingereicht haben, stimmt zunächst der Ausschuss über den Bericht und die Änderungsanträge und anschließend das Plenum darüber ab (…) Während Berichterstatter Berichte verfassen, diskutieren sie mit anderen EU-Abgeordneten, hören sich die Meinungen der Experten an und veranstalten manchmal sogar eine Anhörung, um einen besseren Überblick zu dem Thema des Berichts zu erhalten. Wird ein Ausschuss um eine Stellungnahme zu einem Bericht in einem anderen Ausschuss gebeten, wird ein(e) Berichterstatter(in) für die Stellungnahme ernannt."*[8] *Ein Schattenberichterstatter ist demgegenüber nicht etwa sein Vertreter: „Um dem Prozess zu folgen, ernennen die Fraktionen Schattenberichterstatter. Diese vertreten die Position ihrer Fraktion. Sie spielen eine wichtige Rolle, wenn in den Gesprächen mit den anderen Fraktionen ein Kompromiss gefunden werden soll."*[9] *Außerdem gibt es Koordinatoren: „Darüber hinaus gibt es in jeder Fraktion für jeden Ausschuss eine(n) Koordinator(in). Er oder sie spricht über Themen dieses Ausschusses im Namen der Fraktion. Zusammen mit anderen Koordinatoren bereiten die Koordinatoren Entscheidungen vor, die vom Ausschuss getroffen werden, wie zum Beispiel die Ernennung von Berichterstattern. Koordinatoren mobilisieren die Fraktionsmitglieder außerdem bei wichtigen Abstimmungen und ernennen Schattenberichterstatter."*[10] Wer also Berichterstat-

---

[8] Pressedienst Direktion Medien (2015): Berichterstatter, Schattenberichterstatter, Koordinator: Wer macht was?, *Europäisches Parlament*.
[9] Ebd.
[10] Ebd.

> *ter interviewt, sollte berücksichtigen, inwieweit die Person für sich spricht oder bereits kompromissfähige, zwischen den Fraktionen abgestimmte Positionen vertritt. Das ist etwas anderes als beim Schattenberichterstatter, der die Position seiner Fraktion vertritt. Oft wird der Berichterstatter als der Repräsentant einer bestimmten Haltung kritisiert oder dargestellt, dabei muss er im Ergebnis die Haltung eines Ausschusses repräsentieren. Das ist ein schwieriger Spagat.*

eines Dossiers, ist er Experte, ist er mit viel Erfahrung schon lange dabei und hat viel Einfluss? Hat er in der Fraktion oder im Parlament etwas zu sagen? Und natürlich wird ein Fraktionschef häufiger befragt, allerdings mit einer wesentlichen Einschränkung, die das Kriterium *vier* anbelangt: Seine Nationalität. Aus deutscher Sicht werden überwiegend Deutsche oder zumindest deutschsprachige Abgeordnete befragt. Das schränkt die Wahrnehmung des Publikums auf die EU als solche ein. Der Verfassungsrechtler und ehemalige Bundesrichter Dieter Grimm findet: „Eine europäische Öffentlichkeit gibt es nur in sehr eingeschränkter Form. Das hängt damit zusammen, dass wir in nationalen Kommunikationsräumen leben. Die traditionellen Medien sind nationale Medien. Nur im Netz ändert sich das etwas. Das bedeutet, dass wir die europäischen Themen vorwiegend unter unseren nationalen Gesichtspunkten diskutieren. Wir sehen das zum Beispiel daran, dass europäische Wahlergebnisse nur national thematisiert werden. Was wäre, wenn das die Bundestagswahl gewesen wäre? Zudem kommunizieren wir in unseren jeweiligen Sprachen. Das heißt, die Kommunikationsräume sind schwer zu überschreiten."[11] Medien haben das bislang kaum ändern können und wohl auch nicht ändern wollen, weil sie glauben, Ihr Publikum so besser zu erreichen. Einige Onlineportale versuchen, einen europäischen Blick zu präsentieren, darunter Politico und Euractiv, allerdings wirken sie vor allem in die europäische Bubble hinein.

Ein Bootcamp ist die Parlamentswoche in Straßburg aber auch, weil sie die Möglichkeit eröffnet, intensiv mit so vielen Leuten zu reden wie sonst kaum. Unter den verschiedenen Definitionen eines Bootcamps trifft also am ehesten die eines *Power-Seminars im Bereich Bildung mit intensiven Vermittlungen von Inhalten* zu. Das beginnt für viele bereits mit einer gemeinsamen Zugfahrt nach Straßburg. Die Abende sind voll mit Verabredungen, sei es einzeln oder auf Einladung von Pressesprechern mit oder ohne Abgeordnete, die allesamt intensive und direkte, auch vertrauliche Gespräche bedeuten. Dies gibt über die offiziellen Statements und Hintergründe hinaus auch einen

---

[11] Die EU ist eben kein Staat, *RBB24* (2024), [online] https://www.rbb24.de/politik/wahl/Europawahl/2024/europa-eu-demokratie-defizit-verfassungsrecht-bundesverfassungsrichter-grimm-interview.html [29.12.2024].

wichtigen Eindruck über *Stimmungen* im Parlament, in der Kommission, auch in der eigenen nationalen Regierung. Was bewegt die Politik, wo sind Trends, wo könnten die nächsten großen Themen und *Baustellen* sein? Es ist diese besondere Atmosphäre, etwas außerhalb des Brüsseler Alltags, dauernd jemandem zu begegnen, Informationen und Eindrücke aufzusaugen, selbst an der Kaffeebar, wo sich zufällig ein Gespräch mit dem Fraktionschef über seinen Eindruck zu bestimmten Fragen ergibt. Diese Erkenntnisse diskutieren die Korrespondenten im großen Presseraum, in dem stets zahlreiche Kolleginnen und Kollegen arbeiten, auf der TV-Fläche, wo die Fernsehteams aus den verschiedenen Mitgliedstaaten ihre Schalten oder Interviews absetzen oder beim gemeinsamen Abendessen. Die vielen Begegnungen zusammen lassen eine besondere Intensität entstehen und diese Intensität ist in der Straßburger Parlamentswoche höher als in Brüssel. Einige EU-Korrespondenten produzieren in diesen Wochen besonders viele Beiträge, was damit zusammenhängen könnte, dass in den Straßburg-Sitzungen besonders viele wegweisende Abstimmungen stattfinden. Aber es geht darüber hinaus und vielleicht liegt es an der besonderen Nähe, dass hier fast alle Abgeordneten und Journalisten zusammen sind, alle sind auf den Fluren, auf denen von morgens bis abends europäische Korrespondenten zu ihren Sendern schalten.

Doch wie bedeutend ist das Parlament wirklich? Spricht man mit den Abgeordneten ist das Urteil meist einhellig.[12] Einziges Organ in der EU mit direkt gewählten Abgeordneten, heißt es da, stetig wachsende Macht und Einflussmöglichkeiten, Korrektiv und Aufsichtsfunktion und besonders wichtig, an den meisten wichtigen Gesetzesvorhaben aktiv und entscheidend beteiligt, so lauten die Argumente. All dies sind wichtige Schlagworte, die dann fallen. Einen guten Überblick verschafft ein Briefing des Parlaments selbst.[13] Ohne in alle Rechtsdetails zu gehen, die jeder in zahlreichen Texten genau nachlesen kann, seien allerdings die drei wesentlichen Punkte hervorgehoben. Allein sie machen deutlich, dass dem Europaparlament heute große Bedeutung bei den wesentlichen europäischen Fragen zukommt. Das EP hat eine Legislativbefugnis, eine Kontrollbefugnis und eine Haushaltsbefugnis.[14] In manch anderen Texten ist davon die Rede, dass zwei Drittel der nationalen Gesetzgebung ursprünglich durch europäische Gesetzgebung zustande gekommen oder zumindest geprägt worden sind, folglich nehmen viele Beobachter diesen Anhaltspunkt als Beleg für die Bedeutung des Parlamentes und seiner Abgeordneten.

---

[12] Abgeordnete mancher rechter Parteien, wie etwa der AfD, sehen das anders. Manche halten das Parlament für zu groß und in vielerlei Sicht für unnötig. Das hat meist damit zu tun, dass sie eine grundsätzlich andere Struktur der EU befürworten, nämlich ein Europa der Nationalstaaten.

[13] Siehe Sabbati, Giulio (2019): Europäisches Parlament: Fakten und Zahlen.

[14] Vgl. Befugnisse und Verfahren, *Europäisches Parlament*, [online] https://www.europarl.europa.eu/about-parliament/de/powers-and-procedures [29.12.2024].

Doch stimmt diese Annahme? Dazu hat Elisabeth Töller eine Kurzstudie verfasst, die genauer untersucht, welche Bereiche und wie viele tatsächlich durch europäische Gesetzgebung beeinflusst sind. „Europäisierungswerte sind für die Wissenschaft und für Regierungen interessant sowie auch für die BürgerInnen, etwa um zu wissen, wer überhaupt worüber entscheidet. Sie werden aber auch regelmäßig politisch instrumentalisiert, insbesondere zur Dämonisierung der EU. Seit Jahren gilt die Anzahl von 80 % europäisierter Gesetzgebung als Referenz. Wie konnte eine derart falsche Zahl eine solche Karriere machen?",[15] fragt Töller. Ihre zusammenfassende Antwort zeichnet ein differenziertes Bild. „Die Analyse zeigt, dass die Europäisierungswerte erwartungsgemäß zwischen den Politikfeldern sehr stark variieren. Die niedrigste Europäisierung weist (durchaus nicht überraschend) das Sachgebiet ‚soziale Sicherung' auf (Werte unter 10 %). Mittlere Europäisierungswerte lassen sich in den Sachgebieten ‚öffentliche Finanzen und Steuern' (um die 20 % europäisierte Gesetze), ‚innere Sicherheit', ‚Arbeit und Beschäftigung', ‚Bildung und Erziehung' sowie ‚Gesundheit' ermitteln. Etwas darüber liegen die Sachgebiete ‚Medien, Kommunikation und Informationstechnologien' sowie ‚Energie'. Hohe Werte von 50 % oder sogar mehr europäisierter Gesetze erreichen (ebenfalls nicht überraschend) die Sachgebiete ‚Verkehr', ‚Wirtschaft', ‚Umwelt' und ‚Landwirtschaft', wobei sich hier von der 16. zur 17. WP [Wahlperiode, Anm. des Autors] zum Teil noch erhebliche Steigerungen identifizieren lassen. Rechnet man versuchsweise die europäischen Verordnungen hinzu, dann kommt man nur in den am stärksten europäisierten Sachgebieten auf Werte um die 80 % (Umwelt: 75 %, Landwirtschaft: 86 %). Es muss betont werden, dass mit diesen Daten die Europäisierung der Bundesgesetzgebung nur näherungsweise abgebildet werden kann."[16] Die Legislaturperiode 2019 bis 2024 war stark geprägt von Gesetzgebungen im Landwirtschafts- und Umweltbereich, insofern dürfte sich das Ergebnis durchaus bestätigen oder sogar noch erhöhen. Und da das Parlament in diesen Politikfeldern mitentscheidet, kann man durchaus von einem hohen Einfluss der Abgeordneten sprechen. In anderen Politikfeldern freilich haben sie so gut wie gar nichts zu sagen. Die Machtbefugnisse beschränken sich also auf einige Politikfelder, die zweifellos besonders wichtig sind für die Menschen der EU, und dazu gehören nun einmal Landwirtschaft, Wirtschaft, Umwelt.

Überdies fühlen sich Europaabgeordnete unterschiedlich abhängig von den politischen Leitlinien der Parteien ihres Heimatlandes. „The European Parliament is also being undermined. Every MEP [Member of European Parliament, Anm. des

---

[15] Töller, Annette (2014): Europäisierung der deutschen Gesetzgebung: Wissenschaftliches Kurzgutachten, in: *Universität Hagen*.
[16] Ebd.

Autors] is effectively part of a national political group. Opposing your prime minister or your local political leader is a difficult thing to do. The European Parliament likes to throw its weight around, but it can only go so far. We have never seen it come out all guns blazing against the Member States, and it's authority has been de facto diminished in the shadow oft he European Council."[17] Viele Abgeordnete gelten als verlängerter Arm ihrer Regierung oder der Parteichefs zu Hause. Einige Staats- und Regierungschefs regieren auch sonst gerne in die Entscheidungen der Europaparlamentarier hinein. Abhängig ist das von den einzelnen Persönlichkeiten im Amt, vielen Spaniern und Franzosen wird das gerne nachgesagt, die das selbstverständlich bestreiten werden. Deutsche Abgeordnete sind im Vergleich zu anderen Nationalitäten unabhängiger von möglichen Weisungen aus ihrer Hauptstadt. Das kann man von anderen eben nicht sagen. Auch das macht es deutlich schwieriger und ist für die mediale Betrachtung nicht unerheblich. Manche Europaabgeordnete hadern allerdings damit, dass sie aus ihrer Sicht zu wenig Akzeptanz und Aufmerksamkeit bekommen, etwa im Verhältnis zu ihren Kollegen in den nationalen Parlamenten. Für Korrespondenten ist ihre Offenheit eine interessante Chance, möglichst viel zu lernen. Es lohnt sich daher auch, möglichst viele internationale Parlamentarier zu befragen, wenn man dann am Ende noch die nötige Zeit findet. Die fehlende Akzeptanz hat ihren Ursprung aber auch in der Struktur der Union. „Wir wählen ein europäisches Parlament, aber zur Wahl stehen nur nationale Parteien. Sie werben mit nationalen Programmen. Im europäischen Parlament spielen sie aber gar keine Rolle. Wir stöhnen in der Bundesrepublik schon, wenn wir sieben Parteien im Parlament haben. Im Europäischen Parlament gibt es über 200. Die Akteure im Europäischen Parlament sind europäische Fraktionen, die sich aber erst nach der Wahl bilden und programmlich festlegen. Die Wählerstimmen werden dadurch gewissermaßen abgeknickt. Die Parteien, welche man wählen kann, haben nichts zu sagen, die Fraktionen, die etwas zu sagen haben, kann man nicht wählen. Der Einfluss der Wähler auf die Europapolitik ist deswegen relativ gering, verglichen mit dem Einfluss der nationalen Wahlen auf die nationale Politik,"[18] stellt der ehemalige Verfassungsrichter Grimm fest und meint weiter: „Für das Europäische Parlament sollten europäische Parteien kandidieren, die mit einem europapolitischen Programm auftreten. Die Europäischen Verträge lassen das schon jetzt zu. Es wäre keine Vertragsänderung nötig. Aber die nationalen Parteien haben kein Interesse daran. Die nationalen Parteien befürchten wohl einen

---

[17] Guéguen, Daniel; Anthemis (Hrsg.) (2023): *European Lobbyists – NGOs VS Lobbyists*, 2. Auflage, S. 37.
[18] Vgl. Die EU ist eben kein Staat, *RBB24* (2024), [online] https://www.rbb24.de/politik/wahl/Europawahl/2024/europa-eu-demokratie-defizit-verfassungsrecht-bundesverfassungsrichter-grimm-interview.html [29.12.2024].

Verlust an Einfluss, wenn sie nur noch Teil einer europäisierten Partei sind. Aber dazu kommt es ja doch auch jetzt schon, nur eben nach der Wahl, wenn die 200 nationalen Parteien etwa sieben europäische Fraktionen bilden. Die Leidtragenden sind die Wähler, deren Einfluss im gegenwärtigen System schwach ist."[19]

Das Parlament also zwischen Macht und Ohnmacht? Ein wesentliches Defizit ist in den Augen der Parlamentarier und vieler Kritiker das fehlende Initiativrecht. „Ich finde, es ist ein Anachronismus, dass das Initiativrecht für EU-Gesetze nur die Kommission hat. Weder der Rat der Europäischen Union hat ein Initiativrecht noch das Parlament. Sie sind daran gebunden, dass die Kommission aktiv wird. Das Parlament ist dabei in einer schlechteren Situation als der Rat. Wenn der Rat gegenüber der Europäische Kommission die Erwartung äußert, dass sie die Initiative ergreift, dann geschieht das in der Regel. Das Parlament ist viel größer und viel weniger geschlossen. Da kann sich die Kommission zurückhaltender geben. Ich halte es für notwendig, dass das Parlament ein Initiativrecht bekommt. Solange die Europäische Union kein Staat ist, sondern eine von Staaten getragene supranationale Organisation, ist es allerdings konsequent, dass das Parlament nicht die erste Rolle spielt. Die spielt der Rat, in dem die Regierungen der Mitgliedstaaten vertreten sind."[20] Ursula von der Leyen hatte den Abgeordneten in ihrer Wahlrede im Parlament 2019 versprochen, dass sie auch ohne ein formales Recht Initiativen des Parlaments aufgreifen will. Vielleicht hat sie sich so einige der gerade einmal neun Stimmen gesichert, die sie mehr bekam als notwendig. Im Übrigen ist schlussendlich nicht völlig klar gewesen, wer sie nun wirklich gewählt hat. Einige Grüne sollen nicht dabei gewesen sein, obwohl die Kandidatin damals ein sehr *grünes* Programm vorgestellt hat. Auch wenn sie davon überzeugt gewesen sein mag, sie hat es damals von den Staats- und Regierungschefs, die die grundlegenden Politikzüge für Europa zuvor festgelegt hatten, auferlegt bekommen.[21] Vor der Wahl 2024 schreibt die Politikwissenschaftlerin Sophie Pornschlegel vom Think Tank Europe Jacques Delors in Brüssel dem Autor mit Verweis auf einen Artikel zur Diskussion des Demokratiedefizits in der EU: „Mir ist in der diesjährigen Berichterstattung zur Europawahl stark aufgefallen, dass viele Journalist*innen das EP immer wieder überbewerten, wahrscheinlich weil sie es mit dem Bundestag vergleichen/das institutionelle Gefüge der EU aus einer nationalen Perspektive lesen; oder dem EP eine stärkere Rolle geben weil der Rat so intransparent ist, und daher weniger

---

[19] Ebd.
[20] Ebd.
[21] Vgl. Generalsekretariat des Rates 12.12. 2019 (2019): Tagung des Europäischen Rates Schlussfolgerung.

greifbar für Medien. Das gibt oft den Eindruck, als würde die EU ähnlich wie das deutsche politische System funktionieren, dabei sind die EU-Institutionen mit keinem nationalen politischen System noch anderen internationalen Organisationen vergleichbar (sui generis etc., etc.) – genau das macht sie aus meiner Sicht auch so spannend." Sowohl von ihrem Artikel zum Demokratiedefizit, aber auch von den Ergebnissen der Studie von Anette Elisabeth Töller wird noch die Rede sein. Für Korrespondenten, nicht nur nach einem Bootcamp in Straßburg, bleiben einige Erkenntnisse. Das Parlament ist ein wichtiger Ort, aber am Ende des Tages ist es vielleicht etwas weniger bedeutend, als das die Parlamentarier selbst gerne darstellen und ganz sicher hätten. Das kann man gut finden oder nicht. Der Eindruck entsteht natürlich auch, weil Parlamentarier offener sprechen, um ihre Positionen deutlich zu machen und Aufmerksamkeit zu erzielen. Schließlich muss klar sein: Das Europaparlament funktioniert völlig anders als die nationalen Parlamente, folglich braucht es eine andere Betrachtung. Der Kompromiss spielt eine große Rolle. Während im nationalen Parlament die unterschiedlichen Fraktionen ihre politischen Ideen vertreten und durchsetzen wollen, müssen völlig verschiedene Fraktionen im Europaparlament zu einer gemeinsamen Idee finden, die das Parlament dann später gemeinsam als Co-Gesetzgeber gegenüber dem Rat oder der Kommission vertritt. Erschwert wird das noch durch den fehlenden Fraktionszwang, wie wir ihn etwa aus dem deutschen Bundestag kennen. Im EP wird auch innerhalb einer Fraktion nach Ländergrenzen unterschiedlich abgestimmt. Dies ist eine große *Kompromissarbeit* und nur schwer öffentlich darstellbar, sowohl für die Abgeordneten selbst wie auch für die berichtenden Korrespondenten.

Literatur

Corall, Astrid (2019): Warum das Europaparlament monatlich pendelt, *tagesschau.de*, [online] https://www.tagesschau.de/ausland/europaparlament-pendeln-bruessel-strassburg-101.html [29.12.2024].

Europäisches Parlament; Generaldirektion Präsidentschaft (Direktion Plenarsitzungen): Das Plenum: Benutzerleitfaden (überarbeitete Fassung von 2024).

Guéguen, Daniel; Anthemis (Hrsg.) (2023): *European lobbyists – NGOs VS Lobbyists*, 2. Auflage.

Arbeitsweise, *Europäisches Parlament*, [online] https://www.europarl.europa.eu/about-parliament/de/organisation-and-rules/how-plenary-works [29.12.2024].

Befugnisse und Verfahren, *Europäisches Parlament*, [online] https://www.europarl.europa.eu/about-parliament/de/powers-and-procedures [29.12.2024].

Die EU ist eben kein Staat, *RBB24* (2024), [online] https://www.rbb24.de/politik/wahl/Europawahl/2024/europa-eu-demokratie-defizit-verfassungsrecht-bundesverfassungsrichter-grimm-interview.html [29.12.2024].

Literatur

Warum wechselt das Parlament zwischen Brüssel und Straßburg?, *Europäisches Parlament*, [online] https://www.europarl.europa.eu/news/de/faq/2/warum-wechselt-das-parlament-zwischen-brussel-und-strassburg [29.12.2024].

Sabbati, Giulio (2019): Europäisches Parlament: Fakten und Zahlen.

Töller, Annette (2014): Europäisierung der deutschen Gesetzgebung: Wissenschaftliches Kurzgutachten, in: *Universität Hagen*.

Pressedienst Direktion Medien (2015): Berichterstatter, Schattenberichterstatter, Koordinator: Wer macht was?, *Europäisches Parlament*.

Die Schlussfolgerungen

Wie ein Gipfel funktioniert

Für die einen ist es ein regelmäßiges Hochamt während der Korrespondentenarbeit. Alle Staats- und Regierungschefs zusammen, Pressekonferenzen in tiefer Nacht, Wasserstandsmeldungen verschiedener Spindoktoren, zusammen in einem Saal mit hunderten internationalen Journalisten. Für andere sind es einfach furchtbar anstrengende und nicht selten langweilige Treffen, bei denen das meiste schon zuvor feststeht, und das Publikum kann nur bedingt etwas mit den Treffen anfangen. Wie auch immer die Ansichten sind, EU-Gipfel bleiben die extrem wichtigen Treffen aller EU-Chefs. Man stelle sich nur vor, sie würden sich nicht regelmäßig austauschen und gemeinsame Politik festlegen. Diese Treffen sind aufgrund der großen Unterschiedlichkeit der Mitgliedstaaten von besonderen Regeln geprägt. Die wichtigste ist, man beschließt einmütig. Ob das kleinste Mitgliedsland Malta oder das größte Deutschland, alle müssen mit den Beschlüssen leben können. Schon wieder also geht es um Kompromisse. Und diese Beschlüsse sollen als Richtschnur die Politik der europäischen Union bestimmen. Solche Beschlüsse vorzubereiten und später herbeizuführen, ohne dass jemand als Verlierer den Gipfel verlässt, dass jeder seine besonderen Interessen vertreten sieht, dieser Prozess ist nicht trivial. Und dabei sind sich die Mitgliedstaaten oft viel näher, als es in der Öffentlichkeit dargestellt wird.

Sie treffen sich mehrfach im Jahr und, wenn es notwendig ist, auch monatlich. Es ist das wohl wichtigste Gremium für europäische Entscheidungen. Aber auf einem Gipfel werden keine Gesetze gemacht, hier diskutieren die EU-Staats- und Regierungschefs und beenden ihn mit einer Zusammenfassung von Vereinbarungen und Beschreibungen europäischer Ziele. Der Gipfel ist eine wichtige und entscheidende Instanz in der EU. Hier setzen die Staats- und Regierungschefs den Ton und geben die Ausrichtung der EU vor. Und sie tun es am Ende einvernehmlich. Wenn es keine Einvernehmlichkeit gibt, diskutieren sie so lange, bis es sie gibt. Und wenn es sie dann immer noch nicht gibt, verklausulieren sie die Uneinigkeit hinter diplomatischen Formulierungen, die wie Einigkeit klingen und die zu lesen gelernt werden wollen. Die Rede ist von den Schlussfolgerungen. „Sie dienen dazu, konkrete Fragen zu behandeln, die für die EU von Belang sind, und darzulegen, welche konkreten Maßnahmen eingeleitet oder welche Ziele erreicht werden sollen. Der Europäische Rat kann in seinen Schlussfolgerungen auch eine Frist für eine Einigung über eine bestimmte Frage oder für die Vorlage eines Gesetzgebungsvorschlags setzen. Auf diese Weise kann er die politische Agenda der EU beeinflussen und lenken."[1] Hinter der simpel klingenden Definition steckt nicht nur ein enormer administrativer und politischer Apparat und wochenlange diplomatische Vorarbeit. Das Wesen der Schlussfolgerungen und ihr Zustandekommen berührt den Kern der europäischen Zusammenarbeit. Der deutsche Botschafter und ständige Vertreter der Bundesrepublik Deutschland ist eine der wichtigsten Personen in diesem Prozess. Er beschreibt ihn so: „Das Ergebnis der Beratungen der Staats- und Regierungschefs wird in den sogenannten Schlussfolgerungen festgehalten. Das ist dann ein Text von fünf bis zehn Seiten, in der Regel nicht immer komplett verständlich, weil das immer jeweils ein Kompromiss ist. Wo es immer ein Stück weitergeht und worum alles kreist. Dieser Text wird ganz formal in den Botschaftersitzungen verhandelt unter den 27. Aber dann gibt es natürlich auch noch eine Menge kleinerer Zirkel, in denen auch Dinge besprochen werden, für die man Verbündete sammelt, für seine Position wirbt und versucht, sagen wir mal, zu sehen, wo können wir denn da landen?"[2]

Das beeindruckende Ratsgebäude in Brüssel,[3] offiziell Europagebäude oder Consilium, besteht aus den besonderen Außenfassaden und einem großen eiförmigen Innengebäude, die Fassade außen umfasst „eine Collage aus fast 3000 alten Eichenfensterrahmen mit Einfachverglasungen, die wie ein grafisches Muster über- und nebeneinander gefügt sind. Die Rahmen sind eine eigens zusammen getragene Sammlung aus allen EU-Mitgliedstaaten, einige Exemplare sind rund 250 Jahre alt. Sie wurden aufgearbeitet, auf eigene Stahlrahmen montiert und der ebenfalls stählernen Tragstruktur der Fassade befestigt. Mit einem Abstand von 2,70 m

---

[1] European Council, *EUR-lex*, [online] https://eur-lex.europa.eu/legal-content/DE/TXT/?uri=legissum:european_council [29.12.2024].
[2] Clauß, Michael (2022) im Interview mit Olga Chládková für die ARD-Dokumentation „Der Gipfel. Einblick in Europas Machtmaschine.".
[3] Die Webseite des Rates hält eine interessante Multimedia-Geschichte über das Gebäude vor. EUROPA: the beating heart of Europe, *European Council | Council of the European Union*, [online] https://www.consilium.europa.eu/en/europa-building-story/ [29.12.2024].

5 Die Schlussfolgerungen

bilden dann innenseitig montierte Dreifach-Verbundsicherheitsgläser die Primärfassade, die in diesem Fall auch schusssicher ist."[4] Die Autoren von *Baunetzwissen* haben über die aus alten, zusammengesetzten Materialien gefertigte Fassade noch eine spitze Bemerkung parat: „Gleichzeitig ist sie nicht frei von Anspielung und kritischem Zweifel: Die immer strenger werdenden EU-Bestimmungen zum Energiesparen haben zur Folge, dass in unzähligen Gebäuden überall in Europa die alten Fenster ausgetauscht werden müssen. Die Folge ist in der Regel die Vernichtung von Material und solidem Handwerk, das Jahrhunderte ordentliche Dienste leistete. Energetisch sanieren schont und vernichtet Ressourcen."[5] Im Konzept der EU steht die Fassade aber vollständig für Nachhaltigkeit. So unterschiedlich kann man das sehen, auch das ist typisch für die EU. Im Gebäude selbst treffen Staats- und Regierungschefs und alle anderen Besucher immer wieder auf den bereits erwähnten bunten mosaikartigen Teppich, der auf die Vielfalt in Europa anspielt. Die bekommen Korrespondenten am Gipfeltag im Erdgeschoss unterhalb des beeindruckenden, eiförmigen Innengebäudes vorgeführt. Dort haben die Architekten einen fünfzig, sechzig Meter langen Weg gestaltet, auf dem die Mitarbeiter des Protokolls vor dem Gipfel einen roten Teppich verlegen, um ihn danach sorgfältig zu saugen. Flankiert wird der Teppich mit den Flaggen der EU-Mitgliedstaaten. In den Tagen zuvor und am Morgen des ersten Gipfeltages drapieren dafür geschulte Fachleute die Fahnen höchst penibel, und zwar noch in den letzten Sekunden bevor die *Chefs* auftauchen. Es ist also ein repräsentatives Ambiente und der lange Weg, den die Staats- und Regierungschefs vorbei an den Fahnen auf dem roten Teppich bei ihrer Ankunft gehen müssen, bringt attraktive Bilder für die Fernsehanstalten, es ist eine Art Defilee, das lange Kameraeinstellungen ermöglicht, die am Schnittplatz hinreichend variiert werden können. Da solch ein Gipfel in der Folge nur wenige abwechslungsreiche Bilder liefert, wird jede Kleinigkeit bei diesen sogenannten *Ankünften* ausgeschlachtet. Wie steigt Orban mit seinem fülligen Bauch aus dem Auto? Hat er die Krawatte noch lose oder bindet er sie noch schnell auf dem Weg? Auf die Bilder, wie Regierungschefinnen aus den Fahrzeugen aussteigen, wird höflicherweise verzichtet. Gleichwohl ist ihnen angeraten, auf dem langen Weg über den roten Teppich trittsicher zu sein, besonders beim Tragen hochhackiger Schuhmodelle. Etwas, womit die deutsche Bundeskanzlerin kein Problem hatte. Am Rande dieses Weges warten mitunter seit Stunden die Producer und Kameraleute der TV-Sender, sie wollen sich den besten Platz sichern, um ihre Fra-

---

[4] Sitz des Europäischen Rats in Brüssel I Fassade I Büro/Verwaltung, *Baunetz Wissen*, [online] https://www.baunetzwissen.de/fassade/objekte/buero-verwaltung/sitz-des-europaeischen-rats-in-bruessel-4526117 [29.12.2024].
[5] Ebd.

gen loszuwerden und die Chefs nutzen die Situation in der Regel dankbar, um ihre Botschaften zu platzieren und Akzente zu setzen. Damit sie das ausführlich tun können, legen Mitarbeiter von Protokoll und Presseabteilungen einen peniblen Zeitplan für deren Ankunft fest. Die Chefs sollen sich möglichst nicht ins Gehege kommen, vor allem die besonders wichtigen nicht. Der deutsche Kanzler und der französische Staatspräsident treten hier nicht zur gleichen Zeit auf, sondern nacheinander. Die Ausrichtungen ihrer Einlassungen sind im besten Fall abgestimmt. Es gab Pressekonferenzen zwischen Merkel und Macron, die wirkten wie die jeweilige Übersetzung von Deutsch auf Französisch und andersherum. Dies sagt jeweils etwas aus. Natürlich umso mehr, wenn es nicht der Fall ist. Daher ist wichtig für Medien, möglichst mehrere Pressekonferenzen verschiedener Staats- und Regierungschefs zu besuchen und genau auf den jeweiligen Tonfall zu achten.

Drei Räte und große Verwirrung: Der Europäische Rat ist mit das bedeutendste Gremium der EU. Hier treffen die Staats- und Regierungschefs zusammen und legen die Grundzüge und Ziele der EU fest, machen aber keine Gesetze. Der Rat der Europäischen Union ist die Zusammenkunft der Minister, daher auch Ministerräte genannt. Sie sind für die Erarbeitung und den Erlass der Rechtsvorschriften zuständig, zusammen mit dem Europaparlament. Beide Räte repräsentieren die Stimme der Regierungen. Beides ist nicht mit dem Europarat zu verwechseln, er gehört gar nicht zum institutionellen Gefüge der EU, sondern will Menschenrechte, Demokratie und Rechtsstaatlichkeit schützen. Sein Sitz ist in Straßburg.[6]

Zu Beginn des Gipfels kommt den Fragestellern eine wichtige Aufgabe zu. Die Statements der Chefs, die durchaus mehrere Minuten dauern können, werden den ganzen Tag lang im EU-eigenen Kanal *Europe by Satellite*, EbS, übertragen, auch in die Büros und auf die Bildschirme der Journalisten also. Kurze Zeit später landen Teile der Antworten und mehr oder weniger markante Zitate in den ersten Agenturberichten oder Onlineartikeln. Die Producer der Fernsehanstalten haben hier also eine wichtige *Multiplikatorenrolle*. Und natürlich werden Fragen und Nachfragen zuvor in den Redaktionen besprochen. Was kann wichtig sein, wo lie-

---

[6] Vgl. www.consilium.europa.eu/de/european-council-and-council-of-the-eu/#group-section-Warum-zwei-Rate-wKWKnx5hhX.

5 Die Schlussfolgerungen

gen die Konflikte und unterschiedlichen Auffassungen für den Gipfel? Gibt es ein unerwartetes Thema? Gelegentlich sprechen sich die Fragesteller ab, oft aber ist es ein wildes Durcheinander darüber, wer zuerst seine Frage loswerden kann. Damit dies möglichst schnell geht, kommen die Berichterstatter häufig nicht selbst zu den *Ankünften, Vorfahrten oder Stakeouts*. So werden im üblichen Sprachgebrauch das Eintreffen der Staats- und Regierungschef und deren Statements vor den Kameras genannt. Das ganze Prozedere kann auch schon mal mehr als ein paar Stunden dauern, weil sich einige der Chefs (manche nutzen die Kurzform anstelle des umständlichen Staats- und Regierungschefs) gern einmal auf ein Frage- und Antwortspiel einlassen. Sind die Ankünfte und Fragerunden vorbei, gibt es für die weitere Berichterstattung im Fernsehen noch die Möglichkeit, Bilder der sogenannten *Tour de Table* zu machen. Für einige Minuten, bevor das Treffen tatsächlich beginnt, können Kamerateams begrenzt und ausgewählt noch Einstellungen im Konferenzsaal drehen, wenn alle noch um den Konferenztisch kreisen und sich begrüßen. Dann suchen sie ihre Protagonisten: Schauen sie sich nur an? Begrüßen sie sich freundschaftlich? Nehmen sie sich in den Arm? Oder stehen sie mit dem Rücken zueinander? Diskutieren sie oder ignorieren sie sich? Dies könnten später die Bilder für Textpassagen über Einigkeit oder Uneinigkeit in einem Korrespondentenbericht werden. Je aussagekräftiger und ungewöhnlicher die Bilder sind, desto ansprechender kann der Beitrag werden. Gute Kameraleute in Brüssel haben nicht nur ein Auge für ungewöhnliche Bilder, sondern sie wissen auch um die Themen und Konfliktlinien eines Gipfels, um ihre Bilder genau danach auszuwählen. Sie haben nur wenige Minuten dafür, Regieanweisungen gibt es nicht. Sie müssen also schnell und entscheidungsfreudig sein, bevor sie dann herauskomplimentiert werden. Ihr letztes Bild für diesen Augenblick ist in der Regel die verschlossene Sitzungstür von außen. Nicht selten das Schlussbild in einem Fernsehbeitrag.

Die Grundzüge der Schlussfolgerungen stehen zu diesem Zeitpunkt, wenn die Gipfelrituale ablaufen, längst fest. Gut vernetzte Korrespondenten haben sie bereits ein, zwei Tage vorher vertraulich zugespielt bekommen. Die Arbeit daran verläuft kontinuierlich und in einem speziellen Rhythmus. Etwa vier Wochen vor dem Zusammentreffen werden die Themen zum ersten Mal im Botschafterausschuss aufgerufen, dem Ausschuss der ständigen Vertreter der Mitgliedstaaten, im EU-Jargon auch *COREPER*[7] genannt. Er ist das wichtigste Vorbereitungsgremium des Rates. Und wahrscheinlich eines der mächtigsten Gremien in der EU.

---

[7] Siehe Coreper I, *European Council | Council of the European Union*, [online] https://www.consilium.europa.eu/en/council-eu/preparatory-bodies/coreper-i/ [29.12.2024].

> *COREPER ist die Abkürzung für „Committee of the Permanent Representatives of the Governments of the Member States of the European Union." Die deutsche Form lautet AStV und steht für den „Ausschuss der Ständigen Vertreter der Regierungen der Mitgliedstaaten der Europäischen Union". Sie vertreten dort die Positionen ihrer Regierungen. Der AStV entscheidet allerdings nicht, jede Einigung kann vom Rat, der als einziger Beschlussfassungsbefugnis besitzt, in Frage gestellt werden. Die Hauptaufgaben sind die Koordinierung und Vorbereitung der Arbeiten der verschiedenen Ratsformationen, die Gewährleistung der Kohärenz der EU-Politik, Einigungen und Kompromisse zu finden, die dann dem Rat zur Annahme vorgelegt werden. Der AStV I bereitet die Arbeit der Ratsformationen Landwirtschaft und Fischerei, Wettbewerbsfähigkeit, Bildung, Jugend, Kultur und Sport, Beschäftigung, Sozialpolitik, Gesundheit und Verbraucherschutz, Umwelt, Verkehr, Telekommunikation und Energie vor. Der AStV II ist zuständig für die Ratsformationen Wirtschaft und Finanzen, Auswärtige Angelegenheiten, Allgemeine Angelegenheiten, Justiz und Inneres. Der Europäische Rat (das Gipfeltreffen) und die Ministerräte (die Ratsformationen mit den zuständigen Ministern) sind formal zwei verschiedene Veranstaltungen, die aber jeweils die Regierung repräsentieren und von den ständigen Vertretern vorbereitet werden.*

Der Rhythmus der Treffen kann sich dann steigern und drei bis vier Mal die Woche stattfinden. Parallel beraten in technischen Gruppen Fachleute der ständigen Vertretungen in etwas nüchterneren Versammlungsorten rund um das Ratsgebäude die vielen wesentlichen Detailfragen und nehmen währenddessen die Instruktionen aus den entsprechenden Abteilungen ihrer Regierungen entgegen. Der Europäische Rat hat keine gesetzgeberische Funktion, aber er legt die Leitlinien der Europäischen Union fest.[8] Gemäß der Verträge muss er die Union mit dem nötigen Input versorgen und die generellen politischen Linien und Prioritäten festlegen. Dies ist von enormer Bedeutung, selbst wenn der Europäische Rat keine Gesetze vorlegt. „In 2020, it met 14 times over a total of 22 days. That is considerable. It addresses all kinds of issues, from the pandemic to immigration, security, the euro, the EU budget, the recovery plan, the war in Ukraine etc."[9] Der ehemalige

---

[8] Vgl. European Council, *EUR-lex*, [online] https://eur-lex.europa.eu/legal-content/DE/TXT/?uri=legissum:european_council [29.12.2024].

[9] Guéguen, Daniel; Anthemis (Hrsg.) (2023): *European lobbyists – NGOs VS Lobbyists*, 2. Auflage, S. 36.

5 Die Schlussfolgerungen

deutsche Botschafter Michael Clauß beschreibt darin seine Rolle so: „Ich bin, wenn der Bundeskanzler und die Minister nicht hier sind, der höchste Vertreter der Bundesregierung in Brüssel, die meiste Zeit also. Und deshalb vertrete ich ständig die Interessen der Bundesrepublik. Ganz formal gesehen sind wir einer von 27, aber die Realität ist natürlich eine andere. Wir sind das größte Kalb auf der Weide und haben damit auch mit den größten Einfluss in der Europäischen Union. Man kann natürlich nicht immer in jedem Detail drin sein kann. Und das Kunststück ist, wenn ein bestimmtes Dossier aufgerufen wird, so weit drin zu sein, dass man es dann auch wirklich verhandeln kann. Aber das ist natürlich nicht in allem der Fall bei der Vielzahl der legislative Akte. Man muss da Muster aussuchen. Manche Dossiers laufen ja einfach durch, weil es keinen großen Beratungsbedarf gibt. Das ist dann schon auf der Ebene der Ratsarbeitsgruppen unter den Experten geklärt. Also, streitfrei. Da muss ich mich nicht reinkämpfen. Und dann gibt es diejenigen, die hochpolitisch sind, die weitergehen, dann entweder auf die Ministerebene oder auf die Ebene des Europäischen Rates kommen, also des Bundeskanzlers und der anderen Staats- und Regierungschefs. Und da muss man dann wirklich im Detail drin sein, um das verhandeln zu können."[10]

Was für die Vorbereitung des Gipfels gilt, findet auch Anwendung auf die Ministerräte. Der FAZ-Korrespondent Thomas Gutschker beschreibt den Einfluss der Diplomaten im Brüsseler Entscheidungsfindungsprozess so: „Als hohe Beamte handeln die EU-Botschafter gemäß Weisungen, die sie aus ihren Mitgliedstaaten bekommen. Allerdings darf man sich das nicht als Einbahnstraße vorstellen. Weisungen erfolgen aufgrund schriftlicher interner Berichte, in denen die Botschafter den Beratungsstand zu einem Thema skizzieren, Spielräume und rote Linien aufzeigen. Ein gewiefter Diplomat versteht es, einen Sachstand so zu formulieren, dass sich die naheliegende politische Weisung daraus wie von selbst ergibt. Das gilt erst recht, wenn mehrere Ministerien beteiligt sind und sie sich nicht einig werden. Dann verzögern sich formale Weisungen, was ein Botschafter nutzen kann, um auf eigene Faust zu verhandeln und die Beteiligten dann vor vollendete Tatsachen zu stellen. In vielen Fällen kann ohnehin nur er einschätzen, was sich mit einer Mehrheit durchsetzen lässt und was nicht. Unter demokratischen Gesichtspunkten ist es fragwürdig, dass nicht gewählte Spitzenbeamte, die keinem Parlament verantwortlich sind, einen so großen Einfluss auf politische Entscheidungen haben."[11]

---

[10] Clauß, Michael (2022) im Interview mit Olga Chládková für die ARD-Dokumentation „Der Gipfel. Einblick in Europas Machtmaschine.".
[11] Siehe Teil 2. Abschn. 1. Gutschker, Thomas. 2024. Entpolitisierung als Mittel der Kompromissfindung.

Eine Verfahrensweise ist in diesem Zusammenhang interessant, die A- und B-Punkte. Hier geht es um einen Mechanismus, der unterscheiden soll zwischen unstrittigen (A-Punkten) und strittigen, den B-Punkten, erstere werden von den Ministern ohne weitere Probleme angenommen. „Der Ministerrat kann die begrenzte Zeit der Ratstreffen dann zur Diskussion über die strittigen „B-Punkte" nutzen. Kritisiert wird am A-Punkt, dass hierdurch viele Punkte der Tagesordnung bereits im AStV durch hohe Beamte entschieden werden und nicht durch die Fachminister der EU-Mitgliedstaaten, die Teil der demokratisch legitimierten Regierungen sind."[12]

24 h vor Beginn eines Gipfels treffen sich die Botschafter noch einmal. Zum Gipfel hin ist „das meiste dann eigentlich erledigt. Das Ergebnis sind ja die Schlussfolgerungen, eine Art politisch verbindliche Erklärung der Staats und Regierungschefs, wo grundsätzliche Entscheidungen getroffen werden. Und das wird von uns vorbereitet. Denn angesichts der breiten Palette an Themen können das die Chefs nicht, der Gipfel dauert anderthalb Tage, die Zeit haben die gar nicht. Die müssen sich also konzentrieren auf die wirklich hochpolitischen Fragen, die auch nur auf der Ebene entschieden werden können. Und das Ganze müssen wir dann halt soweit vorbereiten, dass sie sich wirklich auf diese drei, vier Kernfragen konzentrieren können und hier eine Entscheidung treffen können, die uns weiterbringt."[13] Dann hoffen die ständigen Vertreter, ihre Chefs gut vorbereitet zu haben, dazu gehören ständige Abstimmungsgespräche mit den wichtigen Ländern, etwa Frankeich. Den Prozess beschreibt Michael Clauß so: „Denn wir haben ja hier mit 27 Mitgliedsstaaten 27 unterschiedliche Meinungen, 27 verschiedene Politiken und es muss alles unter einen Hut am Ende, und das ist nicht immer ganz trivial."[14]

Mit diesem vertraulichen Entwurf der Schlussfolgerungen, der im besten Fall beim Gipfel mehr oder weniger gleichlautend durchgeht und den Eingangsstatements der Staats- und Regierungschefs gehen die Korrespondenten in eine mindestens zwei Tage dauernde Phase der Dauerberichterstattung. Hinzu kommen, bei guter Vorbereitung, Hintergrunddossiers zu den zu erwartenden Themen. Einige Textpassagen sind zu diesem Zeitpunkt bereits verfasst. Die meisten von ihnen, meist mehrere hundert, sitzen zusammen im großen Atrium des alten Ratsgebäudes. Eine Ansammlung internationaler Journalisten, wie sie sonst nie zusammenkommt, außer eben bei Gipfeln oder vergleichbaren Großereignissen. Das

---

[12] Grosse Hüttmann, Martin; Wehling, Hans-Georg (2013): *Das Europalexikon*, 2. überarbeitete und erweiterte Aufl., Bonn: Dietz (Das A- und B-Punkteverfahren. Autor J.Diegl).
[13] Clauß, Michael (2022) im Interview mit Olga Chládková für die ARD-Dokumentation „Der Gipfel. Einblick in Europas Machtmaschine."
[14] Ebd.

5 Die Schlussfolgerungen

ist die Gelegenheit zum Austausch, zur Kontaktaufnahme mit vielen internationalen Kollegen, zu der sonst viel zu wenig Zeit ist. Denn auf einem Gipfel gibt es, trotz Dauerberichterstattung, lange Phasen des Wartens. Der Sprecher des Rates gibt gelegentlich Wasserstandsmeldungen. Mittlerweile kommunizieren sie beim Gipfel und den anderen Ratsformationen auf Signal-Kanälen, Korrespondenten sollten bei den Pressesprechern rasch um Aufnahme in deren Verteiler bitten, um stets auf dem letzten Stand zu sein. Dann erfährt man, wann welches Thema abgehakt ist und was sich möglicherweise gegenüber dem Entwurf der Schlussfolgerungen geändert hat oder wann es Pressekonferenzen gibt. Einzelne Sprecher der Mitgliedstaaten lassen sich gelegentlich im Atrium blicken, dann bilden sich sofort Menschentrauben, um Informationen über den Stand der Debatten zu sammeln. Zwischenstände verbreitet auch der Sprecher des Ratspräsidenten in einer Gruppe bei Signal, in der auch außerhalb des Gipfels alle Teilnehmer auf dem Stand der Dinge bleiben können. In kleineren Gruppen diskutieren Korrespondenten, wie die Zwischenergebnisse einzuschätzen sind, was sie bedeuten könnten. Auch ihre Vorbereitung beginnt lange vorher. Meist mittwochs vor einem Gipfel informiert die Bundesregierung in der Bundespressekonferenz über den Ablauf und schaltet Brüsseler Korrespondenten zu. Zuvor gibt es Briefings der ständigen Vertreter, sodass Korrespondenten bereits Tage vor den Gipfeln auf dem Stand der möglichen Konfliktpunkte sind. Auf dieser Basis haben sie ihre Vorabberichte abgesetzt. Am Gipfeltag selbst arbeiten Korrespondenten dann mit den erwähnten vorbereiteten Dossiers und Textbausteinen zu den einzelnen Themen und Hintergründen. Radiokorrespondenten schalten oft direkt aus dem Atrium des Ratsgebäudes. TV-Korrespondenten haben sich auf Emporen platziert, das Atrium mit den vielen Kollegen im Hintergrund, und schalten von dort in ihre Nachrichtensendungen. In den Kellern sind kleine Räume ohne Fenster eingerichtet, in denen einige ihre Schnitteinheiten untergebracht haben. In dieser Atmosphäre vergehen mitunter lange Stunden, in denen nichts passiert und die Chefs, zu denen auch der Kommissionspräsident gehört, hinter verschlossenen Türen tagen. „Do we know the real agenda of each European Council meeting? No. Have we seen the minutes of a European Council meeting? No."[15] Was also wirklich abläuft und besprochen wird, bleibt bis zu einem hohen Grad unklar. Was dann oft als Geheimtagung, Hinterzimmerdiplomatie und mangelnde Transparenz dargestellt wird, beschreibt Kommissionspräsidentin Ursula von der Leyen anders: „Die geschlossene Tür hilft sehr. Warum ist Vertraulichkeit so wichtig? Weil man sich darauf verlassen können muss, dass

---

[15] Guéguen, Daniel; Anthemis (Hrsg.) (2023): *European lobbyists – NGOs VS Lobbyists*, 2. Auflage. S.36.

man auch einmal einen Gedanken ausprobiert, dann aber feststellt, nein, das nehme ich wieder zurück. Dass man auch einmal Schwäche oder Ärger zeigen kann und nicht immer alles breitgetreten wird. Im Grundsatz ist Vertrauen da, weil alle wissen, ich muss an einem Ergebnis arbeiten, das ich dann bei mir zu Hause vertreten und erklären muss. Und das schweißt zusammen",[16] so von der Leyen im Interview. So entstehe oft auch ein Verständnis für eine Blockadehaltung, wenn ein Staats- oder Regierungschef sage, er könne an dieser Stelle keinen Schritt weitergehen, weil zu Hause die Situation so oder so sei.[17] „Wenn das plausibel ist, schwenken auch andere darauf ein. Nicht immer ist es plausibel. Dann gibt es auch Gegenwind."[18]

Den Korrespondenten im Atrium fällt es mitunter schwer, den Staats- und Regierungschefs und anderen Beteiligten diesen fast freundschaftlichen und kollegialen Umgang wirklich abzunehmen. Zu oft wirkt es gespielt und dennoch gibt es gute Beziehungen untereinander. Natürlich lässt sich nicht jeder von jedem vertreten, was ohnehin nur im Ausnahmefall vorkommt. Frankreich hat sich von Deutschland vertreten lassen und umgekehrt. Am Ende geht es sehr deutlich um die eigenen Interessen und die gehen mitunter so weit auseinander wie die persönlichen Sympathien füreinander. Gleichwohl wird von der Leyen doch einen wichtigen Teil dieser Gipfelveranstaltung charakterisiert haben. Dabei kommt es durchaus vor, dass der Eine oder Andere von einem besonders vertrauten Kollegen zur Seite genommen wird. Man zieht sich zu zweit oder dritt zurück und lotet aus, was möglich ist oder nicht. Passiert so etwas in Serie, bei besonders schwierigen Fragen, kann es zum sogenannten *Beichtstuhlverfahren* kommen, nämlich dann, wenn es eine Einigung geben muss, die Verhandlungen aber in einer Sackgasse zu stecken scheinen. Die deutsche Bundeskanzlerin Angela Merkel hat aufgrund ihrer langen Amtszeit und ihrer uneitlen Art großen Respekt in diesen Runden genossen und soll eine Meisterin solcher Vermittlungsaktionen gewesen sein. Im Übrigen soll sie eine enorme Verhandlungskondition gehabt haben. Denn auch darauf kommt es an: Wer macht zuerst schlapp? Noch einmal dazu Ursula von der Leyen: „Der Gipfel ist ein ganz wichtiges Element, denn zum Schluss wird Politik von Menschen gemacht. Das ist gut, das ist wunderbar. Nicht von Organisationen, nicht von Verwaltung. Politik wird von Menschen gemacht mit all ihren Stärken und Schwächen. Klar muss das dann hinterher in ein Gesetz und Verwaltung gegossen werden. Und

---

[16] Von der Leyen, Ursula (2022) im Interview mit Olga Chládková für die ARD-Dokumentation „Der Gipfel. Einblick in Europas Machtmaschine.".
[17] Ebd.
[18] Ebd.

5 Die Schlussfolgerungen

das macht bei 450 Mio. Menschen und 27 verschiedenen Ländern das Ganze auch sperrig und bürokratisch wie die Europäische Union. Manchmal ist das aber der Kern, das Lebendige in der Europäischen Union, die Entscheidung, auch die Leidenschaft für die gemeinsamen Werte. Das wird von Menschen gemacht, das spürt man im Europäischen Rat."[19] Nur weil diese Gespräche vertraulich bleiben, sind auch Einigungen möglich, die zuvor nicht möglich schienen. Korrespondenten erfahren die letzte Wahrheit darüber eher selten, wer anderes vorgibt, dem sollte man mit einer gewissen Skepsis entgegentreten. Einmal ist es einem dänischen Journalisten gelungen, einen Einblick in die Verhandlungen zu geben. Er verfolgte den dänischen Ministerpräsidenten Anders Fogh Rasmussen während der Verhandlungen um die große Erweiterung der EU 2002 3 Monate lang für die Fernsehdokumentation *Alles Banditen – Wenn Europas Regierungschefs unter sich sind.*[20] Der Ministerpräsident trug, was niemand wusste, zeitweilig unsichtbar ein Mikrofon. Der Journalist Christoffer Guldbrandsen lief während der Verhandlungen mit einer sehr kleinen Kamera mit und wirkte dabei völlig unscheinbar wie nur eine Person unter den vielen anderen bei solchen Events. In dieser Dokumentation bezeichnet Vladimir Putin Journalisten als Banditen, der dänische Außenminister plaudert aus den Gesprächen mit dem damaligen Außenminister Joschka Fischer, der innerhalb weniger Stunden drei Meinungen zu einem Türkeibetritt habe, er zeigt vertrauliche Einlassungen des damaligen französischen Präsidenten Chirac, weniger Geld für seine Landwirte, das könne er unmöglich zu Hause vertreten (das dürfte unter anderen Präsidenten auch heute immer noch so sein). Es gibt viele weitere solcher Szenen und eine bleibt besonders haften, als es in einer internen Besprechung darum geht, nach welchem Schlüssel Gelder an die Beitrittskandidaten verteilt werden. Dies sei schwierig zu erklären, heißt es dann, weil es ja doch völlig beliebig wäre. Eine vergleichbare Dokumentation ist danach nach Wissen des Autors nicht mehr zustande gekommen. Der Autor, aber vor allem Rasmussen bekam den geballten Ärger seiner europäischen Kollegen ab, die sich verraten fühlten. Angeblich hat es zahlreiche Versuche gegeben, weitere Ausstrahlungen in anderen Ländern zu verhindern. Rasmussen hatte die gesamte Dokumentation offenbar genehmigt mit dem Hinweis, dies gebe einen guten Überblick, wie so ein Gipfel und Verhandlungen ablaufen. Auf den heutigen Beobachter wirkt vieles wie von gestern, man raucht teilweise noch im Raum, statt Smartphones werden simple Mobilgeräte genutzt, die Bildqualität wäre heute kaum mehr akzeptabel. In der Do-

---

[19] Ebd.
[20] Guldbrandsen, Christoffer. *Alles Banditen – Wenn Europas Regierungschefs unter sich sind.*, (https://www.dailymotion.com/video/x23a508). 2003.

kumentation ist aber zeitlos zu erkennen, wie kompliziert und interessenbehaftet die Verhandlungen unter EU-Mitgliedern ist. Dieses Dokument gehört eigentlich in jede Lehrstunde zum Thema EU-Politik und ist noch immer sehenswert.

Die gemeinsamen Werte werden bei solchen Gipfeln oft beschworen, kommen aber auch häufig als Worthülse daher, ob es wirklich darum geht in den Debatten, darf bezweifelt werden. Und vielleicht täte da mehr Ehrlichkeit gut mit Blick auf die Vertrauens- und Glaubwürdigkeit beim Publikum und Wähler. Bei Korrespondentenberichten ist auch eher selten davon die die Rede, es sei denn, mit diesen Werten sind die EU-Chefs mal wieder besonders doppelzüngig umgegangen. Denn meist verstehen die Staats- und Regierungschefs unter *europäischen Werten* eher *materielle Werte*. Es geht um Geld. Jene, die am liebsten nationale Schulden vergemeinschaften wollen (z. B. Frankreich oder Italien), geben dafür gerne europäische Werte an, etwa Europa stärker zusammenführen zu wollen. Vor allem dürfte es ihnen aber um die Bewältigung eigener Staatsschulden gehen. Und die gemeinsamen Werte hören in vielen Ländern sowieso auf, wenn sie keine Flüchtlinge mehr aufnehmen wollen. Es sind nur zwei Beispiele, die EU-Korrespondenten an diesen Worthülsen zweifeln lassen. Es geht um nationale Interessen und vielleicht wäre es manchmal ehrlicher, das genau so zu kommunizieren. Andererseits finden von der Leyens Äußerungen über das Menschengemachte, das Fehlerbehaftete in der Union bei Korrespondenten wenig Niederschlag in der Berichterstattung. Und damit fehlt es auch an Verständnis, denn Fehlentscheidungen oder Entscheidungen, die einfach für solche gehalten werden, akzeptiert die Öffentlichkeit offenbar nicht mehr. Vielleicht wäre es an der Zeit, mehr dafür zu werben?

Natürlich arbeiten alle Mitgliedstaaten zur Durchsetzung ihrer Interessen mit der Öffentlichkeit und den Medien. Gegen Deutschland wird nicht selten offen oder versteckt ein Spin gesetzt, es wird kritisiert oder behauptet. Man darf allerdings davon ausgehen, dass das auch von deutscher Seite passiert. In vielen Berichten erwähnen Korrespondenten dann häufig Formulierungen wie, „nach Aussagen hochrangiger Diplomaten ..." Diese vielen vertraulichen Informationen aus solchen Gesprächen wirken halboffiziell und seriös, was sie meist wohl auch sind, doch natürlich sind sie mit größter Vorsicht zu betrachten, weil es häufig um ein in höfliche Worte gekleidetes Spinning oder gar Bashing geht, oder Verantwortung abgeschoben werden soll, statt zu informieren. Aussagen, auch von Diplomaten, sollten also nicht unkritisch einfach übernommen werden.

5 Die Schlussfolgerungen

Vielleicht werden die Schlussfolgerungen in der Öffentlichkeit unterschätzt, weil sie keine direkte gesetzgebende Wirkung haben. Aber sie sind von zentraler Bedeutung und geben die politischen Leitlinien der Staats- und Regierungschefs der kommenden Monate und Jahre vor, und zwar in allen wesentlichen Politikbereichen, ob Klima- oder Wirtschaftspolitik, ob Migration oder Außenpolitik. Diese Schlussfolgerungen sind Ergebnis von wochenlangen Verhandlungen der Mitgliedstaaten und stellen eine wesentliche Kompromissfindung dar. Sie sind Auftrag an die Mitgliedstaaten selbst aber auch an die Kommission entsprechend tätig zu werden. Dazu kann sie verschiedene Instrumente einsetzen, zudem muss sie die Umsetzung der Ziele überwachen. Sie sind die Grundlage späterer Gesetze, sie sind ein Signal an die internationale Öffentlichkeit darüber, wohin die EU will, und daher ist die dort erarbeitete Einigkeit von wesentlicher Bedeutung. Schließlich sind sie Signal und Auftrag an die EU-Kommission, denn sie bekommt von den Staats- und Regierungschefs die Aufträge. Sie, deren Kommissare und deren Präsident, arbeiten nicht im luftleeren Raum. Auf ursprüngliche Initiative der Staats- und Regierungschefs soll die Kommission tätig werden und das wird umso deutlicher in Krisensituationen. „By taking the lead on crisis management and other major issues of the day, the European Council ipso facto degrades the Commission. The latter, once a pilot of the European plane, has been reduced to a secretariat of the former."[21] Andere würden sagen, die Rolle der Kommission wird in der Öffentlichkeit in diesem Sinne überschätzt. Tatsache ist, dass der Kommissionspräsident die Leitlinien von den Staats- und Regierungschefs vorgegeben bekommt. Durch ihr Initiativrecht und Art der Umsetzung der Beschlüsse hat sie aber zweifellos große Macht.

Für Korrespondenten ist dies eine wichtige Erkenntnis. Wesentliche Punkte der Europäischen Politik spielen bei den Staats- und Regierungschefs. Weil diese im Brüsseler Kontext aber etwas weniger auskunftsfreudig sind als das Parlament und teils auch die EU-Kommission, heißt das nicht, dass die Rolle der Chefs unterschätzt werden sollte, ganz im Gegenteil. „The European Council supremacy has also degraded the function of the co-legislators. Can we really imagine that the ministers meeting within the Council would ever challenge decisions taken by their respective heads of state or government?"[22] Das ist allerdings nicht durchgängig der Fall. Denn der Ministerrat ist rechtlich unabhängig vom Europäischen Rat. Letztlich hängt es an den Regierungen selbst, zumal die ja häufig aus Protagonisten unterschiedlicher Parteien bestehen, ausgestattet mit teils sehr unterschiedlichen Sichtweisen. Im Ministerrat wird aber über die konkrete Ausgestaltung von Geset-

---

[21] Guéguen, Daniel; Anthemis (Hrsg.) (2023): *European lobbyists – NGOs VS Lobbyists*, 2. Auflage. S. 36.
[22] Ebd.

zen gesprochen und im Unterschied zum Europäischen Rat ist der Ministerrat neben dem Parlament Co-Gesetzgeber. Am Ende ist es auch ein Machtkampf und es hängt am Geschick und der Qualität der Zusammenarbeit unter den Protagonisten, wie sie ihre Rolle ausfüllen. Letztlich muss eben auch der Ministerrat die Dinge absegnen, im sogenannten *Trilog*[23] sitzen am Ende alle Beteiligten aus Kommission, Parlament und Rat zusammen, um ein Gesetz schlussendlich auf den Weg zu bringen. Bis dahin ist manchmal ein derartig langer Kompromissfindungsprozess seinen Weg ge gangen, dass niemand sagen kann, Brüssel habe da irgendetwas entschieden. Denn alle saßen Monate, Jahre mit am Tisch.

> *Deutschland spielt eine entscheidende Rolle im europäischen Kontext, jede Regierung sah sich bislang als konstruktiver Förderer des europäischen Prozesses, der möglichst alle mitnimmt. Genau das aber wird auch von anderen Ländern erwartet, die sich häufig an Deutschland ausrichten, entweder indem man deutschen Positionen zustimmt oder sie eben ablehnt. Aber natürlich vertritt auch Deutschland vor allem seine Interessen. Mit Frankreich muss Deutschland abwägen, moderieren oder vorangehen, wenn diese Achse nicht stimmt, funktioniert wenig bis nichts. Folglich sind diese beiden Länder auch die Platzhirsche in den Untergruppen der Ministerratformate oder beim Gipfel. Für Deutschland – wie für jedes andere Mitgliedsland – ist daher zentral, bei anstehenden Gesetzesverfahren frühzeitig Position zu beziehen und Punkte zu setzen. Jedes Mitgliedsland ist frühzeitig in die vielfältigen Gesetzesprozesse, die teils Jahre dauern, eingebunden. Wenn eine deutsche Regierung sich also bei einer Entscheidung der Stimme häufiger enthält, weil sich die Bundesregierung etwa nicht einig ist, verliert sie auf Dauer Gewicht in Brüssel. Noch schwieriger wird es, wenn eine Regierung kurz vor Abschluss eines Gesetzesverfahrens plötzlich andere Regelungen oder eine ganz andere Richtung im Gesetz erreichen will. Das ist dann ein enormer Reputationsschaden und beschädigt weitere Verhandlungsoptionen und die Glaubwürdigkeit.*

---

[23] „In Zusammenhang mit dem ordentlichen Gesetzgebungsverfahren der Europäischen Union ist ein Trilog eine informelle interinstitutionelle Verhandlung, an der Vertreter des Europäischen Parlaments, des Rates der Europäischen Union und der Europäischen Kommission teilnehmen. Ziel eines Trilogs ist es, eine vorläufige Einigung über einen Legislativvorschlag zu erzielen, der sowohl für das Parlament als auch für den Rat, die Mitgesetzgeber, annehmbar ist. Diese vorläufige Vereinbarung muss dann von jedem dieser Organe in förmlichen Verfahren angenommen werden." Aus: EUR-Lex Trilog, https://eur-lex.europa.eu/DE/legal-content/glossary/trilogue.html.

5 Die Schlussfolgerungen

Wenn es dann noch zu Debatten und Unstimmigkeiten kommt, ist zuvor etwas sehr schief gegangen, manchmal haben sich auch die Verhältnisse gravierend verändert. Und manchmal wurde ein Thema auch unprofessionell behandelt. Die Botschafter der Mitgliedstaaten bereiten also den Europäischen Rat und die Ministerräte vor. Der COREPER besteht aus hochprofessionell arbeitenden diplomatischen Gremien und Landesexperten, so bestätigt das fast bewundernd ein langjähriger, außenstehender Diplomat, der in vielen Sitzungen dabei war. Öffentliche Streitigkeiten und Einlassungen über die EU werden dort kaum zur Kenntnis genommen. Politischer Streit wird dann auf eine technische Ebene gebracht, analysiert Thomas Gutschker: „Die Verwandlung politischer Entscheidungen in technische Fragen erleichtert es zugleich, Kompromisse zwischen 27 Mitgliedstaaten zu finden. Oder wenigstens zwischen den 15 Staaten, die für eine qualifizierte Mehrheit ausreichen, wenn sie zugleich mindestens 65 % der EU-Bevölkerung repräsentieren. Denn für technische Fragen gibt es technische Lösungen, die sich später als Sachzwänge darstellen lassen. Solche Lösungen entziehen sich der politischen Logik, wo immer nach Gewinnern und Verlierern gesucht wird."[24] Und Gewinner und Verlierer darf es im europapolitischen Diskurs, wie schon beschrieben, nicht geben. Auch der Streit zwischen Mitgliedstaaten ist meist eine politische Angelegenheit, oft ein Schaukampf, geführt aus innenpolitischen Beweggründen. Die Zusammenarbeit auf der politisch-diplomatischen Ebene betrifft das mitunter kaum, dort arbeitet die *Maschine* weiter im Wissen um unterschiedliche Auffassungen und verwandelt das Problem in offenstehende technische Fragen, wie Gutschker meint. Deutschland und Frankreich sind wesentliche Faktoren für die Prozesse. Wenn es unter den Chefs knirscht, arbeiten die Botschafter mit einer gewissen Routine weiter, indem sie weiter regelmäßig miteinander telefonieren oder sich treffen, um einen Umgang mit den unterschiedlichen Positionen zu finden. Je schwächer aber eine Regierung in den beiden großen Mitgliedstaaten ist, desto geringer wird auch der gemeinsame Einfluss. Ursula von der Leyen beschreibt das so: „Ganz wichtig ist im Europäischen Rat, dass Deutschland und Frankreich eng zusammenarbeiten. Denn beide sind wichtig. Beide sind unterschiedlich. Und je besser die zusammenfinden, desto schneller und besser lassen sich gemeinsame Lösungen finden. Und ich habe eigentlich immer erlebt, dass sich das deutsch-französische Paar zusammengerauft hat. Wie unterschiedlich sie auch sind als Persönlichkeiten, das ist eine Konstante, die ist ganz wichtig. Wenn es zwischen den beiden knirscht? Dann knirscht es insgesamt im gesamten System. Und dann ist es wahnsinnig schwer, gemeinsame Lösungen zu finden."[25]

---

[24] Siehe Teil 2. Abschn. 1. Gutschker, Thomas. Entpolitisierung als Mittel der Kompromissfindung.

[25] Von der Leyen, Ursula (2022) im Interview mit Olga Chládková für die ARD-Dokumentation „Der Gipfel. Einblick in Europas Machtmaschine.".

Wahrscheinlich ist noch kein Kommissionspräsident so präsidial im Sinne eines Regierungschefs aufgetreten wie Ursula von der Leyen. Sie stand in einem bitteren Machtkampf mit Charles Michel, dem damaligen Ratspräsidenten, der für zweieinhalb Jahre bestimmt wird.[26] Michel war zwei Mal in diesem Amt. Besonders deutlich wurde das bei einem Staatsbesuch in der Türkei, als Präsident Erdogan Michel und von der Leyen empfing. Michel als der Vertreter der Europäischen Staats- und Regierungschefs wurde der Sessel direkt neben Erdogan zugewiesen. Von der Leyen bekam einen Platz abseits auf einem Sofa und wirkte dort wie eine Sekretärin von Michel. Protokollarisch dürfte die Platzierung sogar richtig gewesen sein, diplomatisch war es ein wohl kalkulierter Move. Die Kommissionspräsidentin hat sich danach bitter beschwert, auch öffentlich. Das Verhalten habe sie verletzt, ließ sie verlauten. Eine ungewöhnliche und wohl klar kalkulierte Äußerung der sonst so kontrolliert auftretenden Politikerin. Sie war öffentlich vorgeführt worden, das hat nicht ohne Reaktion bleiben können. Der Politologe Herfried Münkler beschreibt ihre Rolle so: „Zum Management von Krisen gehört erstens der Zugriff auf Ressourcen. Dann so etwas wie politische Kompetenzen. Und innerhalb der EU gibt es ja sozusagen drei Machtzentren die Kommission, der Ministerrat und das Parlament. Insofern hat Ursula von der Leyen von Anfang an nur begrenzte Möglichkeiten gehabt zu reagieren. Aber sie hat relativ früh als Erste die Ukraine besucht und dort Präsenz gezeigt. Sie hat sich auch darum bemüht, europäische Mittel jenseits dessen, was die einzelnen Mitgliedsstaaten zur Verfügung gestellt haben, einzusammeln. Sie hat eine Entschlossenheit gezeigt, wie man sie eigentlich selten aus der Kommission, die ja auch sozusagen eine große Kompromissmaschine ist, beobachten konnte. Und ich würde auch sagen, die Von-der-Leyen-Kommission ist die wohl politischste Kommission, die die Europäische Union bislang gehabt hat."[27] Münkler lässt sogar noch außen vor, wie die Kommissionspräsidentin in der Corona-Krise die Verantwortung an sich gezogen und gehandelt hat. Auch diese Zeit trägt eindeutig dazu bei, sein Urteil zu stützen. „Das ist auch wichtig, weil mit Blick auf die Zukunft klar ist, dass Europa nur dann eine Rolle spielt, wenn es eine gemeinsame Sprache spricht und gemeinsam agiert. Und wenn es dazu nicht in der Lage ist, dass es dann sozusagen im globalen Machtkampf eine Provinz wird, provinziell am Rande liegend, bedeutungslos vielleicht nach wie vor wohlhabend, aber politisch ohnmächtig. Und das, denke ich, hat Frau

---

[26] Michel ist in seinem Amt einmal bestätigt worden und kam somit auf eine Amtszeit von 5 Jahren.

[27] Münkler, Herfried (2024) im Interview mit Ulrike Brincker für die ARD-Dokumentation „Europa im Machtkampf – Wohin steuert die EU und mit wem?".

von der Leyen begriffen. Auch entsprechend agiert. Aber halt im Rahmen von sehr begrenzten Möglichkeiten, die ihr zur Verfügung stehen."[28] In einigen Fällen erwarten die Staats- und Regierungschefs diese politische Führung, dann nämlich, wenn es ihnen nutzt. Wird es ihnen zu viel und sehen sie ihre eigenen Souveränitätsansprüche gefährdet, kann diese Solidarität schnell enden.

Die Staats- und Regierungschefs sind insgesamt zurückhaltender mit öffentlichen Äußerungen als die Mitglieder des Europaparlaments und das gilt auch für die Ministerräte und den COREPER. Ihre vorbereitenden Gremien sind Machtmaschinen, die sogar noch zurückhaltender sind. Nur weil andere lauter und häufiger in der Öffentlichkeit sind, sollten Berichterstatter also keine falschen Schlüsse ziehen. Besonders viel Macht liegt weiterhin bei den Regierungen und damit natürlich auch bei deren Chefs. Der ehemalige Kommissionspräsident Jean-Claude Juncker, der auch selbst viele Jahre Regierungschef seines Landes Luxemburg und damit so lange wie kaum ein anderes Mitglied des Europäischen Rates war, sieht diese Situation kritisch: „Nur wenn die Chefs tagen hört die Presse zu und schaltet sich das Fernsehen ein. Das ist eben auch eine institutionelle Verirrung, die die letzten zehn, 15 Jahre eingetreten ist. Der Europäische Rat muss einstimmig entscheiden. Im Ministerrat werden eigentlich die Gesetze mitbestimmt. Gemeinsam mit dem Parlament kann der Ministerrat mit Mehrheit, falls der Vertrag das vorsieht, entscheiden. Und diese Tendenz, dass der Europäische Rat immer das letzte Wort für sich beansprucht, was er Gott sei Dank nicht immer tut, ist eine Fehlentwicklung der europäischen Institution. Der Europäische Rat ist eigentlich, obwohl er so heißt, keine gleichrangige Institution mit dem Europäischen Ministerrat und mit dem Europäischen Parlament. Aber das versteht niemand, weil man ja über den Europäischen Rat breit und in der Tiefe berichtet und über die Detailarbeit in dem Ministerrat und im Europäischen Parlament kaum Worte verliert. Aber Fakten sind Fakten. Der Ministerrat und das Europaparlament sind die Gesetzgeber, nicht der Europäische Rat. Der soll die Impulse geben und nicht das Kleinklein und den Gesetzesprozess regeln."[29] Juncker, der gelegentlich zu Zuspitzungen neigt, hat natürlich insofern unrecht, als dass die Medien sehr wohl und sehr häufig über die wichtigen Entscheidungen des Ministerrates berichten, alles andere wäre fahrlässig. Richtig ist, dass die Dinge oft nicht auseinandergehalten werden, mit der Folge, dass auch in der Öffentlichkeit die Kompetenzen durcheinandergeraten.

---

[28] Ebd.
[29] Juncker, Jean Claude (2024) im Interview mit Ulrike Brincker für die ARD-Dokumentation „Europa im Machtkampf – Wohin steuert die EU und mit wem?".

Literatur

Clauß, Michael (2022) im Interview mit Olga Chládková für die ARD-Dokumentation „Der Gipfel. Einblick in Europas Machtmaschine.".

Grosse Hüttmann, Martin; Wehling, Hans-Georg (2013): *Das Europalexikon*, 2. überarbeitete und erweiterte Aufl., Bonn: Dietz.

Guéguen, Daniel; Anthemis (Hrsg.) (2023): *European lobbyists – NGOs VS Lobbyists*, 2. Auflage.

Coreper I, *European Council | Council of the European Union*, [online] https://www.consilium.europa.eu/en/council-eu/preparatory-bodies/coreper-i/ [29.12.2024].

EUROPA: the beating heart of Europe, *European Council | Council of the European Union*, [online] https://www.consilium.europa.eu/en/europa-building-story/ [29.12.2024].

European Council, *EUR-lex*, [online] https://eur-lex.europa.eu/legal-content/DE/TXT/?uri=legissum:european_council [29.12.2024].

Juncker, Jean-Claude (2024) im Interview mit Ulrike Brincker für die ARD-Dokumentation „Europa im Machtkampf – Wohin steuert die EU und mit wem?".

Münkler, Herfried (2024) im Interview mit Ulrike Brincker für die ARD-Dokumentation „Europa im Machtkampf – Wohin steuert die EU und mit wem?".

Sitz des Europäischen Rats in Brüssel | Fassade | Büro/Verwaltung, *Baunetz Wissen*, [online] https://www.baunetzwissen.de/fassade/objekte/buero-verwaltung/sitz-des-europaeischen-rats-in-bruessel-4526117 [29.12.2024].

Von der Leyen, Ursula (2022) im Interview mit Olga Chládková für die ARD-Dokumentation „Der Gipfel. Einblick in Europas Machtmaschine."

EUR-Lex Trilog, https://eur-lex.europa.eu/DE/legal-content/glossary/trilogue.html. [19.1.2025].

Gulsbrandsen, Christoffer. *Alles Banditen – Wenn Europas Regierungschefs unter sich sind.*, (https://www.dailymotion.com/video/x23a508). 2002.

www.consilium.europa.eu/de/european-council-and-council-of-the-eu/#group-section-Warum-zwei-Rate-wKWKnx5hhX

Der Kompromissfaktor 6

Für eine realistischere Betrachtung von EU-Politik

Die Europäische Union wird oft als uneinig, entscheidungsunfähig, ja sogar zerstritten wahrgenommen. Diese Wahrnehmung stimmt aber so nicht. Die Mitgliedstaaten entscheiden in vielen Fällen einstimmig, häufig selbst da, wo nur eine qualifizierte Mehrheit notwendig wäre. Die Staats- und Regierungschefs legen bei ihren Spitzentreffen großen Wert drauf, dass alle mitziehen. Und das, obwohl sie aus höchst unterschiedlichen Kulturen kommen und ihre europäischen Entscheidungen zu Hause vor ihren Wählern rechtfertigen müssen. Die vielen unterschiedlichen Voraussetzungen in den Mitgliedstaaten bringen es ganz zwangsläufig mit sich, dass auch unterschiedliche Auffassungen auf den Tisch kommen. Dies bereits als Uneinigkeit oder Zerstrittenheit zu bewerten, trifft den Kern der Auseinandersetzung oft nicht. Kompromisse im europäischen Kontext zu finden ist oft nicht einfach. Umso mehr Respekt verdient, dass sie immer und immer wieder zum gemeinschaftlichen Vorteil zustande kommen. Mehr noch, die Europäische Union funktionierte wahrscheinlich noch viel besser, wenn alle viel häufiger schauen würden, was sie von anderen lernen können. Der Kompromissfaktor ist wesentliches Merkmal europäischer Politik. Und dies sollte auch in der Berichterstattung viel stärker und erklärender Berücksichtigung finden. Für eine realistischere Betrachtung von europäischer Politik.

Streit, Konflikt, Langatmigkeit, Ineffizienz, Ergebnislosigkeit. Die Betrachtung europäischer Politikprozesse sieht medial oft negativ aus. Das Beispiel schier unendlicher Debatten über eine gemeinsame EU-Asylpolitik ist ein gutes Beispiel. Über Jahre können sich die EU-Mitgliedstaaten nicht einigen und selbst der erreichte Kompromiss ist unter manchen Kritikern ein „fauler", den einen geht er nicht weit genug, andere glauben nicht an seine Wirksamkeit, wieder andere halten ihn für unmenschlich. Sind die Medien und Beobachter tatsächlich besonders kritisch, vor allem mit Blick auf die EU? Weil sie Ergebnisse erwarten oder ein eigenes Wertesystem haben? Oder bilden sie tatsächlich nur die Realität ab, nach der die EU einfach ein Kosmos voller Konflikte Streit und Uneinigkeit ist? Liegt die Wahrheit in der Mitte? Berichterstatter in Brüssel stehen mit der EU einem herausfordernden Konstrukt gegenüber, das auf einer besonderen Verfasstheit beruht, die von nationalen Interessen und gleichzeitig dem Willen zur Zusammenarbeit der Mitgliedstaaten geprägt ist. Daraus ergibt sich ein grundsätzliches Betrachtungsprinzip: Müssen europäische Politikprozesse nicht viel stärker unter dem Blickwinkel ihres besonderen Zustandekommens bewertet werden? Müssen nationale Eigenheiten, ihre nationale Geschichte, ihre politische, soziale und wirtschaftliche Situation und vieles mehr nicht stets Berücksichtigung finden? Schließlich: Ist bei der Beschreibung und Bewertung dieser Prozesse nicht stets ein besonderer *Kompromissfaktor* zu berücksichtigen? Und welche Risiken sind damit verbunden?

Konflikte, Emotionen, Besonderheiten und Auseinandersetzungen schaffen mehr Aufmerksamkeit. Diese Wirkungsprinzipien von Medien sind hinreichend beschrieben worden und bekannt, vor allem im Boulevardjournalismus. In anderer, vielleicht abgeschwächter Form sind diese Merkmale auch in anderen journalistischen Formen zu finden und natürlich auch, wenn es um Europa geht. Johanna Kißler beschreibt anschaulich den neurowissenschaftlichen Zusammenhang von Emotionen und Aufmerksamkeit: „… wobei negative Reize oft mehr Aufmerksamkeit bewirken – weil sie öfter überraschend sind."[1] Zugegeben, die Erkenntnis ist nicht nur für Journalisten wenig überraschend, schließlich nutzen sie entsprechende Mechanismen selbst – mehr oder weniger häufig – um Aufmerksamkeit zu erzielen. Erwähnt sei es dennoch, denn Kißler beschreibt deutlich die stärkere Gehirntätigkeit infolge emotionaler Aufmerksamkeitssteuerung. Dieser neurowissenschaftliche Befund korreliert gewissermaßen mit der Rolle, die Journalisten traditionell für sich in Anspruch nehmen: Aufklären, kontrollieren, Mächtigen auf die Finger schauen, das klingt schon vom Ansatz her nach einem distanzierten, auch konfrontativen und wenig herzlichen Verhältnis zum Berichtsgegenstand. Natürlich suchen Journalisten nach Konflikten und Widersprüchen. Oft leider auch, wo keine sind. Wortwahl und Umgang sind rasch entsprechend. Negative Reize eben. Neurowissenschaft meets Rollenverständnis. Etwas zugespitzt beschreibt Gabor Steingart das so: „Hinter jedem Schusswechsel an der Ostfront der Ukraine lauert der Atomkrieg. Der Klimawandel wurde von den Medien zur Klimakatastrophe

---

[1] Kißler, Johanna (2018): Emotionen wecken Aufmerksamkeit – ein Blick auf neurowissenschaftliche Erkenntnisse, in: *Wirtschaftspsychologie aktuell. Zeitschrift für Personal und Management*, S. 56.

umformatiert. Die Künstliche Intelligenz übersetzt selbst Yuval Noah Harari als Einmarsch der Außerirdischen, als ‚Alien Intelligence'. Nach 45 Mio. verkauften Büchern weiß der Mann: Apokalypse geht immer, Gelassenheit ist unverkäuflich. So verbringen wir die Zeit zwischen Zukunft und Vergangenheit, als unsere Gegenwart, vor allem übellaunig. Ab morgens um sieben wird zurückgegrummelt. Wer gute Laune hat, ist selbst schuld. Der fröhliche Nachbar macht sich verdächtig. (…) Die Medien als professionelle Angstverkäufer spielen hier eine wichtige Rolle. Sie liefern die Vorprodukte, die dann in den Munitionsfabriken der Parteien zu Dämonen verschweißt werden. … Natürlich können wir unseren ‚Vergänglichkeitsschmerz', um das Wort der Schweizer Philosophin Barbara Bleisch aufzugreifen, auch mit immer neuen Phobien aufladen und die Bundesrepublik zum Flagship-Store der Apokalypse ausbauen. Die Exponate der befürchteten Vergänglichkeit stehen bereits im Schaufensterfladen: Der Weltfrieden und die Demokratie."[2] Darauf lässt sich Berichterstattung prima aufbauen, denn wer den Weltfrieden, den Klimawandel und die Demokratie für seine Argumente einsetzt, dem ist nur noch schwer etwas entgegenzusetzen.

Auch das trägt zur Aufmerksamkeitsökonomie bei: Apokalypse statt Gelassenheit. Seit jeher funktioniert der Kampf um Aufmerksamkeit auf diese Weise. Aber gilt das noch immer so uneingeschränkt? Zunächst ist wenig überraschend, dass nicht nur Journalisten, sondern auch Politik und ihre Handelnden, Nichtregierungsorganisationen und sonstige Interessensvertreter sich entsprechender Mechanismen bedienen, um gehört und gesehen zu werden. Nur wenige beschreiben das so offen wie der frühere Bundestagsabgeordnete Fabio De Masi: „Die Währung, um aus der Opposition etwas zu erreichen, ist nun mal Öffentlichkeit,"[3] sagte er einmal dem Spiegel. „Um stattzufinden, müsse man ‚schnell eine Meinung haben' man muss liefern, Neues, Interessantes, Insights. Er habe ‚den permanenten Druck gespürt, originell zu sein.'"[4] Es ist eher unüblich, dass Politiker dieses Befinden, den Versuch Aufmerksamkeit zu erzielen, so deutlich beschreiben, wie es De Masi hier tut. In der EU-Politik lassen Politiker praktisch alles stehen und liegen, wenn eine Anfrage von einem Massenmedium kommt, und versuchen sich in klaren Aussagen, die haften bleiben. Und selbst führende Persönlichkeiten können ihre angesprochene Eitelkeit nicht verbergen, wenn sie abends in

---

[2] Steingart, Gabor (2024): Deutschlands Perspektivwechsel: Von Angst zu Neugier, *The Pioneer*, [online] https://www.thepioneer.de/originals/others/articles/deutschlands-perspektivwechsel-von-angst-zu-neugier [31.12.2024].
[3] Großbongardt, Annette (2022): Volker Bouffier, Anke Rehlinger, Fabio De Masi: Was die Spitzenpolitik mit den Menschen macht, *Der Spiegel*, 22.12.2022.
[4] Ebd.

der 20-Uhr-Ausgabe (und damit vor 10 Mio. Zuschauern) der Tagesschau auftauchen, selbst wenn es nur 10 s mit einem belanglosen Satz sind. Hauptsache man war drin und wird am nächsten Tag darauf angesprochen. Dieses zutiefst menschliche und politisch für den Einzelnen wichtige Ereignis beschreibt die Kommunikationswissenschaftlerin Kristina Nolte so: „Massenmedien nehmen in der Wirklichkeitskonstruktion eine Schlüsselrolle ein, weil sie in der Lage sind, massenhaft Aufmerksamkeit anzuziehen. Wirklich ist, was Aufmerksamkeit findet – alles andere findet in der öffentlichen Wahrnehmung keine Beachtung."[5] Deshalb hätten „Akteure aus allen gesellschaftlichen Bereichen begonnen, ihr Handeln an dieser Funktionslogik der Aufmerksamkeitsattraktion und -bindung auszurichten."[6] Und das trifft keineswegs nur auf Oppositionspolitiker wie De Masi zu. Immerhin hat er es zu einer gewissen Bekanntheit gebracht, obwohl er es seinerzeit als Abgeordneter der Linken sicher schwer hatte, in den Massenmedien aufzutauchen. Den Druck verspüren auch Europapolitiker, zumal wir es hier häufig mit Abgeordneten zu tun haben, die weder in der Öffentlichkeit generell, oft nicht einmal in ihren eigenen Wahlkreisen besonders bekannt sind. Und natürlich trifft die Analyse Noltes auch auf Nichtregierungsorganisationen zu, und das in besonderem Maße, weil sie öffentliche Finanzierung und Unterstützung brauchen und in der Folge öffentliche Aufmerksamkeit. Gerade Umweltgruppen setzen auf Emotionalisierung und Zuspitzungen besonderer Art. Korrespondenten, auch und erst recht in Brüssel, müssen sich fragen, ob und wie sie mit übertriebenen, aufgeblasenen oder sogar falschen Statements verschiedener Protagonisten aus Politik oder Interessensgruppen umgehen und sogar auf sie hereinfallen. Oder das Spiel sogar bereitwillig mitspielen, um wiederum selbst mehr Aufmerksamkeit zu generieren. Alle Interessensgruppen setzen diese Aufmerksamkeitsmomente ein, besonders heftig tun das Landwirte, die die EU-Hauptstadt Brüssel gern auch einmal in bürgerkriegsähnliche Zustände versetzen. Für Journalisten und besonders Brüssel-Korrespondenten folgt die Frage, wie sie damit umgehen und was das für ihre eigene Berichterstattung bedeutet, erst recht, wenn sie mittlerweile selbst Teil dieses Funktionsmechanismus *Aufmerksamkeitsökonomie* sind. Und es kommt darauf an, unterscheiden zu lernen, zwischen jenen, die mit entsprechenden Mitteln mehr oder weniger geschickt solche Strategien einzusetzen versuchen, und anderen, die sehr seriös verschiedene Aspekte eines Politikprozesses zu reflektieren imstande sind, damit aber vielleicht sperriger wirken, aber doch das große Ganze zu sehen imstande ist.

---

[5] Nolte, Kristina (2005): *Der Kampf um Aufmerksamkeit: wie Medien, Wirtschaft und Politik um eine knappe Ressource ringen*, Frankfurt/Main: Campus-Verl, S. 12.
[6] Ebd.

Das Publikum jedenfalls hat den Hang zu mehr Aufregung längst wahrgenommen und betrachtet ihn mit Skepsis. Das Ergebnis einer Studie der TU Dortmund zeigt: 51 % der befragten Bürger finden, dass Medien zu sehr auf Übertreibung und Skandalisierung setzen.[7] Diese Aufmerksamkeitsspirale bekommt seit Jahren eine zunehmende Bedeutung in Form neuer und (sogenannter) sozialer Medien, und mehr noch, sie bekommt eine größere, geradezu gefährliche Dimension, Stichwort *Fake-News*.[8] Bewusst falsche und weit gestreute „Nachrichten" sind zwar zunächst von traditionellen Medien entkoppelt, schaffen sich nicht nur eine eigene „Wahrnehmung" der Verhältnisse, sondern auch ihr eigenes Publikum und können später dann den Eingang selbst zu traditionellen Medien finden. Falschnachrichten aber zu korrigieren, etwa mit Hilfe von „Faktenfindern", kostet so viel mehr Aufwand, als die Falschnachricht in die Welt zu setzen. Bekannt gemacht hat diese Erkenntnis der italienische Programmierer Alberto Brandolini unter dem Namen *Brandolinis Gesetz*. „Die Menge Energie, die nötig ist, um Bullshit zu widerlegen, ist zehnmal so groß wie die Energie, die nötig ist, um sie zu produzieren."[9] Diese Gesetzmäßigkeit ist auch als Bullshit-Asymmetrie-Prinzip bezeichnet und von vielen zitiert und diskutiert worden.

Der Drang, in diesem Mechanismus seinen Platz zu behaupten, ist groß. Viele etablierte Medien suchen nach eigenen Wegen in den sozialen Medien, mit eigenen Geschichten gegen die Fake-Nachrichten, sie sehen diese Gefahr und widersetzen sich diesem Kurs, viele verlieren aber auch Publikum und kämpfen gegen diesen Verlust. Für manche Medien stellt das ein Dilemma dar. Der Hang, ständig etwas Besonderes, etwas Anderes, Originelles zu präsentieren, Konflikte und Streit zu vermelden, ist in der Aufmerksamkeitsökonomie stets greifbar. Es stellt sich aber die Frage, ob nicht andere Mittel zur Aufmerksamkeitssteigerung angesagt sind oder ob die Aufmerksamkeit des Publikums nicht auch damit erzeugt werden kann, ihm mehr Nachvollziehbarkeit, Erklärung und Orientierung anbieten zu können.

In diesem Spannungsfeld ausgerechnet komplizierte Sachverhalte, Politikprozesse und deren Kompromisse zum Thema zu machen und zu erklären, ist keine einfache Angelegenheit, zudem gibt es offenbar nur begrenztes Vertrauen in die Berichterstattung. Es könnte aber lohnen und ein Weg sein. Der Studie der TU Dortmund zufolge halten 54 % der befragten Bürger den Journalismus für glaubwürdig. 34 % teils, teils, der Rest hält ihn für unglaubwürdig.[10] Ein Gutteil der Befragten

---

[7] Steinbrecher, Michael u. a. Steinbrecher, Studie Journalismus und Demokratie. TU Dortmund 2023.
[8] Siehe auch Kap. 10.
[9] Brandolini, Alberto (2013): The Bullshit Asymmetry:, X, [online] [04.01.2024].
[10] Michael Steinbrecher u. a. (2024): Studie „Journalismus & Demokratie".

schaut also mit Skepsis auf die Medien, das sind keine herausragenden Werte. Doch woran liegt das? Denn immerhin halten 91 % der Befragten das Medienangebot in Deutschland alles in allem für gut oder sogar sehr gut. 47 % aber geben an, es sei in den letzten Jahren schlechter geworden.[11] Eine jüngere Studie des Allensbach-Instituts bestätigt den Eindruck, wobei interessanterweise der öffentlich-rechtliche Rundfunk etwas besser abschneidet als einige Zeitungen. Demnach halten 77 % der Befragten die Fernsehprogramme von ARD und ZDF für vertrauenswürdige und besonders zuverlässige Quellen, 65 % glauben das von regionalen Zeitungen. Bei überregionalen Tageszeitungen sind es 57 %, bei Nachrichtenmagazinen wie dem Spiegel 48 %.[12] In Ostdeutschland ist das Bild anders, dort liegt die Glaubwürdigkeit teils deutlich unter dem Eindruck in Westdeutschland. 91 % halten allerdings Journalismus für wichtig oder sogar sehr wichtig für die Demokratie. Und mehr als zwei Drittel nehmen die Polarisierung der Gesellschaft als ernsthafte Gefahr für die Demokratie wahr.[13] Auch wenn die Ergebnisse zumindest für das öffentlich-rechtliche System auf den ersten Blick noch positiv zu sein scheinen, müssen sich Medien-Macher fragen, ob sie auf dem richtigen Weg sind. Die Allensbach-Umfrage bestätigt auf andere Weise mindestens indirekt die Ergebnisse der Dortmunder Studie. Doch welche Angebote könnten in der Konsequenz helfen?

„**Wo bleibt also das Positive?**"[14] fragt sich in Zeiten von Fake-News Johanna Kißler. Die Professorin für Psychologie wartet zudem mit einer interessanten Erkenntnis auf. Denn Menschen nehmen nicht nur negative Emotionen auf, sondern in auch positive. Wenn das so ist, könnten auch solche Nachrichten mehr Verbreitung finden. Sollte es also möglich sein, auch mit guten Nachrichten aus der Europäischen Union Aufmerksamkeit zu erzielen? Kißler schränkt ein, es sei nicht leicht, mit positiven Nachrichten eine ähnliche Erregungsintensität zu erreichen wie mit negativen. „Gerade in einer relativ sicheren und satten Gesellschaft ist Negatives unerwarteter und zieht deswegen effektiver Aufmerksamkeit auf sich."[15] Als Joanna Kißler diesen Artikel 2018 veröffentlichte, gab es dieses Virus namens Covid 19 noch nicht, der die Welt und die Menschen verunsichern würde wie seit Jahrzehnten nicht. Als dieses Virus einigermaßen besiegt erschien, begann Russ-

---

[11] Ebd.
[12] Köcher, Prof. Dr. Renate, (2024): Vertrauensanker in polarisierten Zeiten: Die Rolle der Presseverlage, Berlin, 7.6.2024. Vortrag.
[13] Ebd.
[14] Kißler, Johanna (2018): Emotionen wecken Aufmerksamkeit – ein Blick auf neurowissenschaftliche Erkenntnisse, in: *Wirtschaftspsychologie aktuell. Zeitschrift für Personal und Management*. S. 55.
[15] Ebd.

land in direktem Anschluss seinen Krieg gegen die Ukraine, ein Krieg mit unmittelbaren Folgen für Europa und die EU, ihre Sicherheit, ihre Verteidigung, ihre Wirtschaft. Die zweite Amtszeit des amerikanischen Präsidenten Donald Trump bringt Veränderungen mit sich, die kaum jemand in dieser Form mitbedacht hat. Die Welt und die Menschen in Europa befinden sich nicht erst in den Jahren 2024/2025 in tiefer Verunsicherung. Die Corona-Krise wirkt noch nach, ohne dass psychische und gesundheitliche Folgen aufgearbeitet sind. Der Ausgang des Krieges in der Ukraine und was er für die Europäer bedeutet, ist zu diesem Zeitpunkt völlig unklar. Und unabhängig davon ist kaum anzunehmen, dass diese Verunsicherung nachlassen sollte, erst recht mit Blick auf den Klimawandel, der in einem Jahr durch Dürre und im nächsten durch bedrohliche Hochwasser längst vor der Haustür des Publikums angekommen ist. So stellt sich die Frage, ob Johanna Kißlers Annahme der ‚satten' Gesellschaft so noch zutrifft. Offensichtlich ist, dass die Verunsicherung in der Bevölkerung erheblich zugenommen hat, während die Mechanismen der Berichterstattung und der Aufmerksamkeitsökonomie sich nicht wesentlich geändert haben, mehr noch, die Spirale, die Geschwindigkeit von Veröffentlichungen und Nachrichten ist eher extremer geworden. Eine Ausnahme zu dieser Spirale der Berichterstattung, scheint allenfalls der konstruktive Journalismus[16] zu sein, der um mehr Verbreitung aber noch kämpft.

Es lohnt wieder ein Blick in die Studie der TU Dortmund. Die Hälfte der Befragten kritisiert, Medien berichteten zu sehr über Probleme statt über Lösungen. Mehr noch, gefragt nach den Erwartungen des Publikums an Journalisten wollen 76 %, dass Journalisten Lösungen für gesellschaftliche Probleme diskutieren und aufzeigen.[17] Die Studie liefert also zahlreiche interessante Erkenntnisse, von denen mindestens drei an dieser Stelle hervorzuheben sind: Die Glaubwürdigkeit der Medien ist nicht überzeugend hoch, nimmt tendenziell eher ab, das Publikum beklagt zu viele Skandalisierungen und wünscht sich drittens von den Medien mehr lösungsorientierte und konstruktive Berichterstattung. Sind die Menschen also womöglich aufnahmefähiger für positive und konstruktive Nachrichten geworden, weil sie die vielen schlechten nicht mehr ertragen können? Auf diese schlechten Nachrichten und Analysen dieser Zeit zu verzichten ist aber keine Option, schön zu reden ist da ebenfalls nicht viel. Roman Rusch verweist in seinem Beitrag in Teil 2 dazu auf das Phänomen der *News Fatigue*: „Nachrichten – auch über europäische Themen – werden von immer weniger Menschen gelesen, gehört und gesehen. Der Reuters Digital

---

[16] Siehe Teil 2. Abschn. 14. Rusch, Roman. Konstruktiver Journalismus in der Europaberichterstattung.

[17] Ebd.

News Report dokumentiert seit 2022 einen dramatischen Verfall des Interesses an Nachrichten. Viel schlimmer noch: Inzwischen geben fast 40 % der Befragten an, Nachrichten aktiv zu vermeiden, wobei Deutschland zu denjenigen Ländern gehört, bei denen sich die Entwicklung am schnellsten entwickelt.[18] Es lohnt sehr, sich anzusehen, was die Befragten als Gründe für ihr mangelndes Interesse angeben: Rund 40 % sagen, die Nachrichten zögen sie schlicht und einfach zu sehr „runter" – das wollten sie sich nicht antun („bad mood").[19]"

> *Ein beliebiger Beitrag einer Nachrichtensendung: Der Autor muss eine Parlamentsdebatte zusammenfassen. Es war eine hitzige Auseinandersetzung, in der zahlreiche plakative Spitzen und Vorwürfe zu hören waren, aber auch eine Reihe von Argumenten. Im Gesamten gesehen erschienen die Anwürfe un einem anderen Licht, denn es handelte sich zwar um eine harte, aber auch mit vielen Inhalten geführte Debatte. Die persönlichen Vorhaltungen der Redner waren kurz und snackable, sehr wahrscheinlich bewusst so gesetzt, um die Wahrscheinlichkeit zu erhöhen mit einem solchen Satz in den Nachrichten aufzutauchen. Tatsächlich ist genau das passiert: Der Nachrichtenbeitrag besteht schließlich aus reinen, inhaltsleeren Anwürfen, die den Eindruck vermitteln, es habe nichts außer Streit stattgefunden. Dem war aber nicht so. Und wenn es so gewesen wäre, hätte das eingeordnet werden müssen oder man hätte womöglich auch ganz auf ihn verzichten können.*

Ist das Publikum des dauernd Negativen überdrüssig und braucht um der eigenen Resilienz willen eine andere Art der Nachrichtenvermittlung? Eine Frage, die sich daraus ableitet, ist, ob heutige journalistische Erzähl- und Darstellungsformen noch zeitgemäß sind. Erst recht, weil mehr oder weniger allen traditionellen Medien zunehmend Leser, Zuschauer, Hörer, User, das Publikum also, ausgehen. Damit geht es auch um den Erhalt eines Geschäftsmodells. Könnte ein stärker konstruktiv, lösungsorientierter, erklärender Journalismus eine Lösung sein? Ein einordnender Journalismus, der Konflikte statt um ihrer selbst und der zu erzielenden Aufmerksamkeit willen, deutlicher als das darstellt, was sie sind? Nämlich kreative und notwendige Prozesse zum Erreichen einer Lösung? Ein Journalismus, der Einzelereignisse kontextualisiert und mögliche Lösungen von Experten

---

[18] Siehe Teil 2. Abschn. 14. Rusch, Roman. Konstruktiver Journalismus in der Europaberichterstattung mit den entsprechenden Anmerkungen und Quellen.
[19] Ebd.

aufzeigt? Noch einmal dazu Rusch: „In der internationalen Forschung gibt es inzwischen eine Reihe (angenähert) repräsentativer Befunde, die belegen, dass konstruktiv gehaltene journalistische Beiträge signifikant positivere Emotionen bei Konsumenten hervorrufen als andere: Hoffnung, Mut, Zuversicht – auch im Rahmen eines klar beschriebenen Problems mit gewaltigen Herausforderungen empfinden die Viewer das hier eher als bei destruktiven oder rein forensischen Situationsbeschreibungen. Wer also konsequent auf Konstruktiven Journalismus setzt, kann das Phänomen News Fatigue effektiv bekämpfen."[20] In seinem Text zeigt Rusch eine Reihe von Möglichkeiten und Hintergründen auf.

Auch auf die europäische Union bezogen lässt sich eine zunehmende Verunsicherung nachvollziehen. Die damit einhergehende Skepsis gegenüber der EU und ihren Institutionen ist seit der Finanzkrise 2007 deutlich zu beobachten. Das beschreiben die Statistiken des *Eurobarometers* zusammen mit den Aussagen verschiedener Experten. Die gesunkenen, niedrigen Zustimmungswerte haben sich seit der Finanzkrise nicht wirklich erholt. Dennoch ist eine deutliche Mehrheit der Europäer von der EU überzeugt. Die hohe Beteiligung an den Wahlen zum Europaparlament 2024 zeigt ebenfalls einen Trend an. Auch wenn einige Parteien stärker auf nationale Lösungen setzen und der EU eher skeptisch oder sogar feindlich gegenüberstehen, hat sich eine überwältigende Mehrheit der Wähler für proeuropäische Parteien entschieden. Dennoch hat die Skepsis zugenommen, obwohl ihr ja eine bemerkenswerte Erfolgsstory gegenübersteht – und zwar nicht erst seit der Finanzkrise. Allein die große EU-Erweiterung nach dem Fall des Eisernen Vorhangs ist für die Gesellschaften in den beigetretenen Ländern – und nicht nur dort – in der Regel ein enormer Fortschritt mit Blick auf Freiheit, Demokratie und Wohlstandsgewinnen. Viele harte Transformationsprozesse haben die Mitgliedstaaten im Verbund mit der EU bewältigt, wie sich gerade einmal 20 Jahre, also nicht einmal eine volle Generation später zeigt. 2008, noch während der Finanzkrise, haben viele Experten das Ende des Euro vorhergesagt und die damalige Bundeskanzlerin Angela Merkel fürchtete sogar das Ende der Europäischen Union. Es ist nicht so gekommen, die EU hat notwendige Reformprozesse eingeleitet, was zwar nicht bedeutet, dass nicht noch mehr getan werden müsste, aber immerhin sind die schlimmsten Befürchtungen ausgeblieben. Die EU hat sich also bereits mehrfach als (über-)lebens- und sogar lösungsfähig erwiesen. Und auch während der Corona-Krise sind schnell wirtschaftliche und gesundheitspolitische Maßnahmen ergriffen worden, um die schwierige Situation zu bewältigen: Ein drohendes Auseinanderfallen der EU wurde verhindert. Die Liste der Beispiele könnte fortgesetzt werden. Vieles hätte besser laufen können, ja, auch Fehler sind passiert. Allerdings werden

---

[20] Ebd.

Fehler vielfach nicht mehr hingenommen. Die Polarisierung nimmt stetig zu, die Skepsis ist bei vielen gewachsen, und das, obwohl die Krisenbewältigung innerhalb der EU an vielen Stellen durchaus erfolgreich war. Die EU hat also eine Menge erreicht, man kann wohl sagen, allen in diesem Verbund geht es um ein Vielfaches besser, als es ohne sie der Fall wäre, sie ist deutlich besser als ihr Ruf, aber zwischen diesem Befund und der öffentlichen Wahrnehmung klafft offenbar ein Gap. Der europäische Binnenmarkt zum Beispiel hat die Ökonomien praktisch aller Mitgliedstaaten enorm vorangebracht, das zeigen zahlreiche Untersuchungen, in der Wahrnehmung des Publikums scheint das aber nur eine untergeordnete Rolle zu spielen. Ein Grund dafür könnten die komplizierten Prozesse in Europa und ihre Darstellung sein. Und wer nicht mehr versteht, ist verunsichert, wer verunsichert ist, reduziert seine Wahrnehmung oder sucht und findet nur noch, was ihn selbst bestätigt, oft sind das die einfachen Wahrheiten. Auch deshalb ist das Bild, die Wahrnehmung weiter Teile der europäischen Bevölkerung, durchaus anders als die Realität. Doch welchen Anteil haben der Journalismus und die EU-Berichterstattung daran?

Politikberichterstattung braucht neue Facetten, eine andere Ausrichtung. Sie verträgt definitiv mehr Erklärung von Prozessen, immer und immer wieder. Es braucht konstruktiv-lösungsorientierte Beiträge und es braucht eine nüchterne, nachvollziehbare Darstellung notwendiger Kompromisse, besonders über die hochkomplexen Abläufe innerhalb der Europäischen Union, vor allem wegen ihres besonderen Wesens. Und die Berichterstattung muss diese Prozesse nicht um ihrer selbst willen beschreiben, sondern mit dem Alltag der Menschen in den Regionen in Verbindung bringen, abgleichen und prüfen. Genau diese Erwartungen äußern auch Zuschauer in Befragungen.[21] In diesem Ansatz liegen aber zweifellos auch Risiken, denn die Interessensvertreter in der EU sind keineswegs Gutmenschen, die immer nur das große Ganze im Blick haben, im Gegenteil. Die Europäische Union unterliegt zunächst besonderen Politikprinzipien und -prozessen, die so in der Welt einzigartig sind. Sie ist eine politisch-ökonomische Union, die aus 27 europäischen Ländern besteht, die sich zusammengeschlossen haben, um wirtschaftliche Zusammenarbeit, politische Integration und soziale Harmonie zu fördern. Sie wurde gegründet, um nach dem Zweiten Weltkrieg Frieden und Stabilität in Europa zu sichern. Dieser Umstand sollte auch nach Jahrzehnten nicht aus dem Blick geraten. Die EU hat ihre Zuständigkeiten erweitert und organisiert die Interessen ihrer Mitgliedstaaten bei internationalen Handelsfragen, beim Umweltschutz, bei Sicherheit, Justiz, Forschung und Entwicklung, Bildung und Gesundheit. Ihre institutionelle Struktur ist einzigartig, das Zusammenspiel von EU-Kom-

---

[21] Es handelt sich um Zuschauerbefragungen, die dem Autor vorlagen.

mission, Parlament und Mitgliedstaaten ist nicht ohne Weiteres mit anderen nationalstaatlichen Institutionen gleichzusetzen. Die Institutionen arbeiten zusammen, um Gesetze zu verabschieden, Richtlinien festzulegen und politische Entscheidungen im Interesse der EU und ihrer Bürger zu treffen. Vor allem sind es aber Regierungschefs, Kommission, Parlament und Rat, die die politischen Prozesse bestimmen. Aber diese Prozesse verlaufen anders als in den Mitgliedstaaten, wie etwa der Bundesrepublik. Zwar ist jede Demokratie auf Kompromisse angewiesen, nirgendwo sonst aber spielen sie eine derart wichtige Rolle wie in der EU, nicht nur wegen ihrer Mitglieder, sondern auch wegen ihrer vielfältigen Aufgaben. Da ist der gemeinsame Binnenmarkt, der den freien Verkehr von Waren, Dienstleistungen, Kapital und Personen zwischen den Mitgliedstaaten ermöglicht. Dieser Binnenmarkt hat zur wirtschaftlichen Integration Europas beigetragen und Wachstum und Wohlstand in der gesamten Region gefördert. Da ist die gemeinsame Währung, der Euro, der immerhin in 19 der 27 Mitgliedstaaten verwendet wird. Die Eurozone ist ein wichtiger wirtschaftlicher und politischer Block innerhalb der EU. Und dann ist die EU ein wichtiger Akteur in der internationalen Politik, mit zunehmend geopolitischem Anspruch im Hinblick auf internationale Krisen, beim Klimawandel, der Bekämpfung von Terrorismus und der Förderung von Menschenrechten. All dies verlangt eine besondere Art der Zusammenarbeit, anders als das in den Mitgliedsstaaten selbst geschieht und weil das so ist, verlangt es wohl auch eine andere Form der medialen Betrachtung.

In Demokratien können sich Regierungen eines Nationalstaates in der Regel auf eine Parlamentsmehrheit stützen und so ihre Politik und deren Prozesse legitimieren. Dieses Prinzip ändert sich auch nicht, wenn Regierungen etwa aus verschiedenen Parteien oder politischen Bewegungen zusammengesetzt sind, etwa in Koalitionen, die mitunter oder regelmäßig über den gemeinsamen Kurs streiten und damit jeweils Kompromisse suchen müssen. Als Regierung stützt sie sich in der Regel auf ihre gemeinsame Parlamentsmehrheit. Und diese Legitimation bleibt im Grundsatz auch bestehen, wenn bei bestimmten Fragen eine zweite Kammer ins Spiel kommt. In allen Konstellationen kommt es auf Kompromisse an.

Ist aber in der EU von Kompromissen die Rede, handelt es sich um eine andere Qualität, um einen anderen Charakter: Sie beginnen viel früher. Der Kompromiss ist in der EU eine Form *sui generis*. Er ist ihr immanent, auf allen Ebenen. In der EU-Kommission, im Parlament, im Ministerrat, im Europäischen Rat. Der Europäische Rat, also die Staats- und Regierungschefs, suchen Einmütigkeit. Im Ministerrat müssen verschiedene Länder eine Linie finden. Im Europaparlament suchen verschiedene Parteien und Strömungen aus den verschiedenen Ländern nach einer gemeinsamen Verhandlungslinie. Zuvor müssen noch Interessensgruppen berücksichtigt werden. Und am Schluss eines Gesetzgebungsprozesses müssen sich auch noch einmal alle einigen. Es ist eine permanente Politik der Kompromisse. Selbst wenn in vielen Politikfeldern Mehrheitsentscheidungen vorgesehen sind, steht die gemeinsame Einigung, der Kompromiss im Mittelpunkt europäischer Politik. Besonders deutlich wird das im Europäischen Rat, beim Gipfel der Staats- und Regierungschefs, mit seiner besonderen Form der Einstimmigkeit. „Wir sind kein Bundesstaat und deshalb gibt es Fragen, die man nicht mit einer Mehrheit gegen einen Mitgliedstaat entscheiden kann, sondern wir sind souveräne Mitgliedstaaten. Auch wenn wir einen Teil der Souveränität an Brüssel abgegeben haben. Aber es kann nicht sein, dass gegen entscheidende Interessen eines Mitgliedstaates Positionen oder ein Ergebnis gefunden werden. Es ist schon korrekt, dass es bei bestimmten hochpolitischen Fragen, wo auch jeder Premierminister, jeder Bundeskanzler, jeder Präsident zu Hause eine Öffentlichkeit hat und eine politische Landschaft, dass man da Einstimmigkeit hat und Mitgliedstaaten nicht überrollen kann bei entscheidenden Fragen."[22] Das Prozedere ist bereits im Kapitel „Schlussfolgerungen" besprochen worden. Stets suchen Staats- und Regierungschefs nach Kompromissen, nach Formeln, manchmal geht es dabei zu wie auf einem Basar, manchmal bekommt ein Land materielle Vorteile zugesagt. Doch niemand darf am Ende herausgehen und sich über den Tisch gezogen fühlen.

Der Kompromiss ist im EU-Politikprozess also ein besonderer Faktor. Und das gilt auch, wenn etwa Formelkompromisse gefunden werden. Manchmal werden anderen Ländern Vorteile gewährt, damit sie zustimmen, manchmal versuchen Mitgliedstaaten andere zu erpressen. Es dürfe aber keine Gewinner und Verlierer geben, sonst sei der politische Einigungsprozess dahin, so argumentiert der ständige Vertreter der Bundesrepublik Deutschland in Brüssel, Michael Clauß. Wer eine Erpressung beginne, was gelegentlich vorkomme, müsse damit rechnen, dass wenig später eigene, wichtige Dossiers geblockt werden. Der Botschafter sieht daher wichtige Vorteile bei der Einstimmigkeit im europäischen Rat: Niemand dürfe einen Gipfel als Verlierer verlassen und sein Gesicht verlieren, man müsse einen Kompromiss finden, mit dem alle leben können.[23]

Für die Berichterstattung bedeutet das eine Berücksichtigung genau dieser jeweiligen Interessen in den unterschiedlichen Mitgliedstaaten. Daher ist für den EU-Korrespondenten wichtig und hoch spannend, nicht nur die Haltung seines Heimatlandes, sondern auch die der anderen Länder genau zu beobachten. Allerdings ist das mit Schwierigkeiten verbunden, denn er hat überwiegend mit den Protagonisten

---

[22] Clauß, Michael (2022) im Interview mit Olga Chládková für die ARD-Dokumentation „Der Gipfel. Einblick in Europas Machtmaschine.".
[23] Ebd.

6 Der Kompromissfaktor

seines eigenen Landes zu tun. Er wird vor allem vom eigenen Botschafter und anderen Insidern gebrieft. Er muss also aktiv auch auf viele andere zugehen. Schließlich will auch das eigene Publikum die eigenen Protagonisten, den eigenen Politiker sehen, jedenfalls hält sich in den Heimat-Redaktionen wacker dieses Narrativ. So kommt es nicht selten vor, dass immer wieder dieselben Personen zu allem zitiert werden, auch wenn sie gar keine Zuständigkeit haben. Heimatredaktionen wollen häufig den Blick auf die eigenen, nationalen Verhältnisse, was nachvollziehbar, aber eben nur ein Teil der ganzen Realität ist. Es geht um das große, ganze Bild. An dieser Stelle entscheidet sich auch, ob es in Brüssel lediglich jeweils einen national ausgerichteten Journalismus, der ausschließlich die eigenen Interessen betrachtet, oder ob es so etwas wie einen europäischen Journalismus gibt, der stets das Ganze berücksichtigt. Doch wie immer ist auch diese Frage mit Hindernissen verbunden. Es hilft also kaum, in den Medien langwierige Prozesse und eine gewisse Uneinigkeit zu kritisieren und die Realität der Konstruktion EU dabei außen vor zu lassen.

„Die EU kann nicht besser sein, als ihre Mitglieder sie haben wollen. Das heißt, jeder Prozess in unserem komplexen System wird niemals das perfekte Design haben, weil es immer mindestens einen und wahrscheinlich auch viele Bedenkenträger und andere Ideen gibt. Es ist immer ein Kompromiss, der am Ende herauskommt,"[24] sagt Lutz Güllner, der als ehemaliger Chef der europäischen Einheit zu Desinformationen[25] lange die mediale Darstellung der EU beobachtete – aus der Perspektive eines EU-Beamten. Er meint: Zwar gebe es auch in der deutschen Bundesregierung Kompromisse, aber in Europa sei das viel deutlicher. „Denken Sie mal an die Handelspolitik. Da könnte man sagen, das ist sehr sinnvoll, ein Abkommen mit einem bestimmten Partner zu haben. Dann haben Sie vielleicht den einen Mitgliedstaat, der einen wichtigen Agrarsektor hat und der genau deswegen eigentlich nicht mitmachen würde, auch wenn es sozusagen für die gesamte EU in ihrem Gesamtbild sehr, sehr sinnvoll gewesen wäre. Und das haben wir in vielen anderen Bereichen, dass wir immer sozusagen mit dem kleinsten gemeinsamen Nenner arbeiten müssen. Und das verzerrt natürlich dann auch das Bild, weil das Ergebnis nicht unbedingt das intendierte oder das beste Ergebnis war, sondern das bestmögliche Ergebnis dieser Situation. Denken Sie an die Migrationspolitik, ja, praktisch in jedem Politikbereich ist es so."[26] Daraus ergibt sich nicht selten eine polarisierende Berichterstattung. Bei der Handelspolitik

---

[24] Güllner, Lutz. (2024): Interview mit dem Autor.
[25] Der offizielle Titel von Güllner lautete: Head of Strategic Communications & Information Analysis, European External Action Service, European Union.
[26] Ebd.

heben die einen fehlenden Umweltschutz in den Handelsverträgen hervor, die anderen beklagen die lange Verhandlungsdauer, wieder andere kritisieren *Geheimverhandlungen*. Den nächsten gehen die Inhalte nicht weit genug. Die Liste könnte fortgesetzt werden. Das geplante Freihandelsabkommen der EU mit den USA, TTIP, ist auf diese Weise öffentlich zerredet und diskreditiert worden. Neben anderen ein Grund, warum es nicht zustande kam. Befürworter konnten praktisch nicht mehr öffentlich dafür eintreten, ohne völlig gebasht zu werden. Der Widerstand gegen das amerikanische Chlorhuhn ist zum Symbol des Widerstandes geworden, als wären europäische und vor allem deutsche Hühner frei von Risiken. Stattdessen raten Ärzte und Lebensmitteltechniker immer wieder wegen ihrer Keime sorgfältigste Verarbeitung an. Kompliziert wird es in diesem Beispiel zusätzlich, weil die EU-Kommission zwar für Handelsverträge zuständig ist, aber kaum gegen wesentliche Interessen einzelner Mitgliedstaaten verhandeln kann, selbst wenn es für das Ganze sinnvoll sein könnte. Eine Kritik müsste also eher bei den Mitgliedstaaten ansetzen, als der Kommission oder der EU als ganze.

Für die Berichterstattung wichtig ist also das große Bild solcher Verhandlungen und der Prozesse generell zu sehen. Denn natürlich ist es sinnvoll, dass die EU als Block Handelsgespräche mit anderen führt, erstens, weil sie einen Binnenmarkt darstellt, und zweitens, weil sie als Block viel stärker ihre Interessen umsetzen kann. Die Betrachtung einzelner Probleme und Konfliktlinien führt in der Wahrnehmung allerdings zu einem Zerrbild des Ganzen. Erst recht, wenn schwierige Kompromisse herbeigeführt werden müssen. Das Risiko solch großräumiger Betrachtung ist, dass sie zu komplex, kaum zu lesen und für ein großes Publikum kaum konsumierbar ist.

Es geht also um die Interessen der einzelnen Mitgliedsländer einerseits und um den europäischen Einigungsprozess auf der anderen Seite. Ganz bewusst ist in den europäischen Verträgen kein Passus vorgesehen, der den Rausschmiss eines Landes vorsieht, der in Betracht gezogen werden könnte, wenn sich ein Land *im* Verbund *gegen* den Verbund verhält. Es kann eine *Suspendierung* bestimmter Rechte geben und das auch nur bei besonders eklatanten Fällen. Ein freiwilliger Austritt, ja, wie geschehen mit Großbritannien, aber eben kein Rausschmiss. Die Mitgliedsländer haben sich aneinandergebunden und der Einigungsprozess ist wichtigstes Ziel, die europäische, historische Erfahrung Verpflichtung. Es gibt aber auch ganz pragmatische Gründe für die Zusammenarbeit: Bislang sehen alle Mitglieder offenbar mehr Vorteile als Nachteile für sich. An diesem Befund ändert auch der Austritt Großbritanniens nichts, er ist, wie eigens im Kapitel zur *Desinformation* beschrieben, unter fragwürdigen Kriterien zustande gekommen. Zudem sieht eine wachsende Zahl der Briten ihren Austritt kritisch angesichts ökonomischer Verwerfungen. Ein Zurück zum Nationalstaat mit Grenzen ist angesichts der europäischen Geschichte kaum denkbar und keine Option. Man stelle sich nur Deutschland wieder mit Grenzen zu allen Nachbarländern vor. Erst wenn also die Nachteile einer EU-Mitgliedschaft die Vorteile überwiegen, stellen sich womöglich viele Fragen neu. Davon aber ist die EU weit entfernt.

Und weil es um den Erhalt dieses Verbundes von Staaten geht, gilt die Einigkeit und Einstimmigkeit beim Gipfel, im Europäischen Rat, als Ziel. Weil es ohne sie kaum eine weitere Integration gäbe. Freilich gibt es Stimmen, die eine immer weiter gehende Integration gar nicht wollen. Siehe Kapitel *Mehr oder weniger.* Und es gibt Ausnahmen von der Regel. So geschehen am 14. Dezember 2023, als sich die europäischen Staats- und Regierungschefs auf ihrem Gipfeltreffen in Brüssel auf die Aufnahme von Beitrittsverhandlungen mit Moldau und der Ukraine verständigen wollen, der ungarische Ministerpräsident Viktor Orban aber als einziger strikt dagegen ist. Als klar wird, dass er nicht mitmachen würde, entsteht der Vorschlag, er möge doch vor der Beschlussfassung den Saal verlassen, was er auch tut. In seiner Abwesenheit einigen sich die übrigen Staats- und Regierungschefs und in den Schlussfolgerungen heißt es nüchtern: „Der Europäische Rat beschließt die Aufnahme von Beitrittsverhandlungen mit der Ukraine und der Republik Moldau."[27] Im Text ist bewusst nicht von Einstimmigkeit die Rede, weil die Schlussfolgerungen ohnehin ein einvernehmliches Vorgehen darstellen. Und Orban akzeptiert das indirekt, indem er tatsächlich den Saal verlässt. Wollte er diesen Mechanismus vollends in Frage stellen, hätte er es darauf ankommen lassen können oder sogar müssen. Würde dieses Verfahren allerdings häufiger angewandt, verlöre es seine Glaubwürdigkeit.

Akzeptiert man aber diesen Grundsatz der Einigung, des Kompromisses, akzeptiert man wegen ihrer kaum bestreitbaren Vorteile die Existenz der EU, eine Mitgliedschaft mit dem Ziel eines gemeinsamen Vorgehens, einer einigen Union also, gilt es, diesen Umstand eines manchmal auch schwierigen Kompromisses bei der Bewertung der Politikprozesse in Berücksichtigung zu ziehen. Es erfordert, langwierige Prozesse in diesem Lichte zu betrachten oder vermeintlich suboptimale Ergebnisse entsprechend zu erläutern. Und es erfordert stets einen Perspektivwechsel, der häufig schwer zu vermitteln ist. Dies wird besonders deutlich bei den Abstimmungsprozessen in den verschiedenen *Formaten der Ministerräte*, wo die Positionen der Mitgliedstaaten bei den konkreten Gesetzgebungen ausgehandelt werden. Die *Ministerräte* sind formal unabhängig vom Europäischen Rat der Staats- und Regierungschefs. Obwohl es dieselben Vertreter sind, die diese

---

[27] Siehe Tagung des Europäischen Rates (14. und 15. Dezember 2023) – Schlussfolgerungen, Brüssel.

Positionen in ihren Grundzügen vorbereiten und aushandeln. Auch hier allerdings arbeitet die große „Kompromissmaschine", dabei gibt es in vielen Fragen die Möglichkeit von *Qualifizierten Mehrheitsentscheidungen.* Die Stiftung Wissenschaft und Politik (im Folgenden SWP) hat untersucht, wie und mit welchem Ergebnis Entscheidungen mit qualifizierter Mehrheit genutzt werden. Sie hat das Abstimmungsverhalten der nationalen Regierungen in über 1300 öffentlichen Abstimmungen im Rat erfasst.[28] Das Ergebnis ist überraschend: „In diesen Abstimmungen zeigt sich eine erstaunlich hohe Konsensrate unter den Mitgliedstaaten – im Durchschnitt erzielten diese bei knapp 83 % der Abstimmungen einen Konsens, obwohl Mehrheitsbeschlüsse möglich gewesen wären. Die Konsensrate umfasst diejenigen Abstimmungen mit qualifizierter Mehrheit, in denen es keine Gegenstimmen gab, potenziell aber Enthaltungen. Über die Zeit ist die Konsensrate bemerkenswert stabil. Bis zum Brexit lag sie bei 82 %, seit dem Brexit sogar bei 85 %. Betrachtet man nur die Abstimmungen, in denen alle Staaten zugestimmt haben, es also auch keine Enthaltungen gab, liegt der Wert für den gesamten erfassten Zeitraum noch bei 64 %."[29] Die Mitgliedstaaten legen also ganz offensichtlich großen Wert darauf, eine einige Entscheidung zu finden, bei der möglichst niemand benachteiligt wird. Warum sollte dies in der Öffentlichkeit nicht stärker Berücksichtigung finden? Warum reden eigentlich alle von einer Uneinigkeit unter den 27, wenn sie sich doch offensichtlich so erfolgreich um Einigung und Gemeinsamkeit bemühen? Warum steht eigentlich der Streit im Mittelpunkt und nicht die Einigkeit und was hat das mit der Aufmerksamkeitsökonomie zu tun? Spätestens hier kommen die EU-Berichterstatter wieder ins Spiel: Denn vielleicht braucht es nur einen stärkeren Blick über den Tellerrand, um unterschiedliche Auffassungen innerhalb der EU besser zu erfassen und zu verstehen, nicht in seinem nationalen Weltbild stehen zu bleiben.

Jahrelang sind kleinere Länder wie Irland, Luxemburg oder auch Belgien unter anderem aus Deutschland dafür kritisiert worden, dass sie ihre Niedrigsteuern und ihr Bankgeheimnis nicht aufgeben wollten. Potente Finanzinstitute, reiche *Steuervermeider* aber auch große Unternehmen profitierten davon. Die Kritik lautete: Diese Länder schaffen *Steueroasen* und schaden damit den anderen. Auch die überwiegende Mehrheit deutscher Journalisten kommentierte das entsprechend kritisch. Irland etwa lockte mit für Unternehmen sehr vorteilhaften Be-

---

[28] Siehe Stürzer, Isabella; von Ondarza, Nicolai (2024): Zum Stand der Konsensfähigkeit der EU, *Stiftung Wissenschaft und Politik (SWP)*, [online] https://www.swp-berlin.org/publikation/zum-stand-der-konsensfaehigkeit-der-eu [31.12.2024].

[29] Ebd.

6 Der Kompromissfaktor

dingungen große Tech-Unternehmen wie Apple, Microsoft oder Facebook an. Was in der öffentlichen Debatte meist unberücksichtigt blieb: *Niedrigsteuern* sind für ein strukturschwaches Land wie Irland ein wichtiger Standortfaktor, mit dem es zahlreiche Arbeitsplätze schaffte und zu einem Boom-Land wurde, obwohl es zuvor völlig abgehängt war. Große Industrieländer, die selbst über viele unterschiedliche Wirtschaftszweige und große Wirtschaftsmacht verfügen, machten Irland lange Zeit Vorwürfe, weil sich das Land so nach ihrer Auffassung Wettbewerbsvorteile verschaffte. Aus der Perspektive Irlands wird das aber nachvollziehbar, denn es handelt sich um einen der wenigen Wettbewerbsvorteile des Landes. Den Blick darauf, dass Irland so eine erfolgreiche Wirtschaftspolitik aufbauen konnte und sich zudem nach der Finanzkrise rasch erholte, konnte man in Deutschland und unter europäischen Journalisten eher selten wahrnehmen. Es geht hier nicht um eine Bewertung, was richtig und was falsch ist, sondern um die Wahrnehmung und Darstellung unterschiedlicher und auch berechtigter Interessen. Die Beispiele zeigen, wie Feindbilder aufgebaut werden können. Würde aber eine breitere, erklärende, das große Bild zeigende Berichterstattung nicht möglicherweise dem Informationsbedürfnis des Publikums besser gerecht?

Und natürlich argumentieren Staatschefs, vor allem die von kleinen Ländern, dass sie sich ein Vetorecht (wie in Steuerfragen üblich) vorbehalten, weil sie sich nicht darauf verlassen wollen, dass andere automatisch auf sie Rücksicht nehmen, selbst wenn sie sich, wie in der SWP-Studie gezeigt, um Konsens bemühen. Dennoch fordern manche Länder stärkere Reformprozesse in der EU und stellen das Vetorecht zunehmend infrage, und zwar angesichts weiterer Erweiterungsbemühungen der EU. Deutschland, Frankreich etwa wollen mehr Entscheidungen mit qualifizierter Mehrheit, um in der Union mehr Handlungsfähigkeit zu erreichen, andere wollen sich aber ihre Veto-Option erhalten, denn vor allem so können sie stärker ihre Interessen zur Geltung bringen. Die o.g. Statistik der SWP spricht zwar eigentlich für die Kompromissfähigkeit der Mitgliedstaaten, ob das aber auch mit 30 oder gar 40 Ländern noch gewährleistet ist?

Ist EU-Journalismus eine Art *europäischer* **Journalismus** oder nur ein *nationaler* Journalismus von einem anderen Ort, nämlich Brüssel? In der Energiewirtschaft etwa gibt es große Interessenunterschiede. Das *Atomland* Frankreich lässt sich nicht vorschreiben, welche Energiepolitik es macht, warum auch. Deutschland hat einen ganz anderen Weg beschritten. Darüber gibt es seit Jahren zwischen beiden Partnern einen Dissens, das haben beide bei verschiedenen Gelegenheiten in aller Deutlichkeit klargemacht. Das hat aber Auswirkungen auf zahlreiche Gesetzgebungsprozesse, etwa bei dem größten Gesetzespaket der Legislaturperiode 2019–2024, dem so genannten *Green Deal*. Die Frage, ob Atomenergie als umweltfreundlich gilt oder nicht, sorgte für ziemlichen Unmut in den Debatten, gebündelt mit viel Kritik aus Deutschland. Die vielen Atomgegner waren jedenfalls empört über eine Forderung der Franzosen, Atomenergie als umweltfreundlich einzustufen. Die aber verwiesen auf den enormen CO_2-Ausstoß Deutschlands und darauf, dass Frankreich im Vergleich kaum CO_2 ausstößt. Frankreich glaubt an die Atomenergie und hält die Deutschen für ziemlich schlicht, dass sie ihre eigenen verbliebenen Werke ohne Not abschalten, während die Deutschen Frankreich verdächtigen, lediglich marode Werke mit Hilfe europäischer – und damit auch deutscher – Gelder zu sanieren versuchen. Das Beispiel zeigt, dass unterschiedliche Vorgehensweisen innerhalb der EU akzeptiert werden sollten. Dies wäre eine eigene wissenschaftliche Untersuchung wert, aber es schien klar, dass deutsche Berichterstatter das Vorgehen der Franzosen eher kritisch sahen und wenig Verständnis aufbrachten für deren Sichtweise. Noch einmal sei betont, dass es nicht darum geht, *für* oder *gegen* die eine oder andere Politik zu sein. Aber es lohnt sich, bei europäischen Politikprozessen, mehr als anderswo die inneren Interessen, die jeweils eigene Geschichte der anderen mitzudenken. Nicht nur weil es intellektuell bereichernd ist, sondern weil es schlicht hilft, Prozesse besser nachvollziehen zu können. Nicht zuletzt ist der Blick in andere Länder wertvoll, um möglicherweise bessere Politiklösungen erkennen zu können, *Best Practice* eben, das könnte ein wichtiger Baustein des europäischen Journalismus sein, der Blick über den nationalen Tellerrand könnte ihn zumindest befördern.

Thomas Gutschker weist in seinem Beitrag zu diesem Buch noch auf einen anderen Aspekt der Kompromisse hin. Er beschreibt die Entpolitisierung politischer Prozesse, indem sie als technische Sachfragen behandelt werden. „Für einen tragfähigen Kompromiss müssen alle Beteiligten als Gewinner auftreten können, auch wenn einige sich stärker durchsetzen konnten als andere. Die Brüsseler Grundregel lautet: Je technischer sich ein Thema präsentieren lässt, desto höher ist die Wahrscheinlichkeit eines Kompromisses. Und im Umkehrschluss: Je stärker eine Entscheidung „politisiert" wird, desto schwieriger wird es, einen Konsens oder eine Mehrheit zu organisieren."[30] Auch so wird aus einem politisch schwierigen Feld ein technisches Problem und aus einem Streit eine lösungsfähige Angelegenheit. Oftmals liegen in den europäischen Debatten also wirkliche Konfliktfelder, die als technisches Problem kaschiert werden sollen, während die Öffentlichkeit einen riesigen Streit vermutet, wo es aber um einen völlig nachvollziehbaren Diskurs geht. Beides zu erkennen und zu dechiffrieren und angemessen darzustellen, ist ein wichtiges Kriterium guter Berichterstattung.

---

[30] Siehe Teil 2. Abschn. 1. Gutschker, Thomas. Entpolitisierung als Weg der Kompromissfindung.

Mitunter ist es ein intellektueller Spagat. Es gibt auch kein Richtig oder Falsch, kein Schwarz oder Weiß. Es gibt eine Unzahl an Grautönen und das ist oft schwierig auszuhalten. Medien – und Heimatredaktionen – verlangen aber häufig nach klaren *Haltungen*. Ein Beitrag, der nicht eindeutig ist, zieht oft Kritik nach sich. Verantwortliche Redakteure, Chefs vom Dienst, entgegnen auf sehr differenzierende Beiträge häufig allergisch: Schwer zu verstehen, keine klare Haltung, der Leser kann damit nichts anfangen, solche Entgegnungen sind keine Seltenheit. Der Brüsseler Korrespondent muss sich aber darauf einstellen. Robert Habeck nannte es einmal etwas entnervt *Kompromissmaschine Brüssel*. Einem erfahrenden Brüssel-Korrespondenten, der gegenüber seiner Heimatredaktion die Corona-Maßnahmen der EU-Kommission erläuterte und verteidigte, entgegneten die Kollegen der Heimatredaktion einmal, er gehöre ja zur „Prätorianer-Garde Ursula von der Leyens". Man warf ihm also vor, wie ein loyaler *Sprecher* der EU-Kommissionaufzutreten. Dabei stellte er lediglich die Politik der Kommission für die ganze EU dar. Die Gefahr des nüchternen Erläuterns eines kompromissbehafteten, komplexen Prozesses ist manchmal, dass der Beitrag – zugespitzt formuliert – wie aus einer großen, übergeordneten, virtuellen Pressestelle der EU-Versteher wirkt.

Doch die Chancen, EU-Politik mit Erfolg nüchtern zu erläutern waren wohl noch nie so groß, nimmt man die Untersuchungsergebnisse der Dortmunder Studie ernst. Orientierung geben in einer immer komplexer werdenden Welt, in der das Publikum Schwierigkeiten hat, einzuordnen, was es glauben soll, darauf kann es wohl vor allem eine Antwort geben: Nüchtern und vor allem verständlich die Sachverhalte erklären. Erläutern, warum andere anders denken und eine andere Auffassung haben und damit andere Interessen vertreten und fragen, was das schließlich mit dem Leben der Menschen in Europa zu tun hat. Das freilich setzt eine große Offenheit des Berichterstatters voraus.

Warum aber haben Kompromisse einen schlechten Ruf, warum ist so oft von schlechten Kompromissen die Rede? Viel von diesen Missverständnissen ist in der aktuellen EU-Politik zu finden und dazu gehört auch eine grundsätzliche Frage, die mit dem Klimawandel zu tun hat, wie noch zu zeigen sein wird. Kompromisse gelten häufig als etwas Halbgares, Schlechtes, nicht umsonst ist häufig von einem *faulen Kompromiss* die Rede. Jan-Hendryk de Boer und Manon Westphal diskutieren in einem Rezensionsaufsatz verschiedene Untersuchungen zum Kompromiss.[31] Dabei verweisen die Autoren unter anderem auf eine Studie zur französischen Ver-

---

[31] Siehe De Boer, Jan-Hendryk; Westphal, Manon (2023): Der Kompromiss in Geschichte und Gegenwart. Politische und historische Perspektiven, in: *Neue Politische Literatur*, Jg. 68, Nr. 2, S. 140–170, doi: https://doi.org/10.1007/s42520-023-00501-x, S. 140–170.

fassung von 1793. Für den Autoren Andreas Heyer, so schreiben de Boer und Westphal, sei ein Kompromiss per se schlecht, „da er eine Aufweichung der eigenen Prinzipien bedeute."[32] Zwar stehe die Arbeit im geschichtswissenschaftlichen Diskurs weitgehend allein da. „Gleichwohl erscheinen aus der zeitlichen Distanz der geschichtswissenschaftlichen Betrachtung bestimmte Kompromisse als faul, problematisch, ohne dass die Kriterien für eine solche Bewertung immer offengelegt würden."[33] „Es besteht ein Misstrauen gegenüber dem Kompromiss, weil er oft mit dem Zugeständnis verwechselt wird. Das Zugeständnis ist eine ungute Mischung aus Absichten und Wertesystemen," sagt der französische Philosoph Paul Ricœur.[34] Beim Kompromiss gebe es keine Verwirrung wie beim Zugeständnis. Beim Kompromiss bliebe jeder auf seinem Platz, keiner sei seiner Rechtfertigungsordnung beraubt.[35] Die Erläuterung von 1991 kommt den zuvor erwähnten Darstellungen des deutschen Botschafters Michael Clauß über die Grundprinzipien zur Einhelligkeit und Kompromissfähigkeit im Europäischen Rat offenbar durchaus entgegen. Ricœur fügt hinzu: „Die Problematik des Kompromisses ist, dass Gemeinwohl nicht durch eine einheitliche Rechtfertigung erreicht wird, sondern allein, indem man den Schnittpunkt zwischen verschiedenen Wertesystemen findet. Der Kompromiss ist also in erster Linie an einen Pluralismus von Rechtfertigungen gebunden, das heißt an die Argumente, die Menschen in einem Konflikt anführen. Es gibt keine ‚Superregel', um einen Konflikt zu lösen, aber man löst sie im Inneren einer homogenen Ordnung, in der sich Menschen gegenseitig anerkennen." Ricœur fügt ein anschauliches Beispiel hinzu: „ „Arbeitet gut, weil wir eine große Familie sind", wird ein paternalistischer Chef zu seinen Angestellten sagen. Hier bemächtigt sich der Unternehmer in hinterhältiger Weise des familiären Werts der Unterwürfigkeit des Kindes gegenüber seinem Vater, charakteristisch für eine patriarchalisch organisierte Familie. Dieser Chef missbraucht familiäre Werte für den Versuch, sein Unternehmen voranzubringen. Das ist ein Zugeständnis. Der Kompromiss ist nicht von der gleichen Art."[36]

---

[32] Ebd.

[33] Ebd.

[34] Francois, Vaillant; Muller, Jean-Marie im Interview mit Paul Ricoeur (2019): Für eine Ethik des Kompromisses, [online] https://katapult-magazin.de/de/artikel/fuer-eine-ethik-des-kompromisses [31.12.2024].

[35] Ebd.

[36] Ebd.

6 Der Kompromissfaktor

Was würde solch ein Verhalten für die Europäische Union bedeuten? Große Länder bestimmen paternalistisch über kleinere? Deren Bevölkerungen und Regierungen würden das nicht lange mitmachen. Deshalb ist das Vetorecht für viele essenziell. „Der Kompromiss ist das Fundament der Demokratie. Es ist uns verloren gegangen, das zu betonen: nicht als Schwäche, sondern als Stärke des Diskurses. Das ist so wichtig und das muss man erklären: Demokratie heißt immer, aufeinander zuzugehen. Demokratie heißt immer, ein Stück weit von seinen eigenen Ansprüchen zurückzutreten und die des anderen anzunehmen,"[37] so der damalige österreichische Bundeskanzler Karl Nehammer. Die Diskussion um weitere Mehrheitsentscheidungen in der Europäischen Union lehnen jedenfalls viele kleine Mitgliedstaaten ab. Natürlich ist offen, wie schwer es so ein Konzept mit Regierungschefs vom Schlage Trump oder gar Putin haben kann.

Der Kompromiss sei eine besonders starke Idee, argumentiert Ricœur, er sei anders als das Zugeständnis. Und die Suche nach einem Kompromiss sei schwierig. Ein Konsens würde voraussetzen, dass alle Standpunkte wie durch einen Magmafluss eingeebnet werden. Der Kompromiss sei immer schwach und widerrufbar, aber das einzige Mittel, auf das Gemeinwohl hinzuwirken. „Wir können das Gemeinwohl bei starken, aber widerstreitenden Überzeugungen nur durch den Kompromiss erreichen",[38] so Ricœur, und das bedeute, den anderen anzuerkennen.[39] Dennoch hält sich das Narrativ des *faulen Kompromisses* beständig. Hierzu ist ein weiterer Blick in den Rezensionsaufsatz von de Boer und Westphal interessant, weil er interessante Verweise auf einige Debatten von heute zulässt. Die Autoren schreiben, dass als *faule Kompromisse* in geschichtswissenschaftlichen Arbeiten vor allem solche Einigungen angesehen würden, „in denen zumindest von einer Seite ursprüngliche Positionen weit über Gebühr aus rein taktischen Erwägungen aufgegeben oder zulasten Dritter eine Übereinkunft geschlossen wird."[40]

---

[37] Nehammer, Bundeskanzler Karl (2024): Der Kompromiss ist das Fundament der Demokratie. Rede beim Festakt zum Europatag im Parlament, Wien, 6.5.2024.

[38] Francois, Vaillant; Muller, Jean-Marie im Interview mit Paul Ricœur (2019): Für eine Ethik des Kompromisses, [online] https://katapult-magazin.de/de/artikel/fuer-eine-ethik-des-kompromisses [31.12.2024].

[39] Vgl. Ebd.

[40] De Boer, Jan-Hendryk; Westphal, Manon (2023): Der Kompromiss in Geschichte und Gegenwart. Politische und historische Perspektiven, in: *Neue Politische Literatur*, Jg. 68, Nr. 2, S. 140–170, doi: https://doi.org/10.1007/s42520-023-00501-x.

Als Beispiel führen die Autoren den Missouri Compromise von 1820 an. Demnach konnten sich Befürworter und Gegner der Sklaverei darauf einigen, dass neu in die Union aufgenommene Staaten nördlich der sogenannten Compromise Line keine Sklaverei praktizieren durften, die südlich gelegenen aber sehr wohl.[41] Das sei allerdings ein Kompromiss zu Lasten Dritter, der Versklavten, gewesen. Folgende Kriterien seien wichtig, der jeweils andere müsse in seiner Legitimität anerkannt werden, die Parteien müssten bereit sein, Vorstellungen aufzugeben, und es braucht Zugeständnisse sowie die Abwesenheit von Zwang. Als völlig fauler Kompromiss seien zudem Regelungen zu sehen, die ein inhumanes politisches Regime etablierten. Während das Münchner Abkommen von 1938 den Autoren zufolge ein eindeutiges Beispiel für einen faulen Kompromiss sei, weil mit Hitler das radikale Böse Vertragspartner gewesen sei, trifft das für den Missouri Compromise von 1820 vielleicht nicht zu: Die Zugeständnisse an Staaten, die die Sklaverei beibehalten wollten, seien zwar Zugeständnisse an eine menschenverachtende Praxis gewesen, jedoch wiesen historische Befunde darauf hin, dass die Schaffung der Union, letztlich mehr zur Überwindung der Sklaverei beigetragen habe als zu ihrem Fortbestehen. Doch ob dies wirklich ein fauler Kompromiss gewesen sein mag oder nicht, darüber gibt es weiter unterschiedliche Ansichten.

Auch in den EU-Politikprozessen heute finden sich Anlehnungen an diese Überlegungen, ob ein Kompromiss etwa *gut* oder *schlecht* ist – und damit Anregungen, unter welchen Gesichtspunkten man Politikprozesse in Brüssel auch betrachten *kann*. Geht es um den Klimawandel und was heute dagegen unternommen werden muss, spielen bei vielen Protagonisten Einlassungen eine Rolle, die die existenziellen Grundlagen unseres Lebens und Planeten adressieren. In der Folge werden so politische Forderungen fundiert und gerechtfertigt. Die Erde und die Menschheit seien bedroht und deswegen brauche es radikale Veränderungen und in der Folge bestimmte Gesetze. Dieser geradezu existenziellen, moralischen Begründung ist argumentativ praktisch wenig entgegenzusetzen. Das Problem verbunden mit dieser Herleitung sehen einige Politiker und auch Journalisten als so hochwertig an, dass sie bewusst den *Aktivismus* als eine Form ihrer Arbeit ansehen. Während einige so argumentieren, dass es weitgehendes Handeln, ja Aktivismus braucht, um überhaupt etwas im Kampf gegen den Klimawandel zu bewegen,

---

[41] Vgl. Ebd.

könnte es auch sein, dass solch eine Haltung einen Kompromiss erschwert, behindert, oder sogar eine bessere Lösung verhindert. Zur Veranschaulichung hilft ein Blick auf die nationale deutsche Perspektive. Die Befürworter einer Strategie, nach der dem Klimawandel wirklich effizient vor allem mit erneuerbaren Energien, mit einer Stromwirtschaft, zu begegnen ist, sind jedenfalls scheinbar deutlich in der argumentativen Vorhand. Jene, die mehr auf andere Strategien, auf technologische Weiterentwicklungen auch im Umgang mit fossilen Energien oder sogar Atomenergie setzen, können diese hohen Ansprüche argumentativ meist öffentlich nur schwer für sich in Anspruch nehmen, weil dem ein anderes, scheinbar moralisch höherstehendes Argument entgegensteht. Doch könnte es sein, dass die Atomenergie im Ergebnis vielleicht mehr im Kampf gegen den Klimawandel bewirken kann? Die Franzosen, und nicht nur sie, würden die Frage sehr wahrscheinlich mit Ja beantworten. Sind also andere Überlegungen einfach schlechter zu bewerten, etwa indem man weniger, gar nicht oder negativ konnotiert über sie berichtet? Besondere Relevanz erhält dieses Thema beim größten und wichtigsten Gesetzespaket der Europäischen Union der letzten Jahre, dem *Green Deal*. Sind die gefundenen Kompromisse möglicherweise *faule Kompromisse*, weil sie nicht gut genug sind oder nicht weit genug gehen gegen den Klimawandel? Oder sind es *gute* Kompromisse, nur weil sie überhaupt zustande gekommen sind? Vielleicht klingt das Ergebnis gut, ist aber gar nicht umsetzbar? Beinhalten die Gesetzesentwürfe überhaupt alle notwendigen Aspekte, um neue Technologien zu ermöglichen? Oder schaffen sie so viele Fallstricke und Bürokratie, dass sie gar nicht umsetzbar sind? Sind die Maßnahmen überhaupt geeignet, tatsächlich den Klimawandel effektiv zu bekämpfen? Solche Fragen muss man zumindest stellen. Perspektivwechsel vornehmen, über den Tellerrand schauen.

Für die Bewertung und Darstellung gibt es für den Berichterstatter aber eine gute Möglichkeit, mit dem Problem umzugehen, sich nämlich *neben sich selbst* und die politischen Entscheidungsprozesse zu stellen. Und es geht darum, eine mentale Distanz aufzubauen und sich von seinen eigenen Normenwelten und Weltbildern zu verabschieden. Ein gutes Mittel, das zu erreichen ist, bei Themen und Forderungen *von hinten zu denken*. Was kann eine Forderung erreichen? Wie ist sie überhaupt umsetzbar? Was passiert, wenn man sie umsetzt, welche Folgen könnte sie haben? Wer solche Fragen stellt, erkennt rasch eine nur sehr geringe Halbwertszeit einer Maßnahme. Ansätze, die einen Prozess wirklich von hinten oder vom Ende denken, müssten eigentlich selbstverständlich sein, sie sind es aber nicht. Konsequent weiterverfolgt, könnte der Ansatz aber rasch dazu führen, einige *scheinbare* Nachrichten vielleicht gar nicht zu veröffentlichen, um der Aufmerksamkeitsökonomie weniger Platz einzuräumen und Verwirrung und Verunsicherung beim Publikum zu vermeiden. Oder müssen solche Nachrichten, weil man nicht auf sie verzichten kann, etwa weil alle sie bringen, entsprechend eingeordnet werden? Womit wir wieder am Anfang des Kapitels angelangt wären: Die Aufmerksamkeitsökonomie machen sich auch im europäischen Umfeld viele zu nutze. Man argumentiert mit der Gefährdung des Planeten. Mit sozialen Ungerechtigkeiten, mit den Menschenrechten. Und weil es so gut dazu passt, wird all *dies* gerne auch noch zum *europäischen Wertesystem* erklärt, das den Unterschied ausmache. Darunter scheint es oft nicht zu gehen, es ist schnell und einfach in den Raum gestellt. Andere Seiten aufzuzeigen, selbst in einem so komplizierten argumentativen Umfeld, oder einen kompliziert hergeleiteten Kompromiss zu erklären, ist etwas mühseliger. Es ist aber die Aufgabe derer, die sich für Brüssel als Arbeitsort entscheiden.

Dazu gehört es, die Verfasstheit der supranationalen Organisation EU zunächst einmal so zu erfassen und anzuerkennen wie sie ist. An ihr „wird sich so lange nichts ändern, wie es nicht ein einheitliches Staatsvolk gibt, eine einheitliche Liste und jede Stimme gleich viel wert ist – One man, one vote. Aber die Europäische Union ist darauf gegründet, dass die unterschiedlichen politischen Strömungen und die unterschiedlichen nationalen Interessen und Kulturen miteinander in Verhandlungsprozesse treten. Und dass unter diesen Umständen nicht das demokratische Prinzip, nämlich dass die Mehrheit entscheidet, gilt. Es würden sich auch die österreichischen Bürger beschweren, wenn sie innerhalb der EU am Katzentisch Platz nehmen müssten. Das Modell hat einen starken Minderheitenschutz. Das ist die Voraussetzung dafür, dass die EU funktioniert. Wird es nicht eingehalten, fliegt die Union sowieso auseinander."[42]

Nichtsdestotrotz arbeiten einige Länder daran, Mehrheitsentscheidungen auszuweiten, vor allem in der Außen- und Sicherheitspolitik. Weil es die nationale Souveränität der Mitgliedstaaten betrifft, ist dies ein besonders sensibles Thema. Die Konfliktpunkte sind bereits beschrieben worden und es wird ein komplexes Thema werden, das, wenn man es angeht, komplexe Lösungen braucht. Mit jedem Vertragsänderungsverfahren sind die Mehrheitsentscheidungen ausgeweitet worden. Aber: „Seit dem Vertrag von Lissabon ist der Großteil der EU-Staaten nicht bereit, weitere Vertragsänderungen vorzunehmen."[43] Für Korrespondenten bedeutet die Diskussion abermals, über den Tellerrand zu schauen. Wer Mehrheitsentscheidungen befürwortet, muss beurteilen, ob die Perspektive diejenige eines großen Mitgliedsstaates ist, oder eines kleinen. Was mancher für Unbeweglichkeit und Reformunfähigkeit der Europäischen Union hält, hat allein mit legitimer Interessen-

---

[42] Metzger, Ida (2019): EU-Spitzenkandidaten sind ein Fake, *Der Kurier*, [online] https://kurier.at/politik/inland/eu-spitzenkandidaten-sind-ein-fake/400544756 [28.12.2024].
[43] Ebd.

vertretung zu tun. Auch deshalb gilt das Plädoyer, europäische Entscheidungen in der öffentlichen unter dem Aspekt der besonderen Kompromissfindung zu betrachten und darzustellen, weil die politischen Verhältnisse der Zusammenarbeit so sind wie sie sind. Und dies gilt es jeweils auch zu erklären. Das ist gemeint mit dem Kompromissfaktor, der in der Berichterstattung zu berücksichtigen ist, es wäre nicht weniger als eine differenziertere Betrachtung und Erklärung der Verhältnisse. Simple Kritik wie, die EU erweist sich als nicht handlungsfähig oder ist zerstritten, wäre zu einfach und auch populistisch. Ein Weg wäre, einen realistischeren Blick auf die Politik der Europäischen Union zu versuchen, um ihre Limitierung in einigen Bereichen deutlicher zu machen, ihr Erreichtes in Zusammenhänge zu stellen und zu würdigen sowie ihre vielfältigen Möglichkeiten klarer zu erkennen.

Literatur

Brandolini, Alberto (2013): The Bullshit Asymmetry:, *X*, [online] [04.01.2024].
Güllner, Lutz. (2024): Interview mit dem Autor.
Clauß, Michael (2022) im Interview mit Olga Chládková für die ARD-Dokumentation „Der Gipfel. Einblick in Europas Machtmaschine.".
De Boer, Jan-Hendryk; Westphal, Manon (2023): Der Kompromiss in Geschichte und Gegenwart. Politische und historische Perspektiven, in: *Neue Politische Literatur*, Jg. 68, Nr. 2, S. 140–170, https://doi.org/10.1007/s42520-023-00501-x.
Francois, Vaillant; Muller, Jean-Marie im Interview mit Paul Ricoeur (2019): Für eine Ethik des Kompromisses, [online] https://katapult-magazin.de/de/artikel/fuer-eine-ethik-des-kompromisses [31.12.2024].
Großbongardt, Annette (2022): Volker Bouffier, Anke Rehlinger, Fabio De Masi: Was die Spitzenpolitik mit den Menschen macht, *Der Spiegel*, 22.12.2022.
Kißler, Johanna (2018): Emotionen wecken Aufmerksamkeit – ein Blick auf neurowissenschaftliche Erkenntnisse, in: *Wirtschaftspsychologie aktuell. Zeitschrift für Personal und Management*.
Metzger, Ida (2019): EU-Spitzenkandidaten sind ein Fake, *Der Kurier*, [online] https://kurier.at/politik/inland/eu-spitzenkandidaten-sind-ein-fake/400544756 [28.12.2024].
Nehammer, Bundeskanzler Karl (2024): Der Kompromiss ist das Fundament der Demokratie. Rede beim Festakt zum Europatag im Parlament, Wien, 6.5.2024.
Nolte, Kristina (2005): *Der Kampf um Aufmerksamkeit: wie Medien, Wirtschaft und Politik um eine knappe Ressource ringen*, Frankfurt/Main: Campus-Verl.
Köcher, Prof. Dr. Renate, (2024): Vertrauensanker in polarisierten Zeiten: Die Rolle der Presseverlage, Berlin, 7.6.2024. Vortrag.
Tagung des Europäischen Rates (14. und 15. Dezember 2023) – Schlussfolgerungen, Brüssel.
Steingart, Gabor (2024): Deutschlands Perspektivwechsel: Von Angst zu Neugier, *The Pioneer*, [online] https://www.thepioneer.de/originals/others/articles/deutschlands-perspektivwechsel-von-angst-zu-neugier [31.12.2024].
Stürzer, Isabella; von Ondarza, Nicolai (2024): Zum Stand der Konsensfähigkeit der EU, *Stiftung Wissenschaft und Politik (SWP)*, [online] https://www.swp-berlin.org/publikation/zum-stand-der-konsensfaehigkeit-der-eu [31.12.2024].

Das Kontrollsystem funktioniert nicht

Ansätze für investigatives Arbeiten

Beobachter europäischer Politik müssen und können für deren besseres Verständnis die Strukturen des Kompromissfaktors in der EU entwickeln. Das bedeutet, die europäischen Politikprozesse unter dem oft schwierigen Wege ihres besonderen Zustandekommens zu betrachten. Das bedeutet aber nicht, Fehlentwicklungen in den EU-Strukturen außer Acht zu lassen. Ob es darum geht, die enorme Bürokratisierung, die durch europäische Gesetzgebung entsteht, oder auch die Folgen, die damit einhergehen, zu analysieren. Gerade wo viel Geld fließt, etwa durch den Kohäsionsfonds oder die Landwirtschaftssubventionen, entstehen kritische Fehlentwicklungen und -strukturen, die zu selten zum Thema werden. Die Institutionen sind nicht an Kritik interessiert in diesen Dingen. Sie stehen zudem im Schatten aktueller Politik, verdienen aber öffentliche Betrachtung.

Die Fehlerquote ist hoch, zu hoch – und die Kontrollen funktionieren nicht.[1] Und es geht um viel Geld, Geld des Steuerzahlers. Die Mitgliedstaaten der EU profitieren alle von Ausgleichszahlungen, egal ob sie Nettozahler oder Nettoempfänger sind, also mehr in den EU-Haushalt einzahlen als sie herausbekommen oder umgekehrt. Ein Grundprinzip der Europäischen Union ist, eine Angleichung der Lebensverhältnisse in Europa anzustreben, weil sie in vielen Mitgliedländern nach wie vor sehr unterschiedlich sind. Zu diesem Zweck gibt es eine Kohäsionspolitik mit verschiedenen Fonds, die immerhin ein Drittel des Haushaltes ausmachen. 2014 bis 2020 betrugen die Kohäsionsausgaben nach Angaben des Europäischen

---

[1] EuRH: EU-Kohäsionsausgaben – Das Kontrollsystem funktioniert nicht, *Vergabeblog | Deutsches Vergabenetzwerk*, [online] (2024), https://vergabeblog.de/2024-07-19/eurh-eu-kohaesionsausgaben-das-kontrollsystem-funktioniert-nicht/ [31.12.2024].

Rechnungshofes 409 Mrd. €,[2] eine beträchtliche Summe, die aus den Steuergeldern der Bürger aufgebracht und verteilt wird. Und dies ist letztlich nur ein Bruchteil der gesamten EU-Ausgaben.

Eine Grundregel von Korruptionsexperten lautet *follow the money* und du wirst Misswirtschaft, Korruption und Bereicherung finden. Angesichts der enormen Summen an öffentlichen Geldern, die in der Europäischen Union ausgegeben werden, kommt vor allem EU-Journalisten, aber nicht nur ihnen, sondern auch jenen in den Mitglied- und Drittstaaten, in denen die EU aktiv ist, eine sehr bedeutende aufdeckende, investigative Aufgabe zu. Denn die Fehlerquote ist hoch, zu hoch, zu diesem Ergebnis jedenfalls kommt der Europäische Rechnungshof.[3] Die Kontrollen der Europäischen Kommission wie auch der EU-Länder selbst seien unzureichend, die Prüfer könnten viel mehr Fehler aufdecken, man habe nicht nur die Fehler unterschätzt, sondern auch die eigenen Möglichkeiten nicht hinreichend genutzt, um mehr zu tun. Es ist ein erschreckender Befund der Luxemburger Behörde, deren Aufgabe es ist, unabhängig und effektiv zu prüfen, ob die EU wirtschaftlich, ordnungsgemäß und sparsam handelt. Denn es geht darum, „das Vertrauen der Bürgerinnen und Bürger zu stärken", jedenfalls beschreibt der Rechnungshof so seinen Auftrag.[4] Auf 98 Seiten[5] stellt er im Detail seine Prüfung vor, Kriterien und Ergebnisse. Er beschreibt neutral und weist auf Fehler hin, die ja durchaus möglich sein können und hinter denen nicht generell Absicht oder sogar kriminelle Energie steckt. Wo aber Korruption und Misswirtschaft vorhanden sind, liegen Aufgaben für investigatives Arbeiten. Bislang finden die Erkenntnisse des Rechnungshofes allerdings nur wenig Berücksichtigung in den Medien. Das trifft auch auf den jährlich erstellten und veröffentlichten Jahresbericht der Behörde zu. Interessanterweise legt der praktisch jedes Jahr den Finger in viele Wunden und zeigt auf, wo Dinge im Argen liegen. Vielleicht liegt es daran, dass die 564 Seiten allein des Berichtes 2022 nicht gerade wie ein Kriminalroman geschrieben sind. Und der Journalist darf nicht unbedingt erwarten, dort die Geschichten frei Haus

---

[2] Vgl. Europäischer Rechnungshof (2024): Überblick über den Zuverlässigkeitsrahmen und die wichtigsten Faktoren, die zu Fehlern bei den Kohäsionsausgaben im Zeitraum 2014–2020 beigetragen haben,. S. 9.

[3] Ebd.

[4] Auftrag, Vision und Werte, *European Court of Auditors*, [online] http://www.eca.europa.eu/de/Pages/Mission-Vision-and-Values.aspx?TermStoreId=8935807f-8495-4a93-a302-f4b76776d8ea&TermSetId=172d3e3c-ae5e-4a25-82c7-8d37334fcfe2&TermId=6638bc30-683e-43d2-80d3-7c11266df0db [31.12.2024].

[5] Europäischer Rechnungshof (2024): Analyse 03: Überblick über den Zuverlässigkeitsrahmen und die wichtigsten Faktoren, die zu Fehlern bei den Kohäsionsausgaben im Zeitraum 2014–2020 beigetragen haben.

7 Das Kontrollsystem funktioniert nicht

geliefert zu bekommen. Der Bericht ist in neutralem Ton gehalten, der Hof ist unabhängig, unparteiisch und unvoreingenommen. Er fällt also kein Urteil und klagt nicht an wie ein Staatsanwalt. Die Recherchen des Rechnungshofes, die Erkenntnisse der Beamten, sind im Ansatz vorhanden, sie wollen als journalistische *Geschichte* aber alle erst *gehoben* werden, und zwar dort, wo es konkret wird. Das bedeutet, nach Studium des Berichtes fängt die Arbeit erst an. Die investigative Arbeit eines EU-Journalisten beginnt also auch hier mit Kontaktaufnahmen, mit Vertrauensbildung, Gesprächen, um Hinweise zu bekommen, anzudocken, weiter zu recherchieren und *tiefer zu graben*. Um dann Orte und Projekte zu besuchen, für die Gelder ausgegeben worden sind, wo aber Zweifel bestehen, ob alles richtig und mit rechten Dingen abgelaufen ist. Dann geht es darum, Strukturen des Betrugs zu suchen und zu entschlüsseln.

Es gibt aber noch eine andere Dimension, nämlich das legale Nutzen von europäischen Geldern in Zusammenhängen, die schwer nachvollziehbar oder politisch zu rechtfertigen sind. Das ist dann eine politisch-investigative Recherche. Bis vor einigen Jahren war es sehr schwierig herauszufinden, welche Unternehmen etwa von Landwirtschaftssubventionen, ein weiterer großer Anteil im EU-Haushalt, profitiert haben. Jährlich rund 55 Mrd. €[6] betragen die Agrarsubventionen, etwa drei Viertel davon umfassen die Direktzahlungen, die sogenannte *Erste Säule* der gemeinsamen Agrarpolitik. Ein Viertel beträgt die Aufwendung für die Entwicklung des ländlichen Raumes, die sogenannte *Zweite Säule*. „Unter den Top Empfängern der Agrarsubventionen sind auch in 2023 wieder nicht einzelne Landwirte, sondern die *Öffentliche Hand*, ehemalige Landwirtschaftliche Produktionsgenossenschaften sowie Agrarholdings. Laut den Auswertungen des deutschen Informationszentrums für die Landwirtschaft Proplanta erhielten 184 Empfänger über eine Million Euro aus dem EU-Agrarfonds. Zuwendungen über zwei Millionen Euro bekamen 45 Empfänger und Zahlungen von mehr als fünf Millionen Euro gingen an 14 Begünstigte."[7] Lange sind die Empfänger dieser enormen Summen einfach nicht veröffentlicht worden. Nachdem einige Journalisten hartnäckig recherchierten und nicht nachließen, kam heraus, dass viele große, profitable Lebensmittelkonzerne, aber auch gewöhnliche Stromversorger hohe Summen bekommen haben. „Die EU-Mitgliedstaaten sind seit 2015 verpflichtet, die Veröffentlichung von Informationen über die Begünstigten im Bereich der EU-Agrarfonds bis spätestens 31. Mai vorzu-

---

[6] Zahlen aus dem Jahr 2021. Vgl. Statistiken zur Landwirtschaft in der EU: Subventionen, Arbeitsplätze, Produktion, *24-11-2021 Letzte Aktualisierung: 24-11-2021 -*.
[7] Schuhbauer, Josef (2024): Agrarsubventionen: Die Top-Empfänger 2023, *Moderner Landwirt*, [online] https://moderner-landwirt.de/agrarsubventionen-die-top-empfaenger-2023/ [31.12.2024].

nehmen (auf Grundlage der Verordnung (EU) Nr. 1306/2013). Deutschland ist auch in diesem Jahr wieder das Schlusslicht."[8] Jedenfalls müssen die zuständigen Ministerien die Agrarzahlungen veröffentlichen. Das tun sie aber immer noch nicht wie selbstverständlich, sondern es bedarf einer gezielten, nicht ganz unaufwändigen Suche. Offenbar tut man sich in Deutschland immer noch schwer, frühzeitig und umfänglich die Zahlen transparent öffentlich und einfach zugänglich zu machen. Kompliziert zu dechiffrieren sind auch die detaillierten Zahlungen in andere Länder. Frankreich profitiert von den Agrarsubventionen in absoluten Zahlen mit Abstand am meisten.[9] Geht man dem nach, stellt sich die Frage, warum die EU-Institutionen in dieser Sache selbst so zurückhaltend sind. Denn die Unterstützung der Landwirtschaft in Europa ist grundsätzlich sinnvoll, auch wenn es Fehlentwicklungen gibt. Für die Landwirte und die Versorgung der Menschen ist sie existenziell. Wer nur durch das Flächenland Frankreich mit seinen kleinen Ortschaften und den großen landwirtschaftlich genutzten Flächen fährt, spürt die Bedeutung dieses Sektors. Und auch in Deutschland ist die Landwirtschaft von großer Bedeutung. Es werden hier nicht nur enorme Flächen bewirtschaftet, sondern die Landwirtschaft ist auch für den Landschaftsschutz besonders wichtig. Doch wo so viel Geld unterwegs ist, entstehen Fehlentwicklungen und es entsteht der Eindruck, dass die lieber unter dem Tisch gehalten werden, statt sie offen zu benennen. Eine These aus der Erfahrung des Autors mit entsprechenden Themen lautet: Die Sorge oder sogar Angst europäischer Institutionen ist häufig, dass der Bürger wegen verschiedener Defizite das ganze System infrage stellen könnte, daher will man das wohl nicht allzu sehr an die große Glocke hängen.

Es fehlt das selbstbewusste Interesse an Aufklärung. Der Fairness halber muss man sagen, dass die EU-Kommission selbst sehr wohl darum bemüht ist, die Verteilung der Gelder zu kontrollieren und gegen Korruption vorzugehen. Sie wird aber auch alles unternehmen, dass ihr Ruf nicht zu Schaden kommt und ihr nicht vorgeworfen wird, europäische Steuergelder unkontrolliert zu vergeben. Die meisten Mittel werden übrigens in den Mitgliedstaaten selbst verteilt. Einen kleineren Teil vergibt die Kommission direkt. Um dies möglichst genau zu tun, beschäftigt sie zahlreiche Fachleute als *Evaluatoren,* um Projektanträge und die späteren Projekte selbst zu prüfen. Diese Leute schottet sie aus guten Gründen ab, um Be-

---

[8] Ebd.

[9] Vgl. Grafik Wie wird der Fonds der Gemeinsamen Agrarpolitik (GAP) unter den Mitgliedstaaten verteilt? 2019. Statistiken zur Landwirtschaft in der EU: Subventionen, Arbeitsplätze, Produktion, *24-11-2021 Letzte Aktualisierung: 24-11-2021 -*, [online] https://www.europarl.europa.eu/topics/de/article/20211118STO17609/landwirtschaftsstatistiken-subventionen-arbeitsplaetze-produktion-infografik.

stechungsversuche möglichst zu verhindern. Gleichzeitig macht das aber die Überprüfung der Prozesse kompliziert und langsam. Diese Art von Recherche ist enorm komplex. Plötzlich kann ein EU-Journalist erleben, wie jene Institution, die sonst mit Informationen um sich wirft, sehr zurückhaltend werden kann, wenn es um mögliche Kritik oder das Aufdecken von Missständen geht. Wer diese Aufgabe angeht, muss viel Zeit, Geduld und Hartnäckigkeit mitbringen. In der täglichen Berichterstattung ist das vielen in Brüssel arbeitenden Korrespondenten kaum möglich. Die meisten können sich solche Recherchen zeitlich kaum *leisten*, weshalb investigative EU-Themen meist von Berichterstattern außerhalb der Brüssel-Bubble durchgeführt werden. Die aber kennen oft die tatsächlichen Abläufe und Regelungen in der EU nicht. Etwa, ob ein Vorgang wirklich illegal ist oder einfach nur ein geschicktes Nutzen der Möglichkeiten innerhalb bestehender Regel innerhalb der EU oder sogar das Ergebnis ganz bewusster Politik ist.

Ein anderer Grund für die unzureichende Aufklärung könnte darin liegen, dass auch in den Mitgliedstaaten oft kein großes Interesse daran besteht, Missstände bei der Vergabe oder der Verwendung von EU-Geldern und regionalen Projekten aufzudecken. Wenn Geld für ein Projekt X in der Region Y fließt und zu großen Teilen aus Brüssel (und damit aus anderen, zahlenden Mitgliedstaaten) kommt, reduziert sich die Zahl jener, die ein Interesse an Aufklärung haben könnten, deutlich. Die Behörden müssten also verfolgen, wo Fehler im eigenen Land stattgefunden haben, und in der Folge dafür sorgen, dass das Geld auch noch zurückgezahlt wird, wo es doch längst irgendwo ausgegeben worden ist. Hat der Rechnungshof aber einen Verdacht, berichtet er an das Europäische Amt für Betrugsbekämpfung, OLAF,[10] eine Dienststelle der EU-Kommission, die für weitergehende Untersuchungen von Betrugs- und Korruptionsverdachtsfällen zuständig ist. Doch OLAF ist oft als zahnloser Tiger beschrieben worden, und zwar ganz nicht zu Unrecht. Auskunft darüber gibt der Jahresbericht. Nach eigenen Angaben haben Ermittler der Behörde mehr als 600 Mio. € an illegal oder nicht korrekt verwendeten EU-Fördergeldern aufdecken können. Zudem seien 256 Untersuchungen durchgeführt und 275 Empfehlungen an die relevanten nationalen und europäischen Behörden gegeben worden. 38 Untersuchungen zu betrügerischem oder irregulärem Verhalten von Mitarbeitern und Mitgliedern der EU-Institutionen seien durchgeführt worden.[11] Doch die im ersten Augenblick beeindruckenden Ergebnisse sind eher überschaubar. Die 600 Mio. € machen nur einen kleinen Bruchteil des 170 Mrd. € umfassenden Haushalts der EU aus. OLAF kann

---

[10] OLAF, *Europäisches Amt für Betrugsbekämpfung*, [online] (2024), https://anti-fraud.ec.europa.eu/index_de [31.12.2024].
[11] Wahl, Thomas (2022): OLAF Annual Report 2022, *eucrim*, [online] https://eucrim.eu/news/olaf-annual-report-2022/ [31.12.2024].

zwar ermitteln und untersuchen und Anfragen in den Behörden der Mitgliedstaaten stellen, ob die aber auch antworten und sich tatsächlich um die Probleme kümmern, steht auf einem anderen Blatt. Dennoch ist OLAF für investigativ arbeitende Journalisten eine wichtige Anlaufstelle. Auch hier, wie im Rechnungshof, bei der europäischen Polizeibehörde Europol[12] oder auch Eurojust,[13] gilt es, vorstellig zu werden, immer wieder anzufragen, Vertrauen aufzubauen, belastbare Kontakte zu knüpfen. Um es gleich zu sagen: Es ist ein aufwändiges Geschäft, zu dem die aktuell und täglich berichtenden EU-Korrespondenten kaum Zeit finden.

Europol etwa hat die Aufgabe, „(…) die Mitgliedstaaten bei der Verhütung und Bekämpfung aller Formen von schwerer internationaler und organisierter Kriminalität, Cyberkriminalität und Terrorismus zu unterstützen."[14] Bei der Behörde in Den Haag arbeiten mehr als 1400 Mitarbeiter und 264 Verbindungsbeamte aus den Mitgliedsstaaten.[15] Lange war die Zusammenarbeit schwierig, Polizeiarbeit ist eine klassische, nationale Kompetenz. Doch mittlerweile ist jedem klar, dass davon allein die Kriminalität profitiert und es mehr Zusammenarbeit braucht. Europol selbst verhaftet niemanden. Aber der zunehmende und deutlich effektivere Austausch von Informationen hat teils zu spektakulären Polizeiaktionen geführt. Die Arbeit der Behörde zu beobachten und Kontakt zu halten ist ein wichtiger Bestandteil der Korrespondententätigkeit.

Ähnliches gilt für Eurojust: „Eurojust, die Agentur der Europäischen Union für justizielle Zusammenarbeit in Strafsachen mit Sitz in Den Haag in den Niederlanden ist ein einzigartiger Knotenpunkt, an dem nationale Justizbehörden eng zusammenarbeiten, um schwere organisierte grenzüberschreitende Kriminalität zu bekämpfen. Indem Eurojust die Arbeit nationaler Behörden sowohl in den EU-Mitgliedstaaten als auch in Drittstaaten zur Ermittlung und Verfolgung grenzüberschreitender Straftaten koordiniert, soll die Agentur dazu beitragen, Europa zu einem sichereren Ort zu machen."[16]

Eine noch junge Institution, dafür aber durchaus spektakulär, ist die *Europäische Staatsanwaltschaft* (European Public Prosecutor's Office, EPPO). 24 (2025) Länder nehmen an dieser EU-weit tätigen Behörde teil, die besonders gegen grenzüberschreitende Großkriminalität zulasten des EU-Haushaltes vorgeht. Sie ist erst 2021 gegründet worden, ihre Etablierung hat aber fast 25 Jahre gedauert. „The

---

[12] Home, *Europol*, [online] https://www.europol.europa.eu/home [31.12.2024].
[13] Eurojust, *European Union Agency for Criminal Justice Cooperation*, [online] https://www.eurojust.europa.eu/ [31.12.2024].
[14] Home, *Europol*, [online] https://www.europol.europa.eu/home [31.12.2024].
[15] Vgl. Ebd.
[16] Eurojust, *European Union Agency for Criminal Justice Cooperation*, [online] https://www.eurojust.europa.eu/ [31.12.2024].

EPPO undertakes investigations, carries out acts of prosecution and exercises the functions of prosecutor in the competent courts of the participating Member States, until the case has been finally disposed of. Up until the EPPO starting its operations, only national authorities could investigate and prosecute these crimes, but their powers stopped at the borders of their country. Organisations like Eurojust, OLAF and Europol do not have the necessary powers to carry out such criminal investigations and prosecutions. Since starting its operations on 1 June 2021, EPPO has registered more than 4000 crime reports from participating EU Member States and private parties; over 929 investigations have been opened (as of June 2022). Members of the public are able to report crime to EPPO (…)."[17] Die ersten Bilanzen sind beeindruckend. Es nehmen nicht alle Länder teil, weil manche die Kompetenzen der Europäischen Staatsanwaltschaft für einen Eingriff in ihre Souveränität halten. Während OLAF weiterhin administrative Ermittlungen vornimmt, ist die Europäische Staatsanwaltschaft strafrechtlich aktiv. Sie ist die erste unabhängige Staatsanwaltschaft der Europäischen Union und kann Straftaten gegen den EU-Haushalt wie Betrug, Korruption und schweren grenzüberschreitenden Mehrwertsteuerbetrug untersuchen und entsprechend verfolgen. Der Jahresbericht weist zahlreiche Aktivitäten aus und gibt eine Idee davon, wie weit verbreitet Betrug in der Europäischen Union ist. „By 31 December 2023, we had 1927 active investigations, for estimated damage of over €19,2 billion. With 139 indictments filed (over 50 % more than in 2022), the EPPO started to bring more perpetrators of EU fraud to judgment in front of national courts. Ultimately, in line with the EPPO's objective to focus on damage recovery, judges granted European Delegated Prosecutors freezing orders worth €1,5 billion, which is over four times more than in 2022."[18] Erste europäische Staatsanwältin ist die Rumänin Laura Kövesi. Sie lebt unter Polizeischutz, was angesichts Kövesis konsequenten Vorgehens nicht verwunderlich ist. In ihrem eigenen Land hat sie als Staatsanwältin sogar den eigenen Ministerpräsidenten so unter Druck gesetzt, dass er verhaftet wurde. Ein großer Teil ihrer Arbeit fokussiert sich auf den Mehrwertsteuerbetrug in der EU, ein Milliardengeschäft für Betrüger und ein realer und enormer Verlust für die Kassen der Finanzämter in den Mitgliedstaaten. Hier liegen zahllose Möglichkeiten für Recherchen von EU-Journalisten. Die neue Behörde unterhält Kontakte in praktisch alle europäischen Anti-Korruptionsbehörden, bei ihr sind Staatsanwälte aus allen beteiligten Ländern aktiv. Auch wenn nicht alle mitmachen, gibt es Regeln der Zusammenarbeit: „On these bases, within its mission and competence, the

---

[17] Mission and tasks, *European Public Prosecutor's Office*, [online] https://www.eppo.europa.eu/en/about/mission-and-tasks [31.12.2024].

[18] 2023 in numbers, *European Public Prosecutor's Office*, [online] https://www.eppo.europa.eu/en/documents/2023-numbers [31.12.2024].

EPPO can gather evidence and obtain freezing of assets from non-participating Member States. Moreover, the EPPO may obtain the surrender of fugitives from the non-participating Member States: the European Delegated Prosecutor issues a European Arrest Warrant or requests the issuing of a European Arrest Warrant by the competent authority of his/her Member State."[19] Mit der europäischen Staatsanwaltschaft hat die EU eine Instanz geschaffen, die in den ersten Jahren ihrer Existenz äußerst effektiv und konsequent gegen Korruption und Betrug vorgeht. In der Öffentlichkeit freilich hat sie noch längst nicht die Anerkennung und Bedeutung, dabei gibt es praktisch jeden Tag neue Meldungen über Verhaftungen, Beschlagnahmungen, Prozesse, die auf die Aktivitäten der Kövesi-Behörde zurückgehen.[20] Die europäische Staatsanwaltschaft ist also nicht nur eine Quelle für investigative Recherche, sondern auch für konstruktive und positive Meldungen, nämlich dass man Fehlentwicklungen nachgeht.

Neben all diesen Behörden ist für Berichterstatter sinnvoll, gute Kontakte zu den Mitgliedern des Haushaltskontrollausschusses im Europaparlament zu halten. Dessen Arbeit besteht darin, die „ordnungsgemäße und gezielte Verwendung der Haushaltsmittel"[21] zu überwachen. Die Mitglieder dieses Ausschusses haben ein unmittelbares Interesse an Aufklärung, denn die Abgeordneten müssen ihren skeptischen Wählern erklären, dass sie sich für eine saubere EU einsetzen, zudem wollen sie auch Ergebnisse liefern. Gingen sie hin und behaupteten, alles sei in Ordnung in Europa, nähme es ihnen niemand ab. Also ist der Ausschuss eine erste Adresse, um unmittelbar Informationen und Ansätze für eine weitergehende Recherche zu finden. Mehr noch, er lädt ausdrücklich dazu ein, sich zu melden und seine Sitzungen zu besuchen.

Eine weitere Institution bietet Hinweise für Enthüllungen: Die Europäische Ombudsstelle. Sie kümmert sich vor allem um gute Verwaltungspraxis. „Die Europäische Ombudsfrau fördert im Rahmen ihrer Tätigkeit eine gute Verwaltungsarbeit auf EU-Ebene. Die Ombudsfrau untersucht Beschwerden über Missstände in der Verwaltungstätigkeit von Organen und Einrichtungen der EU und geht proaktiv umfassenderen systembezogenen Problemen nach."[22] Wie wirksam die Stelle tatsäch-

---

[19] International cooperation, *European Public Prosecutor's Office*, [online] https://www.eppo.europa.eu/en/about/international-cooperation [31.12.2024].

[20] Siehe News, *European Public Prosecutor's Office*, [online] https://www.eppo.europa.eu/en/media/news [31.12.2024].

[21] Ausschüsse Europäisches Parlament, *Europäisches Parlament*, [online] www.europarl.europa.eu/committees/de/cont/about [26.01.2025].

[22] Home, *Europäische Ombudsstelle*, [online] https://www.ombudsman.europa.eu/de/home [31.12.2024].

lich ist, hängt von der Person ab, die ihr vorsitzt. Echte Durchschlagskraft besitzt sie nicht, sie kann Vorschläge machen, Berichte schreiben, nicht selten aber verpuffen diese, weshalb die Einrichtung es nur zu begrenzter Öffentlichkeit gebracht hat. Was die internen Strukturen der europäischen Institutionen anbelangt, ist die Ombudsstelle aber eine interessante Quelle. Auch Transparency International gehört zu solchen Einrichtungen, die viele Informationen über Missstände sammeln.

Es gibt also eine Reihe spannender Quellen, mit deren Unterstützung ein EU-Journalist investigativ arbeiten kann. All diese bieten ihm Hinweise, Ansatzpunkte und auch Zahlen für Recherchen, aber noch keine fertigen Geschichten, die muss er selbst entwickeln. Dazu ist es notwendig, die richtigen Fragen zu stellen, zu Themen, die von manchen wie selbstverständlich hingenommen und in Artikeln weiterverbreitet werden. Die EU stellt 100 Mrd. € für X, Y, Z zur Verfügung. Woher kommt das Geld? An wen geht es konkret? Wie wird es verteilt? Wer kontrolliert die Verteilung? Und ein halbes Jahr später: Wie viel von dem Geld ist ausgegeben worden? Von wem und wofür? Und ein Jahr später: Welchen Impact hat das Geld ausgelöst? Im investigativen Journalismus geht es nicht immer darum, ein Papier zu zitieren, *das exklusiv unserem Medium vorliegt.* Das ist sicher gelegentlich ganz hilfreich, weil es nach außen zeigen soll, wie nah der Autor am Geschehen ist, wie gut er recherchiert hat. Letztlich hängt es aber von der Qualität der Inhalte dieses Papieres ab und die ist nicht selten sehr dürftig oder hat geringen Mehrwert. Dennoch gibt es bei Journalisten und Korrespondenten einen Impuls nach Exklusivität. Die könnte aber auch einen Haken haben: Wer mit solchen Papieren arbeitet, sollte prüfen, ob der Herausgeber im Gegenzug vom Journalisten etwas erwartet. Ob das Publikum jedes Mal beeindruckt ist, dass sein Medium da so exklusiv und schnell ist, steht auf einem anderen Blatt. Für manch andere Medien aber spielt der frühe Einblick in Richtlinienentwürfe oder andere interne Papiere eine wichtige Rolle, da deren Publikum das so erwartet. Entscheidungsträger, die etwa das Handelsblatt oder andere wichtige Medien nutzen, mögen dazu gehören. Doch wie kommen Korrespondenten an solche Papiere? Dazu gehört viel Vertrauensbildung, der Besuch zahlreicher Veranstaltungen und viele Kontakte. Der Handelsblatt-Korrespondent Carsten Volkery sagt: „Wenn ein deutsches Unternehmen Einfluss auf den Gesetzgebungsprozess nehmen will, wendet es sich beispielsweise an den Europaabgeordneten aus dem Heimatwahlkreis oder die entsprechende Landesvertretung. Diese wiederum aktivieren ihre deutschen Kontakte in der Kommission. Ähnlich arbeiten viele Journalisten. Der neueste Gesetzesentwurf aus der Kommission findet meistens über deutsche Lobbyisten oder deutsche Abgeordnete den Weg in die hiesigen Medien."[23] Das

---

[23] Siehe Teil 2. Abschn. 2. Volkery, Carsten. Mein Leben als Brüssel-Korrespondent.

Parlament ist also ganz grundsätzlich eine wichtige Quelle, findet auch Spiegel-Autor Markus Becker. Er sucht sich seine Informanten zudem in den Mitgliedstaaten selbst: „Hinzu kommen Hunderte Diplomaten aus den 27 EU-Staaten, deren Interessen auf vielen Gebieten stark unterschiedlich sind. Fast immer findet sich mindestens ein Land, das bei einem bestimmten Thema ein Interesse daran hat, Journalisten mit Informationen zu versorgen, die andere Länder lieber geheim halten würden. Sofern man weiß, wer welche Information mit welcher Agenda weitergibt, kann dies eine äußerst ergiebige Art der Informationssammlung sein."[24] Interne Papiere, die wichtige Zusammenhänge aufzeigen und neue Fragen provozieren, sind im Journalismus, und speziell im investigativen, besonders wichtig. Denn es ist klar, dass bei allem Hochhalten von Transparenz, das Publikum letztlich nur einen kleinen Teil der Zusammenhänge erfährt. Wer solche Dokumente veröffentlichen kann, hat einen Vorteil. Dummerweise erhält der EU-Journalist oft Dokumente mit der Verpflichtung, sie nur zur Kenntnis zu nehmen *für den eigenen Hintergrund*. Auch das ist interessant, verpflichtet aber unausgesprochen auch. Es kostet zudem sehr viel Aufwand, solche Papiere zu bekommen. Und wenn sie jemand herausgibt, verfolgt er mitunter auch ein eigenes Interesse.

Das eigene Analysepotenzial zu entdecken, ist eine der Lernaufgaben. Es gilt, politische Entscheidungen und Forderungen ständig auf ihre Plausibilität hin zu prüfen, sie mit bestehenden Fakten abzugleichen, Zahlen miteinander zu vergleichen. Wie war die Entwicklung in den letzten Jahren? Wie läuft es in anderen Ländern? Wenn jemand die schleppende Ausweisung und Rückführung von illegitimen Flüchtlingen anprangert, sollte ein Journalist Fragen stellen, etwa, wie viele der Personen überhaupt einen Pass haben und dementsprechend zumindest theoretisch zurückgeführt werden könnten oder eben nicht.[25] Dahinter steht jedes Mal die Aufgabe, Plausibilitäten abzufragen und sich nicht mit politischen Statements abzugeben. Dies sollte eigentlich zu den Grundvoraussetzungen des Journalismus gehören und ist noch nicht zwingend investigativer Journalismus, kann aber solche Züge annehmen, wenn es gilt, in der Folge nach Fakten und Konsequenzen zu forschen.

Bei der Recherche hilft die Zusammenarbeit mit Journalisten anderer Länder innerhalb der EU aber auch außerhalb. Einschlägige Netzwerke spielen hier eine besondere Rolle, etwa die Plattform *Follow The Money* oder *Investigate Europe*,

---

[24] Siehe Teil 2. Abschn. 10. Becker, Markus. EU-Investigativ. Viele Informationen und einige Informanten.

[25] Schätzungen gehen davon aus, dass nur die Hälfte der ankommenden Menschen noch einen Pass haben. Ihre Herkunftsidentifizierung ist daher schwierig. Selbst wenn das mit Hilfe von Sprachanalysen und Gesprächen gelingt, stellt sich die Frage, ob ein Herkunftsland die Person ohne Pass überhaupt aufnimmt.

eine Plattform, an der sich führende europäische Medien beteiligen. Ein grenzüberschreitendes Team aus Reportern und Redakteuren will tief recherchierte und unerzählte Geschichten in einem sich wandelnden Europa liefern: „We realized that complex European issues need to be researched across borders and free from supposed national interests, and so, launched our investigation team in 2016 with the aim of addressing the absence of cohesive, nuanced storytelling on European-wide issues."[26]

Das Recherche-Netzwerk, *European Investigative Collaborations* (EIC), hat einen ähnlichen Ansatz, auch an dieser Plattform beteiligen sich führende europäische Medien, unter anderem der Spiegel. „Our primary purpose is the joint reporting and publication of investigative journalism with a focus on European topics to understand how power structures affect European communities."[27] Die Plattformen stellen interessante Formen der Zusammenarbeit dar und haben große Recherchen hervorgebracht und veröffentlicht. Sie sind in der Regel die Ansprechpartner für die Investigativabteilungen der heimischen Verlage oder Sender. Solcherart Recherchen sind sehr weitgehend und nur äußerst selten Teil der täglichen Routine von EU-Journalisten, die in Brüssel tätig sind.

Für die investigative Recherche:

- *Institutionen kontaktieren, die selbst Missständen nachgehen*
- *Ankündigungen nach längerer Zeit nachgehen*
- *Projekte, in denen viel Geld steckt, besonders genau nachprüfen*

Zur täglichen Routine gehörte sicher auch nicht die Arbeit von Daphne Caruana Galizia, einer maltesischen Enthüllungsjournalistin, die durch eine Autobombe ermordet wurde. Das Europaparlament verleiht ihr zu Ehren den Daphne-Caruana-Galizia-Preis für Journalisten. „Daphne Caruana Galizia war eine maltesische Enthüllungsjournalistin, Bloggerin und Korruptionsbekämpferin. Sie berichtete eingehend über Korruption, Geldwäsche und organisiertes Verbrechen, aber auch über den Handel mit der Staatsbürgerschaft des Landes und die Verwicklung der maltesischen Regierung in die Affäre um die Panama-Papiere. Dafür

---

[26] Who We Are, *Investigate Europe*, [online] https://www.investigate-europe.eu/about [31.12.2024].
[27] EIC Workflow, *European Investigative Collaborations*, [online] https://eic.network/blog/eic-workflow [31.12.2024].

schüchterte man sie ein und bedrohte sie. Am 16. Oktober 2017 fiel sie einer Autobombe zum Opfer. Die Skandale rund um die Ermittlungen der Behörden im Mordfall Daphne Caruana Galizia führten schließlich zum Rücktritt von Ministerpräsident Joseph Muscat. Das Europäische Parlament äußerte im Dezember 2019 heftige Kritik an den Ermittlungspannen und forderte die Kommission zum Handeln auf. Im Oktober 2023, sechs Jahre nach der Ermordung der Journalistin, zeigte sich das Parlament besorgt über die begrenzten Fortschritte in diesem Zusammenhang. Die Abgeordneten bedauerten, dass die Ermittlungen bisher nur zu drei Verurteilungen geführt haben. Sie forderten erneut, alle an dem Mord beteiligten Personen vor Gericht zu stellen."[28] Auch die *Association for European Journalists* (AEJ) widmet sich der Vernetzung und Transparenz. In Zusammenarbeit mit der Ombudsfrau kritisiert die Organisation die unzureichende Transparenz interner Unterlagen, wonach die Kommission kaum der verpflichtenden Veröffentlichung von Unterlagen nachkommt.

Nicht ungefährlich sind auch Recherchen im Drogenmilieu rund um die Häfen Rotterdam, Antwerpen, Vlissingen, Marseille oder Hamburg. Sie haben indirekt mit der EU zu tun. Der Drogenhandel geht nicht direkt auf EU-Politik zurück, aber er macht sich den freien Binnenmarkt und offene Grenzen zunutze. Tausende Tonnen Kokain werden jährlich schätzungsweise in die Europäische Union importiert, bei einem Preis von 50 € pro Gramm oder mehr kommen da schnell Hunderte Milliarden Euro zusammen, die illegal in den Wirtschaftskreislauf eingeschleust werden. Organisierte Kriminalität bedeutet immer, dass viele beteiligt sind, die etwas von diesem Kuchen abhaben wollen. Leute etwa, die Drogencontainer auf oder neben einem Schiff platzieren, an allen Sicherheits- und Kontrollmaßnahmen vorbei. Kranführer, die solche Container verladen, können im Antwerpener Hafen durchaus 100.000 € kassieren, wenn sie einen Container in eine andere Richtung laden als vorgesehen. Es muss einen LKW geben, der diesen aus dem Hafen bringt, es muss Leute geben, die die Drogen aus dem Container holen, solche, die sie aufteilen, weitergeben, welche die darüber hinwegsehen, statt zu kontrollieren, dann welche die die Drogen über die Grenzen schaffen und so weiter. Und dann muss das viele Geld *legalisiert* werden. Wer sich das vergegenwärtigt, bekommt eine Idee davon, wie tief Korruption in die Gesellschaft und das Wirtschaftssystem eingedrungen ist und woher der Begriff *Organisierte Kriminalität* kommt. In den Niederlanden agieren neben Ita

---

[28] Daphne-Caruana-Galizia-Preis 2024 für Recherchen zu vermissten Kindermigranten, *Europäisches Parlament*, [online] (2024), https://www.europarl.europa.eu/news/de/pressroom/20241018IPR24759/daphne-caruana-galizia-preis-2024-fur-recherchen-zu-vermissten-kindermigranten [31.12.2024].

lien seit Jahren die gefährlichsten Mafiagruppen, die sich vor allem aus dem Drogengeschäft finanzieren und den Staat zunehmend unterwandern. Nicht nur mit Kokain, sondern auch mit der Herstellung von synthetischen Drogen oder Marihuana. Antwerpen gilt als *der* Hafen für die Einfuhr von Kokain. Investigative Journalisten in den Niederlanden arbeiten oft unter Polizeischutz. Gegen Zeitungen werden Bombenattentate verübt. Erst der Mord an dem bekannten und populären Kriminalreporter Peter R. de Vries und zuvor an dem Verteidiger eines Kronzeugen in einem der größten Kriminalfälle der Geschichte der Niederlande hat die Gesellschaft in den Niederlanden 2022 entscheidend aufgerüttelt. Eine internationale Kriminalität, die in allen Ländern akut ist und die Rechtsstaatlichkeit bedroht. Die Mittelsmänner der Drogenmafia in Europa sitzen oft in den Niederlanden, aber auch in Belgien, vor der Haustür der Europäischen Institutionen, die immerzu gebetsmühlenartig ihre Werte und den Rechtsstaat beschwören. Und Mitteleuropa, vor allem Deutschland ist Zielland für Drogen und Geldwäsche.

Literatur

Europäischer Rechnungshof (2024): Analyse 03: Überblick über den Zuverlässigkeitsrahmen und die wichtigsten Faktoren, die zu Fehlern bei den Kohäsionsausgaben im Zeitraum 2014–2020 beigetragen haben.
2023 in numbers, *European Public Prosecutor's Office*, [online] https://www.eppo.europa.eu/en/documents/2023-numbers [31.12.2024].
Auftrag, Vision und Werte, *European Court of Auditors*, [online] http://www.eca.europa.eu/de/Pages/Mission-Vision-and-Values.aspx?TermStoreId=8935807f-8495-4a93-a302-f4b76776d8ea&TermSetId=172d3e3c-ae5e-4a25-82c7-8d37334fcfe2&TermId=6638bc30-683e-43d2-80d3-7c11266df0db [31.12.2024].
Daphne-Caruana-Galizia-Preis 2024 für Recherchen zu vermissten Kindermigranten, *Europäisches Parlament*, [online] (2024), https://www.europarl.europa.eu/news/de/press-room/20241018IPR24759/daphne-caruana-galizia-preis-2024-fur-recherchen-zu-vermissten-kindermigranten [31.12.2024].
EIC Workflow, *European Investigative Collaborations*, [online] https://eic.network/blog/eic-workflow [31.12.2024].
EuRH: EU-Kohäsionsausgaben – Das Kontrollsystem funktioniert nicht, *Vergabeblog | Deutsches Vergabenetzwerk*, [online] (2024), https://vergabeblog.de/2024-07-19/eurh-eu-kohaesionsausgaben-das-kontrollsystem-funktioniert-nicht/ [31.12.2024].
Eurojust, *European Union Agency for Criminal Justice Cooperation*, [online] https://www.eurojust.europa.eu/ [31.12.2024].
Home, *Europol*, [online] https://www.europol.europa.eu/home [31.12.2024].
Home, *Europäische Ombudsstelle*, [online] https://www.ombudsman.europa.eu/de/home [31.12.2024].
Home | Monika Hohlmeier, *Europäisches Parlament*, [online] https://www.europarl.europa.eu/meps/de/96780/MONIKA_HOHLMEIER/home [31.12.2024].

International cooperation, *European Public Prosecutor's Office*, [online] https://www.eppo. europa.eu/en/about/international-cooperation [31.12.2024].

Mission and tasks, *European Public Prosecutor's Office*, [online] https://www.eppo.europa. eu/en/about/mission-and-tasks [31.12.2024].

News, *European Public Prosecutor's Office*, [online] https://www.eppo.europa.eu/en/media/ news [31.12.2024].

OLAF, *Europäisches Amt für Betrungsbekämpfung*, [online] (2024), https://anti-fraud.ec. europa.eu/index_de [31.12.2024].

Who We Are, *Investigate Europe*, [online] https://www.investigate-europe.eu/about [31.12.2024].

Schuhbauer, Josef (2024): Agrarsubventionen: Die Top-Empfänger 2023, *Moderner Landwirt*, [online] https://moderner-landwirt.de/agrarsubventionen-die-top-empfaenger-2023/ [31.12.2024].

Wahl, Thomas (2022): OLAF Annual Report 2022, *eucrim*, [online] https://eucrim.eu/news/ olaf-annual-report-2022/ [31.12.2024].

Statistiken zur Landwirtschaft in der EU: Subventionen, Arbeitsplätze, Produktion, *24-11-2021 Letzte Aktualisierung: 24-11-2021* -, [online] https://www.europarl.europa.eu/topics/de/article/20211118STO17609/landwirtschaftsstatistiken-subventionen-arbeitsplatze-produktion-infografik.

Die fünfte Macht 8

Über Lobbyisten und andere Interessenvertreter

Lobbyisten haben einen schlechten Ruf. Warum eigentlich? Jeder ist doch sein eigener Lobbyist und vertritt seine Interessen, und zwar zu Recht. Was ist daran schlecht, wenn Unternehmensvertreter ihre Interessen und Notwendigkeiten bei EU-Beamten vorbringen, die unmöglich alle Mechanismen einer Branche und eines Marktes kennen können, wenn sie Gesetzestexte formulieren? Man könnte auch froh sein, dass es Lobbyisten gibt, denn Unternehmen wollen nicht nur für sich selbst gute Bedingungen, sondern sie stehen auch stellvertretend für viele Arbeitnehmer und deren Familien. Nichtregierungsorganisationen haben dagegen meist einen guten Ruf, weil sie sich meist für eine gute Sache einzusetzen scheinen. Doch das Campaigning von NGOs scheint im Laufe der Jahre zumindest teilweise zu einem Geschäftsmodell geworden zu sein, das kritische Beobachtung verdient.

Sie sind groß, sehr groß. Und mächtig, unterschiedlich mächtig. Viele von ihnen arbeiten im Verborgenen, andere besonders offen und aggressiv, sie haben einen unterschiedlichen Ruf und ihre Mittel der Arbeit könnten unterschiedlicher nicht sein. Die Rede ist von der *fünften Macht* in Brüssel. Das Urteil über Lobbyisten ist in der Regel nicht sehr schmeichelhaft. Fehlende Transparenz, Hinterzimmerdeals, Interessenvertretung, die Zuschreibungen gehen mitunter ins Mysteriöse, Verschwörerische. Ihre Namen tragen zur Anonymität bei, sie heißen COPA-Cogeca (Bauernverband), CEFIC (Chemische Industrie), AMFEP, CECOF, IFHP, es sind Kürzel die die Interessen wiedergeben. Andere Lobbyisten, die sich freilich nicht so nennen, wohl weil dieser Begriff negativ konnotiert ist, vertreten ebenfalls Interessen, sie rücken sich aber gern in ein anderes Licht. Darüber wird noch zu reden sein. Um welche Sonderart dieser Brüsseler Spezies es auch geht, sie alle sind für Journalisten sehr wichtig, aber allen ist auf jeweils unterschiedliche Weise mit Distanz zu begegnen. Einen interessanten Überblick über die verschiedensten

Lobbygruppen mit zahlreichen Auflistungen bietet die Plattform *Lobbypedia*. Interessanterweise behauptet das Portal über sich: „Lobbypedia ist kein Ort, um einzelne politische Streitfragen zu diskutieren oder Ideologien gegeneinander zu stellen. Wir wollen Informationen über Lobbygruppen und ihre Strategien sammeln; Lobbypedia kann und soll nicht beantworten, was von den Finanzmärkten, Atomenergie oder der privaten Rentenversicherung zu halten ist. Diese Grenze ist nicht immer trennscharf: häufig wird es notwendig sein, die Sachproblematik innerhalb bestimmter Themenfelder darzustellen, um die Interessenlagen von Unternehmen oder Lobbygruppen deutlich zu machen. Aber unsere Darstellung sollte nicht in den Versuch münden, eine definitive inhaltliche Bewertung vorzunehmen oder Fakten und Zusammenhänge in ein ideologisches Raster einzupassen."[1] Lobbypedia wird zur „Verfügung gestellt",[2] von der lobbykritischen Vereinigung *Lobbycontrol*[3] die sich ihrerseits im Sammelbecken der europäischen Lobbyvereinigung *Alter EU* wiederfindet. „LobbyControl setzt sich deshalb für mehr Transparenz und Schranken für Lobbyismus in der EU ein. Wir arbeiten dazu in der Allianz für Lobby-Transparenz und ethische Regeln (ALTER-EU) mit etwa 200 Organisationen aus ganz Europa zusammen."[4] Wer sich die Seiten der Organisationen ansieht, bekommt sehr schnell einen Überblick über deren politische Ausrichtung. Letztlich handelt es sich nicht allein um Gruppen, die verdienstvoll Transparenz in die Interessensvertretung innerhalb der EU bringen wollen, sondern häufig selbst eine politische Agenda verfolgen.

Gablers Wirtschaftslexikon beschreibt Lobbyismus als „Einflussnahme organisierter Interessengruppen (z. B. Verbände, Vereine, Nichtregierungsorganisationen) auf Exekutive und Legislative, bspw. in der Form von Anschreiben, Telefonaten, Anhörungen, Vorlagen, Berichten, Studien usw. Gegenleistungen der Interessengruppen an die Politiker können spezifische Informationen, Spenden etc. sein. Lobbyismus kann sich auch in der Androhung von politischem Druck (Streik, Lieferboykott, Abbau von Arbeitsplätzen) äußern."[5] Dies freilich ist eine sehr verkürzte Beschreibung einer eigenen Welt mit vielen Unterwelten. Brüssel ist weltweit der zweitgrößte Standort für Lobbyisten, mehr Einflussnahme gibt es allenfalls in den USA. Transparency International zählt auf seiner ständig aktuali-

---

[1] Über Lobbypedia, [online] https://lobbypedia.de/wiki/%C3%9Cber_Lobbypedia [31.12.2024].
[2] Ebd.
[3] Initiative für Transparenz und Demokratie, *LobbyControl*, [online] https://www.lobbycontrol.de/ [31.12.2024].
[4] Ebd.
[5] Schöbel, Enrico: Definition: Lobbyismus, *https://wirtschaftslexikon.gabler.de/definition/lobbyismus-38186*, Springer Fachmedien Wiesbaden GmbH, [online] https://wirtschaftslexikon.gabler.de/definition/lobbyismus-38186 [31.12.2024].

sierten Webseite *EU Integrity Watch* 13.066 Lobbyorganisationen bei der EU.[6] Sie versuchen tagtäglich Einfluss zu nehmen, doch woher kommt ihr schlechter Ruf und haben sie ihn zurecht? Für Korrespondenten stellt sich noch eine weitere Frage: Warum haben einige Lobbyisten einen schlechten und andere einen guten Ruf? Mit dem Anwachsen von Lobbygruppen wächst in Brüssel auch die Zahl der Organisationen, die Lobbyarbeit transparent machen wollen, allen voran Transparency International. „Transparency is key to ensuring that policymakers do not give preferential treatment to specific interest groups. The increasing public access to important datasets related to lobbying, politicians' financial interests, political party finance, company ownership or government contracting presents a unique opportunity to pool and structure data with easy-to-use and low-cost online tools for detecting possible conflicts of interest and corruption. Against this backdrop, the Integrity Watch Europe Project provides law enforcement, citizens, civil society and journalists with a series of online tools for the detection and prevention of political corruption in the EU, 15 other member states, and the UK. A further six platforms are scheduled to launch in the Balkans."[7] Transparency International kämpft für eine Welt frei von Korruption und führt online eine beeindruckende interaktive Darstellung der verschiedenen Lobbygruppen auf.[8] Einen besonders großen Anteil stellen interessanterweise nicht nur Unternehmen oder Verbände dar, sondern mittlerweile NGOs, Nichtregierungsorganisationen. Erst danach folgen Unternehmensgruppen, Anwaltskanzleien oder Handels- und Wirtschaftsverbände. Die lobbykritische Plattform beschreibt die Situation noch anders: „Schätzungsweise 25.000 Lobbyisten mit einem Jahresbudget von 1,5 Mrd. € nehmen in Brüssel Einfluss auf die EU-Institutionen. Etwa 70 % von ihnen arbeiten für Unternehmen und Wirtschaftsverbände. Sie genießen privilegierte Zugänge zu den Kommissaren. Und sie überhäufen die Abgeordneten mit ihren Änderungsanträgen für Gesetzesvorlagen. Die europäische Demokratie läuft Gefahr, zu einer wirtschaftsdominierten Lobbykratie ausgehöhlt zu werden."[9]

Gleichwohl handelt es sich um eine Landschaft, die sich im Laufe der Jahrzehnte mit der Vertiefung und Erweiterung der EU auf vielen Ebenen weiterentwickelt hat. „Infolge der Verschiebung der politischen Entscheidungsmacht nach Brüssel verlagerten sich auch die Organisationen und die Arbeitsweisen der

---

[6] EU Integrity Watch: monitor potential conflicts of interests, *Transparency International EU*, [online] https://www.integritywatch.eu [31.12.2024].
[7] Ebd.
[8] Ebd.
[9] Initiative für Transparenz und Demokratie, *LobbyControl*, [online] https://www.lobbycontrol.de/ [31.12.2024].

Lobbyisten ... Dabei lassen sich verschiedene Dimensionen unterscheiden."[10] Die Lobbyszene hat sich also in vielfacher Hinsicht verändert und hat ein konkretes, gefragtes Berufsbild hervorgebracht. Fachlich gut aufgestellt, mit internationaler Perspektive ausgebildet, in diplomatischem Umgang geschult und in vielen Sprachen unterwegs. Die Vervielfachung europäischer Entscheidungsprozesse führte erstens zu „einem außerordentlichen Wachstum der von europäischer Politik betroffenen Interessengruppen. Diese drängten folgerichtig immer stärker auf eine Beteiligung an den europäischen Entscheidungsprozessen, auch wenn die Zahl der Interessengruppen aus den neuen Mitgliedsländern noch hinter den Interessengruppen der älteren Mitgliedstaaten zurückbleibt. Zweitens zu einer größeren Verbindlichkeit bei der Registrierung der Interessengruppen im freiwilligen Transparenzregister. Der Zugang zum Europäischen Parlament setzt eine Registrierung gemäß den Vorschriften eines Verhaltenskodexes voraus. Bereits ein Verstoß gegen den Kodex kann zum Entzug des Hausausweises einer Person oder der Organisation führen. Die verbindlichere Regelung spiegelt sich im Wachstum der in Brüssel gemeldeten Interessenvertretungsorganisationen wider. (…) Drittens können Verlagerungen und Verschiebungen in der Verbändelandschaft festgestellt werden. Große Firmen einzelner Branchen arbeiten grenzübergreifend zusammen und positionieren sich gegenüber den nationalen Interessen kleiner und mittlerer Unternehmen. Im Zuge von beschleunigten politischen und wirtschaftlichen Transformationsvorgängen (z. B. Energiewende) entwickeln sich hergebrachte Interessen von Unternehmen und Verbänden teils auseinander und neue Hierarchien entstehen, etwa durch Konzernallianzen oder aufgrund der Zentralisierung von Entscheidungskompetenzen auf europäischer Ebene innerhalb von Wirtschaftsverbänden. Neben wirtschaftlichen Interessen artikulieren sich darüber hinaus vermehrt NGOs. Schließlich kann viertens ein Schub der Professionalisierung der Lobby- und Öffentlichkeitsarbeit hervorgehoben werden, der der wachsenden Komplexität der Aufgaben geschuldet ist. Zahlungskräftige Interessengruppen betrauen zunehmend spezialisierte Beratungsunternehmen, PR-Firmen und Rechtsanwaltskanzleien sowie eine wachsende Zahl von Think Tanks mit Lobbyaufgaben oder kaufen lobbynahe Dienstleistungen ein."[11]

Über die Wirkung von Lobbyisten sagen diese Veränderungen allerdings noch wenig aus. Alle Interessenverbände arbeiten sehr unterschiedlich. Die Definition von Transparency International selbst klingt daher auch etwas anders als im

---

[10] Plehwe, Dieter (2019): Wandel der Lobbyarbeit in der Europäische Union, *Bundeszentrale für politische Bildung*, [online] https://www.bpb.de/themen/wirtschaft/lobbyismus/276176/wandel-der-lobbyarbeit-in-der-europaeische-union/ [31.12.2024].

[11] Ebd.

Gabler Wirtschaftslexikon: „The interaction between interests representatives and policymakers –, lobbying' – is a part of any healthy democracy, but citizens must be able to trace the inputs of non-government officials in policymaking, to ensure that the process is not unduly influenced."[12]

Es ist unmöglich als Korrespondent einen Überblick über alle Lobbyorganisationen zu behalten. Einige Formen und Hintergründe zu kennen ist allerdings nicht unerheblich. Warum? Weil Interessengruppen wertvolle Informationen bereithalten, die sowohl für den eigenen Überblick wichtig sind, aber auch Entscheidungsprozesse konkreter hervortreten lassen. Häufig erhält man über sie auch interne Papiere aus anderen Institutionen. Legt man die Datensammlung von Transparency International zugrunde kam der seinerzeit für Industrie und Binnenmarkt zuständige französische Kommissar Thierry Breton während der fünf Jahre in der Kommission unter Ursula von der Leyen auf 1183 Gespräche mit 623 Organisationen von insgesamt 26 183 Gesprächen, die die Kommission mit Vertretern von 5303 Organisationen geführt hat.[13] Rechnet man 230 Arbeitstage pro Jahr, hätte Breton also mehr als ein Lobbygespräch pro Tag in seiner Amtszeit geführt. Lobbyismus ist also Alltag und zunächst ein gesunder Teil einer jeden Demokratie. Das klingt schon etwas anders, als die vielen Fragen von Besuchern in Brüssel zum Thema Lobbyismus vermuten lassen. Eines der ersten Themen nämlich, wenn es um die tägliche Arbeit als Korrespondent geht, richtet sich gern nach dem *geheimnisvollen Einfluss der Lobby und wie man damit umgehe*. Das ganze Spektrum dieser fünften Macht ist aber spezifischer als die Frage vermuten lässt und verdient daher einige Einlassungen. Daniel Guéguen, seit Jahrzehnten eine Brüsseler Institution unter Lobbyisten, unterstellt ihnen deutlich weniger Einfluss, als gemeinhin angenommen und das hat etwas mit der Fragmentierung der Lobbygruppen zu tun. „In some sectors, the level of fragmentation is frightening. There are at least 150 associations for agriculture; perhaps 200 more for agro-food. CEFIC dominates on chemicals, although there are as many satellite associations as there are chemical substances. The plant protection and energy sectors are also very segmented. And to this list must be added the many national and regional lobbying groups which complicate the panorama even further. This fragmentation has devastating effects. The huge number of associations condemns most of them to anonymity, all the more so given that they use acronyms to identify themselves: AMFEP, CECOF, IFHP, AIBI, FETSA, IFIEC, EUDA, FIACBI, LOSG, CEAB, etc. Who are these

---

[12] EU Integrity Watch: monitor potential conflicts of interests, *Transparency International EU*, [online] https://www.integritywatch.eu [31.12.2024].
[13] Vgl. Ebd.

people and what do they represent? It's a mystery."[14] Guéguen sieht in der schieren Zahl der Interessenvertretungen eher einen Nachteil als die große Macht, die andere ihnen unterstellen.

„**These days, being a lobbyist is considered a bad thing**",[15] sagt Guéguen und es finden sich weitere interessante Zuschreibungen: „A distinction should first be made between a ‚national lobbyist' and a ‚European lobbyist'. Both practice the same profession – that of influence – but not in the same way, since the Commission is not a government. The Union is led not by majority, but by fluctuating and variable alliances. Unlike Paris, Berlin or Rome, being affiliated with a political party is of no use to a European lobbyist. In the EU national capitals, a lobbyist belongs to the political sphere. In Brussels, he or she works with the Commission and Council, outside of political parties'."[16] Guéguen arbeitete bei vielen unterschiedlichen Lobbygruppen, bei Unternehmen, führte ein eigenes Unternehmen, das Interessensvertreter ausbildete. Er weist in seinem letzten von mehreren Büchern auf eine weitere Unterscheidung bei Lobbyisten hin, die manche Journalisten und Beobachter gleich nachvollziehen können. „Another distinction should be made between so-called ‚bad lobbyists' and ‚good lobbyists'. The former are apparantly those who represent industry, agriculture and other productive economy sectors. The latter seem to be the representatives of consumers, defenders of the environment or the climate, etc. The ‚good lobbyists', who do not even regard themselves as lobbyists but as defenders of the common good, point the finger at the ‚bad lobbyists'."[17]

‚Gute' oder ‚schlechte' **Lobbyisten?** Diese Selbstbeschreibung weist auf eine Reihe von Effekten und Phänomenen hin, die noch zu beschreiben sind. Denn der Einfluss von Lobbyarbeit macht sich nicht nur im Kontakt mit den an Gesetzgebungsprozessen beteiligten Personen deutlich, sondern auch in der Öffentlichkeit durch die Multiplikation von Nachrichten. Und hier kommt Journalisten und Korrespondenten eine besondere Bedeutung zu. Die Arbeit von Interessengruppen in Brüssel ist sicher keine Geheimwissenschaft. Interessenvertretung ist in den Verträgen ausdrücklich vorgesehen und vitaler Bestandteil von Gesetzen, die auch an den realen Bedingungen orientiert gestaltet werden sollen. Sie sind nicht nur einmal beteiligt, sondern während des gesamten Gesetzgebungsprozesses in zahllosen Konsultationen. Mit gutem Grund. Niemand kann ernsthaft wünschen, dass

---

[14] Guéguen, Daniel; Anthemis (Hrsg.) (2023): *European lobbyists – NGOs VS Lobbyists*, 2. Auflage, S. 118.
[15] Ebd. S. 24.
[16] Ebd.
[17] Ebd.

Gesetze ausschließlich von Kommissionsbeamten, Diplomaten oder Europaparlamentariern gestaltet und verfasst werden. Die Konsultation von Interessenverbänden ist daher rechtlich vorgesehen. „Die Organe geben den Bürgerinnen und Bürgern und den repräsentativen Verbänden in geeigneter Weise die Möglichkeit, ihre Ansichten in allen Bereichen des Handelns der Union öffentlich bekannt zu geben und auszutauschen. (2) Die Organe pflegen einen offenen, transparenten und regelmäßigen Dialog mit den repräsentativen Verbänden und der Zivilgesellschaft. (3) Um die Kohärenz und die Transparenz des Handelns der Union zu gewährleisten, führt die Europäische Kommission umfangreiche Anhörungen der Betroffenen durch. (4) Unionsbürgerinnen und Unionsbürger, deren Anzahl mindestens eine Million betragen und bei denen es sich um Staatsangehörige einer erheblichen Anzahl von Mitgliedstaaten handeln muss, können die Initiative ergreifen und die Europäische Kommission auffordern, im Rahmen ihrer Befugnisse geeignete Vorschläge zu Themen zu unterbreiten, zu denen es nach Ansicht jener Bürgerinnen und Bürger eines Rechtsakts der Union bedarf, um die Verträge umzusetzen."[18] Daniel Guéguen ergänzt auf seine Weise dazu: „Whether this generally negative perception of lobbying is fair or unfair, is beside the point. It is, however, an inaccurate caricature. Lobbying, also known as, representation of interests' or ‚mediation', is an integral part of the European decision-making process. There is no draft law, directive or regulation that is not submitted for examination by lobbyists in the broadest sense. Everyone, industry and civil society included, is consulted. (…) Whether laws and regulations are being proposed, adopted or implemented, interest groups are everywhere in Brussels, and have been since founding of the EEC. EU structures and processes are inspired by the Anglo-Saxon tradition, in which lobbying is commonly accepted."[19] Rechtsgrundlagen und Transparenzregister sind zentrale Grundlagen zur Regulierung von Lobbyisten. Mit ihnen soll deutlich werden, wer Interessensvertretung betreibt, bei wem und wie oft. Lobbyisten müssen sich im Transparenzregister eintragen und es gilt ein Verhaltenskodex, der ethische Standards festlegt. Demnach soll unethisches und illegales Verhalten vermieden werden, Entscheidungsträger sollen nicht durch unangemessenes Verhalten oder Bestechungsversuche beeinflusst werden. Nur registrierte Lobbyisten haben Zugang zu den Räumlichkeiten des Parlaments. Bei allen Regeln ist klar, dass Missbrauch oder Bestechungsversuche kaum *wegreguliert* werden können und womöglich immer wieder stattfinden.

---

[18] Amtsblatt der Europäischen Union (2012): Vertrag über die Arbeitsweise der Europäischen Union (konsolidierte Fassung). Artikel 11.
[19] Guéguen, Daniel; Anthemis (Hrsg.) (2023): *European Lobbyists – NGOs vs Industries*, 2. Auflage. Seite 25.

Lobbying ist aber dennoch ein völlig normaler Prozess. Jeder versucht seine Interessen zu vertreten, umso wichtiger ist dies bei Gesetzgebungsprozessen. Wo aber liegt die Unterscheidung von Lobbyisten mit *gutem* und solchen mit *schlechtem* Ruf? In der öffentlichen Wahrnehmung repräsentieren oft laut Guéguen die *schlechten* Lobbyisten den Agrarsektor, die Industrie und andere produktive Wirtschaftszweige. Vielleicht kann man die Vertreter der Finanzindustrie noch dazu zählen. Vertreter der Rüstungsindustrie bekommen interessanterweise seit dem Angriff Russlands auf die Ukraine einen besseren Ruf. Die *guten* Lobbyisten erkennt man vor allem daran, dass sie sich zunächst einmal gar nicht als solche identifizieren oder gar ausgeben. Sie verstehen sich als Vertreter von Konsumenten, als Verteidiger der öffentlichen Güter, auch Vertreter von Maßnahmen gegen den Klimawandel, Umweltgruppen etwa zählen dazu. Wichtig für Korrespondenten ist, ein paar Betrachtungen zu justieren. Denn die Unterscheidung zwischen guten und schlechten Lobbyisten findet sich durchaus auch häufig bei Journalisten. Industrie und Verbraucher werden häufig antagonistisch gesetzt, eine fragwürdige Einschätzung. Denn Industrie besteht ja auch aus Verbrauchern, aus deren Mitarbeitern nämlich und deren Familienangehörigen, aber auch aus Anteilseignern, denen gegenüber Manager rechenschaftspflichtig sind. Und solche Anteilseigner sind wiederum – direkt oder indirekt – Menschen, die häufig in ihre Altersvorsorge investieren. Wer diesen Antagonismus bemüht, greift also oft zu kurz. Die Vertreter und Verteidiger öffentlicher Güter, von Verbraucher- oder auch Umweltschutz haben um Aufklärung und Transparenz, auch um die Aufdeckung von Missständen, große Verdienste. Viele Fehlentwicklungen wären ohne sie kaum aufgedeckt worden. Mit dieser Entwicklung gehen allerdings einige andere Phänomene einher. NGOs organisieren sich zusammen und gehen mitunter in ihrer Öffentlichkeitsarbeit sehr weit, und das aufgrund vieler Zusammenschlüsse auch sehr effizient. Auch auf sie treffen die Kriterien der Aufmerksamkeitsökonomie zu, sie nutzen sie geradezu strategisch. Kampagnen durchzuführen, ist mittlerweile ein eigenes Berufsfeld mit hohen Professionalitätsansprüchen geworden. Manche tun sich zusammen, um mehr Schlagkraft zu entwickeln. Viele NGOs kämpfen allerdings in einem begrenzten Betätigungsfeld und stehen auch in Konkurrenz zueinander. Denn auch NGOs müssen sich finanzieren, meist durch Spenden und öffentliche Gelder, sei es staatlich oder sogar von der EU-Kommission. Und auch der Skandal um Einflussnahme von Katar auf die Politik der EU über NGOs[20] führte zu einem kritischeren Blick, verbunden mit der Frage, wer finanziert die NGOs überhaupt und mit wie viel Geld? Einer der Menschen mit einem kritischeren Blick ist der

---

[20] Hintergrund sind NGOs, die von ehemaligen Europaabgeordneten geführt wurden und über die Gelder aus Katar geflossen sein sollen.

ehemalige Europaabgeordnete Markus Pieper: „Mit meinem Bericht zur Transparenz von NGOs setze ich mich für klare Regeln ein, die den Missbrauch von EU-Geldern unterbinden. Der Bericht wurde durch den Korruptionsskandal *Qatargate* ausgelöst, der im Winter 2022/23 das Europäische Parlament erschütterte. Allein im Jahr 2022 haben NGOs mindestens 2,5 Mrd. € aus dem europäischen Haushalt bekommen. Natürlich spielen NGOs eine wichtige Rolle für die europäische und internationale Zivilgesellschaft, und ich betone, dass es nur sehr wenige schwarze Schafe sind, die dem Ruf aller NGOs schaden. Einige Forderungen des Berichts stammen aus einer vom CONT-Ausschuss in Auftrag gegebenen Studie, die am 12. Oktober vorgestellt wurde. Wir müssen für bestimmte NGOs wissen, wie genau sie finanziert sind und ob nicht wirtschaftliche Interessen hinter einem vermeintlichen gemeinnützigen Auftrag stehen. Daher fordere ich, dass sie ihre weitere Finanzierung offenlegen. Wir wollen die Geldgeber der NGOs kennen, aber auch wissen, wer ihre eigentlichen Endbegünstigen sind. Schluss mit undurchsichtigen Vertragsketten: Die europäischen Steuerzahler haben ein Recht darauf, zu erfahren, welche Projekte genau mit ihrem Geld finanziert werden."[21] In einer Entschließung des Europaparlaments weisen die Abgeordneten auf die große Bedeutung von NGOs hin und heben ausdrücklich den großen Wert für die Zivilgesellschaft hervor. Sie kritisieren aber auch, wenn sich von der EU finanzierte NGOs gegen die Werte der EU richten oder als Deckmantel für den Einfluss aus dem Ausland dienen.[22]

Ein Jahr später wird etwas deutlicher, wie weit dieses Problem gehen kann. Papiere zeigten auf, wie offenbar Teile der EU-Kommission mit Steuergeldern NGOs bezahlt hatten, die gegen das Freihandelsabkommen Mercosur vorgehen, obwohl ein erfolgreicher Abschluss eines Handelsabkommens eigentlich Aufgabe der Kommission ist, denn Handelsverträge sind überwiegend Sache der EU-Kommission. Der Grund ist plausibel: Als Block von 27 Mitgliedstaaten und 450 Mio. Einwohnern vertritt die EU-Kommission die Interessen der gesamten Union und genau von ihr hat sie auch den Auftrag, solche Handelsverträge auszuhandeln. Wer mit solch einer Verhandlungsmacht ausgestattet ist, kann die Interessen der Mitgliedstaaten deutlich besser vertreten. Umso erstaunlicher wirkt, dass Umweltgruppen, die gezielt bei Parlamentariern und anderen gegen Anliegen von Mercosur lobbyieren, offenbar Geld von der EU dafür bekommen haben. Markus Grabitz von *Europe.Table* enthüllt dabei den Inhalt von Verträgen, die genau das nahele-

---

[21] Pieper fordert mehr Transparenz von Nichtregierungsorganisationen, *CDU/CSU-Gruppe in der EVP-Fraktion*, [online] (2023), https://www.cducsu.eu/artikel/pieper-fordert-mehr-transparenz-von-nichtregierungsorganisationen [31.12.2024].
[22] Entschließung des Europäischen Parlaments vom 14. September 2017 zu Transparenz, Rechenschaftspflicht und Integrität in den EU-Organen (2015/2041(INI)) (2017).

gen.[23] Die EU-Kommission soll also das Handelsabkommen für die EU umsetzen, und unterstützt finanziell aber gleichzeitig Gruppen, die gegen das Abkommen oder zumindest Teile davon Aktionen durchführen. In Antwortschreiben an den Haushaltskontrollausschuss habe die Kommission die Inhalte des Vertrages nicht bestritten. Zudem sind Maßnahmen ergriffen worden, die künftig bestimmte Vorgehensweisen einschränken sollen. Die betreffende NGO, zu der auch deutsche Unterorganisationen gehören sollen, habe „einen Betriebskostenzuschuss im Rahmen des Life-Programms in Höhe von 700.000 € jährlich"[24] bekommen. 30 Verträge seien unter höchster Geheimhaltungsstufe eingesehen worden. Einzelne Vertragsinhalte sind dem Autor auf Nachfrage aus dem Haushaltskontrollausschuss bestätigt worden. Kritiker bemängeln dieses Vorgehen und kritisieren, dass NGOs, die gegen die Ziele und Werte der EU lobbyieren, Geld bekommen und fordern Transparenz. Es gibt aber auch Befürworter, die diese Unterstützung richtig finden, weil es sonst kein hinreichendes Gegengewicht gegen finanziell mächtige Industrielobby gebe. Die Kommission hat weiterhin selbst Fehler eingeräumt und solche Verträge als unangemessen bezeichnet sowie entsprechende neue Guidelines beschlossen. Der fall hat die weitere Frage aufgeworfen, welche Verträge es wohl noch gibt, das Europaparlament will weiter aufklären.

So oder so, es ist viel Geld im Spiel. Und auch NGOs brauchen Ergebnisse und Aufmerksamkeit. Deshalb sind manche bei der Verbreitung von fragwürdigen Befunden nicht zimperlich. Von ihnen veröffentlichte Studien sind für Journalisten sehr wertvoll und wichtig, müssen aber gleichermaßen auf ihre Aussagekraft hin überprüft werden. Weil NGOs oft einen Glaubwürdigkeitsbonus in der Bevölkerung und bei Journalisten genießen, gilt erst recht, Kampagnen mit Vorsicht zu begegnen. Als Beispiel mag eine Kampagne gegen das von 2013 an über Jahre verhandelte, später gescheiterte transatlantische Freihandelsabkommen (Transatlantic Trade and Investment Partnership, TTIP) zwischen der Europäischen Union und den USA dienen. Zwar interessiert sich damals zunächst kaum jemand für die Verhandlungen um das geplante Freihandelsabkommen, doch vor allem in Deutschland entsteht ein enormer Widerstand, der unter anderem von der NGO *Attac* ausgeht, die sich kritisch mit der Globalisierung auseinandersetzt. Die Debatte nimmt über Jahre teils extreme Züge an, mit großen Demonstrationen und Solidarisierungsaktionen zahlreicher Verbände und vieler gesellschaftlicher Gruppen. Es entsteht eine enorme Polarisierung, in deren Mittelpunkt später stellvertretend für Vieles

---

[23] Vgl. Grabitz, Markus (2024): Geheime NGO-Verträge der Kommission: EU-Gelder für Lobbyarbeit gegen Mercosur, *Table.Briefings*, [online] https://table.media/europe/analyse/geheime-ngo-vertraege-der-kommission-eu-gelder-fuer-lobbyarbeit-gegen-mercosur/ [31.12.2024].

[24] Ebd.

8 Die fünfte Macht

das *Chlorhuhn* zu stehen scheint, es wird in jenen Jahren gewissermaßen zu einem Symbol des TTIP-Protestes. In den USA ist es da gängige Praxis, Geflügel mit einer chemischen Substanz zu desinfizieren. Hühnerfleisch ist ein empfindliches Produkt, das oft Bakterien trägt. Gegner des Abkommens haben damit ein emotionalisierendes Beispiel gefunden und protestieren dagegen, dass zentrale Standards der Verbrauchersicherheit aufgeweicht würden. Kirchen und Gewerkschaften warnen und selbst die Bundeskanzlerin steigt auf die Debatte ein. Verstärkt wirde der Protest durch die Vertraulichkeit der Verhandlungen. Dieses, bei solchen Verhandlungen völlig übliche Verfahren, verfestigt fortan das Misstrauen in der Bevölkerung, weite Teile der Medien eingeschlossen. Wer sich für dieses Handelsabkommen ausspricht ach, muss mit wüsten Anfeindungen rechnen. Es entsteht eine größere Protestwelle gegen das Handelsabkommen. Doch viele der geäußerten Befürchtungen halten der Realität nicht stand. Das Bundesamt für Risikobewertung kam zu dem Schluss, die entsprechende Behandlung des Lebensmittels wie in den USA stelle aus gesundheitlicher Sicht kein zusätzliches Risiko dar. Zu einem ähnlichen Ergebnis kam die entsprechende europäische Behörde. Außer Acht bleibt damals zudem, dass Hühner zumindest in Deutschland ein sensibel zu behandelndes Lebensmittel darstellen, deren Zubereitung äußerst vorsichtig vorzunehmen ist, weil Hühner häufig Keime tragen. Unberücksichtigt bleibt auch, dass europäische Lebensmittel, die hier als Delikatessen gelten, in den USA ähnliche Befürchtungen auslösen, verschiedene französische Käsesorten etwa.

Die Kampagnen der NGOs haben zumindest zur Verunsicherung in der Bevölkerung beigetragen. TTIP scheiterte letztlich, auch weil die USA das Abkommen so nicht mehr wollten. Die Auseinandersetzungen trugen sogar dazu bei, dass weitere Abkommen enorm kritisch gesehen werden und kaum unproblematisch umzusetzen sind, obwohl sie viele Vorteile für europäische Verbraucher und Unternehmen bringen könnten. Die Kampagnen wurden flankiert vom Narrativ der Geheimverhandlungen, die die EU dort angeblich führte. Wer aber als Verhandler in solche Prozesse einsteigt, hat immer ihm besonders wichtige Punkte und weniger wichtige. Und natürlich werden all diese als Verhandlungsmasse von allen Seiten angeführt. Es wäre naiv, das nicht zu tun. Es gehört natürlich auch dazu, nicht zu erwähnen, was die besonders wichtigen und die weniger wichtigen Punkte einer Verhandlungsposition sind, um eben Verhandlungsmasse zu haben. Während der Attac-Kampagnen sind einzelne Verhandlungsteile an die Öffentlichkeit gedrungen, die einen Zwischenverhandlungsstand wiedergaben und dann in der Öffentlichkeit kritisiert wurden. Aber, vertrauliche Verhandlungen bei Handelsabkommen sind üblich. Auch im normalen Leben dürfte kaum jemand beim Verkauf eines Hauses oder Fahrzeugs sofort alle Karten offenlegen. Die damaligen Kampagnen von Attac könnte man durchaus auch als populistisch bewerten. Hatte Attac etwa nicht allein den Verbraucherschutz im Sinn gehabt, sondern wollte seine eigene Antiglobalisierungsagenda verfolgen? Journalisten müssen sich zudem ernsthaft fragen, ob sie hinreichend genug recherchiert haben und gedankliche Distanz zu den NGOs gehalten haben, zumindest die gleiche Distanz wie gegenüber den Industrie-Lobbyisten. **Es gibt aus den Betrachtungen also mehrere Erkenntnisse** für Journalisten. Nicht nur Politik und Interessensverbände greifen zu durchaus populistischen Mitteln, wenn es darum geht, ihre Interessen zu vertreten. Nicht nur Umwelt- oder Verbraucherorganisationen vertreten die Interessen von Bürgern und Konsumenten, aber tun das letztlich nicht auch Industrie- und Unternehmensverbände? Denn Unternehmen oder Konzerne, wie es oft mit einem abschätzigen Unterton heißt, sind ja keine virtuellen oder gar individuellen Phänomene, sondern sie bestehen in aller Regel aus vielen Mitarbeitern, die Familien haben und die daran interessiert sind, einen sicheren und guten Arbeitsplatz zu vorzufinden. Die Einteilung in gute oder schlechte Interessenvertreter reicht also deutlich zu kurz. Gleichwohl können Journalisten von beiden Gruppen sehr viel lernen über politische Abläufe in der EU, sie können ihnen helfen, hinter die Kulissen schauen zu können. Und Journalisten bekommen von beiden sehr wertvolle Informationen, mit denen sie aber entsprechend vorsichtig umgehen sollten.

Literatur

Amtsblatt der Europäischen Union (2012): Vertrag über die Arbeitsweise der Europäischen Union (konsolidierte Fassung).
Entschließung des Europäischen Parlaments vom 14. September 2017 zu Transparenz, Rechenschaftspflicht und Integrität in den EU-Organen (2015/2041(INI)) (2017):
Guéguen, Daniel; Anthemis (Hrsg.) (2023): *European lobbyists – NGOs VS Lobbyists*, 2. Auflage.
EU Integrity Watch: monitor potential conflicts of interests, *Transparency International EU*, [online] https://www.integritywatch.eu [31.12.2024].
Grabitz, Markus (2024): Geheime NGO-Verträge der Kommission: EU-Gelder für Lobbyarbeit gegen Mercosur, *Table.Briefings*, [online] https://table.media/europe/analyse/geheime-ngo-vertraege-der-kommission-eu-gelder-fuer-lobbyarbeit-gegen-mercosur/ [31.12.2024].
Initiative für Transparenz und Demokratie, *LobbyControl*, [online] https://www.lobbycontrol.de/ [31.12.2024].
Pieper fordert mehr Transparenz von Nichtregierungsorganisationen, *CDU/CSU-Gruppe in der EVP-Fraktion*, [online] (2023), https://www.cducsu.eu/artikel/pieper-fordert-mehr-transparenz-von-nichtregierungsorganisationen [31.12.2024].
Über Lobbypedia, [online] https://lobbypedia.de/wiki/%C3%9Cber_Lobbypedia [31.12.2024].
Plehwe, Dieter (2019): Wandel der Lobbyarbeit in der Europäische Union, *Bundeszentrale für politische Bildung*, [online] https://www.bpb.de/themen/wirtschaft/lobbyismus/276176/wandel-der-lobbyarbeit-in-der-europaeische-union/ [31.12.2024].
Schöbel, Enrico: Definition: Lobbyismus, *https://wirtschaftslexikon.gabler.de/definition/lobbyismus-38186*, Springer Fachmedien Wiesbaden GmbH, [online] https://wirtschaftslexikon.gabler.de/definition/lobbyismus-38186 [31.12.2024].

Noch mehr Quellen 9

Think Tanks und andere Quellen

Die Denkfabriken sind weltweit gefragte Expertenpools geworden, die komplexe Zusammenhänge erklären oder die möglichst sachgerechte Politikvorschläge einbringen sollen. Sie sind gefragt, bei Journalisten, bei Entscheidungsträgern, somit kommt ihnen eine große Bedeutung zu. Gerade in Brüssel ist der Kontakt zu führenden ThinkTanks und ihren Wissenschaftlern und Experten wichtig. Es gibt einige davon, manche orientieren sich an einer bestimmten Politikausrichtung, andere sind von Regierungen bezahlt. Sie sind gute und wichtige Quellen für Korrespondenten, aber nicht alle sind wirklich unabhängig oder kommen zumindest aus einer bestimmten Denkrichtung.

Eine unabhängige Meinung, eine Einschätzung oder Abrundung für die eigene Geschichte, ein spannendes, bislang unentdecktes Thema – in der komplexen Brüsseler Welt ist das ohne die Experten verschiedener Denkfabriken kaum noch denkbar. Viele von ihnen beschäftigen sich mit den Auswirkungen von EU-Politik, den Prozessen und der internationalen Rolle, die die EU spielt. Hilfreich ist, einzelne Protagonisten kennen zu lernen, einen persönlichen Draht zu entwickeln, um auch kurzfristig und spontan eine Einschätzung abrufen zu können oder ihnen zumindest in den sozialen Medien zu folgen. Doch Vorsicht: Einige Denkfabriken kommen aus einer bestimmten politischen Richtung oder sie sind finanziert durch die öffentliche Hand, von Regierungen oder von Organen der EU selbst. Wenn etwa ein Experte der großen und renommierten Denkfabrik *Bruegel* ein Gutachten zu einem bestimmten Thema schreibt, das möglicherweise zuvor von der EU-Kommission in Auftrag gegeben worden ist, so darf nicht verwundern, wenn er es in der Öffentlichkeit später lobt und die Kommission oder eine Ministerrunde später als Referenz und Handlungsanweisung in Betracht zieht. Wer die Ergebnisse einer solchen Studie in seine journalistische Arbeit übernimmt, verlässt sich nicht zwangsläufig auf schlechte Analysen, aber er muss zumindest wissen, wer hinter einer den wichtigsten Think Tanks steckt. Lobbypedia beschreibt es so: „Bruegel (Brussels European and Global Economic Laboratory) ist eine Denkfabrik, die von Großkonzernen sowie von Regierungen und Zentralbanken/ staatlichen Finanzinstituten mehrerer EU-Länder getragen wird. Bruegel beschäftigt sich mit der Erarbeitung von Konzepten zur internationalen – insbesondere europäischen – Wirtschaftspolitik. Die Mitwirkung in Bruegel bietet für die beteiligten Konzernvertreter darüber hinaus die Möglichkeit, Regierungsvertreter im Sinne ihrer eigenen wirtschaftlichen Interessen bei der Ausgestaltung der Rahmenbedingungen für marktmächtige Unternehmen informell zu beeinflussen,",[1] meint Lobbypedia. Dies würde auf eine konkrete Lobbytätigkeit Bruegels hindeuten. In der aktuellen Darstellung wirbt Bruegel um Mitglieder so: „Through publications, events, social media, or its lively blog, Bruegel has carved a unique discussion space for anyone interested in improving the quality of economic policy. Through a dual focus on analysis and impact, and dynamic relationships with policymakers at every governance level, it has also established itself as a vibrant laboratory for economic policies."[2]

Ganz gleich, ob der Sprachmodus bereits etwas über die Betrachtung Bruegels verrät, so ist doch die Herkunft der Denkfabrik interessant: „Die Idee, eine Denkfabrik unter Beteiligung von Großkonzernen, Regierungen von EU-Mitgliedstaaten und Institutionen von EU-Mitgliedstaaten (Zentralbanken und staatliche Finanzinstitute) zu gründen, entstand Ende 2002 im Rahmen eines privaten Treffens von politischen Entscheidungsträgern und Unternehmensführern. Die Idee wurde dann von den Regierungen Schröder und Chirac aufgegriffen und fand Eingang in die gemeinsame Erklärung zum 40. Jahrestag des Elysée-Vertrages vom 22. Januar 2003, die unter Punkt 30 eine europäische Initiative mit dem Ziel, ein Europäisches Zentrum für Internationale Wirtschaft zu schaffen, vorsieht. Eine Projektgruppe erarbeitete in der Folge mit Unterstützung durch französische und deutsche Ministerien ein Konzept. Im Dezember 2004 wurde von Vertretern von 12 europäischen Regierungen und 17 führenden europäischen Konzernen der erste Verwaltungsrat gewählt und eine Anschubfinanzierung in Höhe von 5 Mio. Euro beschlossen. 2012 waren 17 Regierungen von EU-Mitgliedsstaaten, 24 international tätige Konzerne und 6 Institutionen (europäische Zentralbanken und staatliche Finanzinstitute) Mitglieder von Bruegel."[3] Mitglieder sind demnach die Regierungen Österreich, Belgien, Zypern, Dänemark, Finnland, Frankreich, Deutschland, Ungarn, Irland, Italien, Luxemburg, Malta, Polen, Slowakei, Spanien, Niederlande, Schweden, Großbritannien. Aber auch Unternehmen wie Deutsche

---

[1] Bruegel, *Lobbypedia*, [online] https://lobbypedia.de/wiki/Bruegel [31.12.2024].
[2] Membership, *Bruegel | The Brussels-based economic think tank*, [online] https://www.bruegel.org/membership [31.12.2024].
[3] Bruegel, *Lobbypedia*, [online] https://lobbypedia.de/wiki/Bruegel [31.12.2024].

Bank, DeutscheTelekom, GoldmanSachs, Google, ebay, Microsoft, Morgan Stanley, Shell, Standard & Poor´s und die UBS. Oder Institutionen wie Banque de France (französische Zentralbank), Groupe Caisse des Depots, Danmarks Nationalbank (dänische Zentralbank), European Bank for Reconstruction and Development (EBRD, Europäische Bank für Wiederaufbau und Entwicklung), European Investment Bank (Europäische Investitionsbank), National Bank of Poland (polnische Zentralbank).[4]

Natürlich nimmt Bruegel für sich in Anspruch, unabhängig zu sein. Der Think Tank verfügt über exzellente Wissenschaftler aus ganz Europa. Ihre Sicht ist besonders wertvoll, da EU-Korrespondenten natürlich oft die deutsche Sicht im Blick haben. „With no single member contributing more than 3 to 5 % of the yearly budget, Bruegel succeeds in collaborating with a wide array of economic actors while protecting its principal assets: independence, professional integrity, and objectivity. Through publications, events, social media, or its lively blog, Bruegel has carved a unique discussion space for anyone interested in improving the quality of economic policy. Through a dual focus on analysis and impact, and dynamic relationships with policymakers at every governance level, it has also established itself as a vibrant laboratory for economic policies. In a context where economic policies play an ever more encompassing role, joining Bruegel's Membership Programme will allow you to: Contribute to setting Bruegel's research agenda. Gain unmatched insight on European and global economy. Engage with recognized scholars, decision-makers from the private sector, and policymakers at every governance level (global, EU and national). Support a game-changer in European economic policy. Bruegel does not represent the views of its members and funders; it strives to offer independent knowledge and a diverse platform for dialogue. Bruegel accepts members whose practices are consistent with its mission."[5]

Bruegel ist der Erfahrung nach mit seiner Analyse und verschiedenen internationalen Betrachtungsweisen auf die EU-Verhältnisse eine wichtige Institution. Es ist aber hilfreich zu wissen, wer dahintersteht. Auf diese Weise kann man sich seine eigene Haltung öffentlich absichern und Korrespondenten sollten ganz grundsätzlich genau darauf achten und nachfragen, wer die Erkenntnisse oder Studien in Auftrag gegeben hat. Gleichwohl wäre es fahrlässig, auf die internationale Expertise von Bruegel und anderen zu verzichten, denn natürlich sind nicht alle Forschungen von irgendwem in Auftrag gegeben. Man muss nur wissen, wen man fragt und in wessen Auftrag er möglicherweise unterwegs ist. Jeder Korrespondent sollte sich über die entsprechenden Denkfabriken selbst informieren,

---

[4] Ebd.
[5] Membership, *Bruegel | The Brussels-based economic think tank*, [online] https://www.bruegel.org/membership [31.12.2024].

daher soll an dieser Stelle der Hinweis auf die wesentlichen Einrichtungen reichen. Unter ihnen ist in der Tat Bruegel eines der wichtigsten wissenschaftlichen Institute mit internationalen Wissenschaftlern, die zu unterschiedlichen EU-Themen, vor allem mit Blick auf wirtschaftliche Belange forschen.[6]

Auch die wichtigen (deutschen) Wirtschaftsforschungsinstitute beschäftigen sich natürlich mit den europäischen Märkten, mit europäischer Politik und ihren Auswirkungen. Den Newsletter vom Kieler Institut für Weltwirtschaft (IfW), dem Deutschen Institut für Wirtschaftsforschung (DIW), dem Rheinisch-Westfälischen Institut für Wirtschaftsforschung (RWI), dem Münchner Institut für Wirtschaftsforschung (Ifo) sollen als einige Beispiele erwähnt sein, denen man folgen kann, genau wie z. B. den Wissenschaftlern beim Institut der deutschen Wirtschaft (IW). Folgende Think Tanks sind ebenfalls von Interesse, für die Expertise oder für mögliche Interviewpartner. Die Liste ist nur eine Auswahl führender Einrichtungen:

- www.ceps.eu Führende Denkfabrik 1983 gegründet mit großer Expertise zu europäischen Debatten.
- www.delorscentre.eu – Sieht sich auch als unabhängig und will Wissenslücken zur Integration schließen.
- www.hertie-school.org – Deutsche Hochschule, die mit dem Delors-Institut zusammenarbeitet und sich mit europäischer Governance befasst.
- www.epc.eu – Versteht sich seit 25 Jahren als unabhängige Denkfabrik für europäische Debatten um die Integration der EU zu fördern. Co-finanziert durch die EU.
- www.cep.eu. Das Centre for European Policy Network ist der europäische Think Tank der gemeinnützigen Stiftung für Ordnungspolitik. Deren Arbeit fußt auf den Prinzipien der freien Marktwirtschaft.
- www.ecfr.eu Das European Council on Foreign Relations (ECFR) beschäftigt sich mit Außenpolitik und Strategien der EU.
- www.dgap.org German Council on Foreign Relations (Deutsche Gesellschaft für Auswärtige Politik), DGAP.
- www.swp-berlin.org (Stiftung Wissenschaft und Politik. Institute for International and Security Affairs, SWP (Berlin).
- www.bertelsmann-stiftung.de Bertelsmann Stiftung – Deutscher Think Tank, der sich mit sozialen und wirtschaftlichen Themen in Europa beschäftigt.
- www.europarl.europa.eu/thinktank/en/home Auch das Europaparlament hat eine Denkfabrik.
- www.thinktankdirectory.org führt zahlreiche weitere Denkfabriken innerhalb Europas auf.

---

[6] Highlights of 2024, *Bruegel | The Brussels-based economic think tank*, [online] (2024), https://www.bruegel.org/node/19 [31.12.2024].

Neben den **Think Tanks** gibt es eine Reihe von EU-Agenturen, die interessante Themen bearbeiten, die direkt mit dem täglichen Leben der Europäer verbunden sind: „Aktuell gibt es über 30 dezentrale Agenturen, mit jeweils eigener Rechtspersönlichkeit, die auf unbestimmte Zeit eingerichtet wurden und von den Organen der EU abzugrenzen sind. Sie tragen zur Umsetzung der politischen Maßnahmen der EU bei und fördern die Zusammenarbeit zwischen der EU und den nationalen Behörden, indem sie das in den EU-Institutionen und den nationalen Behörden vorhandene Fach- und Expertenwissen bündeln. Die dezentralen Agenturen sind in ganz Europa verteilt und befassen sich mit Themen, die sich auf den Alltag von fast 450 Mio. Menschen in der EU auswirken. Dazu gehören etwa die Bereiche Lebensmittel, Medizin, Justiz, Verkehrssicherheit, Drogenabhängigkeit und Umwelt. Ein Beispiel: Die Europäische Arzneimittel-Agentur ist eine dezentrale Agentur mit Sitz in Amsterdam. Sie wurde 1995 gegründet und stellt sicher, dass die Arzneimittel für Mensch und Tier in ganz Europa wirksam und sicher sind. Darüber hinaus fördert sie Forschung und Innovation bei der Entwicklung von Arzneimitteln. Sie hat einen erheblichen Beitrag zur Entwicklung von Kinderarzneimitteln, Heilmitteln für seltene Krankheiten, neuartigen Therapien sowie pflanzlichen und Tierarzneimitteln geleistet. Auch bei der Bekämpfung von weitverbreiteten Krankheiten wie AIDS, Krebs, Alzheimer und Diabetes kommt ihr eine wichtige Rolle zu."[7] Zu weiteren, interessanten Agenturen gehören auch die Agentur für Flugsicherheit oder die europäische Chemikalienagentur. Die Europäische Union führt 30 solcher Agenturen[8] auf, alle haben umfangreiche Webseiten, die für EU-Korrespondenten zahlreiche, wertvolle Informationen breithalten.

Literatur

Bruegel, *Lobbypedia*, [online] https://lobbypedia.de/wiki/Bruegel [31.12.2024].
Highlights of 2024, *Bruegel | The Brussels-based economic think tank*, [online] (2024), https://www.bruegel.org/node/19 [31.12.2024].
Membership, *Bruegel | The Brussels-based economic think tank*, [online] https://www.bruegel.org/membership [31.12.2024].
Organe, Einrichtungen und Agenturen der EU, *Europäische Union*, [online] https://european-union.europa.eu/institutions-law-budget/institutions-and-bodies/types-institutions-and-bodies_de [31.12.2024].

---

[7] Organe, Einrichtungen und Agenturen der EU, *Europäische Union*, [online] https://european-union.europa.eu/institutions-law-budget/institutions-and-bodies/types-institutions-and-bodies_de [31.12.2024].
[8] Ebd.

Brexit Wie Fake News und Desinformation wirken

10

Desinformationen sind ein Problem, weil sie viel schneller in die Welt gesetzt und verbreitet werden, als sie aufgedeckt und korrigiert werden können. Irgendetwas einer unwahren oder halbwahren Geschichte bleibt meistens hängen. Desinformationen klingen manchmal harmlos und beginnen schon beim bloßen Erzählen irgendwelcher vermeintlich unglaublichen Geschichten aus dem EU-Dunstkreis. Jeder Korrespondent hat das schon erlebt, Gerüchte korrigieren zu müssen gegenüber seinem Publikum, ja sogar gegenüber seiner Heimatredaktion. Regelrecht böswillig muten die üblen Märchengeschichten an, die jahrelang von britischen EU-Kritikern lanciert wurden und schließlich zum Brexit geführt haben. Und regelrecht gefährlich sind Desinformationskampagnen zum Beispiel von Russland, wo es darum geht, die EU zu spalten. Auch aus den USA verbreiten sich mittlerweile zahlreiche Desinformationen. Mit ihnen gilt es umzugehen.

Die Haare orange gefärbt, Anzug und Krawatte sitzen korrekt. Whistleblower Christopher Wylie wählt bei seinem Auftritt im Europaparlament drastische Worte: Was er zu sagen habe, sollte jeden alarmieren. Dies sei ein neuer Kalter Krieg auf digitaler Ebene, der hier stattfinde. Wylie spricht über das Unternehmen *Cambridge Analytica*, für das er gearbeitet hat, den amerikanischen Milliardär Robert Mercer, der das Unternehmen finanziert, und über Steve Bannon, der lange als Berater von Donald Trump gewirkt hat. Wylie, ein Programmierer, schildert wie Cambridge Analytica manipuliert hat, und dann kommt der Satz, der fast untergeht in seiner schnellen und messerscharfen Analyse vor den Europaabgeordneten. Ein Satz aber, der es in sich hat: „Ich glaube nicht, dass der Brexit stattgefunden hätte ohne die Mikrodaten- Sammlung und Technologie von Cambridge Analytica. Ich glaube ebenfalls nicht, dass das Brexit-Resultat fair und legitim zustande gekommen ist."[1] Christopher Wylie schildert am 4. Juni 2018 im Europaparlament, wie Cambridge Analytica persönliche Daten von Millionen von Facebook-Nutzern gesammelt und missbraucht hatte, um politische Kampagnen zu beeinflussen. Er legt Methoden offen, die das Unternehmen angewandt hatte, um Daten ohne Einwilligung der Betroffenen zu sammeln und dann für gezielte Werbung zu missbrauchen. Und Wylie macht die Auswirkungen dieser Praktiken auf demokratische Prozesse klar und fordert Regulierungen für den Schutz persönlicher Daten und die Transparenz politischer Kampagnen. Wylies Auftritt im Europaparlament macht den erschreckenden Verdacht deutlich, dass es offenbar um eine vorsätzliche strategische Kampagne bei Cambridge Analytica ging. Parallel dazu, und das ist bereits vor Wylies Auftritt klar, begleitete den Brexit eine bemerkenswerte Veröffentlichung von Desinformationen, Halbwahrheiten, ja sogar Lügen in vielen Medien.

Vor allem die Medien um den Unternehmer Rupert Murdoch, der Gründer von News Corporation und Eigentümer von Medienunternehmen wie Fox News und The Sun, spielen eine wichtige Rolle beim Brexit. Zu seinem Medienreich gehören zahlreiche Fernsehsender, Zeitungen, Internetplattformen. Vor allem Zeitungen wie *The Sun* lassen in dieser Zeit kaum etwas aus, um eine anti-europäische Haltung zu schüren und den Brexit zu befürworten. Sogar die Königin sei für den Brexit, titelte The Sun am 9.März 2016.[2] Ein Tabubruch. Die Königin, die sich öffentlich eigentlich nicht zu politischen Fragen geäußert hat, wird von den *Brexiteers* instrumentalisiert. Dabei hatte sie sich in einem Zusammenhang geäußert, der das genaue Gegenteil vermuten ließ, eine Äußerung, die ihr zwar nicht den Vorwurf der öffentlichen Einmischung einbringen konnte, aber dennoch für einen Verbleib Großbritanniens in der EU interpretiert hätte werden können oder sogar müssen. „Während wir neue Antworten in modernen Zeiten suchen, ziehe ich für meinen Teil erprobte und bewährte Rezepte vor. Nämlich gut übereinander zu reden, unterschiedliche Standpunkte zu respektieren, Gemeinsamkeiten auszuloten und niemals das größere Bild aus dem Auge zu verlieren."[3] Britische Beobachter werteten

---

[1] *(Hearing on the Facebook/Cambridge Analytica case – Mapping the case during a meeting of the LIBE Committee – Opening statement by Christopher WYLIE, former employee at Cambridge Analytica (18:27 – 18:42), Europäisches Parlament,* [online] (2018), https://multimedia.europarl.europa.eu/video/01-hearing-on-the-facebookcambridge-analytica-case%2D%2D-mapping-the-case-during-a-meeting-of-the-libe-committee%2D%2D-statement-by_I156395_05 [31.12.2024].

[2] Newton Dunn, Tom (2016): Revealed: Queen backs Brexit as alleged EU bust-up with ex-Deputy PM emerges, *The Sun,* [online] https://www.thesun.co.uk/news/1078504/revealed-queen-backs-brexit-as-alleged-eu-bust-up-with-ex-deputy-pm-emerges/ [31.12.2024].

[3] Queen Elizabeth unterstützt den Brexit. Zitate.eu. [online] www.zitate.eu/autor/koenigin-elizabeth-ii-von-england-zitate [31.12.2024].

dieses Zitat als Hinweis auf die Kritik der Königin am angestrebten Brexit. Was die Falschmeldung über sie anging, rief die Queen zum ersten Mal den britischen Presserat in der Sache an. Der urteilt später, die Schlagzeile der Sun führe eindeutig in die Irre. Die Instrumentalisierung der Queen ist damals nur der Höhepunkt einer medialen Kampagne, die selbst vor den absurdesten Behauptungen nicht Halt macht. Auf vielen Web-Seiten sind die Lügen und Halbwahrheiten beschrieben worden[4], Wirtschaftsverbände, Abgeordnete, Historiker warnen da inständig – aber letztlich vergeblich – vor den negativen Folgen eines Brexits, die sich nur wenig später aufzeigen. Es gibt noch eine Reihe weiterer Gründe, warum es dazu kam, viele, vor allem junge Briten gingen offenbar nicht zur Abstimmung, weil sie glaubten, es käme sowieso nicht zum Brexit. Doch Wylies Darstellung im Europaparlament macht eine neue, ganz andere Qualität aus. Die genaue Auswirkung von Cambridge Analytica auf den Brexit ist zwar schwer zu bemessen, aber es ist davon auszugehen, dass die Datensammlung und Analyse dazu beigetragen haben könnten, die öffentliche Meinung massiv zu beeinflussen. Basierend auf den Profilen der Facebook-Nutzer konnten gezielte Werbekampagnen geschaltet werden, die darauf abzielten, spezifische demografische Gruppen anzusprechen und ihre Unterstützung für den Brexit zu verstärken. Durch die Nutzung von psychografischen Analysen und Mikrozielgruppen-Targeting könnte Cambridge Analytica dazu beigetragen haben, bestimmte Wählergruppen zu mobilisieren und die Botschaften der Brexit-Befürworter gezielt zu verbreiten. Einige führende Brexit-Befürworter haben in dieser Zeit engen Kontakt zu Donald Trump. Dessen Abneigung gegenüber der EU ist bereits vor und während seiner ersten Amtszeit kein Geheimnis. Es liegt auch der Verdacht nahe, dass eine gespaltene und zerrissene Europäische Union sowohl für Trump als auch andere Staatenlenker ein einfacherer Verhandlungspartner sein dürfte als ein geeintes Europa. Wenn die Niederlande oder Belgien mit den USA verhandeln, hat das weitaus weniger Gewicht, als wenn die EU als Ganzes geschlossen auftritt. War dies das Kalkül? Ohne das Vereinigte Königreich, vor dem Brexit zweitwichtigste Wirtschaftsmacht in Europa, würde die Europäische Union wesentlich geschwächt und möglicherweise könnte der Brexit auch noch andere Länder animieren, es den Briten gleichzutun. Übrigens: Wirtschaftsmogule verhandeln lieber mit einzelnen Staats- und Regierungschefs als regelbasiert mit einer EU-Kommission, die zunehmend mächtiger wird. Fazit: Was für die einen ein strategisches Ziel gewesen sein dürfte, erfüllte die anderen mit großer Sorge.

Es ist erstaunlich, wie wenig Niederhall Wylies Auftritt in der Öffentlichkeit bekam. Sicher, in der journalistischen Brüsseler Community wurde all das diskutiert, natürlich. Das Parlament, die Kommission, alle äußerten öffentlich ihre

---

[4] Siehe Brexit Lies Listed, Brexitlies, [online] https://www.brexitlies.com/[31.12.2024].

Sorge. Unter den „traditionellen" Korrespondenten in Brüssel sind die Desinformationsmethoden und -strategien natürlich bekannt und in der Berichterstattung durchaus ein Thema. Dennoch klafft zu diesem Zeitpunkt noch eine Lücke zwischen bloßer Registrierung des Problems und realistischer Einschätzung der tatsächlichen Brisanz, die dahintersteckt. Offenbar unterschätzten damals, 2016, noch immer viele, welchen Einfluss gezielte Desinformationskampagnen haben. Da allerdings war der Schaden bereits angerichtet. Denn die Desinformation verfängt ganz offenbar auch bei Lesern, Zuschauern und Hörern der herkömmlichen Medien. Und erst recht bei jenen, die diese Medien gar nicht mehr erreichen. Und das wirft die Frage auf, wie Journalisten und Korrespondenten mit solchen Entwicklungen umgehen können. Zwar existiert Cambridge Analytica in der Zwischenzeit nicht mehr, jedoch gilt das nicht für Desinformationen. Im Februar 2024 veröffentlicht die französische Behörde VIGINUM einen Bericht, dem zufolge weit mehr als einhundert Webseiten aus russischen Quellen mit Falschmeldungen Unruhe und Zerrissenheit in der EU schüren wollen.[5] VIGINUM ist die französische nationale Agentur zur Bekämpfung der Manipulation von Informationen und wurde 2021 gegründet.

Desinformation und Populismus gehen schnell miteinander einher. In der Europäischen Union sind solche Entwicklungen spätestens mit dem früheren italienischen Ministerpräsidenten Silvio Berlusconi offensichtlich geworden, einem Vorläufer unter den modernen Populisten sozusagen. Sein jahrelanger Abgeordnetenstatus im Europaparlament diente, so die Vermutung, eher dazu, verschiedenen juristischen Prozessen in seiner Heimat zu entgehen, da er so seine Immunität nutzte. Anwesend war Berlusconi im Europaparlament jedenfalls eher selten. Berlusconi veränderte die Medienlandschaft drastisch, nicht nur weil er selbst so viele wichtige Medien besaß, sondern weil er bei der RAI, dem italienischen öffentlichen Rundfunk, durch sein Regierungsamt mehr oder weniger direkt Einfluss genommen hat. Ein Beispiel, das beeindruckt: 20 Jahre lang war Lilli Gruber Anchorwoman bei der RAI und eine der bekanntesten Journalistinnen des Landes. Im Gespräch mit dem Autor beschrieb sie, wie live, während einer Sendung, ihre Moderationen auf dem Teleprompter einfach geändert wurden, an Passagen, die politisch offenbar nicht passten. Ein besonders krasses Beispiel der Zensur, die sie dadurch erfahren hat. Lilli Gruber wurde später ins Europaparlament gewählt. Berlusconi schreckte auch nicht vor Falschmeldungen zurück, Hauptsache die Dinge liefen in seinem Sinne. Daraus entwickelte der italienische Informatiker Brandolini die These: „The bullshit asymmetry: the amount of energy needed to refute bullshit is an order of magnitude

---

[5] Vgl. Frankreich Diplomatie, *Ministerium für Europa und auswärtige Angelegenheiten*, [online] https://www.diplomatie.gouv.fr/de/ [31.12.2024].

bigger than to produce it."[6] Es kostet ein Vielfaches an Energie, Falschmeldungen zu korrigieren, im Vergleich dazu, sie einfach nur in die Welt zu setzen.

Wenn der öffentliche Rundfunk durch entsprechende Strukturen und Gesetze nicht hinreichend geschützt ist, können Regierungen Einfluss nehmen. Die polnische Partei PiS ersetzte, während sie Regierungsverantwortung hatte, die gesamte Führung des polnischen öffentlichen Rundfunks durch ihre eigenen Leute.

Heute sieht man ähnliche Tendenzen zu Falschmeldungen und Einfluss auf die Medien in Ungarn, schreibt zum Beispiel die ungarische Korrespondentin Katalin Halmai: „As Brussels and the „Brussels bureaucrats" are at the centre of the current Hungarian government's verbal attacks, readers of my newspaper expect the Brussels correspondent to give an objective news coverage of the EU and, in doing so, to try to make the Brussels institutions respond to the lies and smears spread about them in Hungary. The latter has been modestly successful so far. Since the government publishes a lot of false and half-information about the European Union and the EU-Hungary relationship in its official statements, fact-checking has become also one of my main tasks."[7]

Die aktuellen Desinformationen aus russischen Quellen haben allerdings eine neue Qualität. Sie spielten bereits vor dem Brexit eine wichtige Rolle, meint Lutz Güllner, ehemals Chef der Brüsseler Informationseinheit EUvsDisinfo,[8] die beim Auswärtigen Dienst der Europäischen Union angesiedelt ist. Das Kürzel steht für *European Union versus Disinformation.* Güllners ehemalige Einheit wurde 2015, kurz nach der Annexion der Krim durch Russland, gegründet. Desinformation habe dabei einen unglaublichen Effekt gehabt. Die Annexion, wie sie zustande kommt und wie Russland sie medial bearbeitet, das wird in der Folge zu einem wichtigen Thema unter den EU-Staats- und Regierungschefs. Sie wollen eine Abteilung, die sich mit russischen Desinformationskampagnen beschäftigt und sie dechiffriert. Güllner wird später Chef eines Teams von 40 Leuten, nicht wirklich groß also, „mit einem Mandat, sich die Formen der Einflussnahme von Drittstaaten im Informationsbereich anzusehen und aufzudecken, zu analysieren, zu verstehen und andererseits natürlich auch die entsprechenden Antworten darauf zu geben", wie Güllner im Interview beschreibt. Und da gebe es viele Überschneidungen mit an-

---

[6] Brandolini, Alberto (2013): The bullshit asymmetry: *X*, [online] [04.01.2024].
[7] Siehe Teil 2. Abschnitt 6. Halmai, Katalin. Difficult to meet expectations. Reporting for Hungary.
[8] Güllner, Lutz. (2024): Interview mit dem Autor. Alle weiteren Zitate mit Güllner stammen aus diesem Interview und werden nicht gesondert weiter angegeben.
 Vgl. auch: Detecting, analysing, and raising awareness about disinformation, *EUvsDisinfo*, [online] https://euvsdisinfo.eu/ [31.12.2024].

deren Formen von Desinformation: „Denken Sie an das, was vielleicht gar nicht absichtlich produziert wurde und trotzdem zirkuliert und große Probleme auch für unser Zusammenleben, für Gesundheit, für Politik auch geben kann." Güllner beschreibt noch eine andere Form: „Diesen Bereich, in dem es tatsächlich ein Sicherheitsthema wird, weil ein externer Akteur versucht, entweder Einfluss zu nehmen oder im schlimmsten Falle sogar zu destabilisieren. Und genau das ist der Fokus unserer Arbeit." Natürlich gehe nicht jede Form von Desinformation von Russland aus. „Aber eben ein Teil dieses großen Phänomens, mit dem wir heute zu tun haben, in unserer sehr veränderten Informationsgesellschaft, gerade im digitalen Bereich, betrifft nicht nur Manipulationen von innen, sondern auch von außen. Und diese aufzudecken, dafür Bewusstsein zu schaffen, das ist unsere Arbeit." Güllner arbeitete viele Jahre in der Generaldirektion Handel der europäischen Kommission. In dieser Funktion erlebte er nach eigener Aussage ebenfalls Äußerungen unter den Gegnern von Handelsabkommen, die ihn an manche Desinformationskampagne von heute erinnern. Schaut man genauer hin, finden von zahlreichen Seiten Desinformationskampagnen statt, infolge einer stärker werdenden Aufmerksamkeitsökonomie bei gleichzeitig zunehmender Segmentierung der Medienlandschaft. Die Konkurrenz wird größer, die medialen Mitspieler zahlreicher, der Kampf um Aufmerksamkeit nimmt zu und damit ebenfalls der Aufwand, sichtbar zu bleiben. Auch wenn in verschiedenen Medien bereits gegenteilige Entwicklungen zu beobachten sind, steht das Publikum teils unter Dauerbeschuss mit Fake-News unterschiedlichster Akteure und Quellen mit unterschiedlichen Zielen. Hinzu kommt: Die Grenzen von simpler Zuspitzung zu Verzerrungen hin zu bewusster Veränderung, Fake-news und regelrecht gezielter Desinformation können da im Ergebnis fließend sein und spielen natürlich auch in Brüssel eine Rolle. Für Brüsseler Journalisten ist zudem eine andere Frage relevant: Wann steigen sie auf ein Thema ein und wie halten sie den Forderungen aus der Redaktion zu Hause stand?

Verschiedene Muster von Desinformationsstrategien beobachtet Lutz Güllner. Viele Aktivitäten seien koordiniert, nicht zwangsläufig zentral und gezielt, mit einer klaren Absicht, etwa um Diskussionen zu beeinflussen oder, ganz strategisch, Vertrauen erodieren zu lassen, Stabilität zu unterminieren. Dabei arbeite man mit Netzwerken, die über Jahre gut aufgebaut worden seien und ihre Missionen breit streuen. Zahlreiche Studien dokumentierten das gut. Der Begriff Fake News unterstelle, dass etwas automatisch faktisch falsch ist, aber das müsse nicht unbedingt gegeben sein. „Wenn Sie sich die Bauernproteste ansehen", so Güllner, „dann haben wir da unterschiedlichste Formen von Misinformation, Desinformation, aber wir haben da auch etwas anderes gesehen, eine Bewegung, eine Unzufriedenheit bei den Landwirten, die dem Ausdruck verleihen wollten. Dem kann man politisch

10 Brexit Wie Fake News und Desinformation wirken

zustimmen oder nicht. Aber es ist ein Fakt, dass es Landwirte gibt, die Sorgen haben. Und dann funktioniert der Mechanismus so, dass man auf diesen Konflikt sozusagen aufspringt, relativ opportunistisch und dann entweder gewisse Stimmen oder gewisse Narrative verstärkt, manchmal gegenseitig oder manchmal widersprüchliche Stimmen. Und so kann sich das auch auf Brüssel auswirken, weil damit ein unglaubliches Anti-EU-Narrativ immer wieder transportiert wird." Gerade Landwirte, die bei Protesten die gesamte Stadt lahmlegen, sorgen regelmäßig für enorme Aufregung in Brüssel, der sich Journalisten nur schwer entziehen können. In der Folge bekommen sie eine enorme Aufmerksamkeit, ihre Anliegen, gerechtfertigt oder nicht, geraten in den Hintergrund, oder, so Güllner, „(…) wenn die dann überproportional aufgeblasen werden, sie dadurch einen größeren Raum bekommen, kann man dann auch als Korrespondent relativ leicht in die Falle tappen. Was ist denn eigentlich ein echtes Thema und was ist kein echtes Thema? Das ist, glaube ich, das Gefährliche, dass die Proportionen durcheinandergeraten. Und das ist vielleicht der zweite und sehr praktische Teil für Korrespondenten hier in Brüssel, dass man ja gar nicht die Zeit hat, dem noch mal nachzugehen, zu gucken, welche Akteure sind das eigentlich? Wie wird das eigentlich multipliziert und auf welchen Kanälen? Und das ist, glaube ich, die große Herausforderung nicht nur des Journalismus, sondern der öffentlichen Debatten, in der Zukunft sehr viel mehr Transparenz da reinzukriegen."

An dieser Stelle könnte ein Korrespondent noch selbst eingreifen. Er kann recherchieren, er kann einschätzen, er kann seine Erkenntnisse transportieren. Er kann Desinformation entlarven, was ist authentisch, was nicht? Er kann Faktenfinder einsetzen, und dennoch reicht es offenbar nicht. Mittlerweile müssen viele Medien einräumen, dass sie bestimmte Bevölkerungs-, Leser- und Nutzerschichten gar nicht mehr erreichen. Die informieren sich möglicherweise bei anderen Medien, deren Bemühen um Glaubwürdigkeit und Korrektheit weniger ausgeprägt ist. Und damit gibt es eine, vielleicht nicht ganz neue, aber relevanter werdende Ebene, mit der Medien und Journalisten umgehen müssen. Güllner räumt ein, dafür kein Patentrezept zu haben. „Aber ich denke, es gibt diese ganz, ganz einfache Regel, die wir immer wieder missachten. Sprechen wir eigentlich über das, was die Leute tatsächlich tangiert, im wahrsten Sinne des Wortes. Journalisten und auch wir auf Seite der Administration? Berühren wir die Menschen im Sinne ihrer Lebenswirklichkeit, ökonomische Lage, ihres Einflusses oder ihrer eigenen Interessen? Und das ist auch ein bisschen eine Eigenkritik an der Art und Weise, wie wir hier kommunizieren in Brüssel, weil es eben immer um Prozesse geht, weil es eben immer um Entscheidungsfindungsprozesse geht, und es gibt nichts Langweiligeres als ein Entscheidungsfindungsprozess ohne Konflikte. Ein Entscheidungsfindungsprozess mit Konflikten ist interessant. Also Kommission gegen Mitgliedsstaaten oder wie auch immer. Wir kommen auf journalistisches Ethos, journalistische Sorgfalt, Sorgfaltspflichten zurück. Da müssen wir einen Weg finden." Der Desinformationsfachmann Güllner kann also auf der ersten Ebene auch nur klassische Antworten anbieten. Dort wo es um Qualität und Sorgfalt geht. Katalin Halmai beschreibt noch ein weiters Phänomen: „In the oversimplified government communication about the European Union, Brussels is the evil and Budapest is the good. This is reflected in the statements of the Prime Minister and members of the government and the press releases of Fidesz MEPs. But it is no good either if the independent media claim the opposite, that Brussels is always good and Budapest is always evil. This biased view is also fuelled by the fact that many Hungarians are looking to Brussels for a solution, hoping that Brussels will make decisions that will shake up the system's underlings."[9]

Noch schwieriger werden die Antworten dort, wo es um die Menschen geht, die ihre Informationen nicht mehr aus dem klassischen Journalismus ziehen, sondern von obskuren Webseiten oder allein von Influencern auf den sogenannten Sozialen Medien. Da tut sich Güllner schwer. „Da habe ich keine gute Antwort darauf. Das ist wirklich das große Problem, das wir sehen müssen. Wie können wir von dieser Abhängigkeit der Flut der Bilder tatsächlich auch etwas Sinnstiftendes bekommen? Aber dann wird es sehr, sehr psychologisch." Güllners Perspektive klingt pessimistisch: „Je mehr und mehr sich dieses Phänomen Desinformation weiterentwickelt, desto mehr verliert der gesamte öffentliche Raum an Glaubwürdigkeit. Dieses Phänomen wird irgendwann dazu führen, dass es überhaupt keine Glaubwürdigkeit mehr gibt. Das alles hat keine Referenzpunkte mehr. Und das ist für mich ist das Wichtigste." Aus Sicht des Autors kann der Weg nur sein, auch in Sozialen Medien mit glaubwürdigen, gut recherchierten Inhalten mit Mehrwert aufzutreten und sich dort nicht einer unterhaltsamen Oberflächlichkeit anzupassen. Das beginnt schon bei der seit einiger Zeit genutzten Terminologie in Medienhäusern. Da ist oft die Rede von *Produkten*, wenn es um journalistische Inhalte geht. Da werden *Kanäle bespielt*, es geht um Distribution und Klicks. Beiträge landen auf einer *Stage*. Alles nachvollziehbar, Begrifflichkeiten nur und doch geht es am Ende vor allem um Mehrwert und den Erhalt von Glaubwürdigkeit als höchstes Gut.

Sind wir womöglich schon an so einem Punkt angekommen, wo es keine Referenzpunkte mehr gibt? Wie viele der Unsicherheiten der Jahre 2022, 2023, 2024, 2025 sind bereits Ergebnis eines solchen Prozesses? Beschleunigt sogar womöglich der Journalismus unbewusst, unbeabsichtigt derartige Prozesse? Es ist schwierig zu beurteilen. Zudem gibt es eine offensichtliche Häufung existenzieller

---

[9] Siehe Teil 2. Abschnitt 6. Halmai, Katalin. Difficult to meet expectations. Reporting for Hungary.

Krisen wie Corona, Ukrainekrieg oder Klimaveränderung, eine neue Weltordnung bahnt sich an. Und dennoch: Auch wenn die Relevanz dieser Krisen unbestritten ist, stellt sich die Frage, welchen Anteil an der gesamten Verunsicherung innerhalb der Gesellschaft auch die Medien haben. Denn Krisen gab es immer, auch sehr relevante, auch existenzielle.

Vor allem die Corona- aber auch die Klimakrise, in denen Regierungen und Wissenschaftler mit existenziellen Fragen umgehen mussten und müssen, Entscheidungen fällen müssen, die auch fehlerbehaftet sein können, sind gute Beispiele dafür, wie statt berechtigter Kritik gleich ganze Verschwörungstheorien konstruiert und die handelnden Personen gnadenlos diskreditiert werden. Zusammengenommen ein düsteres Bild. Aber welche Alternative gibt es denn für den Journalismus und den Korrespondenten, als über diese Krisen entsprechend zu berichten? Schließlich ist es die ureigene Aufgabe von Medien. Dennoch ist kaum von der Hand zu weisen, dass die gebündelte tägliche Druckbetankung durch Medien mittlerweile in vielen Fällen mehr zur Verunsicherung beiträgt als zur Aufklärung. Künstliche Intelligenz könnte diese Phänomene verstärken und die Gefahr überhaupt nicht mehr unterscheiden zu können, was ist richtig, was ist falsch, was kann ich glauben, was nicht? Offensichtlich versuchen staatlich unterstützte Akteure längst OpenAI zur Verbreitung von Desinformationen zu nutzen. Und die künstliche Intelligenz zur echt wirkenden Darstellung falscher Zusammenhänge nutzen. Und es sind die ChatGPT-Entwickler selbst, die bereits fünf Operationen zur Beeinflussung und mit dem Ziel zur Manipulation aufdeckten. Darunter solche aus Russland, die hauptsächlich auf dem Kanal *Telegram* aufgetaucht sind, mit dem Ziel, in der Ukraine, Moldau, den baltischen Staaten und den Vereinigten Staaten Desinformationen zu verbreiten. Die Inhalte der verschiedenen Kampagnen aus dem Iran, Israel oder China hatten die medialen Debatten zu Themen wie die russische Invasion in der Ukraine, den Gaza-Konflikt, die Wahlen in Indien, aber auch Politik in den USA und Europa zum Ziel.[10] Es ist kein Patentrezept, aber gelegentlich hilft ein Hinweis – in der Berichterstattung und den redaktionellen Entscheidungen – auf mehr Gelassenheit im Umgang mit den Dingen, zumindest auf eine distanziertere Betrachtungsweise, verbunden mit dem Blick auf das große Bild, den gesamten Kontext. Und dann ist da noch ein weiteres Phänomen: Mit dem amerikanischen Präsidenten ist eine andere politische Kultur offenbar endgültig in den politischen und medialen Alltag eingezogen. Das Problem: So viel Unsinn da verbreitet wird, so hat manche Überlegung durchaus etwas Wahres und

---

[10] Vgl. Disrupting deceptive uses of AI by covert influence operations, *OpenAi*, [online] (2024), https://openai.com/index/disrupting-deceptive-uses-of-AI-by-covert-influence-operations/ [31.12.2024].

dem Betrachter fällt bei der vorgetragenen und mit Unwahrheiten garnierten Vehemenz schwer, den echten, vielleicht auch in Teilen wahren Kern herauszufiltern. Ein Beispiel: Verwaltung und Bürokratie drohen in vielen Ländern, den USA und Europa zu einem Problem insofern zu werden, dass sie Gesellschaft und Staat in vielen Bereichen nicht mehr stützen und helfen, sondern zunehmend blockieren. So weit werden die meisten Experten zustimmen. Doch wie geht man mit jemanden um, der direkt allen staatlichen Angestellten die Kündigung schickt, wie Trump es getan hat? Der Beobachter läuft also Gefahr im Reflex auf die Art und Weise des Vorgehens einen wichtigen Kern gar nicht mehr zu diskutieren.

Ein Mittel bleiben die Faktenfinder, wie sie viele Medien bereits praktizieren. Also redaktionelle Klarstellungen zu Äußerungen etwa in Talkrunden oder Behauptungen ganz generell. Sie sollen falsche oder irreführende Nachrichten entlarven. Doch die Faktenfinder müssen selbst besonders gut sein und haben eine hohe Verantwortung. Sie müssen auch über ihren eigenen Tellerrand hinausschauen. Sie müssen den Weg ihrer Betrachtung transparent halten. Wenn sie Fakten mit Ansichten verwechseln, Wahrnehmungen mit Wahrheiten, wenn sie Fragestellungen aus einem bestimmten Weltbild heraus formulieren, wenn sie sich selbst nicht aus einem bestimmten Wahrnehmungskorridor herausbewegen, dann bekommen auch Faktenfinder ein Glaubwürdigkeitsproblem. Und manchmal muss man erst gar nicht so weit gehen, um falsche Nachrichten zu entdecken oder aufzugreifen. Es ist jedem Brüssel-Korrespondenten mehrfach begegnet: Ein Anruf aus der Redaktion mit einer ungewöhnlichen Meldung. EU plant …, und dann erfolgt der Auftrag, das hätten wir gern im Programm. Doch was, wenn diese Meldung gar nicht stimmt oder aus dem Zusammenhang gerissen oder gar frei erfunden ist? Oder der Wahrheitsgehalt liegt irgendwo dazwischen? Redaktionen, die gar keinen Korrespondenten in Brüssel haben, verbreiten solche Meldungen häufig ungeprüft weiter. Solche, die einen Korrespondenten haben, können wenigstens fragen. Doch oft muss dieser etwas korrigieren, was sich längst verbreitet hat. Gerade bei EU-Themen taucht dieses Phänomen immer wieder auf. Fake-news, Desinformation sind also keine fernen Phänomene, sondern daily business. Auch Journalisten, die nicht in Brüssel arbeiten und die Abläufe weniger kennen als erfahrene Korrespondenten, haben durchaus die Möglichkeit mit kurzen Recherchen die Plausibilität oder Korrektheit irgendwelcher Behauptungen zu prüfen und nicht über jeden Stock zu springen, der ihnen hingehalten wird. Journalismus ist ein Job, bei dem es auf viel Wissen und ein funktionierendes professionelle Koordinatensystem ankommt. Der Ansatz, sein Weltbild zugrunde zu legen, oder *die Welt ein bisschen besser machen zu wollen*, sind dazu eher nicht geeignet. Jeder sei ermutigt, seine Aufmerksamkeit breit anzulegen, zu recherchieren, um möglichst viele HIntergründe zu verstehen.

Literatur

Brandolini, Alberto (2013): The bullshit asymmetry:, *X*, [online] [04.01.2024].

Newton Dunn, Tom (2016): Revealed: Queen backs Brexit as alleged EU bust-up with ex-Deputy PM emerges, *The Sun*, [online] https://www.thesun.co.uk/news/1078504/revealed-queen-backs-brexit-as-alleged-eu-bust-up-with-ex-deputy-pm-emerges/ [31.12.2024].

Brexit Lies Listed, *Brexitlies*, [online] https://www.brexitlies.com/ [31.12.2024].

Detecting, analysing, and raising awareness about disinformation, *EUvsDisinfo*, [online] https://euvsdisinfo.eu/ [31.12.2024].

Disrupting deceptive uses of AI by covert influence operations, *OpenAi*, [online] (2024), https://openai.com/index/disrupting-deceptive-uses-of-AI-by-covert-influence-operations/ [31.12.2024].

Frankreich Diplomatie, *Ministerium für Europa und auswärtige Angelegenheiten*, [online] https://www.diplomatie.gouv.fr/de/ [31.12.2024].

Hearing on the Facebook/Cambridge Analytica case – Mapping the case during a meeting of the LIBE Committee – Opening statement by Christopher WYLIE, former employee at Cambridge Analytica (18:27 – 18:42), *Europäisches Parlament*, [online] (2018), https://multimedia.europarl.europa.eu/video/01-hearing-on-the-facebookcambridge-analytica-case%2D%2D-mapping-the-case-during-a-meeting-of-the-libe-committee%2D%2D-statement-by_I156395_05 [31.12.2024].

Queen Elizabeth unterstützt den Brexit. Zitate.eu. [online] www.zitate.eu/autor/koenigin-elizabeth-ii-von-england-zitate [31.12.2024]

Güllner, Lutz. (2024): Interview mit dem Autor.

Das Publikum erreichen Darstellungsformen und Zielgruppen 11

Europageschichten verkaufen sich nicht gut, das ist ein jedem Korrespondenten bekanntes Phänomen. Tatsächlich entzieht sich die Berichterstattung über die EU einfachen und bekannten Mustern. Es gibt kein Schwarz-Weiß, es gibt nur selten ein klares Freund-Feind-Schema und die Geschichten haben oft kein konkretes oder ein sehr spätes Ende, weil die Entscheidungsprozesse so lang sind. Zudem sind die Interessenslagen oft diffus, die Abläufe komplex. Damit umzugehen ist schwierig. Ein Publikum, das sich auskennt und mit EU-Themen zu tun hat, mag sich noch gewinnen lassen, doch was ist mit den vielen anderen Menschen, die wissen was die EU ist, sich aber mit den Details schwertun? Erklären ist ein Ansatz, vergleichen ein zweiter. Nutz- und Mehrwert herausarbeiten ein dritter und gerade die Aspekte des konstruktiven Journalismus eignen sich für die EU-Berichterstattung.

Nachricht, Bericht, Reportage, Kommentar, die Darstellungsformen im EU-Journalismus orientieren sich natürlich auch an den klassischen Kriterien, die in vielen Veröffentlichungen beschrieben worden sind. *Einführungen in den Journalismus* sind vielfach veröffentlicht worden, Grundfragen und -regeln sollen daher hier nicht im Detail besprochen werden.[1] Dafür gibt es zahlreiche andere Anleitungen mit Hilfe derer das in Ausführlichkeit nachgesehen werden kann. Hier geht es darum, auf einige Beobachtungen aufmerksam zu machen, Besonderheiten herauszuarbeiten sowie einige Ideen und Vorschläge für Darstellungsformen im EU-Journalismus aufzuzeigen. Die klassische Regel lautet *Trennung von Nachricht und Meinung,* und das gilt im Prinzip auch im EU-Journalismus. Eigentlich.

---

[1] Siehe als Standardwerk „Einführung in den praktischen Journalismus" von Walther von La Roche, um nur eines zu nennen. Weitere Veröffentlichungen sind im Verlag Springer und anderen erschienen.

Doch was schon in den übrigen Formen des Journalismus nicht immer so eindeutig gehandhabt wird, scheint im EU-Journalismus noch viel schwieriger. Denn komplexe Zusammenhänge verständlich darzustellen, ist in Brüssel eine deutlich größere Herausforderung als in anderem Kontext. Erstens, weil im Publikum weniger Vorwissen vorhanden ist und vorausgesetzt werden kann, zweitens, weil die Verhältnisse tatsächlich komplexer sind als in anderen Politikbereichen. Um dem zu begegnen, müssen Sachverhalte häufig vereinfacht und reduziert, schließlich eingeordnet werden. Doch um welchen Aspekt reduziert man den Sachverhalt? Letztlich unterliegt das der Einschätzung des Berichterstatters. Welcher Aspekt ist wichtig, welcher weniger? Welcher ist zu kompliziert, welcher nicht? Welche Stimme sollte noch gehört werden, welche nicht? Welche ist zwingend, welche nicht? Und neben solchen Kriterienabwägungen gibt es schließlich noch ein Informationsbedürfnis des Publikums, das es zu berücksichtigen gilt. Dies verorten die meisten Redaktionen meist im eigenen Land, heißt, aus Sicht der Redaktionsplaner ist meist der nationale Blick auf ein Thema entscheidend. Mit einer eklatanten Folge: „Sehr häufig also leidet die EU-Berichterstattung an einem Mangel an Multiperspektivität, was bei den EU-Bürgern zu einem mangelnden Verständnis von Abläufen und Ergebnissen politischer Entscheidungen in Brüssel führt,"[2] sagt Peter Kapern. Wer das berücksichtigt, vereinfacht allerdings nicht unbedingt das Verständnis seines Beitrages, sondern geht das Risiko ein, dass er womöglich komplexer, zumindest aber ausführlicher wird. Die Anforderung an die Arbeit des Brüssel-Korrespondenten wird in jedem Fall noch größer. Um allen Ansprüchen gerecht zu werden, braucht er ein breites Wissen und ein Koordinatensystem für seine Arbeit. Je länger er allerdings in Brüssel arbeitet, desto mehr läuft er Gefahr, davon auszugehen, dass sein Publikum ebenfalls über ein Hintergrundwissen verfügt. Das ist aber in der Regel nicht so und das kann auch gar nicht so sein. Folglich muss der Korrespondent immer wieder in der Lage sein, sich neben sich und sich selbst infrage zu stellen. Die Korrespondenten des Deutschlandradios unterstellen Zuschriften und Untersuchungen zufolge eine formal gute Bildung und ein hohes Interesse ihres Publikums, so Peter Kapern vom Deutschlandfunk. Dennoch hat er den Anspruch, die komplexen Zusammenhänge immer wieder zu beschreiben. „Welche Kompetenzen hat die EU-Kommission? Wie funktioniert ein EU-Gipfel? Welche Mehrheit braucht es für welche Entscheidung im Rat? Solche und viele ähnliche Fragen sollen in meinen Berichten permanent beantwortet werden, damit

---

[2] Siehe Teil 2. Abschn. 5. Kapern, Peter. Ethnologie im Staatenzoo. Der Deutschlandfunk, die EU und der ganze Rest.

11 Das Publikum erreichen Darstellungsformen und Zielgruppen

meine Hörer möglichst gut verstehen, wie die EU funktioniert."[3] Ähnlich wie Kapern verfahren auch die meisten anderen Korrespondenten. **Dabei gibt es natürlich ein Dilemma**: Je mehr Platz, desto mehr Chance zur Erklärung. Je länger die Beiträge, desto größer aber das Risiko der schnell abnehmenden Aufmerksamkeit beim Publikum. Gleichzeitig steigt die Anforderung, ein Thema spannend zu erzählen, spannend zu machen. Christoph Schiltz, Korrespondent der WELT in Brüssel, folgert daraus nüchtern: „Jeder macht das, von dem er glaubt, dass es seine Rezipienten am meisten interessiert. Und wie finde ich das heraus? Ganz einfach: Die Zahl der Abos und Klicks spricht eine eindeutige Sprache – ob mir das passt oder nicht. Je technischer eine Sache ist, umso schwieriger ist es dabei, auf breiter Ebene Interesse zu erzeugen. Darum versuche ich zumindest, eine überraschende Ableitung zu finden."[4] Und im Weiteren: „DIE WELT versucht wie einige andere Medien auch, sich von der reinen Dokumentation von Ereignissen und der täglichen Mega-Agenda der EU-Institutionen zu entfernen und möglichst eigene Geschichten aus Brüssel zu entwickeln, die immer auch das Publikum und die politische Landschaft in Deutschland berücksichtigen müssen."[5] Die WELT und viele andere Medienhäuser setzen klar auf Online. Darauf kommt es an, dafür muss geschrieben werden. Anders als früher hat das natürlich Konsequenzen und die beschreibt Schiltz ehrlich und unmissverständlich: „Dabei ist nicht nur die Wahl des Themas, sondern auch die Art und Weise der Aufbereitung bedeutsam: Wir schreiben oft Thesenstücke, spitzen auch schon mal zu und gehen tendenziell weg vom reinen Nachrichtenduktus. Jede Geschichte im Netz braucht eine eigene Dramaturgie und einen eigenen Spannungsbogen, man kann sie nicht mehr länger einfach nur trocken aufschreiben nach den Regeln des bundesdeutschen Nachrichtenjournalismus. Insofern: Die Arbeit als Korrespondent ist schwieriger geworden."[6] Und noch etwas beschreibt der WELT-Korrespondent ganz deutlich, wenn eine Geschichte den Kriterien nicht entspricht: „Tut sie es nicht, fliegt sie meistens schnell von der sogenannten Bühne unserer Online-Seite und versandet im Nirwana. Das kann brutal sein. Insofern bin ich Teil einer Aufmerksamkeitsökonomie, im ständigen Wettbewerb um Wahrnehmung. Sehr wichtig ist mir allerdings: Eine Zuspitzung sollte nicht zu Polarisierungen oder Abwertungen einzelner Akteure führen. Das ist zuweilen ein schmaler Grat, der natür-

---

[3] Ebd.
[4] Siehe Teil 2. Abschn. 4. Schiltz, Christoph. Veränderungen und Skepsis.
[5] Ebd.
[6] Ebd.

lich auch vom Rezipienten abhängt."[7] Im Onlinebereich ist die Wahrnehmung des Publikums viel genauer messbar, als es in vordigitaler Zeit war.

Erklären, erläutern, das aber attraktiv und spannend, jeder weiß, dies ist kein einfacher Spagat. Dazu kommt eine weitere Herausforderung: Erklären bedeutet manchmal vereinfachen, manchmal auch verkürzen, dies wiederum kann einhergehen mit Einordnungen, eine Einordnung ist aber nicht weit entfernt von einer Einschätzung oder Wertung und von der fehlt nicht viel zur Kommentierung. Irgendwo dazwischen liegt die Zuspitzung, aber die Herleitungskette macht schon sehr deutlich, welche Klippen in der Berichterstattung damit verbunden sind. Denn all das fällt individuell mehr oder weniger pointiert, gelegentlich dann eben auch meinungsfreudig aus, wo es doch eigentlich *nur* um eine Einordnung geht. Journalistische Grenzen zwischen Nachrichten und Meinung verschwimmen da oft. Manchmal ist das nachvollziehbar, um ein Thema verständlicher darstellen zu wollen. Doch das sollte nicht dazu führen, dass dem Publikum eine Sichtweise *aufgedrückt* wird, es im schlimmsten Fall *belehrt* wird. Auch Zuspitzungen können legitim sein, sogar notwendig, um komplexe Zusammenhänge nachvollziehbar zu machen, sofern sie nicht zur Meinung übergehen. Paola Tamma von der Financial Times beschreibt ihren Ansatz und den ihres Mediums so: „Smart analysis. Being very deep in the weeds of EU reporting, we sometimes forget that people outside this bubble don't know just as much as we do, and things that would seem obvious to us, because they're known in the bubble – spotting a trend in voting patterns, an unusual change in policy from a country or grouping, a shift in political narrative from the top – are worth highlighting with smart analysis that gives readers useful insights into EU politics. The FT's mission is ‚delivering independent, quality information, news and services to individuals and companies around the globe.' The way I decline this in my role is to not fall for any specific national or institutional point of view but always strive to portray the full picture – which interests might oppose/support a specific course of action, who is most likely to prevail and why. This means sourcing any story as widely as possible, and accepting that most accounts will contain a dose of ‚spin' or an attempt to influence me. Awareness of people's interests when talking to sources is absolutely essential."[8] Der Unterschied des britischen Mediums, das Leser in der ganzen Welt anspricht, zu vielen anderen ist offensichtlich. Doch ein paar *Basics* sind schon wichtig, sie will sich nicht gemein machen mit einer Institution, berücksichtigt, dass alle Quellen letztlich auch einen Spin in ihrer Darstellung vermitteln und will möglichst das ganze, das große Bild darstellen. Je nachdem für welches Publikum der Korrespondent

---

[7] Ebd.
[8] Siehe Teil 2. Abschn. 3. Tamma, Paola. No national or institutional point of view.

11 Das Publikum erreichen Darstellungsformen und Zielgruppen

tätig ist, fällt die Handhabung auch unterschiedlich aus. Fach- oder Meinungsmagazine können anders mit solchen Fragen umgehen. Wenn das Publikum pointierte und sogar meinungsfreudige Artikel geradezu erwartet, ist die Sachlage anders. Nennt sich eine Publikation *Meinungsmagazin* oder *Debattenforum*, ist das Ziel gekennzeichnet. Es braucht also eine klare Transparenz. Und es braucht das Bewusstsein und das Reflexionsvermögen des Einzelnen, als Journalist und als Mediennutzer. Wer bei einer der großen Fernsehanstalten, etwa bei ARD oder ZDF arbeitet, orientiert sich an einer anderen Form von Publikum. Er muss und will im Grundsatz alle erreichen, egal wie viel der Einzelne über die EU weiß und aus welcher Zielgruppe er stammt. Schon allein weil im Prinzip alle Haushalte einen Rundfunkbeitrag zahlen sollte das Angebot eben für möglichst viele da sein. Auch Spartenprogramme gehören zum Auftrag, Minderheiten und besondere Interessen müssen berücksichtigt werden: Im Grundsatz sollte ein Programm möglichst viele Menschen erreichen und interessieren können. Für den EU-Journalismus hat das Auswirkungen. Beiträge in der ARD-Tagesschau sind vielleicht 1,30, 1,40, selten einmal, bei besonders wichtigen Ereignissen, auch 2,00 min lang. Es geht also um das kleine Kunststück, in dieser Zeit drei Dinge unterzubringen, wenn wir über politische Berichterstattung sprechen. Erstens die wesentliche Substanz des Themenbereiches hinreichend zu erläutern, warum und wozu der politische Prozess aufgelegt wird. Dazu gehört, zum besseren Verständnis, immer wieder auch eine Grafik, um wesentliche Bestandteile eines Prozesses aufzuführen und gegebenenfalls auch die Genese der Entscheidung aufzuzeigen. Zweitens sollten das Für und Wider einer Sachfrage auftauchen. Dies ist meist nicht ganz einfach, in Kategorien wie Ja oder Nein, Schwarz oder Weiß sind die meisten Sachverhalte nicht zu beurteilen. Meist existieren auch mehr als zwei Standpunkte, sodass drei Stimmen in solch einem Beitrag auftauchen können. Daraus ergibt sich bereits ein praktisches Problem. 10 bis 15 s pro Stimme im Original- also O-Ton, was ja nicht viel ist, bedeuten schon 20, 30 oder sogar etwas mehr Sekunden im ganzen Beitrag, folglich bleiben nur noch ca. 60 S für den Rest. Wer nun eine Grafik verwendet, wird nochmals 15 bis 20 S einkalkulieren müssen. Danach bleiben vielleicht noch 30 oder 40 S für den Autor, um ein komplexes politisches Grundproblem zu erläutern. Denn zum Ende des Beitrages sollte noch ein Ausblick stehen, der den weiteren Verlauf des Prozesses darstellt. Dies erfolgt manchmal in einem sogenannten *Aufsager*. Diese Darstellungsform wählt man, wenn die Zusammenfassung eine Art Einschätzung ist, die der Korrespondent als Beobachter zu einem besseren Verständnis des Sachverhalts vornimmt, etwa wenn es um eine Prognose des weiteren Verlaufs einer Entscheidungsfindung geht oder wenn Hindernisse aufgezeigt werden, die auftreten könnten, aber noch nicht evident sind. Der Aufsager dient also dazu, eine Einschätzung nicht im Text eines Beitrages zu formulieren, sondern eben im On, in die Kamera, weil es die *Einschätzung des Autors* ist und damit von der Nachricht deutlich getrennt werden soll. Einschätzung heißt aber keinesfalls Meinung, das geht gar nicht. Es gibt einen zweiten Grund, den Aufsager als Darstellungsform zu nutzen: Wenn der Korrespondent bei einem wichtigen Ereignis *vor Ort* ist. Wer bei einem informellen Ministerratstreffen in einen Mitgliedstaat reist, wer zu einem Gipfel außerhalb Brüssels unterwegs ist, der kann auf diese Art zeigen, er ist nah am Geschehen und berichtet nicht aus der Ferne. Ein Aufsager sollte nicht *für die Galerie,* also nur um seiner selbst willen, sprich der eigenen Eitelkeit willen, in Betracht kommen, etwa weil man seine eigene Bekanntheit steigern möchte. Nicht selten hört man simple Sätze oder Zusammenfassungen von Autoren, die genauso gut auch im einfachen Text verarbeitet werden könnten. Der Aufsager soll eine ganz klare Funktion erfüllen. Redaktionen möchten zudem nicht zu viele Aufsager in einer Sendung, was nachvollziehbar ist, denn wenn in jedem Stück der Autor auftaucht, sieht das im Gesamtbild einer Sendung nicht gut aus.

1,40 Min sind also schnell voll, wer sich den Spaß macht und einmal einen eigenen Text einigermaßen langsam und verständlich laut liest, wird das schnell merken. Das stellt hohe Ansprüche an die Sprache. Sätze müssen kurz und verständlich sein, Fremdwörter oder Abkürzungen verbieten sich. Oft formulieren Autoren im Präsens, weil es etwas aktueller und gerade jetzt *relevanter* klingt. Es muss plakativ sein, Verben fallen da manchmal unter den Tisch. Dennoch sollen die Sprache und die Geschichte lebendig sein und deshalb sollten sie ohne Passivkonstruktionen auskommen. Die Sprechgrundregeln des Journalistensprachpapstes Wolf Schneider[9] haben da noch immer volle Gültigkeit und es soll sogar Redaktionen geben, die eigene Tools mithilfe künstlicher Intelligenz entwickeln, um Texte auf Wolf-Schneider-Kompatibilität hin überprüfen.

Die Urheber oder Auslöser eines Prozesses sollten deutlich werden, wenn es um europäische Politikprozesse geht. Nationale Politiker beschweren sich gern über die Entscheidungen aus Brüssel, wenn sie ihnen nicht passen, im Normalfall aber haben sie die zuvor stets mitgetragen und sogar mitgestaltet. Es gibt im Prinzip keinen Prozess, den nationale Regierungen nicht über Monate und sogar Jahre mit auf den Weg gebracht haben. Im besten Fall erklärt der Korrespondent nicht nur den Sachverhalt an sich, seinen Ursprung, seine Inhalte und die unterschiedlichen Auffassungen dazu, sondern auch, wer die Initiative dazu ergriffen hat und warum. Nur so kann das Publikum erkennen, in welchem Verhältnis die Insti-

---

[9] Siehe Schneider, Wolf; Murschetz, Luis (2001): *Deutsch für Profis: Wege zu gutem Stil,* 26. Auflage, überarbeitete Taschenbuchausgabe., München: Goldmann (Goldmann-Taschenbuch Mosaik bei Goldmann).

11 Das Publikum erreichen Darstellungsformen und Zielgruppen 157

tutionen zueinander stehen, welche Funktion sie bei den Entscheidungen haben, an welcher Stelle der Prozess steht und wer eigentlich verantwortlich ist für Blockade oder Fortschritt.

Bis zu diesem Zeitpunkt ging es ausschließlich um den Text, doch ein Nachrichtenstück im Fernsehen braucht besondere Bilder. Im Fernsehen dürfen die Bilder niemals dem Text widersprechen. Wenn so zwei verschiedene Informationen transportiert werden, eine visuelle und eine textuelle gleichzeitig, kann das Gehirn die Informationen praktisch nicht verarbeiten. Es ist die beste Voraussetzung dafür, dass das Publikum *nichts* versteht. Das Bild muss immer den Text unterstützen und umgekehrt. Es ist eine alte Regel, die Bild-Text-Schere, die dennoch jeden Tag verletzt wird. Und die auch für neue Ausspielwege, z. B. auf Instagram oder anderswo ihre Berechtigung hat. Auch deshalb suchen Korrespondenten mithilfe der wichtigen *Producer* zuvor geeignetes Material aus den verschiedensten Quellen heraus, um Beispiele für die plakative und nachvollziehbare Erläuterung einer politischen Debatte zu finden. Dies dient zudem manchmal als Einstieg in eine Geschichte. Die Producer sind wichtige Unterstützer der Korrespondenten, sie arbeiten meist bei den TV-Anstalten, wo der Koordinierungsaufwand extrem hoch ist, wo Korrespondenten oft live auf Sendung sind, während das Event noch läuft. Producer zu sein, ist ein herausfordernder Job, an der Schnittstelle zwischen Inhalt und Organisation, zwischen Redaktion und Produktion. Sie sind von Beginn an dabei, wenn es um größere Ereignisse geht. Sie suchen nach besonderen Bildern und Orten, damit später nicht die immer selben, langweiligen *Ankommerbilder* eines Ministertreffens zu sehen sind. Selbst bei diesen Bildern suchen die Producer und Korrespondenten zusammen mit den Kameraleuten nach dem Besonderen, das ein Symbol darstellt für eine bestimmte Situation in der Debatte. Wer begrüßt wen wie freundlich? Sind die beiden Protagonisten einer Meinung bei dem Thema? Wer begrüßt sich gar nicht? Wer lacht, wer schaut grimmig? Wie passt das zur Auseinandersetzung? Auch die eigenen Kameraleute suchen hier nach geeigneten Shots und dazu müssen auch sie, nicht nur die Korrespondenten, über die wesentlichen Themen und Konflikte gut Bescheid wissen. Es reicht jedenfalls nicht, nur irgendwelche Bilder zu machen. Die Grundfragen sind bei den verschiedenen Sendeanstalten übrigens ähnlich und ARD und ZDF tauschen, wenn möglich, ihr Material bei entsprechenden Ereignissen auch aus, wenn es Kosten spart. Das ARD-Studio Brüssel bedient zahlreiche Sendungen. Die Tagesschau um 20 Uhr stellt dabei so etwas wie das *Nachrichtenhochamt* dar. Noch immer hat die bedeutendste Nachrichtensendung im deutschen Fernsehen jeden Tag rund 10 Mio. Zuschauer und wird interessanterweise auch bei jüngeren Zuschauern zunehmend zu einem wichtigen Medium. Oft ist sie schon als Auslaufmodell bezeichnet worden, aber noch immer richten andere Sender ihre abendliche Programmierung im linearen Fernse-

158   11   Das Publikum erreichen Darstellungsformen und Zielgruppen

hen nach der Tagesschau aus und beginnen ihr Abendprogramm entweder vorher oder nachher. Vor der 20 Uhr-Ausgabe gibt es noch eine Reihe anderer Nachrichtensendungen: ARD-Morgenmagazin, 9 Uhr,12 Uhr, ARD-Mittagsmagazin, 14, 15, 16, 17 Uhr. Dazu den Nachrichtenkanal Tagesschau24, in dem Korrespondenten häufig lange Live-Strecken zu absolvieren haben. Der Tag kann da lang werden und die Aufgaben sind von einer Person allein nicht zu bewerkstelligen. Dann unterstützen auch die Producer, die ihm O-Töne und Informationen zuliefern. Langatmige Einlassungen bei Pressekonferenzen etwa kann ein Korrespondent häufig kaum verfolgen, weil er ja schon wieder Programm machen muss. Dann bekommt er Transkripte von Interviews oder Pressekonferenzen geliefert, im besten Fall vorsortiert, wichtige Aussagen sind gekennzeichnet, *Timecodes* sind markiert, damit die Suche und Auswahl schnell gehen. Ministertreffen, insbesondere Gipfel, brauchen stets eine gute Vorbereitung, Fragen, Problemstellungen, Konfliktlinien müssen zuvor mit dem gesamten Team geklärt sein, alle müssen wissen, worum es bei einem Ereignis geht, um die wichtigen Informationen einzusammeln. Am Abend hat der Korrespondent meist noch eine Spätsendung, im Falle der ARD die *Tagesthemen,* beim ZDF etwa das *heute-journal* und nochmals eine Spätausgabe für Aktualisierungen. Vor allem in den Magazinsendungen bietet sich die Möglichkeit, den Tag noch einmal zusammenzufassen und in der Darstellung über das Nachrichtliche hinauszugehen. Hier gibt es die Möglichkeit für Pointierungen, Einschätzungen, im Live-Gespräch noch stärker als im Beitrag. Nicht selten lautet daher die Frage eines Moderators: *Wie schätzen sie die Lage im Augenblick ein?* Und am Schluss: *Was glauben sie, wie wird das ausgehen?* An dieser Stelle wird es spannend: Denn die Einschätzung ist eine durchaus persönliche Lagebeurteilung. Wie gut der Korrespondent wirklich die Lage einschätzen kann, ist ungewiss. Hier zeigt sich, wie gut er die Abläufe in der EU kennt, wie gut er die Interessenslage der Teilnehmer durchdrungen hat, sprich wie gut er informiert ist. Ihm ist wahrscheinlich anzumerken, wenn er viele Hintergrundgespräche geführt hat und letztlich auch, wie lange er den Job schon macht, also wie viel Erfahrung er einbringen kann, um ein realistisches Bild zur Lage abzugeben. Manchmal ist die Lage übersichtlich, die Informationslage gut, dann kann er Hintergründe schildern, Interessenslagen erörtern, Problemfelder aufzeigen, manchmal aber auch eben nicht, weil sich die Beteiligten eines Prozesses gerade in Schweigen hüllen. Und dies ist erfahrungsgemäß gerade bei ungewissen Sachlagen der Fall. Bleibt manchmal also die Spekulation, wer mag schon auf dem Sender zugeben, dass die Lage schwer oder kaum einzuschätzen ist. In solchen Fällen ist hilfreich, sich auf die offensichtlichen Herausforderungen des Prozesses zu beschränken, dialektisch das Interesse oder die Faktenlage A dem Interesse/Faktenlage B gegenüberzustellen, Interessengruppen zu identifizieren. Daraus ergeben sich gegebenenfalls Tendenzen für eine Mehrheit. Ähnliches gilt bei der Frage, wie der Prozess denn ausgehen wird. Nicht selten ist das ein Blick in die Glaskugel. Manche Korrespondenten würden dann vielleicht gern sagen, oder müßten ehrlicherweise zugeben, *weiß ich auch nicht, bin ja kein Hellseher.* Aber auch für diesen Fall gibt es Möglichkeiten. Man kann zwei oder drei Optionen aufzeigen, die zumindest nicht unwahrscheinlich sind. Man kann den weiteren Weg beschreiben, den die Protagonisten nun beschreiten wollen. Man kann auch die Konsequenzen gewisser Entscheidungen skizzieren und damit verdeutlichen, in welch komplexes Spannungsfeld sich die Protagonisten befinden und ihre Entscheidungen vorbereiten. Es wäre auch ehrlich einzuräumen, dass bei sehr schwierigen Prozessen gerne Nebelkerzen gezündet werden und die wirklichen Absprachen im Hintergrund schwer zu erfassen sind. In jedem Fall sei davor gewarnt, Prognosen abzugeben. Da halte man sich an die Gepflogenheiten von Sportreportern. Die würden nie vorher mutmaßen, wie ein Spiel ausgeht.

Wir sind nun an einem Punkt angekommen, an dem deutlich wird, wie fließend der Übergang von Nachrichten zu Einschätzungen und zu einer Meinung sein kann. Doch was, wenn das eigene Weltbild, das eigene Urteil zur Folie der durchaus legitimen Zuspitzung und Vereinfachung wird? Korrespondenten sollten sich dessen bewusst sein und andere Auffassungen grundsätzlich mit einfließen lassen. Was selbstverständlich erscheint, ist in einer Welt, in der politischer Aktivismus von manchen als legitimes journalistisches Grundmuster angesehen wird, durchaus erinnerungswürdig. Und auch hier sind die Grenzen fließend, dann nämlich, wenn zwar keine direkte aktivistische Berichterstattung erfolgt, aber Themen und Sichtweisen erst gar nicht aufgegriffen werden, weil sie nicht ins eigene Muster passen. Zur Klarstellung: Der Autor steht solchen Darstellungsformen sehr kritisch gegenüber. Mehr noch: Aktivismus kann kein Journalismus sein. Zu beachten sind zahlreiche Grauzonen, etwa wenn vermeintlich moralische Kategorien bestimmte Darstellungen oder Haltungen begründen und rechtfertigen sollen, zumal im europäischen Kontext, wo sehr viele unterschiedliche Sichtweisen und berechtigte Interessen nebeneinanderstehen. Unabhängigkeit und Unvoreingenommenheit sollten also selbstverständlich sein und doch drängt sich der Eindruck auf, dass diese Attribute zunehmend verwischen.

Wie objektiv ein Journalist tatsächlich sein kann, daran gibt es seit jeher gewisse Zweifel. Erst recht, wenn der Korrespondent aus einem bestimmten kulturellen Umfeld stammt und politisch entsprechend sozialisiert ist. Man sollte sich stets vergegenwärtigen, dass ein Spanier die Diskussion um Fischfangquoten möglicherweise völlig anders bewertet, erst recht, wenn er aus einem Fischerdorf kommt oder wenn er für ein entsprechendes Publikum schreibt, als ein mitteleuropäischer Festlandjournalist, der sich auf Umweltfragen spezialisiert hat. Polen ist auf mehreren EU-Gipfeln vehement kritisiert worden, als es um den Umbau der Energieversorgung ging. Die damalige polnische Regierung wollte noch möglichst lange an der Kohleverstromung festhalten, interessanterweise gehörten Deutschland und auch deutsche Medien zu den Kritikern. Doch ist eine Festlegung darauf, dass Polen hier ein *Bad Guy* ist, angemessen? Müssen nicht Polens Geschichte und wirtschaftliche Situation angemessen berücksichtigt werden? In manchen Berichten schien es so, als unterstelle man dem Land erpresserische Züge, um mehr Geld aus der Union zu verlangen, denn schließlich ging es darum, dass eine Umstellung der Energieversorgung enorm teuer würde. In welchem Umfang das zutraf, war das eine, das andere war die echte Problematik Polens aufgrund dieser historisch gewachsenen Infrastruktur und den echten Problemen, die aus einer radikalen Umstellung entstünden. Deutschland dagegen wähnte sich auf dem richtigen Weg in eine fossilfreie Energieerzeugung, ein *Good Guy* also. Auch Jahre später, 2024 etwa, erzeugt Deutschland noch immer viel Strom mit Braun- und Steinkohle und taugt also nicht besonders gut für Ratschläge an Polen in der Sache. Wir haben es in den Medien ebenso wie auf der Ebene politisch Verantwortlicher also mit unterschiedlichen Betrachtungen und Wahrnehmungen zu tun, die es zunächst einmal gilt, zur Kenntnis zu nehmen und entsprechend zu berücksichtigen. Der israelische Historiker Yuval Noah Harari treibt es sogar auf die Spitze: „Information kann man nicht mit Wahrheit gleichsetzen. Die meisten Informationen sind Fiktion, Fantasie, Propaganda und Lügen – die Wahrheit ist bloß eine kleine Teilmenge davon."[10] Die Konsequenz wird nun kaum sein, dass wir nicht mehr informieren und alle Einschätzungen und Meinungen aufgeben, doch der Hinweis ist wichtig, sich selbst seine Rolle und sein eingeschränktes Blickfeld immer wieder bewusst zu machen.

Die Darstellungsformen europäischer Medien mit Blick auf die EU, mit Blick auf unterschiedliche Wahrnehmungen sind so vielfältig wie die EU selbst. Dennoch gibt es bestimmte Muster, Zeitungen berichten seit jeher mit Nachrichten, Berichten, Magazinbeiträgen, Dokumentationen oder Essays. Mit der Digitalisierung sind die Darstellungsformen vielfältiger geworden, Geschichten werden mit Datensätzen angereichert oder aus Daten entstehen ganze Geschichten. Zeitungen reichern ihre Berichte mit Videos an, das Fernsehen dokumentiert seine Darstellungen zusätzlich mit Texten, Interviews und weitergehenden Informationen im Netz. Das Radio, von manchen bereits totgesagt, erlebt eine Renaissance. Der Podcast ist beliebt, obwohl hier ein Langformat mit eingehender Beschäftigung zu einem Thema Platz findet. Jahrelang wurden die *Wortschnipselmeldungen* im Radio und in anderen Medien immer knapper, weil man glaubte, auch die Aufmerksamkeitsspanne der Hörer würde kürzer. Einem Langformat hat lange kaum jemand eine Chance

---

[10] Steingart, Gabor (2024): „Information ist nicht gleich Wahrheit". Gabor Steingart im Gespräch mit Prof. Yuval Noah Harari., 19.10.2024.

gegeben. Nun kommt kaum eine Redaktion mehr ohne eigenen Podcast aus. Die Fernsehdokumentation wird immer beliebter. Spiegelt sich hier das Bedürfnis nach mehr Informationen, nach mehr Erklärung und Hintergründen wider? Veröffentlichungen werden aufwendiger, größer und gleichzeitig gibt es den Trend, Geschichten auf ihre wesentlichen Inhalte zu reduzieren, um sie *snackable* für *social media* zu machen (aber nicht nur dort), in der Hoffnung, das Publikum schaut sich danach auch das Original an. Je mehr Klicks generiert werden, umso erfolgreicher erscheint eine solche Geschichte, mitunter unabhängig davon, ob sie richtig oder relevant ist. Neue Medien entstehen mit neuen Geschäftsmodellen, eine enorme Vielfalt ist entstanden. Dabei bleibt die Auswahl journalistischer Kriterien oft diffus, was besonders gut ankommt ist vage. Was der Algorithmus befördert und was nicht, ist meist ein Geheimnis. Besonders und emotional sollte es schon sein. Der *Emofaktor* ist schon lange, auch vor Social Media, ein wichtiges Bewertungskriterium. *Storytelling* wird zum Ausbildungsziel. Gelegentlich scheint die Medienwelt ein großes Experimentierlabor zu sein. Was heute erfolgreich scheint, muss es morgen längst nicht mehr sein. Ob die klassischen Kriterien von Nachrichtenauswahl und -darstellung hier noch gelten, wäre sicher ein lohnendes Forschungsfeld. *Over-newsed but under-informed* ist längst keine Floskel mehr, sondern Gegenstand wissenschaftlicher Untersuchungen. Das gilt auch besonders beim jungen Publikum, das sich vielfach in den sozialen Medien informiert[11]. Folglich tummeln sich hier auch die klassischen Medien, in der Hoffnung jüngere Zielgruppen zu erreichen.

Doch was kann EU-Journalismus hier leisten? Was kann er auch mit Blick auf andere Zielgruppen tun? Um es klarzustellen: Dieses Handbuch und dieses Kapitel können weder eine qualitative und quantitative Analyse über Rezipienten im Besonderen und Medien im Allgemeinen noch dazu vollständige Erkenntnisse und Trends aufzeigen. Allein aufgrund der Vielzahl an Medien ist das kaum möglich und weil jedes Medium seine eigenen Rückschlüsse aus den Veränderungen der Medienmärkte zieht, wäre das auch quantitativ kaum leistbar. Man darf sich nichts vormachen, EU-Politik zu vermitteln, ist schwierig. Die erste Euphorie legt sich da schnell und bislang ist noch fast jeder daran gescheitert, aus EU-Politik und Europa einen *Bestseller* zu machen, obwohl dieser Kontinent doch so unglaublich spannend und die Konstruktion EU für alle von solch hoher Relevanz ist. Hinzu kommt: Die Märkte, die Nachfrage, die Bedürfnisse ändern sich in einer Geschwindigkeit, dass Neuerungen schneller überholt sind, als dass man ihre Wirksamkeit tatsächlich prüfen könnte. Einige Schlussfolgerungen und Überlegungen ergeben sich

---

[11] Siehe u. a. Nachrichtennutzung und Nachrichtenkompetenz im digitalen Zeitalter, *#UseTheNews*, [online] https://www.usethenews.de/de [31.12.2024].

11 Das Publikum erreichen Darstellungsformen und Zielgruppen

dennoch aus den verschiedenen Beobachtungen. Und das gilt auch für Darstellungsformen, die sowohl bestimmte Zielgruppen in den Blick nehmen als auch distributionstauglich in verschiedenen Medien sind. Ein weiterer Aspekt könnte bei der Entwicklung erfolgreicher Darstellungsformen hilfreich sein: In einer Welt mit einer kontinuierlich steigenden Zahl von Medienangeboten steigt zwangsläufig die Unübersichtlichkeit. Sie stärkt die bereits beschriebenen Effekte der Aufmerksamkeitsökonomie und führt über mehrere Zwischeneffekte potenziell zu mehr Verunsicherung beim Publikum. Verunsicherung aber führt zu einer Rückzugsmentalität, hin zum Vertrauten und Bekannten und in der Folge oft zu Polarisierung. Diese Spirale kann dazu führen, dass Mediennutzer oft nur noch nach Nachrichten suchen, die ihre Haltung bestätigen, Algorithmen unterstützen diesen Prozess und in der Folge entstehen die oft beschriebenen *Echoräume*. Und dann gibt es noch den Trend zur *Nachrichtenverweigerung*.

Einige Medien beklagen, dass sie bestimmte Zielgruppen gar nicht mehr erreichen. Dieses Problem tangiert manche Medien weniger, etwa jene, die ihre Zielgruppen klarer definiert haben, einige der klassischen Anbieter verzeichnen sogar eine Zunahme ihres bezahlenden Publikums, bewegen sich aber weiter vor allem in ihrer Zielgruppe, in einem bestimmten Milieu. Schwieriger ist es für Massenmedien wie den öffentlich-rechtlichen Rundfunk, der alle erreichen will und auch muss, will er seine Legitimität erhalten. Die folgenden Überlegungen gelten für alle Medien, wenngleich in unterschiedlicher Form, da sie ein unterschiedliches Publikum ansprechen.

Verständnis schaffen: Wo das Publikum die Welt nicht mehr versteht, gilt es zu erklären. Erläuterungen brauchen dabei eine Form, die sich selbst immer wieder prüft, ob sie noch verständlich genug ist. Sie braucht den Mut zu, im besten Sinne, schlichten Formulierungen, die nicht belehrend sind. Für den Korrespondenten bedeutet das auch, für Politikprozesse eine eigene Sprache zu finden, anstatt vorgegebene Formulierungen zu übernehmen, wie es manchmal der Einfachheit und Schnelligkeit halber passiert. Für die vielen Pressesprecher aus Parlament, Lobbyismus und anderen Institutionen bedeutet es dasselbe. In Brüssel werden täglich tausende Pressemitteilungen geschrieben, die allesamt im Papierkorb landen, weil sie niemand versteht, weil sie redundant sind oder weil die *Betroffenheit* des Publikums nicht deutlich wird. *Was hat das mit meinem Alltag zu tun?*

Mehrwert erklären: Hinter vielen politischen Entscheidungen, Verordnungen, Richtlinien oder Vorschlägen steckt ein Mehrwert für die Europäer, freilich längst nicht bei allen. Wo das so ist, sollte der Mehrwert auch deutlich werden. Wo es nicht so ist, muss ebenfalls deutlich werden. Weil das nicht immer klar ist und weil in den Augen mancher eine Regulierung dringend notwendig ist, wo andere sagen, sie verhindere mehr, als sie ermöglicht, ist also stets sorgfältig zu unterscheiden,

11 Das Publikum erreichen Darstellungsformen und Zielgruppen

denn es geht bei der Beurteilung meist um politische Grundpositionen. Hier hilft ein Leitsatz, nämlich aufzeigen zu wollen, *was Brüssel mit unserem Leben zu tun hat*. Dies kann vieles beinhalten. Geht es um eine Gesetzgebung, die etwa ökologische oder andere Vorteile für den Einzelnen verspricht, kann es sein, dass sie Produkte teurer macht. Die eine oder andere Auswirkung ist nicht immer klar absehbar und denkbare Facetten sollten entsprechend aufgezeigt werden. Als die klassische, aber sehr stromfressende Glühbirne abgeschafft werden sollte, gab es enorme Kritik, auch in den Medien. Die Menschen wollten auf sie nicht verzichten. Heute fällt das niemandem mehr auf, die Vielfalt an Lichtquellen ist riesig und die Energieeinsparung bedeutend. Es lohnt jedenfalls die Mühe, immer wieder nach dem Mehrwert für das Publikum zu suchen und ihn darzustellen. Ist ein Mehrwert fraglich, gilt dies natürlich auch dafür.

Orientierung schaffen: Müsste dies nicht eine logische Schlussfolgerung für Medienangebote sein, wenn die oben beschriebene Annahme und These stimmt? *Orientierung schaffen* heißt, verlässliche und glaubwürdige Informationen und Optionen zur Verfügung zu stellen. Es bedeutet, verständlich zu erklären, zu erläutern, Folgen aufzuzeigen, nachzufragen, Alternativen zu besprechen. Unter dieser Voraussetzung geben Medienangebote dem Publikum Informationen aus unterschiedlichen Perspektiven und ermöglichen Meinungsbildung. Sie sagen dem Publikum dagegen nicht, was es anzunehmen oder gar zu glauben hat, sie publizieren nicht einfach eine Meinung ohne sie als Meinung oder Kommentar zu kennzeichnen. Sie stellen nicht einfach Behauptungen auf. Aber nehmen das nicht alle sowieso für sich in Anspruch? Orientierung zu geben, Glaubwürdigkeit und Verlässlichkeit anbieten zu wollen? Mag sein, aber es scheint wichtiger denn je, auf diese Basisidee hinzuweisen. Und es ist auch für Journalisten nur menschlich, gelegentlich im Dickicht der Informationen, des Spinning, des Zeitdrucks, den Anforderungen von Redaktionen, alldem Stand zu halten. Denn auch Journalisten und Medien befinden sich in den verschiedenen Fliehkräften der zuvor beschriebenen Spirale, der sie sich allerdings zumindest stärker bewusst sein sollten. Zu glaubwürdiger und verlässlicher Information gehört auch *Unvoreingenommenheit.* Journalisten sollten sich ihrer eigenen Normenwelt und der ihres Umfelds bewusst sein, damit diese nicht zur Grundlage der eigenen Berichterstattung wird, es sei denn, man versteht sich offen als das Organ einer Partei oder einer Lobbyvereinigung und publiziert für sie und dann sollte dies auch transparent sein. Michael Steinbrechers Untersuchung über *Journalismus und Demokratie*[12] fragt stets auch nach der politischen Orientierung

---

[12] Steinbrecher, Michael; Rager, Günther: Die Studie Journalismus und Demokratie, *Journalismus und Demokratie*, [online] https://www.journalismusstudie.fb15.tu-dortmund. de/die-studie-journalismus-demokratie/ [31.12.2024].

von Journalisten. Dabei haben sich zuletzt interessante Ergebnisse gezeigt. Die Studie fragt Journalisten unter anderem nach der vermuteten Parteineigung ihrer Kollegen, was sie glauben, welcher im Bundestag vertretenen Partei Journalistinnen und Journalisten am ehesten nahestehen.[13] Insgesamt 9 % unterstellen bei ihren Kollegen eine Nähe zu CDU, CSU oder der FDP. 30 % unterstellen ihren Kollegen eine Nähe zu den Grünen und 16 % eine Nähe zur SPD. Die Studie fragt aber auch nach der tatsächlichen Nähe zu Parteien: „Viele Leute neigen längere Zeit einer bestimmten politischen Partei zu, obwohl sie auch ab und zu eine andere Partei wählen. Wie ist das bei Ihnen: Neigen Sie – ganz allgemein gesprochen – einer bestimmten Partei zu?"[14] 41 % bekennen sich in ihrer Parteineigung zu den Grünen, 16 % sympathisieren mit der SPD und 6 % mit der Linken, fast zwei Drittel der befragten Journalisten bekennen sich also offen zu Parteien, die allgemein als links der gesellschaftlichen Mitte verortet werden. Dagegen sympathisieren 11 % mit der CDU und der FDP.[15] Nun kann sich das jedes Jahr ändern, in der Umfrage wurden gut 500 Journalisten befragt. Vielleicht sind die Ergebnisse etwas anders, wenn man 500 andere Journalisten befragt hätte, dennoch sind sie frappierend. Noch zwei weitere Ergebnisse sind interessant. Es wurde auch gefragt: „Inwieweit stimmen Sie der folgenden Aussage zu oder nicht zu? Journalistinnen und Journalisten neigen dazu, in ihrer Berichterstattung überwiegend die Positionen der Partei zu übernehmen, der sie am ehesten nahestehen."[16] 27 % stimmten der Aussage zu, 34 % meinten immerhin teils, teils. Spitzt man diese Ergebnisse etwas zu, dann glauben 61 % der befragten Journalisten, dass ein großer Teil ihrer Kollegen entweder zumindest teilweise oder sogar überwiegend oder vollständig in ihrer Berichterstattung die Positionen der Partei übernehmen, mit der sie sympathisieren. Dem steht aber etwas Interessantes gegenüber, denn wenn die Frage aus einem anderen Blickwinkel erfolgt, geht das Ergebnis in eine andere Richtung. Wenn es um die Erwartungen und das eigene Selbstverständnis geht, sagen 98 %, man habe das Selbstverständnis, dass man Nachrichten von Meinung trenne und 91 des Publikums hätte ebenfalls diese Erwartung an Journalisten.[17]

Es gebe also beim Publikum ähnlich deutlich das Selbstverständnis und die angenommene Erwartungshaltung in Bezug auf die Neutralität und Präzision der Information. Und in ähnlicher Deutlichkeit stellt sich das Ergebnis dar bei der Annahme, man habe dem Publikum Informationen zu liefern, die ihm politische Ent-

---

[13] Vgl. ebd.
[14] Ebd.
[15] Ebd.
[16] Ebd.
[17] Vgl. ebd.

scheidungshilfen geben. Zusammengefasst kann man wohl sagen: Erstens neigt ein großer Teil von Journalisten offenbar einer bestimmten Tendenz des politischen Spektrums viel deutlicher zu als einer anderen. Zweitens unterstellt ein nicht geringer Teil der Journalisten seinen Kollegen, dass sie dieser Neigung auch in ihrer Berichterstattung nachkommen. Drittens nimmt aber der weit überwiegende Teil von sich selbst an, genau dies nicht zu tun und dass auch das Publikum genau das von ihm erwartet. Da geht also etwas auseinander. Nun muss man sich überlegen, was das beispielsweise für die Berichterstattung zu einem der wichtigsten Gesetzespakete der EU schlechthin bedeuten kann, dem *Green Deal* mit mehr als 50 Gesetzgebungen in über 5 Jahren. Das konkrete Beispiel zeigt, zusammen mit den Umfrageergebnissen, dass es eine wichtige Aufgabe darstellt, sich seiner eigenen Haltung bewusst zu sein und sich in der Berichterstattung nicht von ihr leiten zu lassen.

Wer aus einem bestimmten Mindset kommt, dessen Themenauswahl, dessen Fragestellung an ein Thema unterliegt womöglich bereits dem Risiko einer bestimmten Ausrichtung. So entsteht am Ende möglicherweise oberflächlich ein Beitrag ohne Tadel, nach allen Regeln journalistischer Ansprüche gestaltet. Doch was, wenn schon die *Themenauswahl* und *die Ausgangsfrage* zu einem Beitrag aus jenem Mindset kommt und andere Fragestellungen ausgeblendet werden? Was bedeutet das für den Anspruch, unvoreingenommen berichten zu wollen? Was bedeutet das für die klare Erwartung des Publikums an diesen Anspruch? Die Themen Umwelt und Migration sind in diesem Zusammenhang vielleicht besonders zu betrachten, nicht nur, weil hier persönliche Anschauungen eine besondere Rolle und ein hoher moralischer Anspruch hineinspielen. Es ist auch die Komplexität solcher Themen, die oft zu Vereinfachungen in der Darstellung führt. Hinzu kommt: Autoren nehmen häufig für sich in Anspruch, zusammenzufassen, *wie es ist, dabei fassen sie aber zusammen, wie sie glauben, dass es ist.* Damit geben sie dem Publikum mitunter den indirekten Hinweis, den Sachverhalt ebenfalls so betrachten zu können oder sollen. Wer zusätzlich noch die übliche Form der *Zuspitzung* wählt und zudem noch *Haltung (*ein oft von Redaktionen eingeforderter und meist völlig falsch verstandener Ansatz) zeigt, dessen Beitrag kann eine Schlagseite bekommen oder sogar tendenziös werden. Und ein Journalist glaubt zudem, in bester Ausführung seines Jobs *die richtige* Wahrheit zu vermitteln. Die Betrachtung traditioneller journalistischer Kriterien und Genres wie Nachrichten, Bericht und Meinung reicht also längst nicht mehr aus. Es bedarf also eines umfassenden Reflexionsprozesses des Einzelnen sowie der Berufsgruppe selbst.

Gegen den Strich bürsten: Immer, wenn ein Politikfeld oder eine Entscheidung klar zu sein, wann immer sich ein Mainstream nur zu entwickeln scheint und daraus folgend eine mehr oder weniger einheitliche *eindeutige* Betrachtung und damit auch Berichterstattung erfolgt, spätestens dann ist es eine gute, ja sogar notwendige Strategie, in eine andere oder die gegenteilige Richtung zu denken und zu recherchieren. Mit jenen zu sprechen, die weniger gefragt sind, sich mit Fragen zu beschäftigen die niemand mehr stellt, Denkmuster aufzubrechen und vermeintliche Wahrheiten neu zu prüfen und zu bewerten. Kann es nicht doch auch anders sein? Gibt es vielleicht auch einen anderen Blick? Oder Aspekte, die bislang unberücksichtigt blieben? Fragen, die eigentlich in jede Redaktionskonferenz gehören.

An welchen Beispielen lässt sich das festmachen? Und warum passiert das oft bei Migrations- und Umweltthemen, zwei in der Europaberichterstattung so wichtigen Themen? Beide haben wesentliche gemeinsame Merkmale, sie sind große, alles überragende Themen, sie sind überaus komplex in ihrem Wesen, bei möglichen Lösungen und, besonders wichtig, sie haben beide existenziellen Charakter hinsichtlich unserer persönlichen Wertvorstellungen und der Welt, in der wir leben. Schließlich geht es um den Erhalt der Welt und um die Menschenrechte. Wie könnte man das infrage stellen? Zurückhaltung und Distanz gegenüber manchen Entwicklungen sind da schwierig, Zuspitzungen, Vereinfachungen, Haltungen sind da vielleicht geradezu zwangsläufig. Sich hier mit Blick auf Humanität und die Existenz unseres Planeten *nicht* zu positionieren, ist kaum möglich. Allerdings ist es notwendig, den Blick auf unterschiedliche Lösungsansätze und verschiedene Aspekte der Probleme zu wahren und sie nicht von vornherein auszuschließen, im Gegenteil, bewusst nach ihnen zu suchen und sie kenntlich zu machen. Dazu gehört, auch das Kleingedruckte bei Pressemeldungen oder Studien zu lesen, viel Arbeit, aber notwendig. Andere, gegenteilige Stimmen offen zu hören und auf Plausibilität zu prüfen. Dazu gehört, Statistiken zu Rate zu ziehen, zu prüfen, welche Zahlen und Fakten einer jeweiligen Meldung zugrunde liegen. Und zwar nicht nur Statistiken, die das eigene Weltbild zu bestätigen scheinen. Ein simples Beispiel: Es gibt einen Unterschied zwischen installierter Leistung bei Windkraftwerken und ihrer realen Stromerzeugung. Diese Differenzierung findet in vielen Darstellungen nicht statt, beides wird gleichgesetzt und führt damit zu Irreführung. Da der EU-Gesetzgebung häufig technische Fragen zugrunde liegen, ist hier stets Vorsicht angebracht. Ein Anruf bei Kritikern kann helfen, mehr noch, er ist journalistisch geboten. Aber auch der Blick in andere EU-Mitgliedstaaten ist nützlich. Was machen sie anders, was machen sie besser oder schlechter, warum gehen sie an manche Problemstellungen anders heran? Dies ist einer der spannendsten Aspekte der EU-Berichterstattung und hat enormes Potenzial.

EU-Berichterstattung erfolgt in der ARD in zahlreichen aktuellen Formaten in Radio, Fernsehen und sozialen Medien, aber auch im Weltspiegel und insbesondere im Europamagazin, das von SWR und WDR gestaltet wird. Der WDR bringt seine Sendung aus Brüssel mit einem deutlichen politischen Akzent. Das Publikum soll, das gilt für die gesamte Berichterstattung, über die politischen Entwicklungen in der EU, die Rolle Deutschlands im Zusammenspiel mit den anderen Mitgliedstaaten, aber auch in der Welt informiert werden, um mitreden und mitentscheiden zu können. Dazu braucht es ein umfassendes, unvoreingenommenes Bild. Der Ansatz ist aber auch, dem Publikum zu zeigen, was Europa mit dem eigenen Leben zu tun hat, welche Auswirkungen, welche Folgen, welchen Mehrwert es hat. Hier kann Berichterstattung einen Blick über den Tellerrand erlauben. Sie kann zeigen, in welchem Verhältnis Deutschland zu den anderen EU-Mitgliedstaaten, aber auch Drittstaaten steht. Auch das ZDF hat eine Europasendung, allerdings täglich und kürzer. Schließlich versorgen noch eine Reihe von Hörfunkkorrespondenten die verschiedenen Sendungen und Anstalten mit täglicher Berichterstattung aus Brüssel. Man kann wohl sagen, dass das öffentlich-rechtliche System ein umfangreiches Angebot an Europa-Berichterstattung liefert. Die Macher gestalten alle denkbaren Formate: Nachrichten, Hintergrundbeiträge, Live-Gespräche, lange Hintergrundformate, Podcasts und das in der gesamten Distributionskette. Doch mit welchen Formaten und Ansätzen könnten Journalisten über die übliche Regelberichterstattung hinausgehen oder sie anreichern?

Der Perspektivwechsel kann also ein wesentliches Merkmal europäischer Berichterstattung sein. Er kann in unterschiedlicher Weise erfolgen, sei es in nüchterner Darstellung der Nachrichtenbeiträge oder in Einzelbeiträgen, die konsequent und offen die Lage eines anderen Mitgliedslandes darstellen. Dies kann erfolgen durch direkte Nachfrage bei Korrespondenten anderer Mitgliedstaaten oder Protagonisten, die die Situation dort erläutern. Der Perspektivwechsel kann bewusst erfolgen in extra gestalteten Beiträgen mit eigener Handschrift oder einfach durch Zitate und O-Töne von eben anderen als den deutschen Protagonisten, sprich Experten, Politikern, Entscheidungsträgern oder anderen.

Der direkte Vergleich ist ein einfaches Mittel, der einen Perspektivwechsel ermöglicht und Unterschiedlichkeit, Diversität darstellt und damit Augen öffnet für eine Situation in einem anderen Land, die zuvor nicht klar war. Das ARD-Europamagazin veröffentlicht stetig zu aktuellen und latent aktuellen Themen solche Vergleiche. Ein Beispiel betrachtet den Vergleich der Vermögensverhältnisse der Europäer. Dabei kam heraus, dass Luxemburger relativ wohlhabend sind. Eine nicht überraschende Erkenntnis, aber dass die Belgier zu den vermögendsten Europäern gehören, vielleicht schon. Dass Deutschland unter anderem Blickwinkel gesehen, nämlich dem der Privatvermögen, gar nicht so reich ist, wie stets angenommen, ist ebenfalls eine interessante Erkenntnis. Dass ausgerechnet Irland mit die jüngste Bevölkerung in Europa aufweist, gehört ebenfalls zu den vielleicht überraschenden Erkenntnissen. Auch die Lebenserwartung, die Jugendarbeitslosigkeit, das Rentenniveau, der Alkoholkonsum, das Gewicht, Ausgaben für Rüstung, Wehrpflicht, Unterschiede im Gesundheitssystem, das Bildungsniveau (die Pisa-Studie war und ist vielleicht einer der wenigen Vergleiche, die tatsächlich Aufsehen erregt haben) usw. bieten spannende Ansätze. Interessante Vergleiche gibt es en masse, um zu sehen, was die anderen anders und vielleicht auch besser machen. Institutionen wie Eurostat, aber auch das statistische Bundesamt und viele andere bieten zahlreiche Vergleiche an, aus denen sich gute Geschichten erzählen lassen.

Der Best-Practice-Ansatz wäre im Prinzip eine Erweiterung des direkten Vergleichs. Denn mit den unterschiedlichen Lebensverhältnissen geht eine unterschiedliche Politik einher. Wenn die Dinge so sind wie sie sind, haben sie eine Ursache, die mag in glücklichen Umständen liegen, etwa an den natürlichen Bedingungen eines Landes, aber auch an konkreter Strategie und Politik. Vielleicht ist dies ein ungehobenes Potenzial für Europa und auch die Berichterstattung, die anderen ernster zu nehmen und aus dem zu lernen, was sie besser machen. Genau dies sollte ja ein Prinzip der EU sein, die besten Ideen zu finden und dort umzusetzen, wo es möglich ist. Also, was macht Irland bei Unternehmensgründungen und Familienpolitik besser als andere. Warum übernehmen Spanier das duale Ausbildungssystem der Deutschen? Was machen die Skandinavier im Ausbildungssystem besser? Was kann man wie übernehmen? Hier liegen zahllose Geschichten, mit denen man die Berichterstattung über die deutschen Interessen in Brüssel flankieren kann.

Der Impact-Ansatz: In der Europäischen Union neigen Organe und Institutionen wie die EU-Kommission dazu, weitreichende Ankündigungen vorzustellen, um das Publikum zu beeindrucken und den Nutzen der EU zu verdeutlichen. Die sind manchmal inhaltlich begründbar, gelegentlich aber auch rein populistischer Natur. Da hier in der Regel auch sehr viel Geld im Spiel ist, lohnt die Mühe, nach ein oder zwei Jahren zu überprüfen, was aus den Ankündigungen geworden ist. Die Antworten sind nicht selten ernüchternd. Vor einigen Jahren schlug die EU-Kommission unter Jean-Claude Juncker eine europäische Vereinheitlichung der Zeitumstellung vor. Intern glaubte man damals, etwas tun zu müssen, das vermeintlichen, direkt erkennbaren Nutzen für die Bürger hat. Es gibt wie immer Kritik der Bevölkerung und die Kommission will dem ganz normalen EU-Bürger zeigen, dass sie sich um seine Belange kümmert. Der Vorschlag war allerdings nicht ganz zu Ende gedacht. Denn wenn die Umstellung der Sommerzeit vereinheitlicht würde, bedeutete das für die Länder im Westen der EU, dass es zu bestimmten Jahreszeiten in den vereinheitlichten Uhrzeiten extrem spät oder extrem früh hell sein würde, und im Osten genau andersherum. Das wäre für jene Länder kaum akzeptabel gewesen. Da sie weiter ihre eigene Uhrzeit in den Vordergrund gestellt hätten, wäre ein unübersichtliches Durcheinander entstanden, das noch mehr Probleme verursacht hätte als die geltende Lösung. Seitdem liegt der Vorschlag, einst als große Leistung angekündigt, im Keller, weil alle die Sorge vor einem Flickenteppich haben, denn der würde, angesichts der vielen Reisen, die im europäischen Binnenmarkt stattfinden, unter dem Strich zu noch mehr individuellen Zeitumstellungen führen. Es war also viel Opportunismus im Spiel, nicht wirklich zu Ende gedacht und trotzdem kommt die Forderung und das Thema jedes Jahr bei jeder Zeitumstellung erneut auf. Was im Beispiel sehr offensichtlich ist, spielt sich auch in anderen Politikfeldern ab. Der Europäische Rechnungshof prüft regelmäßig die Effizienz bestimmter Ausgaben.[18] Wie weit ist die Kohäsionspolitik der EU, die darauf abzielt durch Förderung zielgerichteter Projekte die Lebensverhältnisse in der EU immer näher anzugleichen, eigentlich gekommen? Wo war sie erfolgreich, wo nicht? Auch genau darin liegt eine Aufgabe von Journalismus. Nach den Konsequenzen fragen, schauen, ob überhaupt möglich ist, was dort vorgeschlagen wird, ob erreicht wurde, was geplant war.

Der Zuständigkeitsansatz: Einzelpolitiker, die Kommission, Parlament, im Prinzip alle politisch Verantwortlichen fordern gern Dinge, die sie aber gar nicht beeinflussen können oder mehr noch, für die sie gar nicht zuständig sind und keine Kompetenzen haben. Dies ist grundsätzlich nicht falsch, natürlich kann jeder fordern, was er will. Doch ob man darüber berichten kann oder muss, ist eine andere Frage. Daher ist jedes Mal wichtig, nach den Zuständigkeiten zu fragen. Häufig kommen so auch Fehlmeldungen auf. Person X fordert ohne irgendwelche Zuständigkeiten, *die EU muss und wird handeln*, erstens ist schon nicht klar, was dann mit EU eigentlich gemeint ist, machen manche Redaktionen daraus auch noch: *Die EU will*. Auch so entstehen manchmal Falschnachrichten. Um sich davor zu wappnen, ist die genaue Kenntnis von Zuständigkeiten und Abläufen bei Entscheidungsprozessen besonders wichtig.

It's the economy, stupid:[19] Die deutsche Berichterstattung ist traditionell sehr politisch ausgelegt. Die Fragen nach ökonomischen Konsequenzen finden sich nur selten oder sehr spät. Machbarkeit und Wirkung politischer Entscheidungen und solcher Prozesse sind aber in ihrer ökonomischen Wirkung oft bedeutender. Denn fast alle Entscheidungen aus Brüssel haben einen ökonomischen Zusammenhang, der gemeinsame Binnenmarkt und seine Vervollständigung sind ein wesentlicher

---

[18] Siehe auch Kapitel 7: Das Kontrollsystem funktioniert nicht.

[19] Das Zitat wird in der Regel dem ehemaligen amerikanischen Präsidenten Bill Clinton zugeschrieben, Urheber ist aber offenbar sein Kampagnenstratege James Carwille, der dies 1992 bei den Präsidentschaftswahlen aufgebracht hat, um den Wählern die Bedeutung von wirtschaftlichen Zusammenhängen aufzuzeigen.

Bestandteil der Europäischen Union und haben konkrete Auswirkungen auf die Lebensrealität der Europäer. Vielleicht ist die Darstellung der ökonomisch relevanten Entscheidungen und ihre Auswirkungen aber unterentwickelt in der Berichterstattung, jedenfalls wenn man das Gesamtbild betrachtet. Die besonderen Wirtschaftsmedien und solche, die großen Wert auf ihre Wirtschaftsberichterstattung legen, sind von dieser Betrachtung natürlich ausgenommen. Aus allem ergibt sich der Ansatz, stets zu fragen, *was bedeuten europäische Entwicklungen für den wirtschaftlichen Alltag des Publikums?*

Konstruktiv berichten. Die Kriterien des Konstruktiven Journalismus gewinnen zunehmend Bedeutung und dennoch wird manches noch missverstanden. Kann im EU-Journalismus, wo doch so viele Konflikte reflektiert werden müssen, der Konstruktive Journalismus ein Tool sein, um zu berichten? Auf den ersten Blick ja, denn es geht, wie bereits beschrieben, unentwegt um Interessensunterschiede, Konflikte und der Suche nach Kompromissen, die alle mittragen können. Doch warum sollte ein EU-Korrespondent überhaupt lösungsorientiert berichten, ist doch die Lösungssuche Sache der beteiligten Institutionen. Wenn es so ist, dass Konstruktiver Journalismus, wie manche Darstellungen sagen, eine ausgewogene Perspektive schaffen will und neben Problembeschreibungen auch mögliche Lösungen und positive Entwicklungen aufzeigen soll, so ist das nichts anderes als das, was Journalismus ganz generell tun sollte. Wenn Faktenbasiertheit ein wichtiges Kriterium des Konstruktiven Journalismus ist, dann ist auch das eigentlich selbstverständlich. Die Frage ist aber, welche Fakten ein Journalist präsentiert. Die europäische Union hält negative und positive vor, allerdings sind die positiven in der öffentlichen Darstellung meist unterrepräsentiert. Was die Lösungsorientierung des Konstruktiven Journalismus angeht, ist auch einem möglichen Missverständnis vorzubeugen. Denn es ist nicht der EU-Journalist selbst, der die Lösungen finden muss, er wird es also nicht sein, der die EU vor ihrem Untergang rettet. Die Herausgeberin der Journalismus-Reihe, Gabriele Hooffacker schreibt: „Insgesamt hilft konstruktiver Journalismus bei der gesellschaftlichen Selbstverständigung zu Konfliktthemen. Als alternatives Berichterstattungsmuster entlastet er Journalistinnen und Journalisten und unterstützt sie beim Finden eines weiteren möglichen Rollenbildes. Er fördert das Recherchieren lösungsorientierter Positionen und kann als Leitlinie für das journalistische Handeln vor dem Hintergrund von Krisenphänomenen dienen, nicht nur, aber insbesondere bezogen auf ein Publikum Heranwachsender und junger Erwachsener. Bei Ereignissen, die als krisenhaft dargestellt werden, kann der konstruktive Journalismus die möglichen nächsten Schritte skizzieren oder – indem er entsprechende Akteure zu Wort kommen lässt – sogar unterschiedliche Lösungswege aufzeigen. Damit lassen sich zumindest die Folgen abmildern, dass das Publikum mit den Bildern krisenhafter Ereignisse allein gelassen wird. Im Idealfall unterstützt der konstruktive Journalismus die Auseinandersetzung mit krisenhaften Ereignissen und den Zusammenhängen, die dazu geführt haben."[20] Die Ansätze einer anderen Haltung gegenüber vermeintlichen oder auch nur scheinbaren Krisen in der EU und die Konsequenzen für die Berichterstattung finden sich hier durchaus wieder. „In der Folge der aktuellen Krisen, von der Pandemie bis zu Kriegshandlungen, wenden sich immer mehr Menschen von den Medien ab. Wie gezeigt wurde, sind die Medien vor allem Überbringer der unangenehmen, schlechten Nachrichten. Und die Überbringer werden ja bekanntlich geköpft, metaphorisch gesprochen. Was können Journalistinnen und Journalisten dagegen tun? Ein Vorschlag aus der aktuellen Journalismus-Forschung lautet: das Publikum mit den schlechten Nachrichten nicht allein lassen. Das bedeutet eben nicht, solche Nachrichten zu verschweigen, ganz im Gegenteil. Stattdessen sollte zu den klassischen Journalisten-W-Fragen (Wer? Was? Wo? Wann? Wie? Warum? Welche Quelle?) eine weitere W-Frage einbezogen werden: Wie weiter?",[21] schreibt Gabriele Hooffacker und verweist damit auf eine mögliche Lösung typischer Defizite üblicher Berichterstattung, dass sie oft bei offiziellen Standpunkten stehen bleibt, dass sie Hintergründe, Ursachen und Folgen eines Ereignisses zu selten berücksichtigt und zu sehr ereignis- statt prozessorientiert ist.[22]

Aspekte des Konstruktiven Journalismus können also ganz konkret auch und gerade die Europaberichterstattung ergänzen. Das ganze Bild zu zeigen, wie in diesem Abschnitt bereits erwähnt, beinhaltet eben auch, Hintergründe aufzuzeigen und Prozesse zu beschreiben. Auswege zu benennen, bedeutet aufzuzeigen, dass sich das Publikum nicht im komplexen Kosmos der EU verlieren muss. Und schließlich: Themen abseits des Agenda-Journalismus zu beschreiben heißt, aufzuzeigen, an welchen Stellen die EU konkreten Nutzen verspricht, ermöglicht, bzw. zu zeigen, wo sie diesem Anspruch nicht gerecht wird. Damit trägt diese Art von Berichterstattung zur Orientierung bei und kann das Publikum in die Lage versetzen, sich sein eigenes Urteil zu bilden. Nicht immer muss sich das ganze Spektrum in den Beiträgen wiederfinden, doch bereits einzelne Aspekte verbessern die Korrespondentenarbeit, die so als eigenständiges Angebot für das Publikum hinsichtlich eines zusätzlichen Mehrwerts erscheint.

---

[20] Hooffacker, Gabriele (2021): Konstruktiven Journalismus lehren, in: *Journalistik*, Jg. 4, Nr. 1, S. 58–63, doi: https://doi.org/10.1453/2569-152X-12021-11255-de.

[21] Hooffacker, Gabriele (2024): *Warum wir die Medien nicht verstehen – und sie uns nicht*, 1st ed. 2024., Wiesbaden: Springer Fachmedien Wiesbaden (essentials), doi: https://doi.org/10.1007/978-3-658-44944-5, S. 23.

[22] Vgl. ebd.

> *Hilfreich ist, EU-Berichterstattung in den verschiedenen Medien immer wieder auf solche Aspekte hin zu lesen und bewusst wahrzunehmen. Denn konstruktive Darstellungen sind immer häufiger zu finden. Einige Journalisten gehen mehr und mehr dazu über, lösungsorientierte, perspektivische Elemente zu nutzen. Dazu braucht es allerdings manchmal Platz, der bei kürzeren Nachrichten nicht immer gegeben ist. Trotzdem: Auch dort gibt es Gelegenheit dazu.*

Das ganze Bild berücksichtigen. Ergänzend zu den Erkenntnissen und Aspekten des Konstruktiven Journalismus sei nochmals die Berücksichtigung des ganzen Bildes erwähnt. Spätestens wenn sich der Blick wieder auf ein Einzelereignis fokussiert, lohnt sich das Nachdenken über den Tellerrand hinaus, um dem Publikum entsprechenden Mehrwert zu bieten und Sachverhalte besser einschätzen zu können. Im US-Wahlkampf sowie nach der gewonnenen Wahl drohte Donald Trump den Europäern mit drastischen Zöllen. Das führte zu zahlreichen Berichten über die negativen Folgen für die EU und die Wirtschaft in Deutschland im Besonderen und in der Folge zu größeren Sorgen, wie dem zu begegnen sei. Das ARD-Europamagazin versuchte, der Frage etwas näher zu kommen, und machte einen Vergleich: Wem in der EU schaden höhere Zölle besonders? Das vordergründige Ergebnis spiegelte die Diskussion, Deutschland als besonders exportorientiertes Land würde so Probleme bekommen. Dass viele andere Länder in der EU keine größeren Auswirkungen hätten, war ein interessanter Nebeneffekt, der in der deutschen Berichterstattung schon kaum mehr eine Rolle zu spielen schien. Die zweite Frage war aber noch interessanter: Welche Exporte spielen eigentlich im europäischen Binnenmarkt eine Rolle? Denn Deutschland exportiert in den EU-Binnenmarkt deutlich mehr als in die USA.[23] Berechnungen des Münchner IfO-Institutes legten zudem nahe, dass Deutschlands Unternehmen sehr flexibel seien und so ihre Exporte wohl in andere Regionen verlagern dürften, der Schaden amerikanischer Zölle aber nicht unerheblich sein würde.[24] Das Prob-

---

[23] Vgl. Rudnicka, J. (2024): Anteil der Exporte aus Deutschland in die EU am Gesamtexport bis 2023, *Statista*, [online] https://de.statista.com/statistik/daten/studie/226630/umfrage/anteil-des-eu-handels-am-deutschen-exporthandel/ [31.12.2024].

[24] Vgl. Flach, Lisandra; Fuest, Clemens (2024): ifo Standpunkt 264: Wahlen in den USA: Worauf müssen sich Deutschland und die EU einstellen und wie können sie sich wappnen? | Stellungnahme, *ifo Institut*, [online] https://www.ifo.de/stellungnahme/2024-10-31/ifo-standpunkt-264-wahlen-in-den-usa [31.12.2024].

lem stellt sich so in einem anderen Lichte dar. Hinzu kommt: China und die USA werden stets als die wichtigsten Handelspartner dargestellt. Eigentlich ist der wichtigste Handelspartner aber die Europäische Union als Ganze und das wird sogar noch deutlicher, wenn das Vereinigte Königreich hinzugezählt wird. Nun mögen Kritiker anmerken, dies aufzuzeigen sei doch grundlegende Aufgabe von Journalismus. Dem ist so, aber die Berichterstattung lässt solche Aspekte leider viel zu oft vermissen.

Schließlich spielt die Sprache eine erhebliche Rolle. Als EU-Korrespondent ist es schwierig, sich ständig von der formalisierten, technischen, von zahllosen Abkürzungen oder Fachbegriffen geprägten oder auch diplomatisierten Sprache der EU-Institutionen abzuheben. Nicht nur weil etwa Politicos Playbook in Englisch publiziert, sondern auch grundsätzlich hat Politico einen anderen Stil etabliert. Den wollte man noch Politico-spezifisch weiter definieren: „We needed a different language. Politico organizes events where ambassadors and top officials walk on a red carpet, it uses a Hollywood language applied to civil servants and lawmakers. Our journalism has also mixed-up languages. In those very early days, we were told the basic idea was to be as accurate as the New York Times but as fun as the New York Post. A mix between the best of the culture of the quality newspapers with the best of the tabloid culture. Which means that our headlines and our stories are often spicier and more irreverent than the competition. While the effort is to have rock-solid reporting for them. And it also means that our journalism can be seen as more abrasive. Which is one reason why in the Brussels bubble you find many Politico supporters but also some who don't like this style. Yet they can hardly ignore what we write."[25] Das führt sogar soweit, dass Politico morgens auch Geburtstage von EU-Persönlichkeiten nennt.

Institutionen, Beamte, Diplomaten, Lobbyisten, letztlich alle, die im EU-Umfeld zu tun haben, bräuchten im Grunde dauernd besondere *Sprachkurse,* die Entscheidungen in Alltagssprache übersetzen. Diese Rolle kommt am Ende den Journalisten zu, doch die tun sich verständlicherweise schwer damit. Es geht um Vereinfachung und den Mut, klare Wörter zu nutzen, dass dies zu selten geschieht, hat vielleicht auch mit der Sorge zu tun, nicht präzise genug zu sein, letztlich stellt dieser fehlende Mut aber ein Verstecken hinter Floskeln dar. Auf Seiten der Institutionen, dürfte es noch etwas anderes sein: Hinter der verklausulierten Sprache verstecken sich unpopuläre oder schwierige Entscheidungen, die man nicht offen kommunizieren will. Für Korrespondenten ist es eine wichtige Aufgabe, genau das zu dechiffrieren.

---

[25] Siehe Teil 2. Abschn. 11. Barigazzi, Jacopo. „The Bible of EU-affairs."

In der ARD spielt die Europaberichterstattung seit jeher eine besondere Rolle. Der Westdeutsche Rundfunk betreibt für die ARD das Europastudio Brüssel, das die politischen Entwicklungen in Europa, der EU im Besonderen und die Abläufe und Entscheidungen in den Institutionen genau beleuchtet. Hier erreichen die Korrespondenten und Autoren jeden Tag ein Massenpublikum, neben den bereits erwähnten rund 10 Mio. Zuschauern erreicht die Tagesschau mittlerweile auch beträchtliche Anteile beim jungen Publikum. Von den 14- bis 49-Jährigen schauten 2024 jeden Tag durchschnittlich 1,368 Mio. die Nachrichtensendung und erreicht in dieser Altersgruppe einen Marktanteil von 30 %.[26] Und anders als in der *Vordigitalisierungszeit* sind diese Beiträge nicht einfach *weg* nach Ausstrahlung, sondern lange Zeit online einsehbar auf tagesschau.de. Auch auf den Social-Media-Profilen folgen viele Jüngere der Tagesschau. Auf Instagram, YouTube und X (ehemals Twitter) sowie einigen neueren Formaten stiegen die Followerzahlen signifikant an.[27] Es ergibt sich von selbst, dass die Anforderung an *Korrektheit, Glaubwürdigkeit, Aktualität und Verständlichkeit* und damit die Verantwortung eines Autors besonders hoch sind. Konkrete Beispiele in den Beiträgen werden genutzt, um hier zur Verständlichkeit beizutragen. Zur Korrektheit und Glaubwürdigkeit tragen korrekte Zahlen verbunden mit Grafiken und Quellenangaben bei. Der Erklärungsanteil hat deutlich zugenommen. Selbstverständlich gehört auch das Hören unterschiedlicher Auffassungen zu einem Thema. In ein bis zwei Minuten über einen Sachverhalt nachvollziehbar zu berichten, bleibt aber eine Herausforderung. Auch die Tagesschau und andere Nachrichtensendungen werden kritisiert. Im Verhältnis zur Qualität und zur schieren Quantität an Nachrichten, ist diese Kritik nach Auffassung des Autors überschaubar. Gleichwohl nehmen die Macher das sehr ernst. Ausgewogenheit und Multiperspektivität sind wichtige Standards in den öffentlich-rechtlichen Häusern. Die hohe Sensibilität beim Publikum zeigt, welche Bedeutungen die Nachrichtenflagschiffe in der Öffentlichkeit haben.

Etwas mehr Möglichkeit zu inhaltlicher Ausgestaltung bietet das ARD-Europamagazin. Die Sendung wird ja wie bereits erwähnt im Wechsel von WDR und SWR für die ARD produziert, allein das macht deutlich, dass die Europaberichterstattung ein wesentliches Thema für alle ARD-Sender (und natürlich das ZDF ebenfalls) darstellt. Der WDR-Programmauftrag beschreibt die Aufgabe sogar sehr konkret. Demnach soll das Programm und deren Macher „bei der europäischen Integration helfen".[28]

---

[26] NDR (2025): Tagesschau um 20 Uhr erreicht Spitzenwerte und bleibt Deutschlands meist gesehene Nachrichtensendung. Pressemitteilung.

[27] Vgl. ebd.

[28] (1998): *Gesetz über den „Westdeutschen Rundfunk Köln" (WDR – Gesetz), Bekanntmachung der Neufassung.* §5(4).

Zur Frage der Darstellungsformen zählt insofern auch der Aspekt der Annäherung an eine europäische Betrachtung. Ist EU-Journalismus auch *europäischer Journalismus* oder *nationaler Journalismus* in Brüssel mit Blick auf die EU? Natürlich gehört zu den notwendigen Darstellungsformen von Journalisten zu fragen, was bedeuten die Entscheidungen in Brüssel für die Menschen (und damit das Publikum) im eigenen Land? Doch ist es richtig, wenn sie eine Europawahl mehr oder weniger allein aus nationaler Perspektive analysieren? In einem Brief an die Programmchefs von ARD und ZDF kritisieren Sprecher der deutschen Fraktionen im Europaparlament nach der Europawahl, dass in politischen Talkshows der Sender Menschen, die „Europapolitik machen, praktisch überhaupt kein Gehör finden."[29] Von 43 Gästen sei lediglich einer dabei gewesen, der bei der Europawahl angetreten sei.[30] Und: „Die Europawahlen, die Auseinandersetzungen in Brüssel, die politische Lage in den EU-Mitgliedstaaten, die mithin als Postengeschacher verschrienen Machtkämpfe – haben in ihren Programmen in den vergangenen Monaten Sendezeit bekommen, wurden aber häufig aus Sicht der Bundespolitik betrachtet."[31] Dabei seien politische Talkshows doch einer der zentralen Orte der öffentlichen politischen Auseinandersetzung.[32] Die Beschwerde ist deshalb interessant, weil sie die umfangreiche Berichterstattung in den Sendern *vor den Europawahlen* teils ausblendet. Es gab Townhall-Formate und andere Sendungen, Dokumentationen und vieles mehr, in denen natürlich Europapolitiker aufgetreten sind. Die Programme von ARD und ZDF waren vor der Wahl voll von ihnen. Und dass die politischen Talkshows nach der Wahl sich vor allem mit den nationalen Fragen beschäftigten, ist nicht ganz überraschend. Schließlich haben viele Wähler der eigenen Bundesregierung ziemlich deutlich ihren Unmut gezeigt und die AfD hat einen Rekordzulauf bekommen. Rein journalistisch betrachtet lag der Fokus also anderswo. Die Autoren blenden auch aus, dass politische Talkshows nur ein Format unter vielen anderen sind, wie die reichweitenstarken Nachrichtenformate, in denen die Wahl nachgearbeitet wurde. Der Brief ist auch insofern bemerkenswert, als dass die Autoren natürlich vor allem sich selbst gemeint haben. Eine tatsächlich europapolitisch ausgerichtete Sendung hätte dann auch andere Europapolitiker aus anderen Ländern einladen können oder vielleicht sogar müssen. Da kommt der Verdacht auf, es gehe den Autoren lediglich um das *eigene* Erscheinen

---

[29] Freund, Daniel; Caspary, Daniel; Repasi, René; u. a. (2024): Brief an ARD und ZDF zu Talkshows, *Daniel Freund*, [online] https://danielfreund.eu/brief-an-ard-und-zdf-zu-talkshows/ [31.12.2024].
[30] Vgl. ebd. Die Person war Manfred Weber.
[31] Ebd.
[32] Vgl. ebd.

und die *eigene* Darstellung. Und dennoch haben sie womöglich einen Punkt, nämlich dass aus Deutschland heraus die EU vor allem aus dem deutschen Blickwinkel betrachtet wird. So wie es in den anderen Ländern eben auch ist. Am deutlichsten wurde dies an der Wahlkampagne der SPD, die ihrem eigenen Kandidaten Nicolas Schmit, der eigentliche Spitzenkandidat für das Amt des Kommissionspräsidenten, offenbar so wenig zutraute, dass sie mit Katharina Barley als Spitzenkandidatin warb, an der Seite des Bundeskanzlers. Es hat also auch etwas damit zu tun, wie sich Politik selbst darstellt. Wenn sie das schlecht oder unzureichend tut, sind Medien kaum dafür zuständig, solche Defizite zu kompensieren. Andererseits ist auffällig, dass deutsche Medien sehr oft, manchmal ausschließlich, deutsche Stimmen einholen. Es sei denn, es verhält sich entgegengesetzt, dann aber aus anderem Motiv, wie Peter Kapern beschreibt: „Als der Deutschlandfunk Anfang 2024 begann, seine Sondersendung für den Abend der Europawahlen am 9. Juni 2024 zu planen, wurde vor allem eine Bitte von den verantwortlichen Redakteuren an unser Brüsseler Studio herangetragen: Nämlich dafür zu sorgen, dass in dieser Sendung viele „ausländische Stimmen" zu hören sein würden. Nicht auf die politischen Funktionsweisen dieses Parlaments richtete sich die Neugier der Redaktionen, nicht auf die vielen Aspekte, die es von den Volksvertretungen in Deutschland unterscheidet, nicht die Frage, ob es mächtig oder machtlos ist, sondern einzig auf diesen einen Aspekt wurde das Europaparlament im Zuge der zeitknappen Programmplanung reduziert: Auf das babylonische Sprachengewirr, ungefähr so, wie im Planetarischen Rat bei Star Wars. Interessant, aber auch irgendwie einschüchternd, zudem meist unverständlich, und schon deshalb nicht ganz ernst zu nehmen. Das sollten wir in der Sondersendung – bitte schön – abbilden. Purer Exotismus eben."[33] Auch Christoph Schiltz ist skeptisch, was europäischen Journalismus anbelangt: „Es gibt keine einheitliche europäische Öffentlichkeit oder gar einen „europäischen Journalismus". Die Vielfalt der EU spiegelt sich auch in der Berichterstattung. Das ist gut so, Versuche, das ändern zu wollen, sind absurd und bisher gescheitert."[34] Eine Ausnahme stellen die Online-Medien Politico und Euractiv, dar. Aber auch das Projekt *ENTR what's next* zeigt interessante Perspektiven eines europäischen Journalismus auf, die vor allem junge Europäer ansprechen und mit Redaktionen aus verschiedenen Ländern arbeitet. „Wir schätzen Unterschiede und feiern Gemeinsamkeiten und verbinden Menschen mit unterschiedlichen Hintergründen in ganz Europa. Wir sind ein europäisches Content-Creator-Netzwerk und produzieren journalistische Inhalte mit europäischer Dimension für So-

---

[33] Siehe Teil 2. Abschn. 5. Kapern, Peter. Ethnologie im Staatenzoo. Der Deutschlandfunk, die EU und der ganze Rest.
[34] Siehe Teil 2. Abschn. 4. Schiltz, Christoph. Veränderungen und Skepsis.

cial Media. ENTR bietet in vielen Sprachen Raum für offene Diskussionen über unsere gemeinsame Gegenwart und Zukunft und zeigt die Fülle der unterschiedlichen Perspektiven in Europa."[35] Dort will man eine authentische, konstruktive Debatte eröffnen. Die Brüsseler Bubble spielt dabei keine Rolle. In mittlerweile acht Sprachen in Zusammenarbeit unterschiedlicher Medienunternehmen ist das Projekt unter Federführung der Deutschen Welle aktiv. So sagt ENTR selbst über sich: „Das Content-Creator-Netzwerk orientiert sich an der Vision eines partizipativen Forums, das auf inspirierenden Dialogen über digitale Plattformen basiert und junge Menschen in Europa zum Nachdenken anregt. Damit trägt ENTR zu einer aktiveren europäischen Zivilgesellschaft bei."[36] Das ist sicher ein ganz anderer Ansatz als das, was bislang bei EU-Korrespondenten eine Rolle spielt. Welche Bedeutung ENTR bekommen kann, ist noch offen. Alle Medien suchen allerdings nach Wegen, wie jüngere Leute anzusprechen sind. Der Weg von ENTR ist jedenfalls ein sehr spannendes Projekt.

Literatur

(1998): *Gesetz über den „Westdeutschen Rundfunk Köln" (WDR – Gesetz), Bekanntmachung der Neufassung.*
Flach, Lisandra; Fuest, Clemens (2024): ifo Standpunkt 264: Wahlen in den USA: Worauf müssen sich Deutschland und die EU einstellen und wie können sie sich wappnen? | Stellungnahme, *ifo Institut*, [online] https://www.ifo.de/stellungnahme/2024-10-31/ifo-standpunkt-264-wahlen-in-den-usa [31.12.2024].
Freund, Daniel; Caspary, Daniel; Repasi, René; u. a. (2024): Brief an ARD und ZDF zu Talkshows, *Daniel Freund*, [online] https://danielfreund.eu/brief-an-ard-und-zdf-zu-talkshows/ [31.12.2024].
Hooffacker, Gabriele (2021): Konstruktiven Journalismus lehren, in: *Journalistik*, Jg. 4, Nr. 1, S. 58–63, doi: https://doi.org/10.1453/2569-152X-12021-11255-de.
Hooffacker, Gabriele (2020): *Journalistische Praxis: Wie Medien das Thema Migration für Jugendliche umsetzen Können*, Wiesbaden: Springer Fachmedien Wiesbaden GmbH (Essentials Ser).
Hooffacker, Gabriele (2024): *Warum wir die Medien nicht verstehen – und sie uns nicht*, 1st ed. 2024., Wiesbaden: Springer Fachmedien Wiesbaden (essentials), doi: https://doi.org/10.1007/978-3-658-44944-5.
ENTR what's next, *ENTR*, [online] https://entr.net/de [31.12.2024].
Nachrichtennutzung und Nachrichtenkompetenz im digitalen Zeitalter, *#UseTheNews*, [online] https://www.usethenews.de/de [31.12.2024].

---

[35] ENTR what's next, *ENTR*, [online] https://entr.net/de [31.12.2024].
[36] Ebd.

Rudnicka, J. (2024): Anteil der Exporte aus Deutschland in die EU am Gesamtexport bis 2023, *Statista*, [online] https://de.statista.com/statistik/daten/studie/226630/umfrage/anteil-des-eu-handels-am-deutschen-exporthandel/ [31.12.2024].

Schneider, Wolf; Murschetz, Luis (2001): *Deutsch für Profis: Wege zu gutem Stil*, 26. Auflage, überarbeitete Taschenbuchausgabe., München: Goldmann (Goldmann-Taschenbuch Mosaik bei Goldmann).

Steinbrecher, Michael; Rager, Günther: Die Studie Journalismus und Demokratie, *Journalismus und Demokratie*, [online] https://www.journalismusstudie.fb15.tu-dortmund.de/die-studie-journalismus-demokratie/ [31.12.2024].

Steingart, Gabor (2024): „Information ist nicht gleich Wahrheit". Gabor Steingart im Gespräch mit Prof. Yuval Noah Harari., 19.10.2024.

NDR (2025): Tagesschau um 20 Uhr erreicht Spitzenwerte und bleibt Deutschlands meist gesehene Nachrichtensendung. Pressemitteilung.

Nato und Sicherheit Ein eigenes Berichtsgebiet 12

Die meisten EU-Korrespondenten bearbeiten neben ihrer täglichen Berichterstattung auch noch das Thema NATO. Jahrelang lief das nebenher, der Fall der Mauer, das Ende des Eisernen Vorhangs erschienen Verteidigungsfragen für die Europäer zunehmend unwesentlicher. Das schlug sich auch in der Politik der meisten europäischen Mitgliedstaaten nieder. Der Krieg gegen die Ukraine änderte das. Über Sicherheitsfragen zu berichten ist ein eigenes Feld und erfordert viele Kenntnisse. Militärisch mit Blick auf Verteidigungsfähigkeiten, politisch mit Blick auf die (unzureichende) Zusammenarbeit innerhalb der EU.

Das Fernsehzeitalter im Krieg begann schon viel früher, spätestens aber und in dieser Intensität während des NATO-Einsatzes vom 28. Februar bis zum 10. Juni 1999 im Kosovo. Jeden Mittag lädt in dieser Zeit der smarte britische NATO-Sprecher Jamie Shea zum Briefing ein, zeigt und erläutert Videos, die die Genauigkeit der NATO-Bomben aus der Luft zeigen, mit welch *chirurgischer* Präzision die Verbände vorgegangen seien. Während dieser Vorträge steht Shea in einem Kinosaal des alten NATO-Hauptquartiers in Brüssel-Evere und wirkt in seinem Auftritt sachlich neutral. Zahlreiche Journalisten versammeln sich in dieser Zeit regelmäßig, haben ihre Arbeitsplätze im NATO-Quartier eingerichtet, tauschen sich aus. Shea ist für jeden ansprechbar, nicht abgehoben, kommunikativ. *Collateral damages* gibt es praktisch nicht. Deutsche Journalisten übersetzen das als Kollateralschaden. Tote scheint es gar nicht zugeben bei diesem Einsatz, er wirkt nach außen hin nahezu einwandfrei. Scheinbar die erfolgreichste Militäraktion der Nato jemals. Der Ausdruck wurde später zum *Wort des Jahres* gekürt, weil er die Folgen von Militäreinsätzen verharmloste. Shea setzte in den täglichen Briefings den Ton, überließ das Interpretieren nicht der Öffentlichkeit, sondern nahm es vorweg. Weil die Darstellungen in der Kürze kaum prüfbar waren und die Videos

Sheas Darstellung damals zu belegen schienen, er zudem in seiner Präsenz zugewandt und seriös erschien, konnte er die NATO-Pressearbeit auf besondere Weise prägen und damit auch die Berichterstattung beeinflussen. Der Einsatz bekam eine Akzeptanz, obwohl er durchaus in der Kritik stand, weil er ohne UN-Mandat geführt wurde. Natürlich gab es auch von früheren Kriegen und Einsätzen bewegte Bilder, doch diese Art der täglichen Videoanalyse in den NATO-Briefings der nächtlichen Kampfeinsätze und die damit verbundene Öffentlichkeitsarbeit der NATO bekamen eine andere Qualität. Wo Einsätze gescheitert waren, wo die *Kollateralschäden* entstanden sind, davon war keine Rede. Die kritischen Berichte kamen erst später, als das Wesentliche gelaufen war. Heute ist die Öffentlichkeitsarbeit der NATO noch stärker perfektioniert. Das Bündnis gibt sich offen, auf der Internetpräsentation stellen die PR-Profis viel spektakuläres audiovisuelles Material zur Verfügung und laden immer wieder Journalisten zu Manövern ein, damit sie sich ein Bild machen können, und zwar jenes Bild, das die NATO gern von sich sehen möchte.

Die NATO-Berichterstattung gehört für viele EU-Korrespondenten zum Aufgabengebiet. Dafür gelten ähnliche Vorgehensweisen wie in den EU-Institutionen. Der Kontakt zum deutschen NATO-Botschafter und den Pressesprechern, aber natürlich auch zu den verschiedenen Sprechern der NATO selbst, ist ein erster Zugang. Es ist sinnvoll, dort häufiger persönlich aufzutauchen und auch zu Militärs und strategischen Experten Kontakt aufzunehmen. Mehr als in anderen Bereichen zählt der persönliche Kontakt. Dabei ist die Offenheit der NATO-Botschafter sehr unterschiedlich und hängt von den einzelnen Personen ab. Einige Länder informieren sehr offen, laden Journalisten zu zahlreichen Hintergrundgesprächen ein, etwa vor größeren Terminen wie dem NATO-Verteidigungsministertreffen oder einem NATO-Gipfel mit den Staats- und Regierungschefs der Bündnispartner. Bei diesen Briefings bekommt man einen soliden Überblick über die Herausforderungen und Interessen der einzelnen Bündnispartner.

Ein Besuch im militärischen Hauptquartier Mons Shape (Supreme Headquarters Allied Powers Europe), südlich von Brüssel empfiehlt sich, um Gespräche zu führen und ein Gefühl für die Strukturen zu finden. Chef dort ist immer ein Amerikaner, der SACEUR (Supreme Allied Commander Europe), während der Nato-Generalsekretär in Brüssel stets ein Europäer ist. Im besten Fall gibt es nicht nur einen Kontakt zu den deutschen Ansprechpartnern, sondern auch zu jenen anderer NATO-Mitgliedstaaten. NATO-Berichterstattung ist ein eigenes Feld. Das Bündnis hält viele Informationen bereit und eine eigene Videoplattform, die die Fernsehberichterstattung erleichtert. Auch heute versucht der gesamte Presseapparat, die Kontrolle über die Berichterstattung zu behalten. Das geschieht durch eine auf den ersten Blick große Offenheit. Empfehlenswert ist daher, verstehen zu lernen, was bestimmte diplomatische Floskeln tatsächlich bedeuten, sie also *übersetzen* zu können. Wer nicht als NATO-Experte in Brüssel arbeitet, braucht daher zumindest eine Art *Mindestausstattung* an Kenntnissen, die man sich im Hauptquartier holen kann, etwa was Artikel 4 und 5 des NATO-Vertrags tatsächlich bedeutet und welche Schritte zuvor noch notwendig sind, bevor diese existenziellen Verabredungen des Nato-Vertrages zur Anwendung kommen. Das allerdings sollte man tun, lange bevor zu berichten ist, um gewappnet zu sein, denn wenn Redaktionen aus Deutschland anrufen, fehlt es häufig an Basiswissen. Im weiteren Sinne gehört dazu auch die Beschäftigung mit europäischer Sicherheitspolitik, ihren Möglichkeiten und Grenzen. Denn die folgt einer eigenen Logik, weil erstens deutliche mehr Interessen berücksichtigt werden müssen und zweitens die Mitgliedsländer nicht nach den Regeln etwa der EU funktionieren. Experten bei der NATO selbst, bei der Hochschule der Bundeswehr oder auch bei den Denkfabriken mit sicherheitspolitischer Expertise und in Teilen auch beim Auswärtigen Dienst der Europäischen Union sind einige der Ansprechpartner. Die Jahre nach dem Kosovoeinsatz wurde es ruhiger um die Nato, jedenfalls was die Wahrnehmung unter Journalisten und Öffentlichkeit anbelangte. Erst 9/11 und die erstmalige Ausrufung von Artikel 5 des NATO-Vertrages, wonach ein Angriff auf ein Mitglied als einer auf alle bewertet wird, rückte das Bündnis wieder stärker in den Blickpunkt. Nach dem Fall der Mauer allerdings herrschte offenbar ein Bewusstsein, man brauche keine Aufrüstung mehr in Europa, folglich ging das Interesse der Mitgliedstaaten zurück. Man genoss die vielzitierte *Friedensdividende* und verließ sich auf die Schutzmacht USA. Vor wenigen Jahren verstieg sich der französische Präsident Emmanuel Macron sogar auf den Satz, die Nato sei hirntot.[1] Seine Einschätzung schien überspitzt, aber spätestens seit Donald Trumps erster Präsidentschaft und dem russischen Angriffskrieg auf die Ukraine würde kaum jemand noch im Nachhinein den Hinweis kritisieren. Sicherheits- und Verteidigungsfähigkeit der Europäer ist so wieder verstärkt in den Fokus der Öffentlichkeit und damit in den Blick von Brüssel-Korrespondenten gerückt. Sicherheitsexperten sind gefragter denn je und die Frage wird immer dringlicher, ob das Zeitalter, in dem sich die EU als Friedensprojekt allein betrachtet oder sich eher darauf gefasst machen muss, dieses Friedensprojekt vielleicht in Kürze allein militärisch verteidigen zu müssen. Dass die USA in Person von Donald Trump infrage stellen, ob sie sich an die NATO-Vereinbarungen gebunden fühlen, war bislang undenkbar. Gleichzeitig hat der amerikanische Präsident die Europäer schmerzhaft und mit größerer Deutlichkeit als andere seiner Vorgänger an ihre Versäumnisse erinnert, nämlich für die eigene

---

[1] The future of the EU. Emmanuel Macron warns Europe: NATO is becoming brain-dead, *Economist.* (2019).

Verteidigung jahrelang zu wenig getan zu haben. Es ist ein existenzielles Zukunftsthema auch für Journalisten, die in Brüssel arbeiten. Hier gibt es ein zentrales Problem zu verstehen: Es gibt zwar zahlreiche Strukturen, Absichtserklärungen, sogar eine European Defence Agency. Es gibt eine Reihe Verabredungen, wo und wie man bereits zusammenarbeitet auf dem Feld und die Zusammenarbeit noch erweitern will.[2] Selbst bei den Verteidigungskapazitäten und dem Geld, das in Europa ausgegeben wird, sollte es eigentlich massive Fähigkeiten geben. „At first sight, Europe has the means to defend itself. European NATO allies and EU member states together outspent Russia four to one on defence in 2023; their combined military forces are larger than those of Russia or the US; and European defence industries produce some of the most advanced weapons systems around, with six European countries among the top ten global arms exporters. Last but not least, Europe's GDP is ten times larger than that of Russia, second only to the US."[3] Auf dem Papier also scheinen die Mitgliedstaaten der EU einen bedeutenden Faktor darzustellen. Doch Zahlen und Papier haben nicht viel mit wirklichen militärischen Fähigkeiten zu tun. Innerhalb der EU gibt es eine Vielzahl von Waffensystemen, Panzern, jeweils deutlich mehr Systeme als in den USA, weil aber jeder sein eigenes Ding macht, ist nur wenig wirklich koordiniert oder es funktioniert einfach nicht. „Der russische Angriffskrieg hat die Fähigkeitslücken der Europäer und die chronische Fragmentierung ihrer verteidigungsindustriellen Basis nochmals brutal offengelegt. Ausdruck dessen sind leere Lager, begrenzte Einsatzfähigkeit, Lieferengpässe, fehlende Ersatzteile und Munition. Leidtragende war in erster Linie die Ukraine. Ohne die substanzielle militärische Unterstützung der USA, die bisher etwa ein Drittel höher ausfällt als die der EU, wäre Kiew vermutlich bereits besiegt worden. Nach Ende des Kalten Krieges haben die Europäer die Friedensdividende einkassiert. Die Armeen aber wurden im Zuge dessen kaputtgespart, und industrielle Egoismen haben die notwendige Konsolidierung und Standardisierung verhindert. Dabei wäre das Einsparpotenzial bei verstärkter gemeinsamer Entwicklung und Beschaffung beachtlich. Der wissenschaftliche Dienst des Europäischen Parlaments schätzte dieses 2019 auf rund 22 Mrd. € jährlich, das ist etwa ein Zehntel der kollektiven Verteidigungsausgaben der EU."[4]

---

[2] Vgl. Zusammenarbeit der EU im Bereich der Sicherheit und Verteidigung, *Europäischer Rat | Rat der Europäischen Union*, [online] https://www.consilium.europa.eu/de/policies/defence-security/ [02.01.2025].
[3] Grand, Camille (2024): Defending Europe with less America, *European Council on Foreign Relations*, [online] https://ecfr.eu/publication/defending-europe-with-less-america/ [02.01.2025].
[4] Koenig, Nicole; Schütte, Leonard (2023): Verteidigungswende jetzt!, *Internationale Politik*.

12 Nato und Sicherheit Ein eigenes Berichtsgebiet

Als EU-Journalist sind solche Zahlen und Fähigkeiten miteinander in Einklang zu bringen und zu einer Bewertung zu kommen ein enormer Aufwand, weil das Thema ein eigenes Recherche- und Betätigungsfeld darstellt. Alleine den Beschaffungsaufwand für militärische Güter zu recherchieren ist hochkomplex. Die tatsächliche Zusammenarbeit zwischen den Mitgliedstaaten abseits der nationalen Eitelkeiten einzuschätzen und zu erfahren ist enorm schwierig. Das kostet viel Vertrauensarbeit, um bei einzelnen Personen Eindrücke zu sammeln, schließlich viel Wissen und Kompetenz, die man sich über lange Zeiträume aneignen muss, um die vielen politischen Ankündigungen überhaupt einordnen zu können. Die seit Jahren andauernden und bislang kaum zu Erfolg führenden Verhandlungen zwischen Frankreich und Deutschland für eine gemeinsame Entwicklung von Flugzeugen und Panzern sind nur ein frappierendes Beispiel. Wer also nach Brüssel geht, um sich mit Sicherheits- und Verteidigungspolitik zu beschäftigen, hat ein spannendes Thema mit großer Konjunktur vor sich. Aber auch eines, auf das man sich gut vorbereiten sollte. Dabei ist nicht zu vergessen, dass die NATO aus deutlich mehr Mitgliedern besteht, auch mächtige Länder wie die Türkei gehören dazu, sie stellt nach den USA die zweitgrößte Armee und hat ganz andere Interessen als die gerade beigetretenen Ländern Finnland und Schweden. In Zukunft wird ein eigener Kommissar für Verteidigung die Zusammenarbeit und Beschaffung von Rüstungsgütern koordinieren. Wie gut das funktionieren wird, ist fraglich. Denn: „Ein Hauptgrund für die Fragmentierung der europäischen Verteidigungspolitik und -industrie ist die mangelnde Synchronisierung der Planungsprozesse und -prioritäten. Es gibt hier zwei übergeordnete Koordinierungsansätze: den Prozess der NATO-Verteidigungs- und den der EU-Planung. In der Theorie sind diese komplementär. Die NATO könnte federführend beim Setzen der Fähigkeitsziele und militärischer Standards sein. Die EU könnte, darauf basierend, Kooperationsprioritäten identifizieren und entsprechende finanzielle Anreize setzen. In der Praxis verhält es sich mit NATO und EU aber eher wie mit zwei Gehirnhälften, die unzureichend miteinander kommunizieren. Der Konflikt zwischen Zypern und Griechenland auf der einen Seite und der Türkei auf der anderen führt zu unnötigen Blockaden in der Zusammenarbeit und beim Informationsaustausch. Zudem scheitern die Versuche, einheitliche Prioritäten und Standards zu setzen, weil die Mitgliedstaaten sie nicht umsetzen. (…) Im Zuge einer europäischen Verteidigungswende sollte die Rolle der EU bei der Förderung und Bündelung der Beschaffung gestärkt werden. Der Krieg hat die Tendenz der Europäer verstärkt, Rüstungsgüter schnell und außereuropäisch zu beschaffen. Die polnische Großbestellung südkoreanischer Güter oder die Wahl israelischer und amerikanischer Flugabwehrsysteme für die European Sky Shield Initiative sind prominente Beispiele. Diese Entscheidungen mögen kurzfristig rational sein. Aufgrund der langen Lebensdauer der Plattformen dürften sie aber zu einer noch stärkeren und zudem andauernden Zersplitterung der europäischen verteidigungsindustriellen Basis führen."[5]

Martin Schulz geht noch weiter, im ARD-Interview meint er, dass es kaum eine sinnvolle Alternative zu einer europäischen Armee gibt. „Erster Schritt wäre, dass die Staaten der Europäischen Union, die zugleich Mitglieder der NATO sind, innerhalb der NATO einen europäischen Arm bilden, durch verstärkte, auch politische Kooperation. Das ist ja auf der Grundlage von Artikel 20 des EU-Vertrages zur verstärkten Zusammenarbeit durchaus möglich. Und damit würde man auch politisch einem potenziellen amerikanischen Präsidenten Trump schon vorab begegnen, indem man sagt, ja, wir Europäer schließen uns nicht nur militärisch, sondern auch politisch innerhalb der NATO enger zusammen."[6] Der amerikanische Präsident Trump ist nun Realität und mit ihm auch die Frage, wie es mit dem atomaren Schutzschild in der Europäischen Union weitergeht. Frankreich könnte da eine Rolle spielen und hat Deutschland bereits Angebote für eine Zusammenarbeit gemacht. Doch das ist noch komplizierter als eine europäische Armee aufzustellen. „Was heißt europäische Armee? Das gibt es ja sozusagen mit einer Reihe, auf Stabsebene von Verbänden. Europäische Armee ist quasi die Schaffung eines europäischen Oberkommandos, dem da entsprechende Einheiten der nationalen Einheiten der Mitgliedsstaaten unterstellt werden. Das ist die kleinste Schwierigkeit. Die größere Schwierigkeit ist, dass es so etwas wie eine eigene europäische nukleare Abschreckungskomponente braucht. Und die funktioniert natürlich auch nur dann, wenn nicht die 27 zusammenkommen müssen und sich darüber Gedanken machen, ob man das vielleicht einsetzen würde und könnte und sollte oder nicht sollte. Das schreckt nicht ab, sondern dann braucht man im Rotationssystem einen Oberkommandierenden mit einer entsprechenden politischen Vorordnung, der die Entscheidungen treffen kann, sodass also einem potenziellen Angreifer, sei das nun Putins Russland oder sei das der Iran, der ja wohl im kommenden Jahr spätestens eine Nuklearmacht sein wird? Oder einem anderen Akteur dieses Raumes, der sich dann ebenfalls in Reaktion darauf Saudis, oder die Türkei nuklear aufrüsten, Paroli zu bieten… Und dann wird sich auch noch mal die Frage stellen, machen die Briten mit oder machen sie nicht mit? Wie organisiert man das? Es ist die Frage der Fragen. Das ist uns jetzt klar geworden, als die Russen immer wieder mit dem nuklearen Säbelgerassel begonnen haben. Wenn da Europa eine gemeinsame Fähigkeit besitzt, dann ist das ein ungeheuer wirkungsvoller Schritt in Richtung auf den

---

[5] Koenig, Nicole; Schütte, Leonard (2023): Verteidigungswende jetzt!, *Internationale Politik*. Band 5.

[6] Schulz, Martin (2024) im Interview mit Ulrike Brincker für die ARD-Dokumentation „Europa im Machtkampf. Wohin steuert die EU und mit wem?".

Fortschritt der politischen Vereinigung Europas", so Herfried Münkler.[7] Die Beispiele zeigen vor allem, EU-Journalismus geht weit über die EU hinaus. Ein Verteidigungskommissar sitzt in der Kommission und mit ihm tun sich für die künftigen Jahre zahlreiche existenzielle Fragen auf, die die Europäische Union in dieser Qualität bislang nicht auf dem Schirm hatte. Ein breites Betätigungsfeld für EU-Journalisten. Hilfreich ist, sich rechtzeitig ein umfangreiches Netzwerk von Sicherheitspolitikern und Fachleuten aufzubauen. Die können aus verschiedenen Thinktanks kommen, wie dem European Council of Foreign Relations[8] oder der Stiftung Wissenschaft und Politik,[9] um nur zwei zu nennen. Aber auch das britische Chatham House,[10] die Deutsche Gesellschaft für Auswärtige Politik[11] oder das französiche Institut für internationale Beziehungen.[12] Das Hybrid Center of Excellence in Finnland ist eine noch relativ junge aber sehr wichtige Organisation, die sich mit den aktuellen sicherheitspolitischen Herausforderungen beschäftigt und die NATO-Staaten berät und bei der viel Wissen vorhanden ist.[13]

Literatur

Grand, Camille (2024): Defending Europe with less America, *European Council on Foreign Relations*, [online] https://ecfr.eu/publication/defending-europe-with-less-america/ [02.01.2025].

Koenig, Nicole; Schütte, Leonard (2023): Verteidigungswende jetzt! *Internationale Politik*. Chatham House – International Affairs Think Tank, [online] https://www.chathamhouse.org/ [02.01.2025].

Deutsche Gesellschaft für Auswärtige Politik | DGAP, [online] https://dgap.org/de [02.01.2025].

European Council on Foreign Relations, [online] https://ecfr.eu/ [02.01.2025].

---

[7] Münkler, Herfried (2024) im Interview von Ulrike Brincker für die ARD-Dokumentation „Europa im Machtkampf. Wohin steuert die RU und mit wem?".

[8] Siehe European Council on Foreign Relations, [online] https://ecfr.eu/ [02.01.2025].

[9] Siehe Stiftung Wissenschaft und Politik (SWP), [online] https://www.swp-berlin.org/ [02.01.2025].

[10] Siehe Chatham House – International Affairs Think Tank, [online] https://www.chathamhouse.org/ [02.01.2025].

[11] Siehe Deutsche Gesellschaft für Auswärtige Politik | DGAP, [online] https://dgap.org/de [02.01.2025].

[12] Siehe Institut français des relations internationales, [online] https://www.ifri.org/en [02.01.2025].

[13] Siehe Hybrid CoE, *Hybrid CoE – The European Centre of Excellence for Countering Hybrid Threats*, [online] https://www.hybridcoe.fi/ [02.01.2025].

Hybrid CoE, *Hybrid CoE – The European Centre of Excellence for Countering Hybrid Threats*, [online] https://www.hybridcoe.fi/ [02.01.2025].

Institut français des relations internationales, [online] https://www.ifri.org/en [02.01.2025].

Münkler, Herfried (2024) im Interview von Ulrike Brincker für die ARD-Dokumentation „Europa im Machtkampf. Wohin steuert die RU und mit wem?".

Schulz, Martin (2024) im Interview mit Ulrike Brincker für die ARD-Dokumentation „Europa im Machtkampf. Wohin steuert die EU und mit wem?".

Stiftung Wissenschaft und Politik (SWP), [online] https://www.swp-berlin.org/ [02.01.2025].

Zusammenarbeit der EU im Bereich der Sicherheit und Verteidigung, *Europäischer Rat | Rat der Europäischen Union*, [online] https://www.consilium.europa.eu/de/policies/defence-security/ [02.01.2025].

The future of the EU. Emmanuel Macron warns Europe: NATO is becoming brain-dead, *The Economist*. (2019)

Mehr oder weniger EU? Anmerkungen und journalistische Ansätze

13

In der Brüsseler Bubble bekommt jeder, der fehlende Zusammenarbeit beklagt und mehr davon fordert, verlässlich Applaus. Unter den deutschen sehen viele die EU gern wie ein Abbild der Bundesrepublik, als ein Konstrukt, das immer weiter zusammenwächst. Doch das wollen längst nicht alle. Und es hört sich einfacher an als es ist. Denn es bräuchte nicht nur die tiefe politische Überzeugung und jene der europäischen Gesellschaften, sondern in vielen Fällen auch eine Änderung der europäischen Verträge, die dann einstimmig erfolgen müsste. Es gibt auch Stimmen, die meinen, das stärkere Zusammenwachsen führe an einigen Stellen zu stärkeren Zentrifugalkräften und einem Auseinanderlaufen der EU. Gemeinschafts- oder intergouvernementale Methode, das sind die beiden Ansätze, die immer wieder als Erklärungsmuster bei Konflikten deutlich werden. Für Korrespondenten ist hilfreich, diese Muster in den Argumenten zu sehen und zu berücksichtigen.

Der Start in Brüssel fühlt sich meist wie eine Mischung aus Euphorie und großem Respekt an. Wer dorthin als Korrespondent geht, wird mutmaßlich zahlreiche Wellentäler durchleben, Wellentäler der Erkenntnis, der Emotionen, schließlich der eigenen Haltung. Europa! Was für eine Erzählung! Was für ein Projekt, was für ein Job! Ein Stück *Geschichte* mitverfolgen, darüber berichten. Aber nicht alle finden das gut, viele wollen als Korrespondent lieber nach Paris, London, in die USA. Aber Brüssel? Ist das überhaupt ein richtiger *Auslandskorrespondentenjob*? Es ist wahrscheinlich das Beste, was einem als Journalist passieren kann. Wer das Wagnis beginnt, kann jedenfalls großartige Erkenntnisse sammeln, aber das kann dauern. Zu Beginn steht die Sorge, die Angst, den Wust an Informationen sehen und verarbeiten zu können. Natürlich gibt das keiner zu. Es gehört schon eine gewisse Hybris dazu, hier lässig und unaufgeregt seine Aufgabe anzutreten. Wie auch immer beginnt der Newcomer hier, wenn er sich für Brüssel entscheidet, sicher mit einer gehörigen Portion Überzeugung zu Europa und der EU. Er wird ihr positiv gegenüberstehen, weil er durch Europa gereist ist, weil er vom Projekt überzeugt ist, weil er offene Grenzen gut findet oder weil er in verschiedenen Ländern studiert hat, ein Erasmus-Jahr auf Kosten der EU irgendwo hat verbringen können. Warum sollte er nach Brüssel gehen, wenn er dieses Projekt nicht im Grundsatz gut findet? Natürlich. Dem gegenüber steht womöglich der Respekt vor der Aufgabe und dem enormen Arbeitsfeld. Allein die Menge an Abkürzungen kann abschreckend wirken. Wir befinden uns vor der ersten großen Welle an Informationen und Eindrücken die über uns hereinbricht.

Respekt und Unsicherheiten schwinden mit der Zeit. Jeder eignet sich Wissen an, wenn die ersten und wichtigsten Abkürzungen verinnerlicht sind und klar ist, was zum Beispiel ein *Gymnich*[1] ist. Die Einarbeitungszeit bringt Wissen, die Angst schwindet, aber auch die Euphorie zeigt erste Risse und Anzeichen von Schwäche. Der erste Eindruck langer Prozesse, kleinteiliger Diskussionen, endloser Gipfel, scheinbar überflüssiger, weil nutzloser, Parlamentsdebatten lässt zwangsläufig die Frage aufkommen, wie das ganze Projekt EU überhaupt funktionieren kann. Doch noch prägt eine gewisse Unsicherheit die Arbeit, möglicherweise fehlt es ja noch an einer gewissen Verinnerlichung. In dieser Zeit orientiert sich der Korrespondent sicherheitshalber gern an einem gewissen Mainstream. Wenn alle gegen oder für etwas schreiben, wird das nicht ganz falsch sein. Es ist die zweite Phase eines länger andauernden Gefühlszustandes. Noch fehlt es an völligem Verständnis, es bleibt ein Restzustand von Faszination für die internationale Community, in der man unterwegs ist, aber es braucht noch Zeit. Die Welle der Euphorie ist also noch da, flaut aber langsam ab.

Das kann übergehen in eine dritte Phase, es ist die des zunehmenden, besseren Verständnisses der Abläufe, der Komplexität der Entscheidungen, der Interessenskonflikte unter den Mitgliedstaaten. Nichts in der Politik scheint so richtig voranzukommen, alles furchtbar lange zu dauern. Durch die dauernden

---

[1] *„Das erste Gymnich-Treffen fand auf Initiative des damaligen deutschen Außenministers Walter Scheel am Wochenende des 20. April 1974 statt. Angesichts von Ölkrise, Vietnamkrieg und Watergate-Affäre waren die europäischen Außenminister ‚so besorgt, dass sie sich zu einem informellen, dringlichen Treffen in einem deutschen Schloss namens Gymnich trafen', erklärt der spätere EU-Kommissar für Außenbeziehungen, Christopher Patten.* Der Tagungsort, das Schloss Gymnich in Erftstadt bei Bonn, ist bis heute namensgebend für das seither halbjährlich stattfindende EU-Außenminister-Treffen. Das im 14. Jahrhundert erbaute Schloss gehörte über Jahrhunderte zum gleichnamigen rheinischen Rittergeschlecht und diente über mehrere Jahre als Gästehaus der Bundesregierung." Die deutsche Präsidentschaft im Rat der Europäischen Union, *EU2020*, [online] https://www.eu2020.de/ [02.01.2025].

Kompromisse fehlt zudem der knackige Streit, nichts scheint so richtig zuzuspitzen zu sein. Wer sich in seiner Ausbildung mit *Storytelling* beschäftigt hat, sucht vergeblich seinen Helden, seine Heldenreise, die Siege und Niederlagen auf seinem Weg, all das scheint mit dem EU-Thema nicht zu funktionieren. Es ist die Phase, in der die Angst verschwindet und mit ihr die Euphorie. Diese Phase kann durchaus einhergehen mit Verdruss. Der bildet sich, weil zahlreiche politische Notwendigkeiten im Politikprozess so offensichtlich sind, es aber einfach nicht voran geht. Weil es ärgerlich erscheint, wie einzelne Länder simpel um ihre Vorteile zu ringen scheinen. In dieser Phase kann es zu regelrechter Wut kommen, bei manchem zu Zynismus. Das Parlament streitet um detaillierte Grenzwerte, die irgendwann in zig Jahren einzuhalten sind, und scheint sich darüber nicht einigen zu können. Und das soll man noch spannend darstellen. Polen will an der Kohle festhalten, und will mehr Geld. Ungarn wettert gegen zu viel Europa und will auch mehr Geld. Europakritische Parteien machen sich lustig über die Ineffizienz der Institutionen und verbreiten unsinnige Forderungen und Nachrichten. Wegen solcher ruft die Redaktion an und gibt sich erstaunt, warum man nicht auf jedes Gerücht eine sofortige Antwort hat, und trotzdem muss die Fehlinformation mühselig korrigiert werden. Zu Hause verstehen sie einfach gar nichts davon, wie es hier abläuft, sie greifen den *Quatsch* anderer auch noch auf. Man versucht, es ihnen zu erklären, was aber schwierig ist, denn sie verstehen die Abläufe einfach nicht. Eine Parlamentsresolution ist nun mal keine neue EU-Verordnung. Dagegen sehen sie daheim die wichtigen Themen nicht und das Publikum ist auch schwierig zu gewinnen. Wie soll man es ihnen nur erklären? Einzig macht Hoffnung, dass man in der Heimat wenigstens ein bisschen so etwas wie ein Experte geworden ist. Zudem kommen beim Korrespondenten Zweifel auf, ob die milliardenschweren Subventionen für die Landwirte wirklich sinnvoll sind und ob die EU nicht viel zu viel Geld ausgibt, ohne die Effekte hinreichend zu prüfen. Respekt und Unsicherheiten sind seitdem völlig verschwunden, Selbstbewusstsein überwiegt, Kopfschütteln, aber auch Zurückhaltung. Die Erkenntnislage stellt sich gegen die ursprüngliche Euphorie. Sonntagsreden werden zunehmend als solche identifiziert, das dauernde pathetische Reden von den gemeinsamen europäischen Werten, die verteidigt werden müssen, wird immer anstrengender und manchmal fragwürdiger. Das Narrativ vom Friedensprojekt zieht nicht mehr so richtig, der Zusammenhalt, die Solidarität, ja, aber die meisten meinen damit, mehr Geld, aber kann das wirklich alles sein? Und: Wofür eigentlich 27 EU-Kommissare? Wofür 14 Parlamentsvizepräsidenten? Wofür einen eigenen, aber meist unbeachteten und weitgehend wirkungslosen Wirtschafts- und Sozialausschuss mit bis zu 350 Mitgliedern, die das Parlament, die Staats- und Regierungschefs sowie die Kommission beraten sollen? Überhaupt das Parlament, der ganze Tross einmal im Monat nach Straßburg, was wird da für ein Geld herausgehauen? Europa muss eine geopolitische Rolle spielen in der Welt, heißt es, aber mit einem Außenbeauftragten, der stets um Autorität kämpfen muss, dessen Amt bei der Ämtervergabe als *Trostpreis* bezeichnet wird? Klar, weil Außenpolitik Sache der Chefs selbst ist, und das wollen sie sich auch nicht nehmen lassen. Dann wollen sie eine gemeinsame Verteidigung, scheitern aber an echten gemeinsamen Rüstungsaufträgen oder Projekten, seit Jahren streiten sie über Details an Panzern und Flugzeugen, sodass keine Einigung zustande kommt. Die Länder zusammen geben nicht so furchtbar viel weniger für Rüstung aus als die USA, sind aber aufgrund ihrer Ineffizienz ohne die USA kaum verteidigungsfähig. Beim angedrohten Rückzug der Amerikaner rächt sich, dass man viel zu lange diese Defizite hingenommen hat. Und dann sind da noch unterschiedliche Sozialsysteme, unterschiedliche Steuersysteme, unterschiedliche Lebensverhältnisse. Und alles dauert ... Wer als Korrespondent seinen Wohnsitz nach Belgien verlegt hat, hat schon bald feststellen müssen, wie wenig Europa es manchmal tatsächlich gibt: Probleme mit der Steuer, den Versicherungen ...

Dies also ist die dritte Welle eines stets wechselnden, emotionalen Aggregatzustandes. Vielleicht hat der Korrespondent bereits die Hälfte seiner Zeit der Entsendung hinter sich. So vieles scheint einfach auf der Hand zu liegen, aber es scheint viel zu wenig zu passieren. In diesen Zeitraum mischt sich mitunter eine Frustration, weil das alles nicht so einfach zu erklären ist, wenn man danach gefragt wird. Viel schlimmer noch: Die vielen Probleme beschreiben, ist simpel. Aber wo sind die Lösungen? Was ist die Vision? Suchen wir nicht alle nach einfacheren Erklärungsansätzen? Wünschen wir uns nicht alle ein griffiges Narrativ zur EU? Mal eben den ahnungslosen Kritikern und Wichtigtuern erklären, wie es ist, wie es geht? Das Dumme ist, vielleicht gibt es diesen Erklärungs- und Lösungsansatz so in der EU nicht, jedenfalls nicht so einfach. Und ist das nicht auch fortwährend das Thema durch praktisch alle Kapitel dieses Handbuches hindurch? Oder gibt es den einfachen Erklärungsansatz etwa doch?

Übersicht
Sich frühzeitig klar machen:

- *welche Kompetenzen und Rollen die Institutionen und Player haben und spielen*
- *dass die EU anders funktioniert als ein Nationalstaat*
- *welche Rolle die eigene Nation im supranationalen Gebilde spielt*

13 Mehr oder weniger EU? Anmerkungen und journalistische Ansätze 191

Es beginnt damit, dass die erwähnten Aggregatzustände auch nur das persönliche Erleben eines Einzelnen sind. Mag sein, dass sie sich bei anderen so oder so ähnlich wiederfinden. Oder eben nicht, oder eben anders. Es gibt viele Betrachtungen zur EU, viele Wahrheiten, viele Realitäten und so gibt es unterschiedliche Wahrnehmungen der Verhältnisse. Im Vorwort heißt es, immer wenn jemand glaubt, die Verhältnisse in der EU wirklich durchdrungen zu haben, kommt jemand daher und könnte die gewonnene Erkenntnis wieder infrage stellen, es sei denn, er gibt vor, alles verstanden zu haben. Man nehme sich aber in Acht vor solchen Erklärern. Es braucht schon eine hohe Ambiguitätstoleranz, um mit den Verhältnissen in Brüssel umzugehen. Aber es gibt einige Leitplanken innerhalb derer zu navigieren möglich ist. Die Programmgrundsätze des Westdeutschen Rundfunks geben einen interessanten Leitsatz her. „Der WDR soll die internationale Verständigung, die europäische Integration, den gesellschaftlichen Zusammenhalt, ein diskriminierungsfreies Miteinander in Bund und Ländern und die tatsächliche Gleichstellung von Frauen und Männern fördern, zum Frieden und zur sozialen Gerechtigkeit mahnen, die demokratischen Freiheiten verteidigen und der Wahrheit verpflichtet sein."[2] Für den WDR-Korrespondenten gilt also dieser Grundsatz des WDR-Gesetzes, *die Europäische Integration zu fördern.* Doch was ist damit überhaupt gemeint? Ist es die vielfach beschriebene *ever closer union?* „Häufig wird die Vollendung einer „ever closer union" für erstrebenswert oder gar erforderlich gehalten? Schon im Vertrag zur Gründung der Europäischen Wirtschaftsgemeinschaft (Römische Verträge, 1957) ist vom „festen Willen, die Grundlagen für einen immer engeren Zusammenschluss der europäischen Völker zu schaffen" die Rede. Die Entschlossenheit, „den Prozess der Schaffung einer immer engeren Union der Völker Europas" weiterzuführen, wird auch im Vertrag über die Europäische Union bekundet (Vertrag von Lissabon, 2009). Damit verbindet sich die Hoffnung, dass eine europäische Zentralgewalt frei von negativen Ausprägungen des Nationalismus sei und nur das gemeinschaftliche Wohl vertrete. Die Konflikte zwischen Nationalstaaten, die sich in zwei Weltkriegen fürchterlich entfaltet hatten, sollten überwunden werden. So proklamierte Winston Churchill in einer Rede im Herbst 1946 die „Vereinigten Staaten von Europa" als das Ziel einer friedlichen Union. Unklar und umstritten bleibt bis heute, ob es sich um eine „Union der Völker" oder eine „Union der Staaten" handeln sollte, ob also zwingend ein föderaler EU-Staat das Ziel sein sollte."[3]

---

[2] (1998): *Gesetz über den „Westdeutschen Rundfunk Köln" (WDR – Gesetz), Bekanntmachung der Neufassung.*
[3] Brasche, Ulrich (2020): Ever closer Union? Wie sich die EU produktiv weiterentwickeln kann, in: *Aus Politik und Zeitgeschichte,* Jg. 70, S. 32–38.

Noch immer träumen manche von den Vereinigten Staaten von Europa, einer EU mit einer Regierung, einem Parlament und den föderal zusammenarbeitenden Mitgliedstaaten, doch diese Vorstellung ist weit von der Realität entfernt. Ulrich Brasche fasst die Situation sehr treffend zusammen: „Die Gesellschaften der Mitgliedstaaten – von Finnland bis Griechenland, von „Ost" bis „West" – unterscheiden sich in vielerlei Hinsicht. Die Unterschiedlichkeit ihrer Geschichte, Traditionen, Lebensauffassungen, Spezialisierungen, Präferenzen, Wirtschaftskraft und Probleme macht die in den Verträgen respektierte „Einheit in der Vielfalt" aus. Gleichzeitig werden dadurch einheitliche Regeln und Lösungen schwerlich als angemessen akzeptiert. Während die einen eher sparsam wirtschaften, sehen andere in einer großzügigeren Ausgabengestaltung des Staates den richtigen Weg. Auch zum Verkauf und Einsatz von Militärtechnik zur Sicherung geostrategischer Interessen gibt es unter den Mitgliedern unvereinbare Positionen, obwohl dies ein Politikbereich ist, der – mit Blick auf den möglichen „europäischen Mehrwert" – idealerweise zentral verantwortet werden sollte. Aus wirtschaftspolitischer Perspektive könnte es in einer „engeren Union" zum Beispiel eine gemeinsame Arbeitslosenversicherung, eine Absicherung von Bankkonten sowie eine gemeinschaftliche Haftung für Staatsschulden und Fiskalpolitik geben, für die ein „Europäischer Finanzminister" mit ausreichenden Mitteln aus den Mitgliedstaaten ausgestattet werden müsste. Da die Unterschiede hinsichtlich des Wohlstands und der Wirtschaftskraft unter den 27 Mitgliedstaaten erheblich sind, würde daraus eine „Transferunion" von den „Reichen" zu den „Armen" entstehen. Voraussetzung dafür wäre eine demokratisch legitimierte Zustimmung der (zahlenden) Staaten; diese ist allerdings nicht zu erwarten. Die Einrichtung einer „Europäischen Republik" würde die Übertragung nationaler Souveränität und nationalen Steueraufkommens an eine zentrale Institution erfordern. Solch ein weitgehender Schritt könnte nur durch die einstimmige Entscheidung aller beteiligten Staaten und durch eine verfassungsändernde Mehrheit in jedem Staat sowie durch Referenda in einigen Staaten legitimiert werden. Eine Zustimmung dazu ist aus heutiger Sicht unrealistisch. Aus einer Vergemeinschaftung in einer Zentrale würden sich zudem neue Probleme ergeben. Je größer die Einheit, desto weniger fühlen sich Teilgruppen berücksichtigt und repräsentiert. Die Entfremdung zwischen den Bürgerinnen und Bürgern und den politisch Verantwortlichen könnte wachsen, und Separatismus, wie er bereits innerhalb einzelner Mitgliedstaaten virulent ist (etwa in Spanien oder Belgien), würde vermutlich an Unterstützung gewinnen."[4]

---

[4] Ebd.

13 Mehr oder weniger EU? Anmerkungen und journalistische Ansätze 193

Warum dieses lange Zitat oben, warum diese Erläuterung? Es fügt die zentralen europäischen Herausforderungen in wenigen Sätzen plausibel zusammen. Wer als Journalist schnell die vielen Konflikte und Probleme verstehen und erklären will, nimmt diese Unterschiede zur Kenntnis und akzeptiert sie, statt sich kopfschüttelnd zu fragen, warum nichts voranzukommen scheint oder alles so kompliziert sein muss. Es ist nach Auffassung des Autors nicht die Aufgabe von Journalisten, dieses Problem zu lösen, das ist Aufgabe der Politik. Und mit der sollte man sich nicht gemein machen. Macht sich ein Politiker zur Aufgabe, die ever closer union erreichen zu wollen, so mag das seiner politischen Vision entsprechen und ist zu respektieren. Möglicherweise ist dieser Weg auch der richtige, doch ist es richtig, als Journalist dem einfach zu folgen? Oder muss ein Korrespondent nicht auch die kritischen Fragen stellen, die dieser Weg mit sich bringt? So widersprüchlich es klingen mag, beides dürfte mit dem Fördern der europäischen Integration gemeint sein.

In den 2000er-Jahren wird bei den niederländischen Nachbarn eine politische Bewegung immer populärer. Der Mann hinter der Bewegung heißt Geert Wilders. Er gründet 2006 die *Partij voor de Vrijheid*. Ein Mord schockt damals die Niederländer auf, am damaligen Politiker Pim Fortuyn,[5] einem schillernden, intellektuellen und provozierenden Politiker, der zahlreiche Rotterdamer hinter sich weiß und als ein aussichtsreicher Kandidat für die Parlamentswahl gilt. Fortuyn äußert sich kritisch über den Islam und die multikulturelle Gesellschaft. Er provoziert und wühlt die niederländische Gesellschaft auf. Kurz vor der Parlamentswahl wird er von einem fanatischen Tierschützer ermordet. Durch das Land geht eine Welle der Betroffenheit. Rotterdam ist eine sehr energetische Stadt mit dem größten Hafen Europas und einem unglaublich vielfältigen Bevölkerungsmix, der mit dem Hafen, der Zuwanderung und der Kolonialvergangenheit des Landes zu tun hat. Menschen mit Wurzeln aus mehr als 150 Ländern leben hier auf engem Raum. Viele tausend Niederländer nehmen Abschied von Fortuyn und damals frage ich einige trauernde Gäste, warum sie gekommen seien. Eine Äußerung ist mir im Gedächtnis geblieben: Ich erinnere mich, wie mir ein Niederländer sagt: „Wissen Sie, ich lebe seit Jahrzehnten in meiner Siedlung. Früher lebten dort fast ausschließlich Niederländer, heute bin ich dort allein unter zahllosen Marokkanern und anderen Menschen aus anderen Ländern. Ich habe nichts gegen Marokkaner, ich bin auch kein Fremdenfeind, aber ich fühle mich einfach nicht mehr wohl und zuhause, dort wo ich seit Jahrzehnten lebe." Von Fortuyn fühlten sich viele Niederländer vertreten.

---

[5] Vgl. Sen, Sibel (2009): Mord an Theo van Gogh, *Der Spiegel*, 1.11.2009.

Es gab viele solcher Stimmen und es ist auch die Zeit des Aufstiegs von Geert Wilders. Wilders ist überaus islamkritisch und zieht mit provozierenden Aussagen überall Kritik und Aufmerksamkeit auf sich. Je heftiger seine Aussagen werden, desto weiter distanziert man sich in der politischen Gesellschaft von ihm und desto radikaler scheint er zu werden. Aber seine Zustimmung in der Bevölkerung wächst und erreicht ihren Höhepunkt fast 20 Jahre später am 23.11.2023. Er gewinnt die Wahlen in den Niederlanden, verzichtet später aber auf das Amt des Ministerpräsidenten. Doch nicht nur dort gibt es erdrutschartige Siege von rechten, teils rechtsextremen Parteien. Nach den Zugewinnen von Wilders gewinnt auch in Österreich die FPÖ, nachdem auch in Frankreich die Rechten deutlich stärker werden. Wilders nimmt diesen Trend für sich und eine Zeitenwende in Anspruch und wähnt sich fast am Ziel: „The Netherlands, Hungary, Belgium, Italy, Germany, Portugal, Sweden, France, Spain, Czech Republic and today Austria! We are winning! Times are changing! Identity, sovereignty, freedom and no more illegal immigration/asylum is what tens of millions of Europeans long for!"[6] Wilders kommt zwar selbst nicht an die Macht, aber er kann die Strippen der Regierung ziehen. In Italien gibt sich die Rechtsaußen-Ministerpräsidentin Meloni zwar sehr proeuropäisch, ihr Kurs bei der Migration aber ist hart, und Ähnliches entwickelt sich in Frankreich. Wilders Einlassung muss als ein Signal gelten. Ist dies das Gefühl fehlender Identität, das Gefühl schwindender Souveränität, Selbstbestimmung, das Wilders in seinem Tweet nach der Österreichwahl im September 2024 anspricht, das nun so verfängt und bereits in der Antwort des damals von mir befragten Niederländers während Fortuyns Beisetzung durchklang? Freilich wäre diese Erklärung zu einfach. Hier wähnt sich ein Politiker nach Jahren, in denen er immer radikaler und damit isolierter wurde, vielleicht am Ziel, sein persönliches Machtstreben und die Suche nach Anerkennung spielen eine Rolle, wie in vielen anderen Fällen auch. Ein Populist, der zwar Probleme der Migrationskrise benennt, sich wie viele andere aber bei echten Lösungen schwertut, indem er etwa ignoriert, dass viele Migranten ja Landsleute sind. Die Wählerbewegungen hin zu Rechtsaußen-Parteien haben unterschiedliche Gründe, in den Niederlanden, Österreich, Deutschland oder Frankreich. Die Motive gehen tiefer und sind vielschichtig. Übrigens wählte Rotterdam viele Jahre einen sozialdemokratischen Bürgermeister, der bekennender Moslem mit marokkanischen Wurzeln ist und auch in konservativen Kreisen Anerkennung fand. Die mit Abstand meisten Niederländer sind international ausgerichtet und wissen um ihre koloniale Vergangenheit.

Jahrzehntelang gilt das Ziel der immer intensiveren Zusammenarbeit in der EU als überwiegender Konsens. Doch es gibt auf vielen Ebenen Zweifel: „Das wür-

---

[6] Wilders, Geert (2024): The Netherlands, Hungary, Belgium, Italy, Germany, Portugal, Sweden, France, Spain, Czech Republic and today Austria!, *X*, [online] [04.01.2025].

den wir nur hinbekommen, wenn wir sagen: Wir sind alle Europäer und das Nationale vergessen wir. Aber das ist im Moment unmöglich. Im Gegenteil: Die Beschleunigung des Prozesses der Europäisierung ist mit ein Grund für den Aufstieg der Rechtspopulisten",[7] meint dazu Herfried Münkler. Je stärker die Europäer zusammenarbeiten, desto stärker werden also auch die Fliehkräfte hin zum Nationalen? Spiegelt Münklers Einschätzung vielleicht sogar die Aussagen des Niederländers damals bei Fortuyns Beerdigung? Immer gab es auch nationale Bestrebungen, sie hatten aber nicht das Gewicht wie zuletzt. Manche Parteien und Kräfte in Europa, die zuletzt deutlich stärker geworden sind, wollen das Rad zurückdrehen, weg von Brüssel in die nationalen Hauptstädte. Dabei machen manchmal auch überzeugte, integrationswillige *Europäer* wie Deutschland mit. Plötzlich führt jenes Land umfassende Grenzkontrollen ein, das die meisten Grenzen und Nachbarn in der Europäischen Union hat. Der Schengenraum, der freie Binnenraum, ein zentrales Merkmal der Europäischen Union, scheint sogar zur Disposition zu stehen und damit das ganze Projekt. Die deutsche Regierung versucht die Übernahme einer Bank durch eine italienische Bank zu verhindern. Wann immer nationale Interessen berührt sind, tun sich die Regierungen mit dem europäischen Gedanken schwer.

Welchen Weg aber kann Europa künftig gehen, ohne auseinanderzubrechen? Eine weitgehende Integration ist wohl zum Scheitern verurteilt, weil sie ja eine Vertragsänderung und damit Einstimmigkeit bräuchte. Zunehmende Demokratisierung und Integration aber lassen die Zentrifugalkräfte offenbar ansteigen. Die EU also in einer selbst gesetzten Falle? Hier sei noch einmal Herfried Münkler zitiert: „Um Europa neu zu beleben, müssen jedoch zwei Grundvoraussetzungen erfüllt werden: Erstens, ein paar an der Peripherie gelegene Länder – wobei Peripherie nicht räumlich, sondern sozio-ökonomisch und politisch gemeint ist – müssen damit rechnen, aus dem engeren Verbund Europas auszuscheiden. Und zweitens müssen wir bereit sein, konzeptionell über ein Europa nachzudenken, das tatsächlich einen inneren Kern hat, an das sich ein System aus Kreisen und Ellipsen anlagert. Wir müssen uns freimachen von der Vorstellung, wir könnten Europa im Prinzip wie einen großen Nationalstaat planen, in dem überall dieselben Bedingungen hergestellt werden müssen. Das funktioniert nicht. Dafür sind die Konstellationen zu unterschiedlich."[8] Brasch zitiert zu diesem Thema auch noch den früheren Ratspräsidenten und 2024 zum polnischen Ministerpräsidenten gewählten Donald Tusk, der gewiss nicht als Antieuropäer betrachtet werden kann: „Der ehemalige Präsident des Europäischen Rates, Donald Tusk, brachte es 2016 auf den Punkt: „Es ist keine passende Antwort auf unsere Probleme, die schwärmerischen und tat-

---

[7] Münkler, Herfried (2024) im Interview mit Ulrike Brincker für die ARD-Dokumentation „Europa im Machtkampf. Wohin steuert die EU und mit wem?"

[8] Interview von Tilo Stein mit Münkler, Herfried. (o.A.): Europa steht zur Disposition.

sächlich naiven euroenthusiastischen Visionen einer totalen Integration zu forcieren, mögen es ihre Fürsprecher auch noch so gut meinen. Erstens, weil das schlicht unmöglich ist, und zweitens, weil das Werben dafür paradoxerweise nur dazu führt, euroskeptische Stimmungen zu verstärken, nicht nur im Vereinigten Königreich."[9]

> *Was ist hilfreich, um diese Zusammenhänge zu sehen? Als neuer Korrespondent in Brüssel ist der Perspektivwechsel sehr nützlich. Wer aus seinem Nationalstaat kommt, kennt vor allem das eigene System und mag im ersten Augenblick vielleicht dazu neigen, dies auf die Funktionsweise der EU zu übertragen. Doch so funktioniert es nicht. Die EU funktioniert anders und erst recht funktioniert jeder Mitgliedstaat anders. Nach Auffassung des Autors hilft der schnelle Perspektivwechsel, sich die EU auch aus anderer Sicht zu denken, aus französischer, aus italienischer oder der Sicht eines kleineren Mitgliedes.*

Der Kulturwissenschaftler Jürgen Wertheimer untersuchte das mehr als 2000 Jahre alte europäische Gebilde Europa. Es sei ein Artefakt aus Gegensätzen, auch trügerischen Ähnlichkeiten, Gemeinsamkeiten und Widersprüchen, es sei stets im Zerfall und Aufbau begriffen.[10] Und folgert: „Vereinigte Staaten von Europa – ein Widerspruch in sich selbst. Europa der Vaterländer – eine Vision aus der Mottenkiste. Das Band europäischer Werte – pure Einbildung?"[11] Am besten habe Europa immer dann funktioniert, wenn es gelang, „eine gewisse artistische Balance zwischen Autonomie-Ansprüchen und Bindungsbedürfnissen zu halten. Bei der inneren Widersprüchlichkeit der Elemente, aus denen sich dieser Kontinent zusammensetzt, ist das alles andere als eine Selbstverständlichkeit."[12] In dieser Aufzählung nimmt Wertheimer (fast) alle einfachen Konzepte aufs Korn, jene, die die *ever closer union* auf die Spitze treiben wollen, genau wie jene rechten Kräfte, die von gestern und einem Zurück ins Nationale träumen, und schließlich das ewige Gerede von den *gemeinsamen Werten* in Europa, das wird meist dann herausgeholt, wenn einem nichts mehr einfällt, was uns noch zusammenhält. Auch sein Erklärungsansatz lässt sich übersetzen: Europa funktioniert dann am besten, wenn

---

[9] Brasche, Ulrich (2020): Ever Closer Union? Wie sich die EU produktiv weiterentwickeln kann, in: *Aus Politik und Zeitgeschichte*, Jg. 70, S. 32–38.
[10] Vgl. Wertheimer, Jürgen (2022): *Europa: eine Geschichte seiner Kulturen*, 1. Auflage, München: Pantheon. S. 9.
[11] Ebd.
[12] Ebd.

13 Mehr oder weniger EU? Anmerkungen und journalistische Ansätze

die nationalen Befindlichkeiten berücksichtigt werden und Zusammenarbeit zum möglichst maximalen gemeinsamen Nutzen stattfindet. Das hat meist am besten in Krisen funktioniert.

Die beiden Formulierungen beschreiben die beiden Pole: Auf der einen Seite stehen die Verfechter der Gemeinschaftsmethode, sie sieht, vereinfacht gesagt, eine immer engere Zusammenarbeit der EU-Mitgliedstaaten vor. Die intergouvernementale Methode hingegen sieht die Mitgliedstaaten selbst im Fokus. Das eine läuft auf mehr und das andere auf weniger Souveränität der Mitglieder hinaus, mehr Zusammenarbeit eben oder weniger.

Das Wissen um dieses Pendelspiel ist eine effektive Hilfe für Journalisten bei der Berichterstattung und der Einschätzung von Konflikten und Meinungen in aktuellen, auch kleineren Entscheidungsprozessen. Dort lässt sich das Muster häufig wiederfinden. Die Positionen von Mitgliedstaaten sind nur zum Teil von der (idealistischen) Überzeugung getrieben, eine europäische Haltung zu entwickeln, sondern vor allem davon, sich einen eigenen Vorteil zu verschaffen, was durchaus legitim sein kann. Wie viel gebe ich vom Eigenen ab zum Vorteil aller und wie viel nicht?

Wo die einen von den Vereinigten Staaten von Europa träumen, sehen die anderen eine Zusammenarbeit von Nationalstaaten als Ziel an. Das hat in der alten Welt noch ganz gut funktioniert, bevor ein Donald Trump als US-Präsident Europa Teile der Zusammenarbeit aufgekündigt hat, China nicht mehr die verlängerte Werkbank Europas ist und Russland keine billige Energie mehr liefert und Krieg gegen die Ukraine und Europa führt, in Form hybrider Kriegsführung und digitaler Sabotage, und damit Europa zu spalten versucht. Es funktioniert nicht mehr, dort, wo die EU selbst handlungsfähiger und schneller, souveräner werden muss. Es stellt sich die Frage, ob nicht alle viel mehr von der eigenen Souveränität abgeben müssen um als Ganzes viel mehr Vorteile zu erzielen. Wie handlungsfähig kann die EU sein, wenn sie so weiter macht? Klar ist, dass eine Erweiterung um mehrere Balkanstaaten, die Ukraine, Moldau und womöglich Georgien unter diesen Umständen kaum machbar ist. Eine Ausweitung der Mehrheitsentscheidungen ist in der Diskussion, weniger Veto-Optionen, um Blockaden zu verhindern. Die Autoren der Stiftung Wissenschaft und Politik sehen aber diese Entwicklung in weiter Ferne: „Vielmehr lassen sich hier drei Gruppen von EU-Staaten unterscheiden. Im Kern geht es in der Debatte um die Frage, wie die Balance zwischen Handlungsfähigkeit der EU einerseits und nationaler Souveränität andererseits gewahrt werden kann; aber auch die Angst vor der Dominanz großer Mitgliedstaaten spielt eine Rolle. Zur ersten Gruppe, den Befürwortern der Ausdehnung von QMV [Qualified Majority Voting, qualifizierte Mehrheitsentscheidungen] gehören neben Deutschland etwa Belgien und Spanien, bezüglich der GASP [gemeinsame Außen- und Sicherheitspolitik] ebenso Finnland und Slowenien. Sie betonen, dass durch mehr Mehrheitsentscheidungen die Handlungsfähigkeit der EU gestärkt würde. (...) Ferner solle damit die Einflussnahme externer Akteure wie Russland oder China über einzelne Vetospieler in der EU verhindert werden. Eine zweite Gruppe insbesondere kleiner und mittelgroßer EU-Staaten lehnt weitere Mehrheitsentscheidungen nicht prinzipiell ab, hat aber zwei sehr konkrete Befürchtungen: Auf der einen Seite hat jeder EU-Staat in sensiblen Bereichen wie der Außen- und Sicherheitspolitik zentrale nationale Interessen, in denen er auf keinen Fall EU-Beschlüsse gegen seinen Willen sehen will. Hierzu gehört etwa die Russland-Politik für die baltischen Staaten oder die Türkei-Politik für Griechenland und Zypern. Auf der anderen Seite befürchten gerade kleinere und mittelgroße Staaten, dass die großen, namentlich Deutschland und Frankreich, die Beschlussfassung dominieren würden. (...) Bei Einstimmigkeit hingegen hat jede einzelne nationale Regierung (rechtlich betrachtet) das gleiche Stimmengewicht. Zuletzt gibt es mit Ungarn mindestens einen EU-Staat, der Mehrheitsentscheidungen grundsätzlich kritisch sieht und eine Rückkehr zu mehr Intergouvernementalität und Einstimmigkeit fordert."[13] Nicht nur Rechtspopulisten wollen zurück. Die EU wird größer und komplexer, die Entscheidungswege länger, auch unter Pro-Europäern wird das Modell eines Europas der zwei oder drei Geschwindigkeiten diskutiert. Auch beim Euro machten nicht alle mit, heißt es, warum nicht auch bei anderen Fragen. Doch immer steht ein Scheitern der EU im Raum. Entweder weil man manche, kleinere Staaten, übergeht, oder weil es zu langsam voran geht mit der EU. Auch bei kleineren Entscheidungen pendelt der Konflikt im Prinzip zwischen diesen Polen.

Immerhin sind laut jüngsten Umfragen noch immer drei Viertel der befragten Deutschen zufrieden mit der EU. 48 % der Befragten haben Vertrauen in die EU,[14] kein überragender, aber seit Jahren stabiler Wert. Mehr als zwei Drittel der Europäer sind zudem der Meinung, dass die EU ein stabiler Ort in einer komplexen Welt sei, und drei Viertel sind der Meinung, die Zusammenarbeit in Sicherheit und Verteidigung müsse gestärkt werden. Fast 60 % sind mit der Funktions-

---

[13] Stürzer, Isabella; von Ondarza, Nicolai (2024): Zum Stand der Konsensfähigkeit der EU, *Stiftung Wissenschaft und Politik (SWP)*, [online] https://www.swp-berlin.org/publikation/zum-stand-der-konsensfaehigkeit-der-eu [31.12.2024].

[14] Statista Research Department (2024): Vertrauen in die Europäische Union (EU) 2024, *Statista*, [online] https://de.statista.com/statistik/daten/studie/173226/umfrage/vertrauen-der-deutschen-in-die-eu/ [02.01.2025].

weise der EU und in ihrem Land zufrieden.[15] Auch das Vertrauen in die wirtschaftlichen Möglichkeiten der EU ist hoch und alles zusammengenommen dürfte dies ein Signal an rechte Kräfte sein, die die EU aufbrechen wollen. Welchen Weg aber kann Europa künftig gehen, um zusammenzuwachsen ohne auseinanderzubrechen? Wenn Münkler wirklich recht hat, würde eine zunehmende Integration ja zu einem immer stärkeren Auseinanderdriften führen. Eine Reform der Verträge ist schwierig bis unwahrscheinlich, da sie einstimmig beschlossen werden müsste, zudem die nationalen Interessen so unterschiedlich gelagert sind. Eine zunehmende Demokratisierung und Integration aber lässt die Zentrifugalkräfte zunehmen. Die EU also im Dilemma, in einer selbst gesetzten Falle? Und wie ist denn nun der Programmauftrag des WDR-Gesetzes zu verstehen und umzusetzen?

Wie wäre es mit einem anderen Blick auf diese supranationale Union? Als Marine le Pen erstmals als französische Präsidentschaftskandidatin angetreten ist, wollte sie aus dem Euro-System heraus und liebäugelte mit einem *Frexit* – und ist krachend gescheitert. Die italienische Ministerpräsidentin Giorgia Meloni hat die Lektion gelernt und gibt sich pro-europäisch. Von Viktor Orban war noch nichts zu einem Austritt zu hören, vermutlich weil dann nicht nur bedeutende Teile der europäischen und deutschen (Auto-)Industrie, die in Ungarn angesiedelt sind, automatisch aus der EU mitaustreten müssten und Ungarn dann ein gravierendes wirtschaftliches Problem bekäme. Also auch Orban weiß genau, was er am Binnenmarkt hat. Die Niederlande, die einen wichtigen Teil ihres Wohlstandes dem Hafen Rotterdam und damit dem Handel verdanken, mit Deutschland als größtem Handelspartner, abgeschottet im nationalen Dasein? Auch die Österreicher, die es sich in ihrem kleinen, aber feinen Land ganz gemütlich gemacht haben, werden noch einmal die Fotos heraussuchen, wie ihr heute wunderschönes Wien noch vor ihrem Beitritt und vor der Osterweiterung der EU aussah, als es noch *Eiserner-Vorhang-Randgebiet* war. Vom aktuellen Status einer der lebenswertesten Städte der Welt war Wien damals jedenfalls weit entfernt. Vielleicht würde eine Dokureihe ‚*Back to the Past*' dabei helfen, daran zu erinnern, wie es einmal aussah vor noch nicht allzu langer Zeit, mit den heute geradezu dystopisch anmutenden Kontrollen an den Grenzen, mit langweiligem Essen, mit Menschen, die einen Gast wie einen Fremden anschauen, statt ihn freundlich zu begrüßen, als italienisches Essen aus „Pastaschuta" bestand und spanische Getränke aus süßem Alkoholgemisch, das manche als Sangria bezeichnen und als in den Niederlanden als Gruß an die Deutschen der ausgestreckte Arm gang und gäbe war.

---

[15] Eurobarometer: EU-Bürger/-innen wollen eine stärkere EU, *Europäische Kommission*, [online] (2024), https://germany.representation.ec.europa.eu/news/eurobarometer-eu-burger-innen-wollen-eine-starkere-eu-2024-05-23_de [02.01.2025].

Womit wir beim allgemeinen Nutzen der Union wären, den die Europäer mittlerweile als selbstverständlich nehmen. Den täglichen Nutzen, damit sind nicht einmal die abgeschafften Roaming-Gebühren gemeint, durch die jeder Reisende viel Geld spart, ja die auch, aber es ist jener große Nutzen, der weit darüber hinaus reicht. Jeder, der in einem Unternehmen tätig ist, weiß, wie viele der Produkte in der EU Absatz finden. Mehr als 54,2 % des deutschen Exports gehen in Länder der EU.[16] Regeln sind vereinheitlicht und machen den Handel in der Union einfacher. Und es sind nicht nur die Großen, jeder kleine Händler, jede Pension, jeder Kleinbetrieb kann von diesem Austausch profitieren. Vielleicht berichten wir künftig einfach mehr über solche Fragen und wie man diese Art von Austausch und Zusammenarbeit in der EU weiter ausbauen und verbessern kann, denn die allgemeine Regelungswut mancher Parlamentarier neigt da zum Überschwang. Wie können alle weiter voneinander lernen, sich das Beste voneinander abschauen, ganz eigennützig? Wie können Leute in diesem Raum zum Unternehmen ermutigt werden statt zum Unterlassen? Wie macht man ihnen das Unternehmen einfacher, statt schwieriger? Vielleicht müssen es stärker diese Leitfragen werden, auch für Journalisten. Vielleicht ist der Charakter von Politik, die Dinge zu häufig kompliziert zu machen, und das Werk von Journalisten ist meist, darüber zu berichten und selten zu hinterfragen, ob so verhindert statt ermöglicht wird. Ebenso wenig sinnhaft ist es, in allem den geradezu kleinbürgerlich anmutenden *Streit* zu suchen, um ja einen Konflikt zu finden, statt ein größeres Bild zu zeichnen, darüber, welchen Nutzen die Menschen aus Entscheidungen ziehen können.

Ist der Fokus der Medien zu politisch? Jedenfalls könnte man diesen Eindruck bekommen, legt man Zeitungen nebeneinander, vergleicht man die Nachrichtenprogramme der Fernsehsender. Ausnahmen sind die Finanzmedien und solche die einen starken Fokus auf Wirtschaft haben. Jedenfalls ernährt Politik die Leute am Ende des Tages nicht, sie setzt meistens Regeln. *It's the economy, stupid!* Wo lesen wir über die wirtschaftlichen Zusammenhänge? Über die Vorteile, die wir voneinander haben? Als während der Corona-Krise die Grenzen teils dicht gemacht wurden, fiel einigen erst da auf, warum plötzlich die Produktion in deutschen Betrieben stillstand. Zulieferbetriebe aus Italien und anderen Ländern konnten wegen der geschlossenen Grenzen nicht liefern. Dieser Zustand ist im Nachhinein vielleicht zu wenig analysiert worden, aber von wesentlicher Bedeutung. Für Jean-Claude Trichet, den früheren Präsidenten der Europäischen Zentralbank, braucht es deshalb noch viel mehr Integrationsschritte: „Für mich ist das ultimative Ziel eindeutig eine originäre politische Föderation. Wenn die Europäer in diesem Jahrhundert mit den großen Ländern der Welt an einem Tisch sitzen wollen, brau-

---

[16] Rudnicka, J. Statista Research Department (2024): Anteil der Exporte aus Deutschland in die Europäische Union (EU) am gesamten deutschen Export von 1991 bis 2023.

chen sie nicht nur einen vollständig vollendeten Binnenmarkt – was er derzeit nicht ist – und eine einheitliche Währung, sondern auch eine einheitliche Verteidigung und eine einheitliche Diplomatie. Wenn sie nicht föderal vereint sind, wird jedes einzelne europäische Land am Ende des Jahrhunderts nicht nur hinter China, den USA und Indien, sondern auch hinter Indonesien, Nigeria, Brasilien zurückfallen, ganz zu schweigen von Pakistan, Mexiko, Vietnam und anderen. Mit einer originären politischen Föderation könnte Europa bis zum Ende des Jahrhunderts die viert- oder fünftgrößte Macht der Welt bleiben und weiterhin einflussreich sein."[17] Was für ein Szenario: Trichet kündet den Abstieg der EU in den nächsten Jahrzehnten an, wenn es sich nicht stärker zusammenschließt, doch genau das ist ja das Schwierige. Und Trichet konnte zu diesem Zeitpunkt noch nicht sehen, wie sehr sich die USA unter Trump von Europa abwenden, die EU geradezu bekämpfen und damit den drohenden Abstiegsprozess noch verschärfen.

Die Konstruktion der Europäischen Union ist besser als ihr Ruf. Die Politikwissenschaftlerin Sophie Pornschlegel meint, die Debatte um das viel beschriebene Demokratiedefizit sei wenig zielführend. Die EU leide weniger unter ihrer eigenen institutionellen Architektur als unter den politischen Machtverhältnissen in den Mitgliedstaaten, die sich kaum für das europäische Interesse einsetzen.[18] Die EU sei „bereits viel demokratischer als es im Rahmen von zwischenstaatlichen Kooperationen üblich ist. Die EU verfügt über eigenständige Institutionen, die die Interessen der EU vertreten, wie beispielsweise die europäische Kommission und die zahlreichen EU-Agenturen, sie verfügt auch über ein Parlament und direkte Wahlen, und schließlich über einen eigenständigen Gesetzgebungsprozess und ein unabhängiges Justizsystem. Aus dieser Perspektive ist die EU die demokratischste internationale Organisation, die es jemals gab."[19] Demgegenüber stehe ein Konzept, in dem dessen Verfechter sich wünschen, dass die „EU ein (föderaler) Staat wird. Aus diesem Verständnis leitet sich oft die Diskussion über die „europäische Identität" ab, die die (vorpolitische) Grundlage für diesen Staat schaffen soll.[20] Die politischen Konzepte blieben aber abstrakt und würden im Rahmen wissenschaftlicher EU-Integrationsdebatten geführt, „doch mit der Realität in Brüssel wenig zu tun haben. Genauso wie man sich in Berlin selten die Frage stellt, ob der Bundestag nun mehr oder weniger Macht haben sollte, so arbeitet man in Brüssel mit dem

---

[17] Záboji, Niklas; Braunberger, Gerald (2024): Ex-EZB-Präsident Trichet über Frankreichs Schulden und Europas Zukunft, *Frankfurter Allgemeine Zeitung*, [online] https://www.faz.net/aktuell/wirtschaft/ex-ezb-praesident-trichet-ueber-frankreichs-schulden-und-europas-zukunft-110070038.html [02.01.2025].
[18] Pornschlegel, Sophie (2022): Ist die EU demokratisch genug?, Beitrag für den DGB. Heft 84.
[19] Ebd.
[20] Ebd.

politischen System, das zur Verfügung steht."[21] Die nationalen Akteure hätten noch oft Schwierigkeiten, die doppelte Legitimation der Union von Staaten und Bürger*innen zu verstehen.[22]

Es geht also auch darum, mehrere politische Realitäten zu respektieren, mehr noch, sie als Gewinn zu sehen, so wie wir die italienische oder französische Küche lieben, den niederländischen Pragmatismus zu schätzen wissen, die irische (Mini-) Bürokratie, das schwedische Gemeinwesen, das deutsche duale Ausbildungswesen – und wir alle uns im besten Fall das Beste voneinander abschauen. Ein Thema für die Medien. Auch so könnte Nationalismus abgebaut werden. Oder vielleicht ist das die Integration Europas, nach der wir suchen?

„**Le nationalisme, c'est la guerre!**" Nationalismus bedeutet Krieg, sagte François Mitterand.[23] Es ist eine Betrachtung, an der kaum jemand, der nur ein wenig von der europäischen Geschichte verstanden hat, vorbeikommt. Doch Nationalismus führt auch zu *Verdummung*. Weil die Menschen die überragende Chance liegen lassen, von anderen zu lernen, von anderen zu profitieren, selbst besser zu werden und neue Chancen zu entwickeln. Wie dumm muss man sein, wenn man von den anderen unglaublichen Kulturen und deren Vielfalt nichts mitbekommen will. Und schließlich führt Nationalismus zu mehr *Armut*. Ja, Wettbewerb der guten Ideen, der Chancen, kann auch manchmal unangenehm oder unkomfortabel sein. Aber die wirtschaftlichen Entwicklungen der letzten Jahrzehnte in der EU sind ein schlagender Beweis. Und wenn es einen guten, einen unabhängigen Schiedsrichter, sprich die EU-Kommission, gibt, ist die Chance da, dass es auch gerecht abläuft. Wie wäre es, als Korrespondent, diese Überlegungen – zumindest gelegentlich – in den Mittelpunkt der Berichterstattung zu stellen? Den Nutzen (oder Nicht-Nutzen) des Einzelnen aufzuzeigen und „die EU als „creatio continua" zu verstehen."[24] Europa, das war bei den Gründervätern einmal ein großer Traum, heute fragen sich viele, was daraus geworden ist, dass Europa so wenig Begeisterung auslösen kann.

„**Das ist so eine Sache mit den Träumen**", sagt Herfried Münkler, „wenn die Dinge leicht sind und wir fest schlafen, dann träumen wir allerhand Schönes. Ab und zu auch Albträume. Aber die Formulierung von Traum, kann einerseits für ein Ziel stehen, sie kann aber auch andererseits dafür stehen, dass wir nicht klar bei Sinnen sind und uns von daher Dinge vorgestellt haben, die so nicht waren. Und von Brecht stammt ja diese Formel von den Mühen der Ebene. Und in dem Augenblick,

---

[21] Ebd.
[22] Vgl. ebd.
[23] Mitterrand, François (1995): Rede von Präsident Mitterrand im Europäischen Parlament, Straßburg, 17.1.1995. Das Zitat ist mehrfach von anderen aufgegriffen worden.
[24] Brok, Elmar; Köpf, Peter (2024): *Verspielt Europa nicht! Ohne die EU ist Deutschland ein Zwerg*, München: Europa Verlag, S. 256.

wo mehr und mehr die Europäische Union in die Mühen der Ebene gekommen ist, wo man keine großen politischen Schritte gemacht hat und sozusagen als Ersatzhandeln sich Brüssel als ein umtriebiger Regelbewirtschafter herausgestellt hat, da wurde man dessen auch gelegentlich überdrüssig. Dann haben die Nationalregierungen alles, was nicht so funktioniert hat, wie es funktionieren sollte, oder worüber die Leute unzufrieden waren, als Regelungssysteme immer auf Brüssel geschoben. Das war dann bequem. Aber wir haben doch Vorgaben aus Brüssel und wir können gar nicht anders. Das hat sicherlich auch dazu beigetragen. Und ja, dann stellte sich auch heraus, so einfach ist das mit dem Zusammenwachsen nicht. Dafür muss man auch gewisse Verzichtleistungen bringen im Hinblick auf Souveränität oder auf das Angeben der Richtung in der Frage der Fiskal- und Währungspolitik und derlei mehr. Also je funktionstüchtiger Europa geworden ist, desto mehr Enttäuschungen hat es auch produziert."[25] Nirgendwo finde sich noch jemand, der Stolz auf das Erreichte äußert, meint Martin Schulz, früher Präsident des Europaparlaments: „Schauen Sie sich die Welt an. Auf welchem Teil dieses Planeten gibt es so viel Freiheit, so viel Demokratie, so viel Vielfalt? Gibt es so viele Staaten, die in ihren Verfassungen den Menschen auch im Alltag ihre individuellen Grundrechte garantieren? Die Meinungsfreiheit, die Freizügigkeit, die Berufswahl. Freiheit. Die Freiheit von Wissenschaft und Lehre. Das Post- und Fernmeldegeheimnis, die Abschaffung der Todesstrafe, das Folterverbot, das Willkürverbot, all die Dinge, die wir im Alltag erleben, nach denen sich Milliarden Menschen auf dieser Erde sehnen, weil sie das nicht einen einzigen Tag selbst mal so haben. Lasst uns doch mal stolz sein darauf, dass wir das in Europa haben und sagen das verteidigen wir gegen die, die uns diese Rechte nehmen wollen."[26] Elmar Brok, der langjährige EU-Abgeordnete, zitiert in seinen politischen Lebenszusammenfassungen den ersten Präsidenten des Vorläufers der EU-Kommission, Walter Hallstein. Die EU sei als eine fortlaufende Schöpfung zu sehen, die es stetig zu verbessern gelte, statt die angeblichen oder noch bestehenden Schwächen und Fehler zu betonen.[27] Nun sind Journalisten nicht die Pressesprecher der Kommission oder anderer Organisationen, die die Probleme kleinreden und die Vorteile großreden sollen. Doch sie können in ihrer Berichterstattung fragen, welchen Nutzen gibt es? Wo ist der Mehrwert für den Bürger und wo gibt es ihn nicht? In ihren größten Krisen ist die EU stets ein Stück weiter zusammengerückt, zusammengewachsen.

---

[25] Münkler, Herfried (2024) im Interview mit Ulrike Brincker für die ARD-Dokumentation „Europa im Machtkampf. Wohin steuert die EU und mit wem?"
[26] Schulz, Martin (2024) im Interview mit Ulrike Brincker für die ARD-Dokumentation „Europa im Machtkampf. Wohin steuert die EU und mit wem?".
[27] Brok, Elmar; Köpf, Peter (2024): *Verspielt Europa nicht! ohne die EU ist Deutschland ein Zwerg*, München: Europa Verlag. S. 256.

Wer die Wellentäler im Laufe eines Korrespondentenlebens zwischen Euphorie und Verzweiflung, zwischen Europabegeisterung und -skepsis kennenlernt und für sich einordnen will, kann sich die Betrachtung Peter Kaperns vom Deutschlandradio zur Hilfe nehmen: „Das großartigste an diesem Job ist für mich allerdings etwas Anderes. Nämlich das Wissen, dabei sein zu können, während etwas entsteht, was es in der Menschheitsgeschichte noch nicht gegeben hat. Eine Gemeinschaft von Staaten, die es sich zum Ziel gesetzt hat, immer enger zusammenzurücken, als Lehre aus einer blutigen Vergangenheit und im Bewusstsein, sich in einer sich stark wandelnden Welt nur gemeinsam behaupten zu können." [28] Mit dem Krieg, den Russland in der Ukraine führt, mit der Abwendung der USA allerdings steht die EU vor ihrer wohl historisch größten Bewährungsprobe. Sie muss innerhalb kürzester Zeit viele Versäumnisse aufholen, etwa die der gemeinsamen Verteidigung. Sie muss nun zeigen, ob die Regel des Zusammenwachsens auch dieses Mal greift. Man möge sich lieber nicht ausdenken was aus den einzelnen Ländern wird, wenn es ihr nicht gelingt.

Literatur

(1998): *Gesetz über den „Westdeutschen Rundfunk Köln" (WDR – Gesetz), Bekanntmachung der Neufassung.*
Wilders, Geert (2024): The Netherlands, Hungary, Belgium, Italy, Germany, Portugal, Sweden, France, Spain, Czech Republic and today Austria!, X, [online] [04.01.2025].
Münkler, Herfried (2024) im Interview mit Ulrike Brincker für die ARD-Dokumentation „Europa im Machtkampf. Wohin steuert die EU und mit wem?"
Münkler, Herfried (o.A.) im Interview mit Tilo Stein: Europa steht zur Disposition. Cicero – Magazin für politische Kultur [online] [17.3.2025].
Wertheimer, Jürgen (2022): *Europa: eine Geschichte seiner Kulturen*, 1. Auflage., München: Pantheon.
Pornschlegel, Sophie (2022): Ist die EU demokratisch genug?, Beitrag für den DGB. Heft 84.
Schulz, Martin (2024) im Interview mit Ulrike Brincker für die ARD-Dokumentation „Europa im Machtkampf. Wohin steuert die EU und mit wem?".
Brasche, Ulrich (2020): Ever Closer Union? Wie sich die EU produktiv weiterentwickeln kann, in: *Aus Politik und Zeitgeschichte*, Jg. 70, S. 32–38.
Brok, Elmar; Köpf, Peter (2024): *Verspielt Europa nicht! Ohne die EU ist Deutschland ein Zwerg*, München: Europa Verlag.
Mitterrand, François (1995): Rede von Präsident Mitterrand im Europäischen Parlament, Straßburg, 17.1.1995.

---

[28] Siehe Teil 2. Abschnitt 5. Kapern, Peter. Ethnologie im Staatenzoo. Der Deutschlandfunk, die EU und der ganze Rest.

Die deutsche Präsidentschaft im Rat der Europäischen Union, *EU2020*, [online] https://www.eu2020.de/ [02.01.2025].

Eurobarometer: EU-Bürger/-innen wollen eine stärkere EU, *Europäische Kommission*, [online] (2024), https://germany.representation.ec.europa.eu/news/eurobarometer-eu-burger-innen-wollen-eine-starkere-eu-2024-05-23_de [02.01.2025].

Sen, Sibel (2009): Mord an Theo van Gogh, *Der Spiegel*, 1.11.2009.

Statista Research Department (2024): Vertrauen in die Europäische Union (EU) 2024, *Statista*, [online] https://de.statista.com/statistik/daten/studie/173226/umfrage/vertrauen-der-deutschen-in-die-eu/ [02.01.2025].

Wertheimer, Jürgen (2022): *Europa: eine Geschichte seiner Kulturen*, 1. Auflage., München: Pantheon.

Záboji, Niklas; Braunberger, Gerald (2024): Ex-EZB-Präsident Trichet über Frankreichs Schulden und Europas Zukunft, *Frankfurter Allgemeine Zeitung*, [online] https://www.faz.net/aktuell/wirtschaft/ex-ezb-praesident-trichet-ueber-frankreichs-schulden-und-europas-zukunft-110070038.html [02.01.2025].

Rudnicka, J. Statista Research Department (2024): Anteil der Exporte aus Deutschland in die Europäische Union (EU) am gesamten deutschen Export von 1991 bis 2023.

Warum Belgien? Ein unbekanntes Land entdecken

14

Belgien ist für die Deutschen meist eine große Unbekannte, kaum jemand weiß viel über das Land zu erzählen, das Interesse ist überschaubar. Welche Sprache spricht man dort? Belgisch? Fritten, Pralinen und Bier, das war es dann auch schon. Was für eine Fehleinschätzung, dieses hoch spannende Land so links liegen zu lassen. Dabei ist Belgien nicht nur außerordentlich lebenswert, es herrscht auch nicht das Chaos, das vielmals unterstellt wird. Mehr noch als all dies ist Belgien mit seiner Kompromiss- und Improvisationskultur wie kaum ein anderes Land geeignet, die europäischen Institutionen zu beherbergen.

Es gibt ein ungeschriebenes Gesetz in Belgien, an das sich tatsächlich viele halten. Selbst bei kleineren Unstimmigkeiten suchen sie nach einer Lösung, die allen entgegenkommt, man sucht nach einem Kompromiss. Und vor allem eines ist wichtig: Niemand darf in einem Konflikt sein Gesicht verlieren. Das macht manche Debatte etwas komplizierter, ist aber schlussendlich annehmbarer für alle. Der Respekt voreinander spielt also in weiten Teilen der Gesellschaft eine wichtige Rolle. Es fällt zunächst nicht so auf, meist erst wenn ein Außenstehender versucht, mit dem Kopf durch die Wand zu gehen. Dann nämlich kommt er in Belgien nicht weit. Robustes Auftreten, wie gelegentlich in Deutschland üblich, ist jedenfalls nicht gefragt. Wer verhandelt, sollte im Hinterkopf stets Lösungsmöglichkeiten oder zumindest einen Zugang mitberücksichtigen, der auch den Anderen gut aussehen lässt, von der der Andere etwas hat. Etwas davon ist zweifellos in den Verhandlungen beim Europäischen Rat wiederzufinden. Dort geht es oft kompliziert zu und manchmal zehrt es an den Nerven und mitunter entsteht ein langes Hin und Her. Folglich kann es dauern, bis ein Ergebnis vorliegt, und das hat damit zu tun, dass man in Belgien seit jeher um einen Ausgleich zwischen den verschiedenen Landesteilen und Bevölkerungsgruppen bemüht ist.

Wer diese belgische Eigenart nicht kennt und berücksichtigt, aber ein Interesse verfolgt und keine richtigen Antworten bekommt, kann mitunter verzweifeln. Ein klares *Nein!* gibt es selten in Belgien, vielen Belgiern kommt das einem Affront gleich. Eher redet der Gesprächspartner ein wenig um die Sache herum, versucht zu erklären, warum alles schwierig ist, vielleicht sagt er auch noch, dass es im Prinzip geht, aber irgendwie doch nicht. Freunde einer klaren Ansage müssen sich also umstellen. Der Autor Josef Kelnberger beschreibt in der Süddeutschen Zeitung „Wie Belgien Kompromisse zur Kunstform erhebt"[1] und versucht, europäische und belgische Politik in einem Text zu erklären. Nicht einfach. Dieses Komplizierte, Kompromissbehaftete hat bereits viele Autoren animiert, Brüssel als idealen Ort für die komplexe Kompromissmaschine EU zu sehen. Ein bisschen war es aber auch der Zufall, der Brüssel zur Hauptstadt der EU gemacht hat. Der Historiker und Journalist Christoph Driessen beschreibt in seinem wissensreichen und lesenswerten Buch über die Geschichte Belgiens, dass die Vorläufer-Organisation der EU, die europäische Gemeinschaft für Kohle und Stahl, später die EWG, 1952 aktiv werden sollte: „Die Frage war: Wo? Eine Mehrheit der sechs Mitgliedstaaten war für Brüssel, denn diese Stadt war zentral gelegen, verkehrstechnisch gut angebunden, mehrsprachig, gleichzeitig aber nicht Hauptstadt eines der großen Länder. Nur ein Land war absolut dagegen: Belgien!"[2] Aus verschiedenen innenpolitischen Gründen versuchte die Regierung, Lüttich zum Sitz der Organisationen zu verhelfen, doch das war mit den anderen Staaten nicht zu machen. Folglich wurde Luxemburg zum provisorischen Sitz der Organisation, Straßburg wurde zum Sitz der Gemeinsamen Versammlung, dem Vorläufer des Europaparlaments, weil es einen entsprechenden Versammlungssaal besaß. Mehrere Städte bewarben sich in der Folge für den Sitz der EWG, darunter Brüssel, ohne dass eine Einigung erzielt werden konnte. Da die Länder im halbjährigen Wechsel den Vorsitz übernahmen, stellte sich die Frage, wer beginnt. „Der Einfachheit halber ging man dabei nach alphabetischer Reihenfolge vor. Das hatte zur Folge, dass Belgien als erstes der sechs Länder den Vorsitz übernahm."[3] Einigen konnte man sich indes nicht wirklich, mit der Folge, dass es bei Brüssel blieb. Und tatsächlich ist Brüssel auch heute noch für viele gut erreichbar und ein guter Standort als Hauptstadt Europas. Die Stadt richtete sich ein, das Europaviertel entstand über viele Jahrzehnte, sehr viel

---

[1] Kelnberger, Josef (2024): Wie Belgien Kompromisse zur Kunstform erhebt, *Süddeutsche Zeitung*, [online] https://www.sueddeutsche.de/projekte/artikel/politik/sommerserie-belgien-kompromisse-e500057/ [02.01.2025].

[2] Driessen, Christoph (2018): *Geschichte Belgiens: die gespaltene Nation*, Regensburg: Verlag Friedrich Pustet, S. 194.

[3] Ebd.

der alten Jugendstilarchitektur fiel dem zum Opfer, vieles blieb lange halb fertig, in der eigentlich zu kleinen Stadt, in dem zu kleinen Europaviertel, machten sich die EU-Institutionen immer breiter. Von außen betrachtet macht es manchmal den Eindruck, das Ganze wird nie ganz fertig. Irgendwie ist es ja auch so. Die EU als sich stets entwickelndes Gebilde, das hatten wir schon einmal.

Belgian solutions! So heißt eine der populären Buchreihen in diesem Land, das wohl die große Unbekannte unter den europäischen Ländern ist. Darin finden sich etwa Richtungsschilder an Straßenabzweigungen, die geradeaus und zurück gleichzeitig anzeigen, oder Starkstromkabel, die jahrelang aus dem Trottoir hängen und mit einer Plastiktüte isoliert sind. Belgien ist voll von solchen Kuriositäten und wird deswegen oft unterschätzt, aber die Belgier können damit gut leben. „Der belgische Staat ist ein wahres Labyrinth, aber die Politik findet immer einen Ausweg. Europa kann einiges davon lernen",[4] schreibt Kelnberger zurecht. Es ist sicher kein Zufall, dass ein so großer Surrealist wie René Magritte aus Belgien stammt. Es ist die Souveränität eines reichen Landes, das sich häufiger besondere Lösungen einfallen lässt und manchmal auch einfallen lassen muss. Komisch eigentlich, dass der Nachbar uns noch immer so unbekannt ist. Denn wir reden von einem der reichsten Länder Europas und das nicht nur im materiellen Sinne, es gilt für die Kultur, für die Politik, für das Essen, Innovationen, die Lebenskunst. Man denke nur an die vielen historisch bedeutenden Ereignisse, die hier stattfanden, an die berühmten Künstler, den Jazz, Bier und Fritten, es lohnt, sich einfach mehr mit Belgien zu befassen. Manche Korrespondenten und Parlamentarier kommen nur zum Arbeiten hierhin, bleiben Wochenendbesucher. Was für eine verpasste Chance.

Die Geschichte in Kurzform[5]: Die Belgier wurden erstmals in Caesars *De Bello Gallico* erwähnt. Ihre Geschichte ist kompliziert und sie gehörten zu unterschiedlichen Mächten wie Franken, dem Habsburger Reich, den Spanischen Niederlanden, Frankreich, dem Königreich Niederlande und einigen mehr, die ganze komplexe Geschichte darzustellen, führte hier zu weit.[6] Dann folgte die belgische Revolution und die Abspaltung von den Niederlanden sowie die Staatsgründung 1830. Freilich besteht das Land seitdem vor allem aus zwei großen Sprach-

---

[4] Kelnberger, Josef (2024): Wie Belgien Kompromisse zur Kunstform erhebt, *Süddeutsche Zeitung*, [online] https://www.sueddeutsche.de/projekte/artikel/politik/sommerserie-belgien-kompromisse-e500057/ [02.01.2025].

[5] Weitere Einsichten in die Geschichte sind beispielsweise bei Christoph Driessen (2018) nachzulesen.

[6] Eine gute Zusammenfassung der belgischen Geschichte bietet zum Beispiel: Driessen, Christoph (2018): *Geschichte Belgiens: die gespaltene Nation*, Regensburg: Verlag Friedrich Pustet. S. 9.

räumen, dem flämischen und dem wallonischen. „Belgien ist ein Land mit einem jungen Staat, aber einer langen Geschichte. Im Mittelalter war es neben Oberitalien die reichste und fortschrittlichste Region Europas. Und immer wurde hier sowohl Niederländisch als auch Französisch gesprochen. Das deutschsprachige Ostbelgien gab es 1830 allerdings noch nicht: Dieses Gebiet gehörte zum Königreich Preußen und kam erst nach dem Ersten Weltkrieg zu Belgien."[7] Die heutige deutschsprachige Gemeinschaft in Ostbelgien, hat rund 80.000 Einwohner, wovon viele wiederum Ausländer sind, einige deutsche, was kurios anmutet, aber im Länderdreieck lebt es sich auch ganz gut. Ostbelgien hat im Übrigen ein eigenes Parlament, einen eigenen Ministerpräsidenten und Deutsch ist offizielle Landessprache in Belgien. Es gibt also zahlreiche Parallelen zur EU.

Die Wallonie kommt früher als andere durch Kohle und Stahl zu Reichtum, es ist eine der am frühesten industrialisierten Regionen Europas. Flanderns Zeit großer und berühmter Textilindustrie ist da längst vorbei. Der Reichtum wächst mit der Ausbeutung der Kolonie Kongo vor allem durch Leopold II., der das Land in Privatbesitz nimmt. Mit dem Niedergang der Industrie in der Wallonie und dem Aufschwung der Handelsregion Flandern wendet sich das Blatt. Die Wallonie trifft der Strukturwandel voll, Flandern profitiert vom Hafen, von seinen Innovationen, seinen Fähigkeiten zu Handel und Dienstleistungen. Zunehmend blicken heute die Flamen auf die Wallonen herab. Viele Politiker dort wollen seit langem einen eigenen Staat und füttern mit dieser Form von Nationalismus ihre rechte Wählerschaft, die mittlerweile beträchtliche Stimmenanteile hat. Vieles davon ist Folklore und dient vor allem der eigenen Profilierung. Denn kaum jemand in Belgien will wirklich eine Trennung und dafür gibt es Gründe: Wie etwa sollte die gemeinsame Hauptstadt Brüssel, ein frankofoner, internationaler Teil auf flämischem Gebiet, zugeordnet werden? Würde ein Landesteil darauf verzichten? Ein Ding der Unmöglichkeit. Was macht man mit dem Königshaus? Immerhin ist Belgien eine konstitutionelle, parlamentarische Erbmonarchie mit dem König als Staatsoberhaupt. Er ist nicht nur als Identifikationsfigur und gelegentlicher politischer Vermittler, sondern vor allem bei Geschäften der wichtigen belgischen Unternehmen im arabischen Raum und überall anderswo auf der Welt äußerst dienlich, und zwar auch den Flamen. Aber das Wichtigste ist wohl: Wer wäre bereit, die enormen Staatsschulden Belgiens zu übernehmen? Diese drei wesentlichen Hürden klammern die Teile Belgiens aneinander, es gibt sicher noch andere, so etwa die enorme föderale Macht- und Befugnisverteilung bis hinunter auf die lokalen Ebenen.

---

[7] Ebd.

Die belgische Kompromissfähigkeit zeigt sich zwar auch in einigen mitunter skurrilen Lösungen, die das Land stets zu finden in der Lage ist, etwa bei der Regierungsbildung aus zahllosen Parteien und Interessen. Insofern gibt es tatsächlich eine Parallele zur Europäischen Union, die sich durch die Art ihrer Verträge und historischer Verpflichtungen so aneinandergebunden hat, dass sie nicht einfach auseinandergehen kann. Flamen und Wallonen pflegen weiterhin gern ihre Antipathien, wobei sich das weniger bei den Menschen und der Gesellschaft selbst zeigt, als bei den zahllosen Funktionsträgern, die alle ihre Legitimation und vor allem ihren Posten erhalten wollen. Nun gibt es auch hier Parallelen zu EU, wo manche nationale Eigenheit nach außen gern gepflegt wird und innen routinierte Zusammenarbeit stattfindet.

Brüssel pflegt ein „Leben und leben lassen". Junge Leute aus ganz Europa lassen sich dort nieder, weil sie Gleichgesinnte finden, mit denen sie ihre Projekte durchführen können. Die Stadt ist ein Schmelztiegel wie wenige andere. Das hat mit den internationalen Institutionen zu tun, der EU natürlich, aber auch der NATO. Sie alle haben ihre Angehörigen hier und das führt zu einem großen Mix aus Kulturen. Von den 1,2 Mio. Einwohnern sind deutlich mehr als ein Drittel nicht-belgisch. Viele Franzosen leben in Brüssel, oft im Stadtteil Uccle, der eigentlich flämisch ist und Ukkel heißt, eine vornehme, teure Gegend, in die viele reiche Franzosen ziehen, weil für sie die hohen belgischen Abgaben offenbar immer noch günstiger sind als die französischen. Aus der Sicht mancher Flamen gilt es, einer vermeintlichen frankofonen Übermacht entgegenzutreten, manche Wallonen kritisieren solche flämischen Aktivitäten zur Abschaffung der Zweisprachigkeit als *Flamandisation* oder *Reflamandisation*.[8] Es ist der Versuch Flanderns, seiner ökonomischen Bedeutung und Identität mehr Ausdruck zu verleihen. Ein großer Teil der flämischen Bevölkerung würde sich am liebsten von den Wallonen loslösen. Die Verbindungen des öffentlichen Nahverkehrs zwischen den Landesteilen lassen oft zu wünschen übrig. In den Ämtern der flämischen Gemeinden rund um Brüssel werden die vielen Expats und Ausländer, aber auch die frankofonen, belgischen Landsleute aufgefordert: *Wenn Sie nicht niederländisch sprechen, bringen Sie einen Dolmetscher mit.* Obwohl die Mitarbeiter mehrere Sprachen sprechen. Eine eigenwillige Sprachgrenze durchteilt das Land und die vor allem politische Abgrenzung hat in den letzten beiden Jahrzehnten zugenommen. Dennoch bestimmt das Frankofone die Hauptstadt Brüssel. Offiziell stellen die Franzosen den höchsten Anteil an Ausländern, Marokkaner spielen eine große Rolle und vor allem Rumänen.[9] Manche be-

---

[8] Belga (2012): Thiéry: „Une méthode agressive de flamandisation", *La Libre*.
[9] Statbel (2024): Belgien in Zahlen, https://statbel.fgov.be/de/themen/bevoelkerung/bevoelkerungsstruktur.

haupten aber, dass die Polen mindestens ebenso wichtig sind. Offiziell sind es nur gut 20.000 aber manche Fachleute schätzen die Zahl wesentlich höher ein, weil Polen mehr oder weniger ständig in der Stadt unterwegs sind und dafür sorgen, dass die Häuser nicht verfallen. Handwerksleistungen sind oft in polnischer Hand. Würden sie heute in Brüssel in den Streik treten, stünden schlagartig zahllose Baustellen still. Kaum eine Renovierung kommt ohne sie aus. Auch Marokkaner bestimmen das Stadtbild, viele von ihnen sind allerdings Belgier. Deutsche wohnen gerne auf dem *Sauerkrauthügel*, in Gemeinden wie Sterrebeek oder Wezembeek-Oppem. Ein wichtiger Grund ist: Dort ist die Deutsche Schule ansässig.

Den Kulturmix bereichern die vielen Belgier, die ihre Wurzeln in Afrika, vor allem im Kongo haben. Das Matongé, ein zentrumnahes Viertel, das eigentlich zum Stadtteil Ixelles gehört, zeugt davon. Afrikanische Gemüse- und Kleidungsgeschäfte, Friseure und Cafés, wie man sie sonst nur in manchen afrikanischen Ländern findet, prägen das Viertel. Leopold II. hatte zwischen 1885 und 1908 den Kongo in Privatbesitz, ein Land, das 70-mal so groß ist wie Belgien und über enorme Rohstoffe verfügt. Kautschuk gab es en masse und es war genau das, was man zu dieser Zeit in Europa brauchte. Alle mussten liefern, wer es nicht tat, der wurde umgebracht oder dem wurden öffentlich die Hände abgeschlagen. Die Brutalität war so groß, dass in den 23 Jahren Privatherrschaft Leopolds II. 25 Mio. Kongolesen ums Leben gekommen sind. Als Konsequenz auf internationalen Druck, trat Leopold den Kongo an den Staat Belgien ab. Einiges von diesem Reichtum, der aus dem Kongo importiert wurde, findet sich allerdings noch in den Händen Belgiens und seiner Gesellschaft. Erst 1960 wurde Belgisch-Kongo unabhängig. Freilich überließ man das Land fortan sich selbst, was letztlich auch keine verantwortungsvolle Lösung bedeutete. Bis heute tun sich die Belgier schwer mit diesem Erbe. Man kann davon ausgehen, dass viele Familien den Reichtum weitergegeben haben und sich mit dessen Herkunft lieber nicht weiter beschäftigen. Tatsächlich gehört Belgien zu den reichsten Staaten der EU, mit enorm hohen individuellen Vermögen. Selbst junge Leute verfügen bereits über hohe Summen auf dem Konto, im Portfolio oder in einem Investmentfonds in Luxemburg. Im benachbarten und befreundeten Land legt der Belgier gern sein Geld an, um den Steuern im eigenen Land zu entfliehen. Überhaupt ist die Steuervermeidung und -flucht seit jeher ein Volkssport in Belgien. Reichtum versteckt man dort gern hinter hohen Hecken oder Mauern. *My Home is my Castle* lautet ihr Lebensstil, Belgier wirklich kennenzulernen, ist daher nicht ganz einfach. Erst langsam versucht das Land, diesen üblen Teil seiner Geschichte aufzuarbeiten. Im Afrika-Museum Tervuren ist dieser Versuch zu besichtigen.[10] Noch bis Anfang der 2000er-Jahre quoll der Geist des Kolonialismus mit seinem furchtbaren herabsetzenden rassistischen Charakter

---

[10] Königliches Museum für Zentralafrika in Tervuren, einem Vorort von Brüssel.

aus jeder Fuge des Prachtbaus, den Leopold kurz nach der Weltausstellung 1897, finanziert mit im Kongo erwirtschaftetem Geld, errichten ließ, auch um Investoren für sein Projekt dort zu werben. Erst spät beginnt eine langsame Aufarbeitung der Gräueltaten.[11] Das Museum schloss, stand vor einem Neuanfang und wurde 2018 vollständig renoviert und umgestaltet wiedereröffnet. Dabei standen die Kuratoren vor der Herausforderung, diesen Kolonialismus darzustellen, ohne sich den Vorwurf gefallen lassen zu müssen, kolonialistisch zu sein. Eine schwierige Aufgabe, denn praktisch ging es darum, die schier unvorstellbare Menge an Ausstellungsstücken, etwa zigtausende für die Nachwelt präparierte und eingelegte exotische Tiere, aber auch mehr als 80.000 afrikanische Kunstwerke zu bewahren, auszustellen und dabei einzuordnen. Dies taten sie unter Mithilfe von kongolesischen Wissenschaftlern. Auch die Restitution von Kunst spielt eine große, aber schwierige Rolle. Wem gehören die einzelnen Kunstwerke eigentlich? Wohin mit ihnen? Der damalige Kurator sprach vom Afrika-Museum bei seiner Neueröffnung daher auch nicht von einem Museum, als vielmehr von einem Prozess, einer lebenden Einrichtung, die auch regelmäßig Stipendien an afrikanische Wissenschaftler vergibt. Das Afrika-Museum ist einzigartig, mit einem einzigen Besuch kann es nicht erfasst werden. Es ist Kunst-, Völkerkunde- und Naturkunde- sowie Geschichtsmuseum gleichzeitig. Trotz dieser Bemühungen existiert teilweise weiter ein versteckter, aber auch teils offener Rassismus gegenüber Coloured People in Belgien. Und auch mit der eigenen Geschichte und der von Leopold II. tut sich das Land weiterhin schwer.

Auch die arabische Welt prägt Brüssel, einige Stadtteile und Märkte atmen diesen Charakter, eigene Wirtschaftszweige haben sich gebildet, die integrale Bestandteile der Stadt sind. Viele Jahre lebten die verschiedenen Bevölkerungsgruppen selbstverständlich nebeneinander und miteinander. Jedoch erschütterten auch islamistisch geprägte Terroranschläge die Stadt und im sprichwörtlichen Sinn durch die Detonationen in der Metro-Station Maalbeek im März 2016 sogar das ARD-Studio, das direkt an der Station liegt. Der Stadtteil Molenbeek ist durch die Herkunft einiger Terrorzellen zu schlechtem Ruf gekommen, der Brüsseler Charakter des *Leben und leben lassen* hatte hier sehr negative Auswirkungen. Dabei ist Molenbeek ein Stadtteil mit knapp 100.000 Einwohnern, der deutlich mehr zu bieten hat. Auch anderswo in Belgien gab es in der Folge Anschläge und Anschlagsversuche, Geheimdienste und Polizei leisteten dabei aber außergewöhnliche Arbeit. Im Alltag sind die Routineformationen der Motorradpolizisten bei der ständigen Eskortierung von Staats- der Regierungschefs durchaus beeindruckend. Ob es die dauernden Gip-

---

[11] S. hierzu z. B. Hochschild, Adam; Enderwitz, Ulrich; Hochschild, Adam (2009): *Schatten über dem Kongo: die Geschichte eines der großen, fast vergessenen Menschheitsverbrechen*, 8. Aufl., Stuttgart: Klett-Cotta.

fel sind oder ständige kulturelle Großveranstaltungen, die Polizei arbeitet weitgehend mit Professionalität, konsequent und ziemlich humorlos, übrigens auch wenn es um (sehr teure) Strafmandate aufgrund von Verkehrsverstößen geht.

Doch der Staat und seine Institutionen haben nicht immer besonders gut funktioniert, vor allem nicht im Zusammenhang mit den grausamen Verbrechen von Marc Dutroux. Die Zeit wirkt bis heute als kollektives Trauma nach. Bis Mitte der 1990er-Jahre missbrauchte er viele Kinder und Jugendliche und ermordete zwei der Opfer, während seiner Haft verhungerten zwei weitere entführte Achtjährige in einem Verlies. Die Brutalität war das eine, dass es so passieren konnte, das andere. Behörden versagten, die Polizeiarbeit war eine Katastrophe, weil sich niemand zuständig fühlte. Ein einziges Drama, das die Bevölkerung betroffen machte, da man sich fragte, warum konnte das geschehen, interessieren wir uns genug dafür, was nebenan bei unseren Nachbarn geschieht. Zudem gab es ein Königshaus, das sich nach Meinung vieler viel zu spät kümmerte. *Leben und leben lassen*, dieser Lebensstil schien vollständig gescheitert und die Belgier kamen in eine tiefe Krise, traumatisch für jeden einzelnen. Im *Weißen Marsch* mit 300.000 Menschen durch Brüssel demonstrierten sie im Oktober 1996 gegen Pädophilie, aber auch gegen den dysfunktionalen Staat, und gedachten in gewisser Weise auch gleichzeitig ihres eigenen Versagens.

Mindestens so stark wie die Terroranschläge und die Dutroux-Vergangenheit beschäftigt Belgien heute die gravierende Drogenkriminalität. Im zweitgrößten Hafen Europas, Antwerpen, landen jedes Jahr viele Tonnen Kokain an, oft in Bananen- oder Gemüselieferungen versteckt. Antwerpen ist ein besonders wichtiger Anlaufpunkt in Europa für Obst und Gemüse aus Südamerika und damit für Kokain, das von hier aus in ganz Europa vertrieben wird. Die Hafenanlagen gehen praktisch in die des größten europäischen Hafens, Rotterdam, über, dasselbe gilt natürlich für die Drogenmafia. Immer wieder explodieren in Antwerpen Brandsätze oder Bomben, weil irgendwer mit irgendwem wegen ein paar hundert Kilo Kokain oder mehr eine Rechnung offen hat. Für den Hafen und die Behörden ist es schwierig, den Import in den Griff zu bekommen, denn aufwendige Kontrollen behindern die Abläufe im Hafen und die Schmuggler werden immer dreister und einfallsreicher. So landen jedes Jahr viele hundert Tonnen in Europa, so auch in Rotterdam, Hamburg oder selbst in kleineren Häfen wie Vlissingen. Wer einen Marktwert von nur 50 € pro Gramm Kokain berechnet, ist schnell bei 100, 150 Mrd. € Gewinn im Jahr.[12] Geld,

---

[12] 50 € sind ein eher unterdurchschnittlicher Schätzwert im Straßenverkauf laut Drogenreport der Vereinten Nationen. Die Gesamtsummen sind Schätzungen des Autors, die auf Berechnungen von Experten beruhen, die die gefundenen, bzw. beschlagnahmten Mengen Kokains häufig mit dem Faktor 10 multiplizieren, weil nur ein geringer Teil der Drogen überhaupt gefunden wird.

14 Warum Belgien? Ein unbekanntes Land entdecken

das illegal in den normalen Wirtschaftskreislauf eingeführt wird, in Gold, Uhren oder teure Sportwagen umgesetzt wird. Oder es wird per *Havala-Banking*[13] bis nach Dubai oder in andere Regionen geschafft, um von dort aus über irgendwelche Finanzprodukte wieder nach Europa zurückzukommen. Viele Mieter in Berlin jedenfalls fragen sich, wer eigentlich der Eigentümer ihrer Wohnung ist. Tatsächlich haben sich offenbar entsprechend finanzierte Fonds auch mit Verbindungen zu Dubai in Berlin und anderswo eingekauft. Das Entscheidende dabei ist, hohe Summen anonym transferieren zu können, die aus dem Drogenhandel stammen. Auch das gehört zu Belgien und wohl noch mehr zu den Niederlanden.

Wie kann man eigentlich dieses Land Belgien bei solchen Verhältnissen gut, ja sogar attraktiv finden? Die Aufzählung und Schilderung hier ist fragmentarisch, subjektiv und illustriert nur einen kleinen Teil des belgischen Lebensgefühls. Aber das Land ist durch seine Kulturen und seine Verschiedenartigkeit, seine Lebensart ungemein interessant aus kultureller und historischer Perspektive. Über die Kolonialisierung und das Afrika-Museum ist schon gesprochen worden, aber auch ein Besuch in Waterloo ist ein *Must,* dort wo sich Napoleons letzte Schlacht beeindruckend auf einer großen Leinwand nachvollziehen lässt. Von einer Anhöhe gilt es danach, über die weiten Felder zu sehen und sich die brutale Abschlachterei vom 18. Juni 1815 vorzustellen. Es gilt zudem, die *Flanders Fields* und die zahllosen Soldatenfriedhöfe aufzusuchen, wo die Gräuel des Ersten Weltkriegs noch immer deutlich werden, etwa wenn der Landwirt einem freundlich eine Handvoll Munition aus dem ersten Weltkrieg schenkt, die er gerade wieder einmal beim Bestellen seiner Felder gefunden hat. Wer in dieser Gegend ein Haus bauen will, dem kann passieren, dass die Bauarbeiten lange aufgehalten werden, weil man feststellt, dass der Garten auf Schützengräben liegt. Interessant ist, dass viele Kanadier, Briten, Australier, Amerikaner auf ihrer *Bucket List* einen Besuch dort zwingend vorgesehen haben, wo am Menen-Tor in Ypern, ein britisches Ehrenmal für die vermissten

---

[13] Havala Banking wird ein internationales Zahlungssystem genannt, das an den gängigen offiziellen Zahlungsmethoden vorbei organisiert ist und weitestgehend auf Vertrauen basiert. Ohne Belege, ohne Konten, ohne Banken. Ein Einzahler gibt Geld in einen Topf, unter Verwendung eines Codes zahlt ein Auszahler an einem anderen Ort der Welt Geld aus einem anderen Topf aus, ohne dass zwischen den Töpfen direkt Geld fließt. Diese Töpfe werden in unscheinbaren Läden, Kiosken, Restaurants o. Ä. verwaltet. Auf diese Weise können hohe Summen Bargeld in kürzester Zeit an anderen Orten wirksam werden. Erst wenn ein Ungleichgewicht in einem Topf entsteht, muss auf anderem Weg für Ausgleich gesorgt werden. Entweder muss ein hoher physischer Bargeldtransfer über die Grenzen stattfinden, was gefährlich ist, oder es werden Goldbestände physisch transferiert. Der Verdacht: Auf diese Weise sollen hohe Mengen Bargeld in internationale Fonds gelangen, die wiederum in Europa investieren.

Soldaten, jeden Abend ein *Last Post* gespielt wird, jedes Mal ein ergreifender Moment. Nur Deutsche sind dort äußerst selten anzutreffen. Verwunderlich manchmal, dass belgische Ressentiments gegenüber Deutschen kaum zu finden sind.

Leben und leben lassen, steckt womöglich auch hinter dieser Haltung und bedeutet trotz allem, in Belgien einigermaßen unbehelligt leben, ja sich wohlfühlen zu können, auch wenn es nicht ganz einfach ist, zu echten Belgiern intensiveren Kontakt zu bekommen als beim üblichen Nachbarschaftstalk. Wer aber am Wochenende die vielen Pfadfinder in ihren Gruppen zusammen bei ihren Ausflügen beobachtet, bekommt den Eindruck eines Gemeinschaftsgefühls. Millionäre tauchen unrasiert in zerfledderter Kleidung auf, Taxifahrer tragen mitunter Anzug und Krawatte, die Architektur und Wirtschaft sind innovativ und Belgiens Bierbrauer sind es allemal. „The German purity law is definitly something we do not accept here", meinte einer mal auf die Frage, was er von deutschem Bier halte. Eiskaltes Kirschbier ist eine Delikatesse, saures, unter offenem Himmel spontan fermentiertes *Geuze* ein fantastischer Apéro und die Nachbarschaftsbrauereien in allen möglichen Vierteln kommen praktisch jede Woche mit einer neuen Kreation, sei es mit Quitte oder exotischen Früchten versetzt. Die Klosterbiere sind Folklore geworden, vor allem, wenn bei einigen wochenlange Wartezeiten für eine Kiste des hochprozentigen Gebräus veranschlagt werden müssen. Diese Kiste reicht aber eine Zeit lang, ein Fläschchen mit neun Prozent kann ganz schön sedieren. Auch bei einem der Neujahrsempfänge im königlichen Brüsseler Stadtschloss nimmt man gern morgens neben Mathilde und Phillippe ein Gläschen Bier und plaudert, klar dass dort auch ein Jupiler oder ein Leffe serviert werden, die aus dem größten Brauereikonzern der Welt mit mehr als 160.000 Beschäftigten und 60 Mrd. US-Dollar Umsatz (2024) stammen. Die Wurzeln gehen weit in die Geschichte zurück, seine Größe erreichte der Konzern durch zahlreiche Übernahmen anderer Unternehmen, deren Marken aber meist erhalten geblieben sind, vielleicht ist auch das ein typisch belgisches Vorgehen, Anheuser-Busch InBev selbst tritt selbst als Marke nicht in Erscheinung, nur als Name an der Börse. Ursprünglicher Sitz des Unternehmens ist Leuven.

Die belgische Küche gehört zu den besten der Welt, in der Wallonie etwas konventioneller und mehr französisch ausgerichtet, in Flandern innovativ und manchmal experimentell. Der Belgier lässt sich gutes Essen einiges kosten. Gleichzeitig geht es unprätentiös zu. Ein paar Austern mit einem Glas Champagner auf dem Wochenmarkt ist nichts Ungewöhnliches und kostet nur unwesentlich mehr als in Deutschland eine Currywurst mit Fritten. Und auch die sind in Belgien allemal besser als anderswo, weil sie, klassisch gemacht, mit frischen Bintje-Kartoffeln hergestellt und zwei Mal in hochreinem Rinderfett zubereitet werden müssen. In der Weihnachtszeit bekommt man das alternativ auch schon einmal in Gänsefett frittiert. Dazu eine große Auswahl von vielleicht zwanzig Soßen, der Kreativität setzen sie sich da keine Grenzen. Mit den erstandenen Fritten ist man auch in manchen Kneipen willkommen und bekommt sein Bier dazu. Das mag suboptimal für die Gefäße sein, schmeckt aber außerordentlich gut. Wie es sich der Belgier auch sonst gern gut schmecken lässt, sei es mittags im Restaurant oder nach dem Einkauf im Supermarkt. Die Auswahl und Qualität dort sind oft bemerkenswert und die Internationalität und Verschiedenartigkeit der Menschen bringt eine enorme Vielfalt auch an Produkten hervor.

Wer in Brüssel lebt, hat es nur maximal eineinhalb Stunden zum Meer, zwei Stunden nach London, gut eineinhalb Stunden nach Paris und fünf Stunden mit dem Zug an die französische Südküste. Eine Stunde nach Rotterdam und wenig mehr nach Amsterdam, gerade zwei Stunden nach Köln. Wer heute in Brüssel lebt, genießt also auch die geografischen Vorzüge, die schon die Urgründer der EU vorteilhaft fanden. Er ist in einer Stunde in den wunderbaren Ardennen, wo es sich zu wandern lohnt und der ein oder andere Weltkriegsbunker zu finden ist. Und in überschaubarer Zeit ist man in den schicken und geschichtsträchtigen Mittelmetropolen Antwerpen, Gent oder der Weltkulturerbe-Stadt Brügge. Er sollte also nicht allein in Brüssel verharren. Und schon gar nicht ein Expatriat-Wochenend-Korrespondent bleiben.

Belgien und vor allem Brüssel ist also wie Europa unter einem Brennglas. Konfliktbehaftet und lösungsorientiert. Kompromissbreit und pragmatisch. Konfrontiert mit historischen Epochen, Kriegen, Kolonialisierung, Frieden. International ausgerichtet, nach innen und außen.

Literatur

Driessen, Christoph (2018): *Geschichte Belgiens: Die gespaltene Nation*, Regensburg: Verlag Friedrich Pustet.
Hochschild, Adam (2009): *Schatten über dem Kongo: die Geschichte eines der großen, fast vergessenen Menschheitsverbrechen*, 8. Aufl., Stuttgart: Klett-Cotta.
Kelnberger, Josef (2024): Wie Belgien Kompromisse zur Kunstform erhebt, *Süddeutsche Zeitung*, [online] https://www.sueddeutsche.de/projekte/artikel/politik/sommerserie-belgien-kompromisse-e500057/ [02.01.2025].
Belga (2012): Thiéry: „Une méthode agressive de flamandisation", *La Libre*.

Teil II
Erfahrungen und Ansichten von EU-Journalisten

Der Blick erfahrener Journalisten auf Brüssel ist sehr unterschiedlich. Und doch gibt es große Schnittmengen. Es wäre vermessen, wenn ein einzelner Autor vorzugeben glaubt, alle Sichtweisen und Erkenntnisse im Überblick darstellen zu können. In diesem zweiten Teil des Handbuches EU-Journalismus soll meinem vielleicht hin und wieder subjektiven oder unvollständigen Blick auf die Arbeit des EU-Korrespondenten entgegengewirkt werden. Deshalb gilt mein besonderer Dank den Kolleginnen und Kolleg

en, die Tag für Tag herausragenden Journalismus aus Brüssel liefern und sich trotz knapper Zeit die Mühe gemacht haben, diesem Handbuch mit der Darstellung ihrer eigenen Eindrücke und Erfahrungen einen besonderen Mehrwert zu liefern. Ich habe darum vor allem Kolleginnen und Kollegen um Beiträge gebeten, die unterschiedliche Medien vertreten, Print, Online, Fernsehen, Radio, Agenturen, Magazine, um unterschiedliche Sichtweisen zu repräsentieren. Die Themen sind entsprechend vielfältig. So geht es unter anderem um die Transformation hin zum Digitalen. Was sich technisch mittlerweile als selbstverständlich darstellt, gestaltet sich inhaltlich weiter als einschneidender Prozess. Andere User, andere Ansprache, andere Themen, andere Arbeitsformen. Als weitere Herausforderung stellt sich die immense Themenbreite und -tiefe dar. Sie zu erfassen, zu filtern, umzusetzen und in ihrer Komplexität verständlich zu machen, ist tägliche harte Arbeit. Und weil das Informationsbedürfnis in dieser komplexen Welt steigt, sind neue Medien auf den Markt gekommen, Politico und Europe.Table etwa, die das Bedürfnis nach weitergehenden tieferen Informationen erfolgreich bedienen, und von denen, so die Prognose, auch andere Medien profitieren und lernen werden. Politico hat die Medienwelt in Brüssel verändert und auch Europe.Table ist im deutschsprachigen Raum ein wichtiger Faktor geworden. Journalisten beider Medien beschreiben hier ihre Arbeit.

Mir war zudem wichtig, Kollegen von großen Tageszeitungen oder Magazinen ebenso zu befragen wie solche, die für das Radio arbeiten oder etwa jeden Tag einen Blog füllen. Der Bürochef der DPA beschreibt fünf Gründe, warum Agenturjournalismus besonders in Brüssel ein spannender und erstrebenswerter Job ist. Ein ehemaliger Fernsehkollege beschreibt, wie die Möglichkeiten des konstruktiven Journalismus auch für EU-Korrespondenten wirksam sein können. Dankenswerterweise gibt ein weiterer Kollege Auskunft über das journalistische Projekt ENTR, das länderübergreifend die EU für junge Leute abbildet, aber Brüssel und die politischen Institutionen weitestgehend außen vorlässt. Einige Autoren geben wertvolle Tipps, wie sie exklusive Informationen sammeln oder investigativ arbeiten. Manche beschreiben die besondere Rolle der Deutschen Landesvertretungen in Brüssel. Es gibt Einlassungen von Kollegen so unterschiedlicher Medien wie Die Zeit und Der Spiegel. Und besonders freue ich mich über internationale Beiträge, so über die Arbeit einer Korrespondentin der Financial Times, eines der wichtigsten und meistgelesenen Medien in Brüssel, über den besonderen und charakteristischen journalistischen Ansatz der FT sowie über die Einlassungen einer ungarischen Kollegin, die mit massiven Desinformationskampagnen in ihrem Land umgehen muss.

Die Voraussetzung für die Einlassungen war einfach: Jeder und jede war frei in der Wahl der Inhalte und Formen. Es konnte die persönliche Sicht sein, essayistisch, neutral. Damit nicht alle über dieselben Abläufe berichten und Doubletten vermieden werden, gab es als Anregung einen Fragenkatalog mit Ideen, welche Themenfelder interessant sein können und Teil 1 des Buches ergänzen könnten. Gewünscht war ein Blick in das eigene Arbeitserleben, die eigenen Herausforderungen, etwa wie das große Themenfeld Europäische Union in dem speziellen Medium umgesetzt werden muss. Den Autoren war aber auch freigestellt, ein Spezialthema zu beleuchten, das dem Einzelnen vielleicht besonders wichtig erscheint. Hier sollten nicht normative Kriterien im Mittelpunkt stehen, sondern die eigene Erfahrung in der speziellen Welt des eigenen Mediums. Daraus ergibt sich ein spannendes Spektrum, wie es so bislang wohl noch nicht zu lesen ist. Erfahrene Journalisten aus führenden Medien beschreiben ihre Anforderungen an einem der wichtigsten und schwierigsten Arbeitsplätze und wie sie dort damit umgehen.

Die Beiträge sind vollständig von den Autoren erstellt, an wenigen Stellen habe ich ihnen nach Fertigstellung der Texte kleinere redaktionelle Änderungen vorgeschlagen und nach Rücksprache eingefügt. Formatierungen und eventuelle Quellenangaben stammen von den Autoren selbst und sind so übernommen worden. Um mögliche Zeitbezüge einordnen zu können sei erwähnt, dass die Beiträge im 4. Quartal 2024 entstanden sind.

15 Entpolitisierung als Weg der Kompromissfindung: Thomas Gutschker, Frankfurter Allgemeine Zeitung

„Es gibt nur noch ein technisches Problem zu lösen" – dieser Satz fällt oft in Brüssel. Es ist die Standardformulierung, wenn die Staaten im Ministerrat um eine gemeinsame Haltung zu einem Gesetzesvorhaben ringen. Oder wenn die Verhandlungen zwischen Rat und Parlament im Trilog-Verfahren in die entscheidende Phase eintreten. Journalisten sollten dann hellhörig werden: Fast immer geht es nämlich darum, ein eminent politisches Problem zu lösen, dies aber zu kaschieren. Dieses Herunterspielen ist typisch für europäische Politik. Es ist sogar eine Bedingung des schwierigen Interessenausgleichs. Und ein Grund, warum die in den Mitgliedstaaten übliche Politik-Berichterstattung, die bei der Wiedergabe politischer Positionen ansetzt, in Brüssel so nicht funktioniert.

Ein Beispiel: Ende 2023 rangen Parlament und Rat in einem Mega-Trilog um die EU-Asylreform, insgesamt zehn Gesetzestexte. Jahrelang war kaum ein Thema so schwierig gewesen, weil die Interessen der Staaten weit auseinanderlagen. Doch als es in die entscheidende Phase ging, war allenthalben nur noch von technischen Problemen die Rede. Etwa bei der Frage, welcher Personenkreis von dem neuen beschleunigten Grenzverfahren ausgenommen werden sollte: nur unbegleitete Minderjährige oder auch Familien mit Kindern? Und falls Familien, wo sollte die Altersgrenze der Kinder liegen? Man kann das zu einer technischen Frage erklären, tatsächlich ging es aber um politische Entscheidungen. Die Mehrzahl der Staaten wollte nur für unbegleitete Minderjährige eine Ausnahme zulassen, um nicht einen neuen Anreiz dafür zu schaffen, dass sich gleich ganze Familien auf den Weg machen. Dagegen argumentierten die Bundesregierung und das Europäische Parlament mit dem besonderen Schutz, der Kindern zukomme. Am Ende behielten sie das Nachsehen – was insbesondere für die Grünen eine schmerzliche Niederlage war.

Natürlich gibt es in jedem Trilog-Verfahren auch rein technische Aspekte. Eine Änderung hier führt automatisch zu einer Anpassung dort, ein neuer Absatz hier zu einer Streichung dort. Für solche Fragen gibt es eigene Sitzungen nur der Fachbeamten von Parlament, Rat und Kommission. Sobald aber auf politischer Ebene verhandelt wird, geht es immer um Politik. Dasselbe gilt, wenn die Mitgliedstaaten im Rat eine „gemeinsame Ausrichtung" festlegen, also ihre Verhandlungsposition. Diese Verhandlungen laufen in Brüssel weniger in Ministerräten als in den beiden Ausschüssen der Ständigen Vertreter (AStV). Das sind die höchsten Diplomaten der Mitgliedsländer, die EU-Botschafter, die mindestens einmal pro Woche zusammenkommen. Auf ihrem Teller landen alle Fragen, die in der darunter liegenden Ebene, den Arbeitsgruppen von Fachbeamten, nicht geklärt werden können.

Wenn im AStV keine Einigung gelingt, müssen die für das Thema zuständigen Minister ran, in seltenen Fällen auch die Staats- und Regierungschefs. Doch werden auch Entscheidungen, die in diesen Runden getroffen werden, von den Ständigen Vertretern implementiert. Sie ringen um die Details jedes einzelnen Gesetzesvorhabens. Wenn es den AStV passiert, ist die Verabschiedung durch den Ministerrat nur noch Formsache – die Minister stimmen ohne Aussprache über den vorliegenden Gesetzentwurf ab. Wenn es schnell gehen muss, erfolgt das Votum gar nicht durch die Fachminister, sondern einfach im nächsten Ministerrat, der in Brüssel tagt. Es kann also sein, dass die Agrarminister über ein Sanktionspaket gegen Russland befinden, das gar nichts mit ihrer Zuständigkeit zu tun hat.

Als hohe Beamte handeln die EU-Botschafter gemäß Weisungen, die sie aus ihren Mitgliedstaaten bekommen. Allerdings darf man sich das nicht als Einbahnstraße vorstellen. Weisungen erfolgen aufgrund schriftlicher interner Berichte, in denen die Botschafter den Beratungsstand zu einem Thema skizzieren, Spielräume und rote Linien aufzeigen. Ein gewiefter Diplomat versteht es, einen Sachstand so zu formulieren, dass sich die nahe liegende politische Weisung daraus wie von selbst ergibt. Das gilt erst recht, wenn mehrere Ministerien beteiligt sind und sie sich nicht einig werden. Dann verzögern sich formale Weisungen, was ein Botschafter nutzen kann, um auf eigene Faust zu verhandeln und die Beteiligten dann vor vollendete Tatsachen zu stellen. In vielen Fällen kann ohnehin nur er einschätzen, was sich mit einer Mehrheit durchsetzen lässt und was nicht. Unter demokratischen Gesichtspunkten ist es fragwürdig, dass nicht gewählte Spitzenbeamte, die keinem Parlament verantwortlich sind, einen so großen Einfluss auf politische Entscheidungen haben. Die Botschafter selbst haben natürlich kein Interesse daran, dies an die große Glocke zu hängen. Ihr Einfluss hängt daran, dass politische Entscheidungen zu technischen Problemen erklärt werden, mit denen man „die Minister nicht belasten will", wie es immer wieder heißt. Zugleich sind die Botschafter auch die wichtigsten Kommunikatoren ihrer Staaten in Brüssel. Sie unterrichten

Journalisten vor Ministerräten und Europäischen Räten, tauchen dann als namenlose „EU-Diplomaten" in Artikeln auf und bleiben so für das Publikum unsichtbar. Das verleiht ihnen eine einmalige Deutungshoheit – und die Macht, öffentliche Zustimmung zu erzielen, ohne selbst in Erscheinung treten zu müssen.

Die Verwandlung politischer Entscheidungen in technische Fragen erleichtert es zugleich, Kompromisse zwischen 27 Mitgliedstaaten zu finden. Oder wenigstens zwischen den 15 Staaten, die für eine qualifizierte Mehrheit ausreichen, wenn sie zugleich mindestens 65 % der EU-Bevölkerung repräsentieren. Denn für technische Fragen gibt es technische Lösungen, die sich später als Sachzwänge darstellen lassen. Solche Lösungen entziehen sich der politischen Logik, wo immer nach Gewinnern und Verlierern gesucht wird. Für einen tragfähigen Kompromiss müssen alle Beteiligten als Gewinner auftreten können, auch wenn einige sich stärker durchsetzen konnten als andere. Die Brüsseler Grundregel lautet: Je technischer sich ein Thema präsentieren lässt, desto höher ist die Wahrscheinlichkeit eines Kompromisses. Und im Umkehrschluss: Je stärker eine Entscheidung „politisiert" wird, desto schwieriger wird es, einen Konsens oder eine Mehrheit zu organisieren.

Letzteres kann man gut am Ringen um Rechtsstaatlichkeit studieren. Gegen Polen wurde 2017 ein Verfahren zum Schutz der Rechtsstaatlichkeit nach Artikel 7 des EU-Vertrags eröffnet, gegen Ungarn ein Jahr später. Damit wurden Konflikte, die bis dahin zwischen den EU-Institutionen und den betroffenen Regierungen schwelten, auf die politische Ebene gehoben. Kommission, Rat und Parlament formulierten ihre Einwände nun grundsätzlich: als Verstöße gegen die Rechtsstaatlichkeit und damit die Grundbedingung europäischer Zusammenarbeit. Dadurch entstand Druck auf Warschau und Budapest, der durch Urteile des Europäischen Gerichtshofs und teilweise empfindliche Strafzahlungen noch verstärkt wurde. Dies führte aber keineswegs zu einer wachsenden Kompromissbereitschaft in beiden Hauptstädten. Vielmehr verhärteten sich die Positionen der von der PiS-Partei respektive Fidesz geführten Regierungen – so sehr, dass sie sogar hohe Geldbußen hinnahmen. Allein Polen entgingen 550 Mio. Euro aus dem EU-Haushalt, weil es sich weigerte, die Disziplinargerichtsbarkeit für Richter an EU-Standards anzupassen. Beendet wurde das Rechtsstaatsverfahren gegen Warschau erst 2024, nachdem es in Polen zu einem Regierungswechsel gekommen war und der neue Ministerpräsident Donald Tusk eine Reihe von Reformen einleitete. Dieser Wechsel war das Ergebnis einer offenen politischen Auseinandersetzung, in der sich die Opposition als bessere Regierung zu präsentieren versuchte. Das entspricht der Logik in allen Mitgliedstaaten mit parlamentarischen Regierungssystemen. Nationale Debatten sind nicht per se technischer Natur, sondern genuin politisch. Die Parteien vertreten von Anfang an unterschiedliche Positionen, die sie aus Grundsatzprogrammen und Grundüberzeugungen ableiten. Medien bilden dies in ihrer Berichterstattung ab. Natürlich sind auch in den Mitgliedstaaten immer wieder Kompromisse notwendig, in aller Regel regieren dort ja Koalitionen aus mehreren Parteien. Der Interessenausgleich findet jedoch relativ transparent statt, etwa in Koalitionsausschüssen. Im Verhältnis zu den Ausgangspositionen können Journalisten das Ergebnis politisch bewerten: Wer hat mehr erreicht, wer weniger?

In Brüssel bedarf es dagegen einer geradezu archäologischen Arbeit, um Interessenunterschiede und politische Differenzen überhaupt kenntlich zu machen. Die reine Abfrage von Positionen der Akteure reicht selten aus. Meistens werden Differenzen heruntergespielt und politische Argumente durch rechtliche Argumente ersetzt. Berichterstatter müssen dann von sich aus rekonstruieren, von welchen Ausgangspositionen aus eine Verständigung, also ein Interessenausgleich, erzielt wurde.

Das gilt selbst für das Europäische Parlament. Dort dominiert zwar der politische Diskurs – anders als im Rat treffen ja direkt gewählte Politiker und Parteien aufeinander. Als Mitgesetzgeber ist das Parlament aber umso stärker, je einheitlicher es gegenüber den Mitgliedstaaten auftreten kann. Deshalb sind knappe Mehrheitsentscheidungen in Straßburg die Ausnahme. Die Regel sind vielmehr Beschlüsse, die von zwei Dritteln oder mehr der Abgeordneten angenommen werden. Die für einzelne Sachthemen zuständigen Berichterstatter werden immer versuchen, eine möglichst große Mehrheit für eine gemeinsame Position des Parlaments zu erreichen. Das ist dann die Grundlage für Triloge mit dem Rat und der Kommission, die in jedem Schritt des Gesetzgebungsverfahrens das Initiativrecht behält. Wenn in einem solchen Verfahren parteipolitischer Streit zwischen den Vertretern des Parlaments ausbricht, nützt das vor allem den anderen Institutionen: Sie können die Abgeordneten gegeneinander ausspielen.

Europäische Korrespondenten müssen sich über diese Mechanismen im Klaren sein. Sie führen zu einer Entpolitisierung von Verhandlungsprozessen, und zwar bei allen Beteiligten. Man wird dann als Berichterstatter förmlich hineingezogen in einen Strudel technischer Probleme und rein rechtlicher Begründungen. Das lässt die europäische Politik oftmals bürokratisch und technokratisch erscheinen – was sie wiederum in den Augen vieler Bürger delegitimiert. Wieso entscheiden unbekannte Beamte und wenig bekannte Politiker in Brüssel darüber, wie leistungsstark Staubsauger sein dürfen oder wie lange Autos mit Verbrennungsmotor noch zugelassen werden können? Dahinter stehen jedoch politische Entscheidungen, die das Ergebnis eines langen Ringens und Abwägens sind. Gute Berichterstattung legt das offen und macht damit auch deutlich, dass der vermeintliche Sachzwang nur eine von mehreren Optionen ist, die sich in einem komplexen Prozess der Mehrheitsbildung durchsetzen konnte.

Dr. Thomas Gutschker trat 2001 in die politische Nachrichtenredaktion der F.A.Z. ein. Ende 2002 Wechsel zum „Rheinischen Merkur" nach Bonn. Dort war er acht Jahre lang für die außenpolitische Berichterstattung verantwortlich. 2011 Rückkehr an den Main. Als Mitglied der politischen Redaktion der Sonntagszeitung schrieb er vor allem über außen- und sicherheitspolitische Themen. Seit Herbst 2019 ist Thomas Gutschker Korrespondent der FAZ in Brüssel.

16 Netzwerken in Brüssel: Carsten Volkery, Handelsblatt

Ich bin nach mehr als zehn Jahren als London-Korrespondent im Frühjahr 2022 nach Brüssel gekommen. Die Fahrt dauert nur zwei Stunden mit dem Zug, doch es sind unterschiedliche Welten. Die größte Überraschung war für mich, wie deutsch es im Brüsseler Europaviertel zugeht. Jedes der 16 Bundesländer betreibt seine eigene Landesvertretung. Zusätzlich zu den drei deutschen Botschaften (für Belgien, die EU und die Nato) gibt es also noch 16 weitere Mini-Botschaften.

Mini ist dabei relativ: Der Freistaat Bayern hat sich zum Beispiel ein repräsentatives Gemäuer im Park neben dem Europaparlament geleistet – mitsamt weißblauem Maibaum auf dem Hof. Der Bau ist in der Brüsseler Politikszene nur als „das Schloss" bekannt und sticht schon architektonisch den Zweckbau der deutschen Botschaft aus. Zu Beginn, als die Bayern das verfallene Objekt kauften und umbauten, spotteten Beobachter über „Neuwahnstein". Aber auch andere unterhalten große Repräsentanzen mit Dutzenden Mitarbeitern im Herzen des Europaviertels.

Die Landesvertretungen zeigen, wie das Geschäft mit dem Einfluss in Brüssel funktioniert. Sie laden zu öffentlichen Diskussionen mit Politikern und Experten ein, richten Empfänge aus und pflegen das regionale Brauchtum. Einmal im Jahr veranstalten die Niedersachsen ein Grünkohlessen, die Hessen laden zum Weinfest und die Sachsen zum Weihnachtsmarkt.

Bei diesen geselligen Abenden treffen Abgeordnete auf Lobbyisten, Kommissionsbeamte auf Journalisten. Man spricht Deutsch, gelegentlich auch Englisch, nie Französisch. Ich erinnere mich an eine Diskussion zum Katastrophenschutz, in der Vertreter der Freiwilligen Feuerwehr aus Hessen von ihren Hilfseinsätzen bei Waldbränden in Griechenland erzählten. Auf der Bühne diskutierten der hessische Innenminister und eine Kommissionsbeamtin, wie zentral oder dezentral solche Einsätze am besten geplant werden sollten. Es war eine faszinierende Diskussion zu einem Thema, über das ich zuvor nie nachgedacht hatte. Nach einiger Zeit kennen sich die Stammgäste bei solchen Abenden, manchmal läuft man sich mehrmals pro Woche über den Weg. In dieser Umgebung blüht der Informationsaustausch. Als Journalist bekomme ich Anregungen und lerne neue Quellen kennen. Gerüchte lassen sich erhärten, mit etwas Glück erfahre ich sogar etwas Exklusives.

Gäste aus Deutschland nutzen die Bühne, um sich einem Brüsseler Publikum zu präsentieren. Christian Lindner etwa wählte in seiner Zeit als Bundesfinanzminister die Landesvertretung Hessen, um für Frankfurt als Sitz der neuen europäischen Anti-Geldwäsche-Behörde zu werben. Die Bankenstadt setzte sich am Ende gegen glamouröse Mitbewerber wie Paris, Madrid und Rom durch.

Auch deutsche Unternehmen sponsern regelmäßig Veranstaltungen in den Landesvertretungen und können so ihre Anliegen in die politische Diskussion einspeisen. Auf den Panels zur Zukunft der europäischen Chipindustrie oder des Green Deal diskutieren dann Manager mit Vertretern von Kommission und Parlament.

Kritiker sprechen etwas abfällig von der deutschen Blase – und tatsächlich muten diese Veranstaltungen manchmal arg provinziell an. Doch sind sie ein wesentliches Schmiermittel der Brüsseler Maschine, denn Beziehungen verlaufen in der EU nun mal häufig entlang nationaler Linien.

Wenn ein deutsches Unternehmen Einfluss auf den Gesetzgebungsprozess nehmen will, wendet es sich beispielsweise an den Europaabgeordneten aus dem Heimatwahlkreis oder die entsprechende Landesvertretung. Diese wiederum aktivieren ihre deutschen Kontakte in der Kommission. Ähnlich arbeiten viele Journalisten. Der neueste Gesetzesentwurf aus der Kommission findet meistens über deutsche Lobbyisten oder deutsche Abgeordnete den Weg in die hiesigen Medien.

Ich habe mit der Zeit erfahren, dass auch Regionen aus Österreich, Italien oder Spanien ihre eigenen Büros in Brüssel unterhalten. Aber keines ist so prominent wie die deutschen Landesvertretungen. Sie sind einer der Faktoren, warum der deutsche Einfluss in der EU so groß ist.

Als Journalist sollte man sich jedoch nicht nur in der deutschen Blase bewegen, sondern auch Kontakt zu Vertretern aus den anderen 26 EU-Ländern pflegen. Anders als in London oder New York, wo ich früher stationiert war, stehen deutschen Journalisten in der europäischen Hauptstadt viele Türen offen. Das dürfte nicht zuletzt damit zusammenhängen, dass wir aus dem größten Mitgliedstaat kommen – und obendrein die Kommissionspräsidentin derzeit eine Deutsche ist.

Eine wichtige Informationsquelle sind die Kollegen anderer europäischer Medien. Da wir uns nahezu täglich bei Terminen sehen, gibt es einen regen kollegialen Austausch. Oft entstehen daraus neue Ideen. Auch hilft es, die Themen aus anderen nationalen Perspektiven zu sehen – und die Linie der eigenen Regierung zu hinterfragen. In solchen Gesprächen erhält man eine Ahnung davon, warum viele Streitpunkte im Rat der Mitgliedstaaten so unlösbar erscheinen. Wir Korrespondenten vom Handelsblatt haben uns mit Kollegen anderer europäischer Wirtschaftszeitungen (u. a. Les Echos, Il Sole 24 Ora, Het Financieel Dagblad) zusammengetan und führen regelmäßig Gruppeninterviews mit Kommissaren und Ministern. Aus Sicht der Interviewpartner ist das attraktiv, weil sie mit einem Interview mehrere europäische Länder erreichen. Für uns hat es den Vorteil, dass wir leichter Zusagen von wichtigen Gesprächspartnern bekommen.

Mein Tag beginnt mit einem Nachrichtenüberblick. Als erstes lese ich die Newsletter von Politico und Bloomberg sowie die „Financial Times". Die britische Zeitung unterhält ein größeres Büro in Brüssel als jede deutsche Zeitung. Obwohl sie in einem Nicht-EU-Land beheimatet ist, ist sie eines der Leitmedien in der EU-Hauptstadt.

Seit dem Brexit entbehrt das nicht einer gewissen Ironie, aber Regierungschefs und Kommissionsvertreter nutzen die britische Zeitung weiterhin gern, um ein pan-europäisches Publikum zu erreichen. Ein Grund ist sicherlich, dass Englisch die europäische Lingua Franca ist. Ein weiterer, dass das Blatt als unbeteiligter Beobachter wahrgenommen wird. Im Unterschied zu vielen deutschen Zeitungen, in denen deutsche Zitatgeber und die Berliner Perspektive dominieren, berücksichtigt die FT stärker die verschiedenen nationalen Interessen.

Beim Handelsblatt haben wir drei Brüssel-Korrespondenten – so wie der SPIEGEL, die Frankfurter Allgemeine Zeitung und die Süddeutsche Zeitung. Es ist unser größtes Auslandsbüro, was die Bedeutung der EU für unsere nationale Politik und Wirtschaft widerspiegelt.

Wir sind keine klassischen Auslandskorrespondenten, die Berichte und Reportagen über ihr Land schreiben, sondern eher Inlandskorrespondenten mit Sitz im Ausland. Formal sind wir dem Berliner Hauptstadtbüro zugeordnet. Jeden Morgen haben wir eine gemeinsame Konferenz mit den Berlinern. Das ist sinnvoll, weil wir die gleichen Themen bearbeiten: Der grüne Umbau der Wirtschaft, Digitalisierung, Außenhandel, Staatsschulden, Migration – fast immer brauchen wir in einem Artikel beide Sichtweisen, die nationale und die europäische.

Aufmerksame Leser können schon am Tonschlag erkennen, ob ein Artikel in Berlin oder Brüssel zusammengeschrieben wurde. In einem Fall wird die innenpolitische Debatte nach vorn gestellt, im anderen die Spannungen zwischen den EU-Staaten hervorgehoben.

Besonders schön zeigt sich die Wechselwirkung zwischen Berlin und Brüssel beim sogenannten „German vote". Wenn im Rat der 27 EU-Mitgliedstaaten eine Frage zur Abstimmung steht und die Berliner Koalitionspartner sich vorher nicht auf eine gemeinsame Position einigen konnten, enthält sich Deutschland. Die Enthaltung wird in Brüssel als „German vote" bezeichnet. Am Abstimmungsverhalten lässt sich immer auch ablesen, wie gut eine Regierung in Berlin funktioniert. Je häufiger Deutschland sich enthält, desto größer ist der Frust der EU-Partner. Die anderen Länder erwarten schon ein Mindestmaß an Führung von Berlin. Denn wenn Deutschland sich nicht entscheiden kann, passiert auch in Europa nichts. Der polnische Außenminister Radosław Sikorski hat einmal gesagt, mehr als Deutschlands Macht fürchte er Deutschlands Nichthandeln.

Einmal in der Woche haben wir Brüsseler außerdem eine Themenkonferenz mit unseren Handelsblatt-Kollegen in anderen europäischen Hauptstädten wie Paris, London, Rom, Riga und Madrid. In der Runde versuchen wir, länderübergreifende Entwicklungen zu diskutieren und Artikel-Ideen zu entwickeln. Fragen wie Migration, Staatsschulden oder Wohnungsmangel sind schließlich europäische Themen, mit denen sich alle Regierungen auseinandersetzen müssen. Im Idealfall finden wir „best practices", von denen Deutschland lernen kann.

In Brüssel laufen viele Fäden zusammen, das merken wir jeden Tag an den Anfragen aus der Handelsblatt-Redaktion. Die Auto-Kollegen fragen nach den EU-Zöllen auf chinesische E-Auto-Importe. Die Tech-Kollegen wollen wissen, was mit der europäischen Cloud-Initiative passiert. Aus dem Finanzressort kommt die Frage nach der neuesten Zahlungsverkehr-Richtlinie. Der Kollege aus Asien interessiert sich für den Stand des Handelsabkommens mit Indien.

Die Fülle an Themen kann einen erschlagen, obendrein sind sie meist auch noch hochkomplex. Den Überblick über alles gleichzeitig zu behalten, ist unmöglich. Selbst nach mehreren Jahren in Brüssel überkommt einen noch das Gefühl der Überforderung. Der Takt ist im Vergleich zu anderen Standorten sehr hoch, ruhige Tage gibt es kaum.

Wir müssen daher jeden Tag eine Auswahl treffen. Neben der inhaltlichen Relevanz richten wir uns dabei auch danach, was unsere Leser interessiert. Dank der Klickstatistiken können wir ungefähr einschätzen, was ankommt und was nicht. EU-Themen tun sich oft schwer, weil sie als trocken und komplex gelten. Allerdings funktionieren sie, wenn sich die Bedeutung eines Themas sofort erschließt. Das trifft auf die meisten geopolitischen Themen zu, also beispielsweise die Sicherheitslage in der Welt und den Wettbewerb mit den USA und China. Auch die Auswirkungen europäischer Gesetze auf deutsche Unternehmen sind ein zentrales Thema für uns.

Auslandskorrespondenten müssen manchmal um die Aufmerksamkeit der Zentrale kämpfen, wenn in ihrem Land gerade nicht viel los ist. Das Problem hat man als EU-Korrespondent nicht. In Brüssel kommt nie das Gefühl auf, irrelevant zu sein. Schließlich werden hier die wichtigen Fragen der Zeit verhandelt – Krieg und Frieden, Klimaschutz, Wohlstand. Dies gibt einem das Gefühl, am Puls der Zeit zu sein.

Und die EU wird noch wichtiger. Das ist nicht nur eine Floskel in politischen Sonntagsreden, es ist in meiner Erfahrung tatsächlich so. Wir führen regelmäßig Hintergrundgespräche mit Unternehmenschefs und Ministern, die zu Besuch sind. Das Interesse an Brüssel ist groß – und jeder, der was zu sagen hat, schaut hier vorbei.

Carsten Volkery ist seit April 2022 Korrespondent in Brüssel. Zuvor war er fünf Jahre für das Handelsblatt in London. Vor seinem Wechsel zum Handelsblatt war er für den Spiegel unter anderem Parlamentskorrespondent in Berlin, Auslandskorrespondent in New York und London sowie Chef vom Dienst. Studiert hat er Soziologie, Politikwissenschaft und Volkswirtschaftslehre in Berlin und New York.

17 No National or Institutional Point of View: Paola Tamma, Financial Times

Recipients, topics, goals, claims: I write with our audience in mind: I picture that as a banking executive/trader/government employee/academic commuting through a busy city (it could be London, New York or Delhi) with a few more stops of underground to go before getting on with his or her day, who has a general understanding of the EU, is educated, and needs enough context to make sense of Brussels' output, but whose interest in it would be limited to stories that *move the needle* for him or her. It could be granular—some of my most read stories are about changes to some obscure piece of financial regulation, which speaks loads to who my audience is—or as macro as it gets—such as G7 machinations to finance Ukraine's war efforts.

The goal is to couch the story in language which can easily travel, highlighting its broader significance (the FT even has an in-house word for it, "adding the sweep"), and picking a specific moment to "hit" the story. As Brussels veterans know, it is a very process-led town, the average piece of legislation takes 19 months to pass, and it is our task to separate wheat from chaff, picking only moments that matter to our busy readers. Typically: 'scooping' or having an exclusive early peek of a commission proposal, the council compromise on it which would highlight the politics of it, and whose national interests have prevailed, and—if relevant—the final 'trilogue' compromise between the three legislators, Commission, European Parliament and Council—so that readers have a 'how did it end' piece to refer to. This is a broad outline. On topics of particular interest, there would be many more

---

Paola Tamma antwortete in Ihrem Beitrag auf diverse Themenbereiche, die ihr der Autor vorgeschlagen hat.

stories written, whereas on others that are low in the chain, we might skip them altogether or just do one hit—this is where we exercise news judgement.

It is also important not to be process-led: in a town that speaks the language of technocrats and seeks to couch even the most politically contentious decision in technical garble, it is our task to know what really matters, what is contentious, who will be made happier/richer by a certain outcome and who won't, and bring those cleavages to the very fore. Ban all "EU speak" from the copy, which would inevitably creep in, edit ruthlessly.

Moreover, there will be at least two kinds of stories that aren't linked to Brussels' legislative machinery, but that are nonetheless—perhaps because of it—most interesting to report. One kind are the things that aren't meant to emerge: backroom deals, institutional abuses, misuse of public funding, white collar crimes. This kind of reporting requires much more cautious source protection and time commitment, but its fruits are often very rewarding.

Another kind is smart analysis. Being very deep in the weeds of EU reporting, we sometimes forget that people outside this bubble don't know just as much as we do, and things that would seem obvious to us, because they're known in the bubble—spotting a trend in voting patterns, an unusual change in policy from a country or grouping, a shift in political narrative from the top—are worth highlighting with smart analysis that gives readers useful insights into EU politics. The FT's mission is "delivering independent, quality information, news and services to individuals and companies around the globe." The way I decline this in my role is to not fall for any specific national or institutional point of view but always strive to portray the full picture—which interests might oppose/ support a specific course of action, who is most likely to prevail and why. This means sourcing any story as widely as possible, and accepting that most accounts will contain a dose of 'spin' or an attempt to influence me. Awareness of people's interests when talking to sources is absolutely essential. Expectations: As a (continental) European writing for a British paper, I am often asked if I have a 'take' on the EU. I find that a puzzling question: do you have a 'take' on France, or China? We are not meant to reproduce stereotypical concepts or advance specific narratives of the place we cover, the reality is always more complex and interesting than that. If the FT does have a bias, it is in favour of classical liberalism as a political school of thought, and of free markets as an economic doctrine. But even that is caveated by an awareness of its shortcomings, and our coverage reflects that with a strong focus on climate change, for example. I may not agree with 100 % of what the paper prints (and the 'paper' is a collective of people who may not always agree with each other, as much in the newsroom as in print too), but I do take pride in writing for a non-partisan newspaper.

I have always reported in "EU first" newsrooms (Politico Europe, and the FT after Brexit) I don't have a specific national audience in mind, quite the contrary our audience is global, so I don't need to translate the EU to make it domestically relevant. I consider my role as Brussels correspondent for the FT as a privileged position to observe a large part of Europe, and sometimes the wider world. It requires familiarity with a broader context than just the EU—for example, a flavour of national politics in EU member countries, bilateral relationship between the EU and its neighbours, its allies and its rivals—and allows me to dip my fingers in a broad range of stories. That said (more on that below) I sometimes feel this town can also be a 'golden cage' which is sometimes too aloof and disconnected with the 'real world', a town run by process and internal logics more than by realities on the ground. It can become repetitive and exhausting when you read the 15th strategy paper on a topic, with little change from for the previous 14, and even less impact.

What to know: Know your stuff. Even a basic grasp of the EU can seem intimidating when one first arrives here, but I was lucky to have a couple of seminal texts and extremely generous colleagues to steer me through the thicket of it. There's at least three layers of knowledge to conquer: institutional—how does the EU work, who are the key actors, how do they interact and what is their relative power; specific knowledge of the subject matter at hand, which would change depending on the topic; and a third 'quintessential' knowledge of how politics work, and therefore what is likely to happen. The more you progress in your time in Brussels, the more easily this will become a natural reflex. There are people who would graciously provide you with first-class lectures on any given topic (I once had a WTO for dummies crash course from a former WTO director general), but as a rule, do not show up to an interview or briefing without having done your research: While there is never a stupid question, there are sometimes unnecessary questions that are a waste of people's time—yours, and your sources'. While this applies to every beat, I believe that EU complexity makes this even more relevant. It took me approximately six months to feel the training wheels could come off, having enough confidence in my sourcing/ institutional and topic knowledge to be able to authoritatively pitch, report and write a story. It is a layered process and there is always new things to learn, but after a few months of feeling like a fraud, and a good amount of knowledge gathering, I felt like I had been initiated into the EU ways.

The FT: We are a private newspaper, wholly owned by Japanese media company Nikkei. Our business model is primarily based on subscriptions with a healthy diversification of revenue coming from advertising and corporate events. I am fortunate not to have to worry about the financial situation of my employer, which runs a healthy profit. I believe I may be part of the last generation of newspaper readers. The fact that most young people get their news elsewhere—social media and new media such as podcasts—mean not so much that traditional news media (newswires, print, online, TV, radio) are out of fashion, for all the newsbased social media and new media content that I consume is based on traditional media sources, but that it is intermediated. We may have fewer direct 'readers' or 'listeners' or 'viewers,'. It is a longer chain to get to new 'users' or 'consumers' of news, who may read an FT headline as part of a YouTube news segment, or as an instagram story posted by someone they know. Their consumption habits also change. But the primary need for the very basic work that journalism does—gathering, verifying, and publishing the news—is at an all times high.

There is a lot of in-house thinking on how to respond to this 'intermediation' trend. Part of the answer is by boosting our presence on social media (the FT this year launched its TikTok account, widening our online presence beyond on X and Instagram). Another important question for traditional media is how to monetise the use of our content when it is shared by third parties. This question is as old as the shift to online, and I don't believe it has been definitively answered yet.

About scepticism: Working for what high-ranking populist politicians have called 'the mainstream media' and 'deep state' is both a reward and a challenge. A reward, because through our daily work we dispute those claims, showing there is no hidden agenda but to inform the public. It is however a challenge I encounter when talking to people outside my immediate circle, who think all media is biased and lying. I remember reporting in a vaccine-skeptic crowd during the COVID pandemic. I insisted on keeping my mask on, but felt I could not gain their trust, because on the very fact at hand—is covid real and dangerous, or is it a global conspiracy dreamed up by big Pharma?—we didn't share the same view. Ironically, I did catch covid at that protest. This raises much bigger questions about the common grounds for political debate: when basic facts become disputed, there is no amount of talking that would breach the divide, and leads to what we in Italian call "a conversation among deaf people." We are losing our capacity to listen to each other and accept other viewpoints as valid, even if we don't share them. As a journalist I think my tiny part in this much bigger issue is not to judge my subjects' viewpoints. I may privately disagree with them, some of them might seem odd or even ludicrous to me, but that's not something that should transpire in my interactions with them, or in my reporting. Similarly, do not alienate (potential) readers by embracing a specific worldview, and berating others, or you will be restricted to an echo chamber.

Daily business: There's no daily routine and that's something I love about my job. I might spend one day researching, another talking to people, and another one writing three different stories. I work in a team of six people that is very collaborative and open, so any given day I might work with a colleague (in Brussels or in the broader FT network) on a story, or feed them "lines from Brussels" if the story's focus is elsewhere. Being first to report accurately on a development is the goal. This requires being in the know of very many discussions, processes, knowing when the critical moment for a decision approaches, and distilling all that in readable format before anyone else.

To stand up any fact, we need to have at last two sources, three for controversial stories, so human sources are the core of my work. I imagine them as concentrical circles: core sources very close to power that I would usually only tap for a Yes/No answer, sources who are exclusive to me, sources who aren't but are still useful, and in the outermost circles, people who might not be in the know but could contribute useful context or quotes on a specific story. Building and entertaining that network is my primary occupation. Maintaining these relationships is my priority, I would dedicate perhaps more than half the week talking to people, meeting in cafes, often with no specific agenda, but listening attentively. There's another source of information that ranks higher: documents, but we are often made aware of their existence through human intel. Obtaining those, either as 'leaks' from sources or through official means (FOIs, requests etc) is also a large part of my work.

The opacity of EU institutions and some of their processes is, I feel, grossly exaggerated. Yes, some parts of it shy away from public scrutiny. For example, minutes of college meetings (ie where the collective body of EU commissioners meets weekly) are extremely sanitised, there are no official records of most in-room council discussions, and trilateral negotiations happen behind closed doors. But on the other hand, this town is a sieve, and information often slips through it. Our role as journalists is to help it filter through, by talking to people present at or briefed on confidential talks, obtaining leaks and private 'readouts' of meetings or calls, and generally question our sources about what went on at meeting X or Y.

The info paradoxon: I'd say the amount of information that an institution makes available on a certain topic is diametrically opposite to its power over it at different stages: the Commission will be very tight-lipped ahead of tabling a proposal, but very eager to communicate on it once it's out of its hands; Council will keep most discussions closed, except when one country or other wants to influence the outcome by going to the press; Parliament will brief endlessly, at any stage of the process, but then make itself rather unavailable during the crucial final phases of trilateral negotiations. Knowing this helps journalists to navigate the large amount of information that this town generates: a parliamentary briefing paper on a topic is probably less valuable than a leak of the council's approach.

Our team is very collaborative and we share leads and information freely. As a team of six this is the only way we can compete with larger newsrooms. With the broader Brussels press cohort, I am very happy to share non-exclusive information (a briefing that I recorded and somebody else missed, for example), but would never give away a scoop. Still, journalists are often the best informed people in town and chats in the press room with colleagues much better informed than myself on one topic or other are illuminating.

One big lesson: It is not think of this as the centre of the world—which sometimes, Brussels seems to style itself as—and maintain a critical distance. Another challenge as a reporter is to sometimes get out of here, and not just to Luxembourg or Strasbourg, which are other versions of the Brussels bubble on away-trips, but to the places that EU policymaking is meant to address. Some of my most cherished stories came from a trip to Tunisia, reporting on the impact of an EU-Tunisia bilateral deal on migration; interviewing winemaking pioneers in the Netherlands and how they see an opportunity in climate change; in a border town in the Czech Republic fed up with coal mining in neighbouring Poland, which deprives them of water and clean air. These are stories that put a face on what is often a faceless town, that tell readers about what the EU is about beyond complex processes and grand-standing speeches, and I advice each EU reporter to do as many as they can, because they are also the most rewarding.

One personal challenge I encountered is to find a work-life balance in a town that has little consideration for it. After more than seven years I have found my own rhythm, finding moments to be entirely off, which also make me much more productive when working. This is something that each of us should encourage in our newsrooms, and foster a culture of respect for. At the same time, I still answer every text my boss writes me within a few minutes of receiving it—so it's not perfect!

Paola Tamma ist Korrespondentin der Financial Times im Brüssel. Die Schwerpunkte ihrer Berichterstattung sind EU-Wirtschaft und Finanzen. Bevor sie zur FT wechselte, arbeitete sie sechs Jahre bei Politico in Brüssel.

Veränderungen und Skepsis: Christoph B. Schiltz, Welt/Welt am Sonntag

18

Das WELT-Büro in Brüssel befindet sich im sogenannten Residence Palace an der Rue de la Loi, mitten im Herzen des Brüsseler Europaviertels. Wir sind zwei Korrespondenten und haben uns die Themen aufgeteilt. Mein Kollege behandelt weitgehend alle EU-Wirtschaftsthemen, ich schreibe über politische Themen, wie Migrations-, Innen- und Sicherheitspolitik. Ich berichte auch über die Nato.

Die Lage unseres Büros ist ideal zwischen dem Hauptgebäude der EU-Kommission (Berlaymont) und dem Hauptgebäude des Europäischen Rates gelegen. Die Chance, dass ich beim Herumschlendern im direkten Umfeld des Büros einen mir bekannten EU-Beamten treffe, besteht durchaus. Das ist ein Vorteil: Man kann zufällig Beamte treffen, die nicht gerne am Telefon sprechen oder nur sehr schwer zu erreichen sind. So kann es tatsächlich zu einem spontanen Informationsaustausch auf der Straße kommen. Persönliche Gespräche mit Beamten oder Politikern sind ohnehin eine meiner wichtigsten Quellen – dabei sind Telefongespräche in den vergangenen Jahren immer schwieriger geworden, weil viele Akteure fürchten, abgehört zu werden. Weitere Quellen für meine Recherchen sind die offiziell verschickten Pressemitteilungen und Terminhinweise der drei EU-Institutionen und der Nato. Hinzu kommen Recherchen im Netz oder gelegentlich die Nutzung von sozialen Medien.

Die Lage unseres Welt-Büros ist aber auch noch aus einem zweiten Grund ideal: Im Residence Palace sitzen viele Kollegen von anderen internationalen Medien. Bei uns im sechsten Stock etwa EL Pais, La Stampa, die Neue Zürcher Zeitung, die New York Times und zwei Privatsender aus der Türkei und aus Portugal. Wir sind im regen Austausch miteinander, teilen Kontaktadressen und sprechen über Themen. Interessant ist dabei, dass unterschiedliche Medien an demselben Tag häufig über völlig unterschiedliche Themen berichten. Das zeigt zweierlei: Die

Themenpalette in Brüssel ist immens und die Blickwinkel der Medien aus verschiedenen Mitgliedstaaten sind oft ganz andere. Jeder macht das, von dem er glaubt, dass es seine Rezipienten am meisten interessiert. Und wie finde ich das heraus? Ganz einfach: Die Zahl der Abos und Klicks spricht eine eindeutige Sprache – ob mir das passt oder nicht. Je technischer eine Sache ist, umso schwieriger ist es dabei, auf breiter Ebene Interesse zu erzeugen. Darum versuche ich zumindest, eine überraschende Ableitung zu finden. Das führt zu einer weiteren Feststellung: Es gibt keine einheitliche europäische Öffentlichkeit oder gar einen „europäischen Journalismus". Die Vielfalt der EU spiegelt sich auch in der Berichterstattung. Das ist gut so, Versuche, das ändern zu wollen, sind absurd und bisher gescheitert.

Dabei haben die zahlreichen Journalisten durchaus unterschiedliche Arbeitsweisen. Das hängt auch davon ab, ob ein Journalist für Print, Online, Hörfunk oder Fernsehen berichtet. DIE WELT versucht wie einige andere Medien auch, sich von der reinen Dokumentation von Ereignissen und der täglichen Mega-Agenda der EU-Institutionen zu entfernen und möglichst eigene Geschichten aus Brüssel zu entwickeln, die immer auch das Publikum und die politische Landschaft in Deutschland berücksichtigen müssen. Ein Beispiel: Die Migrationsdebatte in Deutschland ist eine gute Gelegenheit für den EU-Korrespondenten, das Problem von Rückführungen auch auf europäischer Ebene zu beleuchten. Themen, die gar nicht mit aktuellen Entwicklungen zu tun haben, kommen in der Regel aber nicht vor. Dazu fehlt uns einfach die Zeit, wochenlange aufwendige Recherchen sind nicht drin. Das machen bei uns andere Ressorts, auch teilweise in Brüssel.

Diese Abkoppelung vom sogenannten Terminjournalismus ist, so glaube ich, eine allgemeine Tendenz im Printsektor, vor allem aber im Onlinebereich. Anders als früher berichten wir nicht mehr automatisch über alle Treffen der EU-Außen- oder Innenminister, wenn sie im Grunde nichts hergeben außer ein paar Worthülsen und die Wiederholung alter Standpunkte – was oft genug passiert. Das war früher anders, es gab ein Pflichtprogramm, das brav abgearbeitet werden musste.

Diese Entwicklung ist einschneidend. Sie hat mehrere Ursachen. Erstens: In der Zeitung über ein Treffen der Außenminister zu berichten, das sich am Vortag abgespielt hat, ist meistens ohnehin langweilig für die Leser, denn die neuen Medien haben eine ganz neue Form von Aktualität geschaffen. Zweitens: Wir bei WELT denken schon länger nicht mehr in Printkategorien, sondern haben die klare Maxime: Online ist mit Abstand am wichtigsten, das Printgeschäft ist weitgehend ein zweitklassiges Nebenprodukt, das in absehbarer Zukunft ohnehin sterben wird, weil es zu teuer ist. Dieser Entwicklung wird sich keine deutsche überregionale Tageszeitung auf die Dauer entziehen können. Für meine Arbeit bedeutet die Online-Priorisierung konkret: Ich muss bei meinem Angebot für Geschichten aus Brüssel viel stärker als früher bedenken, ob der jeweilige Stoff beim online-Leser auch bestehen kann und ausreichend Aufmerksamkeit erzeugen wird. Dabei ist nicht nur die Wahl des Themas, sondern auch die Art und Weise der Aufbereitung bedeutsam: Wir schreiben oft Thesenstücke, spitzen auch schon mal zu und gehen tendenziell weg vom reinen Nachrichtenduktus. Jede Geschichte im Netz braucht eine eigene Dramaturgie und einen eigenen Spannungsbogen, man kann sie nicht mehr länger einfach nur trocken aufschreiben nach den Regeln des bundesdeutschen Nachrichtenjournalismus. Insofern: Die Arbeit als Korrespondent ist schwieriger geworden. Und die Klicks und Abos im Netz, die auch maßgeblich für meine Arbeit sind, stellen eine eindeutige Währung dar und zeigen klar und schnell, ob meine Geschichte auf Interesse stößt. Tut sie es nicht, fliegt sie meistens schnell von der sogenannten Bühne unserer online-Seite und versandet im Nirwana. Das kann brutal sein. Insofern bin ich Teil einer Aufmerksamkeitsökonomie, im ständigen Wettbewerb um Wahrnehmung. Sehr wichtig ist mir allerdings: Eine Zuspitzung sollte nicht zu Polarisierungen oder Abwertungen einzelner Akteure führen. Das ist zuweilen ein schmaler Grat, der natürlich auch vom Rezipienten abhängt.

Die Leser im Netz sind auch teilweise andere als die WELT-Zeitungsleser: Sie sind in der Regel weiblicher und deutlich jünger, sie haben kürzere Aufmerksamkeitsspannen und wollen meistens durch irgendetwas „getriggert" werden, einen Artikel zu lesen. So muss man sich beispielsweise selbst bei einem Brüsseler Großereignis die Frage stellen: Welchen online-Leser interessiert heute noch ein EU-Gipfel mit 27 Staats- und Regierungschefs? Für Brüssel ist ein solcher Gipfel ein Hochamt, für bundesdeutsche Nachrichtenkonsumenten aber nur ein Ereignis unter vielen. Es reicht in diesem Zusammenhang – anders als früher – auch nicht mehr, die Beschlüsse eines solchen Spitzentreffens zu dokumentieren und zu analysieren, sondern es bedarf einer gewissen Dramaturgie, die den Leser „hereinzieht" und die deutlich macht, wer sich denn nun beim Treffen der Chefs durchgesetzt hat, wer was gesagt hat und wann genau es in welcher Weise auch mal zwischen den Teilnehmern gekracht hat. Man mag diese Boulevardisierung bedauern, aber das sind die Erfordernisse des Marktes. Früher habe ich eine solche anschauliche und menschliche Dramaturgie nur während meiner Tätigkeit bei BILD entwickeln müssen, heute ist sie das normale Maß.

Diese neue Anforderung – in einer Welt ständig aufpoppender News und Skandalisierungen im Wettbewerb um Aufmerksamkeit bestehen zu müssen – machen meine Arbeit als Korrespondenten signifikant schwieriger. Zumal Brüssel im Kern ein technischer Ort ist: Eine unaufhörlich ratternde Gesetzesmaschinerie spuckt ständig neue Verordnungen und Legislativvorschläge aus. Das ist viel trockenes Schwarzbrot für einen Korrespondenten. Und in Brüssel gibt es keinen Trump, eine Meloni oder einen Macron, die durch ihr Auftreten allesamt immer auch für eine unterhaltende Berichterstattung gut sind und per se Aufmerksamkeit erregen. Es gibt vielmehr eine Kommissionschefin, die Ursula von der Leyen heißt. Ihr Politikstil ist nüchtern und unspektakulär. Hinzu kommt: Anders als in Berlin sind die meisten Brüsseler Akteure – selbst die EU-Kommissare – in Deutschland völlig unbekannt. Das macht es schwierig, der Berichterstattung neben der reinen Informationsvermittlung auch eine gewisse Würze zu geben. Stücke, die eine klare These haben, die den Leser entweder zur Zustimmung oder Ablehnung animieren und somit im besten Fall auch eine emotionale Reaktion auslösen, können in diesem Zusammenhang aber helfen. Ein Patentrezept gibt es dabei aber nicht. Es ist ein ständiges Ausprobieren. Ich frage mich oft, warum eine bestimmte Geschichte auf großes Interesse stößt und andere Geschichten nicht – gerade dann, wenn ich dachte, etwas besonders Interessantes zu schreiben. Das hängt auch nicht unbedingt vom Thema ab. Wer glaubt, Migration sei in diesen Zeiten ein Selbstläufer, der irrt.

Brüssel ist nicht nur ein technisches Universum, sondern auch ein Ort der permanenten Kompromissfindung. 27 Regierungen, die EU-Kommission und das Europäische Parlament müssen sich in der Regel einigen – das sind oft zähe und langwierige Prozesse. Geht es dabei hoch her – vor allem zwischen den EU-Regierungen – berichten wir über die einzelnen Etappen des Konsensfindungsprozesses. Läuft alles wie geschmiert, ein Schritt nach dem anderen, berichten wir meistens nur über die Ergebnisse des Prozesses. Das ist vor allem bitter für das Europäische Parlament: Die Abgeordneten sind ein wichtiger Teil des Legislativprozesses, aber anders als früher dokumentieren wir die einzelnen Phasen, die ein Gesetzesplan im Parlament in Brüssel und Straßburg durchläuft, eigentlich nicht mehr. Damit kommt die wichtige Arbeit einzelner Abgeordneter an einem bestimmten Gesetzesplan, der durchaus weitreichende Auswirkungen auf Deutschland und Europa haben kann, in der Öffentlichkeit womöglich viel zu kurz.

Trotzdem sind die Abgeordneten – nicht nur die deutschen – für uns wichtige Ansprechpartner. Ich kann sie anrufen, nach ihrer Meinung zu einem bestimmten Sachverhalt befragen oder um Informationen bitten. Häufig organisieren die Parlamentarier auch Hintergrundgespräche oder Veranstaltungen, in denen sie mit den Journalisten über ihre Dossiers ins Gespräch kommen möchten. Das ist für mich eine wichtige Informationsquelle. Die EU-Abgeordneten sind ohnehin die für uns am einfachsten zugängliche Informationsquelle. Die Beamten und Diplomaten im Europäischen Rat, in den EU-Vertretungen der Mitgliedsländer und in der EU-Kommission sind meistens verschlossener, häufig dürfen sie auch gar nicht mit uns sprechen. Gerade die EU-Kommission versucht intensiv, den Informationsfluss nach außen zu kontrollieren und dabei bestimmte Narrative während der täglichen Pressekonferenzen um 12 Uhr mittags zu präsentieren. Ich höre mir diese Konferenzen heute meistens nicht mehr an. Man könnte auch Roboter anstelle der Kommissionssprecher aufs Podium stellen – das wäre auf Dauer billiger und aus

Sicht der Kommissionsbehörde genau so effektiv. Was wichtig ist bei diesen Pressekonferenzen, lese ich am frühen Nachmittag dann ohnehin in den Agenturen. Dabei sind die Agenturen eine sehr wichtige Informationsquelle für meine Arbeit: Sie erlauben mir bei einer Unzahl von täglichen Pressegesprächen und Terminen, auch mal im Büro bleiben zu können und die wichtigsten Ereignisse des Tages dann in Kurzform präsentiert zu bekommen. Das kann dann die Basis für eigene Recherchen oder Geschichten sein.

Meine Arbeit beginnt meistens morgens um 8.30 Uhr. Ich schaue mir kurz die Nachrichtenlage an, dann die Mails der Nacht und anschließend surfe ich kurz durchs Netz. Dann wird klar, ob wir aktuell auf bestimmte Entwicklungen z. B. in der Ukraine oder in Migrationsfragen reagieren müssen. Wenn ja, formuliere ich einen aktuellen Angebotspunkt, der die Redaktion spätestens um 9.30 Uhr für die Planung erreichen muss. Falls Interesse besteht, fange ich meistens sofort an, zu recherchieren und die Geschichte möglichst schnell aufzuschreiben. Früher hatte ich Zeit mit dem Verfassen eines Textes bis spätestens 45 min vor dem Andruck am Abend, heute muss ich dagegen möglichst schnell reagieren und meine Texte sind oft schon am Mittag fertig. Neben dem Schreiben ist die Recherche, also die Beschaffung und Überprüfung von Informationen, ein wesentlicher Bestanteil meiner Arbeit. Ich kann dabei – im Gegensatz zu meiner früheren Tätigkeit als Hauptstadtkorrespondent in Berlin – auf sehr viele Quellen aus unterschiedlichen Nationen zurückgreifen und bekomme so einen besseren Zugang zu Informationen und ein „runderes" Bild. Ich brauche mich nicht mehr wie früher als Korrespondent in Berlin ausschließlich auf Informationen aus dem beschränkten Kosmos einer nationalen Hauptstadt mit einer überschaubaren Zahl von Akteuren stützen.

Mehr denn je müsste EU-Berichterstattung heute eigentlich im Ressort Inland angesiedelt sein. Bei uns ist das aber nicht der Fall, das Brüsseler Büro gehört ganz traditionell zum Auslandsressort. Dabei regiert Brüssel immer mehr in die nationale Gesetzgebung hinein, heute mehr als jemals zuvor. Unsere wesentliche Aufgabe ist dabei, die Bedeutung von Plänen oder Beschlüssen bezüglich der Auswirkungen für Deutschland herunterzubrechen. Zwei Beispiele: Was bedeutet das neue EU-Asylsystem (GEAS) für Deutschland? Wird dadurch in Deutschland die Migration zurückgehen oder steigen? Was implizieren die neuen CO_2-Grenzwerte für die deutsche Wirtschaft? Sind sie eine Chance oder eher eine Belastung? Dabei sind auch diese Fragen wichtig: Was tut Berlin, um bestimmte Pläne aus Brüssel zu verhindern oder zu fördern? Wie gut ist die Bundesregierung in Brüssel bei der Kompromissfindung aufgestellt? Wer sind die Allianzpartner der Deutschen? Brüsseler Politik ist immer auch Innenpolitik. Zumal Deutschland rund 25 % des EU-Haushalts finanziert und mit Abstand der größte Nettozahler ist. Die Menschen in Deutschland wollen wissen, was mit ihrem Geld passiert.

Die Antwort auf die Frage, wie die Bundesregierung in Brüssel agiert, ist nicht immer leicht zu finden. Im Brüsseler Kosmos gilt es als ungeschriebenes Gesetz, dass sich die EU-Partnerländer in der Regel niemals über das interne Abstimmungsverhalten und über die Meinungsäußerungen eines bestimmten Landes äußern. Keine Krähe kratzt der anderen ein Auge aus – das gehört zum Brüsseler Diplomatenkodex. Man benötigt gute Quellen und Vertrauen, um es dann doch zu erfahren. Diese Verschwiegenheit gilt auch für die Stimmungslage bei den Gipfeln. In den Pressekonferenzen nach einem Europäischen Rat spricht eigentlich niemals ein Staats- oder Regierungschef darüber, wie denn die Stimmung während der stundenlangen Verhandlungen so war. Dabei wäre es so wichtig für unsere Berichterstattung zu erfahren: Was hat Kanzler Scholz gesagt? Wer hat gegen den französischen Staatspräsidenten Macron geätzt? Was hat Ungarns Ministerpräsident Orban wieder angestellt? Die Bürger hätten eigentlich ein Recht darauf, von dem lebendigen Ringen der Staats- und Regierungschefs, um die beste Lösung möglichst viel zu erfahren. Aber jede Seite oder jedes Land versucht den Journalisten nach den Gipfeln immer nur eine positive Sicht der Dinge darzustellen. Die damalige Kanzlerin Merkel etwa leitete die Pressekonferenzen nach den Spitzentreffen regelmäßig mit demselben Satz in leicht variierter Form ein: „Das war wieder ein sehr guter Gipfel, der gezeigt hat, wozu die EU fähig ist". Am Ende wird immer nur das Ergebnis betont, der Kompromiss also. Wie eine Monstranz trägt die EU den Kompromiss vor sich her. Unter welchen Wehen die Einigung zustande kam, was der Kompromiss denn genau bedeutet, wie er überhaupt umgesetzt werden kann – das bleibt meistens nebulös. Die Hauptsache ist: der Kompromiss steht. Nichts hassen Brüsseler Politiker mehr, als wenn wir Journalisten wieder mal einen Streit diagnostizieren – oder ihn aus Sicht der EU-Eliten „herbeischreiben".

Dabei ist die EU heute in vielen Fragen gespaltener denn je. Das gemeinsame Fundament bröckelt mittlerweile, nicht nur wegen Viktor Orban und Robert Fico, sondern weil die Budgetrestriktionen immer größer werden und zugleich die Tektonik einer stabilen Nachkriegsordnung durch allerlei Entwicklungen ins Wanken geraten ist.

Ich bin mittlerweile seit zehn Jahren in Brüssel Korrespondent. Das ist eine verdammt lange Zeit und eher ungewöhnlich. Aber für einen Journalisten, der an Politik und Wirtschaft interessiert ist, gibt es keinen faszinierenderen Ort: Hier spielt die Musik für Europa, nicht in Berlin oder Paris. Hier ist Internationalität zuhause, nicht unter der Käseglocke der nationalen Hauptstädte. Andererseits: Die EU spielt im globalen Kontext politisch gesehen eher eine unangemessen kleine Rolle. Aber immerhin ist sie meistens beteiligt. Und die Nato sorgt mit ihrem Hauptquartier im Stadtteile Evere dafür, dass Brüssel bei den großen weltpolitischen Fragen doch immer irgendwie mittendrin ist.

Die Berichterstattung aus der europäischen Hauptstadt ist nicht einfach, jedenfalls viel schwieriger als aus Berlin. Ich muss sehr schnell schreiben können. Ich sollte mich in relativ vielen Dossiers mindestens so gut auskennen, dass ich in der Lage bin, bei Bedarf über alle EU-Themen kurzfristig zu berichten oder zu kommentieren. Ich muss jeden Tag neu entscheiden, welche der vielen Themen auf der EU-Agenda für unsere Leser interessant sein könnten. Ich sollte außerdem viele Akteure kennen, die mich informieren und mir helfen, bei der Einordnung von Ereignissen zu einem fundierten Urteil zu kommen.

Der Anfang meines Korrespondentenlebens in Brüssel war schwer. Ich habe vor lauter Bäumen den Wald nicht gesehen. Eine systematische Einarbeitung gab es nicht. Eine Liste mit Adressen und Ansprechpartnern (Kontakten) auch nicht. Ich habe fast ein Jahr gebraucht, um sagen zu können: Ich stehe einigermaßen auf festem Boden. Das ist normal, denke ich. Manchmal wusste ich am Abend schon nicht mehr, mit welchen Personen ich im Laufe des Tages eigentlich gesprochen hatte – es waren zu viele und die Gesprächspartner waren alle neu. Brüssel ist eigentlich kein Pflaster für Journalisten, die am Anfang ihres Berufslebens stehen. Eine gewisse Erfahrung, Selbstbewusstsein und das Vertrauen in die eigenen Fähigkeiten helfen, hier zu bestehen. Der Konkurrenzdruck unter den (deutschen) Journalisten ist dabei – anders als in Berlin – nicht allzu groß. Es geht fair und sportlich zu beim Rennen um Exklusivmeldungen, aber es gibt nicht diese teilweise verrückte Verbissenheit und Konkurrenzkämpfe wie in Berlin. Das schafft ein gutes Klima des Miteinanders. Ich habe allerdings den Eindruck, dass die deutschen Journalisten früher viel enger miteinander verbunden waren, ständig traf man sich im ‚Kitty's' (Pub), im ‚Old Hack' (Pub), auf Partys oder irgendwo beim Fußball-Gucken. Das hat sich verändert.

Ich bin insgesamt skeptisch mit Blick auf die Union. Vor zehn Jahren war ich viel optimistischer, wenn auch nicht naiv. Die Zerfaserung der EU schreitet voran. Es wird in vielen Feldern über die Notwendigkeit einer größeren Integration gesprochen (Binnenmarkt, Kapitalmarkt, Gesundheit, Rüstung), aber es passiert nicht. Stattdessen gehen die Interessen in zentralen Gebieten, wie der Rechtsstaatlichkeit, immer weiter auseinander. Der EU ist es in zehn Jahren nicht gelungen, die Migration in den Griff zu bekommen. Die EU-Kommission wird ihrer Rolle als Hüterin der Verträge nur unzureichend gerecht. Statt einer echten Strategie für die kommenden Jahre, liefert Brüssel immer häufiger schwer verständliche Technokraten-Berichte ab, wie die von Letta und Draghi. Sie werden von der Galerie für die Galerie geschrieben – ein Hohn für die normalen Bürger. Es fehlen auf der EU-Bühne leider auch wirklich überzeugende Akteure, die vorangehen und führen, die in der Lage sind, zu moderieren und permanente Störenfriede wie Orban in die Schranken zu weisen und, die Charisma haben. Hinzu kommt, dass der Freihandel und der

Wettbewerb immer mehr unter die Räder kommen. Es setzt sich zunehmend der Gedanke in Brüssel durch, dass man Wettbewerbsfähigkeit durch Verordnungen und Gesetze auch herbei administrieren kann. Ein fataler Irrtum.

Dr. Christoph B. Schiltz ist seit 1997 bei der WELT, zunächst als Wirtschaftsredakteur, dann im Parlamentsbüro und seit 2014 als Korrespondent in Brüssel. Seine Themenschwerpunkte sind NATO, EU-Innenpolitik, EU-Migrationspolitik, EU-Sicherheits- und Verteidigungspolitik und Österreich. Schiltz studierte Volkswirtschaft und Politische Wissenschaften in München und Rom und promovierte 1995. Anschließend Volontariat bei der BILD-Zeitung in den Ressorts Politik und Wirtschaft.

19 Ethnologie im Staatenzoo: Der Deutschlandfunk, die EU und der ganze Rest: Peter Kapern, Deutschlandfunk

Belgien ist ein wunderbares Land, in dem es sich großartig leben lässt. Aber es ist auch ein Land mit dunklen Kapiteln in seiner Geschichte. Zu den dunkelsten zählen die Menschenzoos, die immer wieder in der belgischen Hauptstadt eingerichtet wurden. Zum ersten Mal zur Weltausstellung 1897, als König Leopold II. im Park von Tervuren vor den Toren Brüssels afrikanische Dörfer nachbauen und 267 Menschen aus dem Kongo, seiner Privatkolonie, verschleppen ließ, um sie in den umzäunten Hütten einzupferchen und dem Publikum vorzuführen. Und noch 60 Jahre später, bei der Weltausstellung 1958, glaubte der belgische Staat, der mittlerweile die Kolonie kontrollierte, von seiner vermeintlichen zivilisatorischen Kraft künden zu müssen, indem er Männer, Frauen und Kinder aus dem Kongo herankarrte und sie in einem umzäunten, tropischen Garten den Besuchern ein kongolesisches „Alltagsleben" vorleben ließ. Rassismus in Reinform, sicherlich. Aber was bewog eigentlich die Besucher, sich gaffend vor den Zäunen zu drängeln? Das lässt sich nur vermuten. Definitiv ging es auch um die jämmerliche Hoffnung, sich beim Blick über den Zaun seiner eigenen Überlegenheit versichern zu können. Aber da war bestimmt noch mehr: Die Lust am Grusel beim Blick auf das Fremde, das Nervenkribbeln, das sich einstellt bei der Konfrontation mit dem Unbekannten, die Neugier auf den edlen Wilden. Kurzum: Es war wohl der pure Exotismus, der die Besucher in die Menschenzoos trieb.

Warum ich meinen Beitrag zu diesem Buch mit diesem historischen Exkurs beginne? Zugegeben, der Sprung ist etwas steil, aber nach 12 Jahren als Korrespondent des Deutschlandfunks in Brüssel bin ich davon überzeugt, dass der Blick vieler Zuhörer und Redakteure auf die Europäische Union, die im Zentrum meiner Berichterstattung steht, Züge eines ganz ähnlichen Exotismus hat. Wie der Blick der Weltausstellungsbesucher auf die eingesperrten Kongolesen. Durchaus von

Neugier, manchmal gar von Sympathie geprägt, ganz häufig aber ohne tiefere Kenntnis, fasziniert und gleichzeitig abgestoßen von der verstörenden Fremdheit dieser einmaligen politischen Konstruktion, die irgendwie für alles verantwortlich gemacht wird: Für siebzig Jahre Frieden in Europa wie für Kriegshetze, für Bürokratiemonster und vereinfachten Handel, für Wohlstand und Verarmung, und, wenn man Martin Schulz, dem früheren Präsidenten des Europaparlaments glaubt, auch noch für das schlechte Wetter. Als der Deutschlandfunk Anfang 2024 begann, seine Sondersendung für den Abend der Europawahlen am 9. Juni 2024 zu planen, wurde vor allem eine Bitte von den verantwortlichen Redakteuren an unser Brüsseler Studio herangetragen: Nämlich dafür zu sorgen, dass in dieser Sendung viele „ausländische Stimmen" zu hören sein würden. Nicht auf die politischen Funktionsweisen dieses Parlaments richtete sich die Neugier der Redaktionen, nicht auf die vielen Aspekte, die es von den Volksvertretungen in Deutschland unterscheidet, nicht die Frage, ob es mächtig oder machtlos ist, sondern einzig auf diesen einen Aspekt wurde das Europaparlament im Zuge der zeitknappen Programmplanung reduziert: Auf das babylonische Sprachengewirr, ungefähr so, wie im Planetarischen Rat bei Star Wars. Interessant, aber auch irgendwie einschüchternd, zudem meist unverständlich, und schon deshalb nicht ganz ernst zu nehmen. Das sollten wir in der Sondersendung – bitteschön – abbilden. Purer Exotismus eben. Die Hauptaufgabe eines Korrespondenten in Brüssel ist es, im Stile eines Ethnologen das Fremdartige dieses Staatenzoos namens EU zu ergründen und die Erkenntnisse seinem Publikum mitzuteilen. Und das nicht selten an den vom Exotismus geprägten Erwartungen und Vorurteilen der Redaktionen und der Hörer vorbei.

Der Deutschlandfunk und sein Brüsseler Studio. Der Deutschlandfunk ist eines der drei bundesweiten Hörfunkprogramme, die vom Deutschlandradio ausgestrahlt werden. Er liefert ein informationsorientiertes Programm, das durch seine von Fachredaktionen erarbeiteten Fachsendungen (Politik und Zeitgeschehen, Hintergrund, Wirtschaft, Kultur, Bildung, Wissenschaft etc. etc.) geprägt ist. Neben dem Deutschlandfunk gibt es Deutschlandfunk Nova, ein ausschließlich digital verbreitetes Programm, das sich an jüngere Hörer richtet, und Deutschlandfunk Kultur – ein selbsterklärender Name. Das Deutschlandradio ist 1994 gegründet worden im Zuge einer Fusion der westdeutschen Sender Deutschlandlandfunk und RIAS sowie des ostdeutschen Deutschlandsender Kultur. Die Aufgabe des Brüsseler Studios ist es, alle drei Programme – und zunehmend auch die Online-Redaktion – mit Beiträgen aller journalistischen Darstellungsformen aus dem Berichtsgebiet, für das das Studio zuständig ist, zu versorgen. Ganz klar im Vordergrund steht dabei die Arbeit für den Deutschlandfunk, der aufgrund seines Programmprofils der mit Abstand größte Abnehmer des Brüsseler Studios ist. Im Programmschema von Deutschlandfunk Kultur sind im Zuge der Profilierung komplementärer Programme die Sendestrecken mit politischer Information gegenüber dem Deutschlandfunk deutlich reduziert worden. Europapolitik findet dort, wie jede tagesaktuelle Politik, deutlich weniger umfangreich statt. Im Ergebnis führt das dazu, dass Deutschlandfunk Kultur nicht die langwierigen Prozesse politischer Beschlussfassung auf europäischer Ebene nachzeichnet, sondern nur die wichtigsten Ergebnisse dieser Prozesse abbildet. Das allerdings mit Darstellungsformen, die durchaus originell sind. Etwa in der Sendung „Studio 9 – Der Tag mit …". In dieser Sendung arbeiten sich ein Moderator und ein Studiogast, etwa eine Schriftstellerin oder ein Schauspieler, durch die aktuelle Tagesagenda. Und zu einzelnen Themen, etwa zu einer wichtigen Entscheidung auf EU-Ebene, wird dann für 6–8 min der zuständige Korrespondent als dritter Gesprächspartner hinzugeschaltet. Diese Konstellation führt regelmäßig zu verblüffenden Gesprächsverläufen, weil die Fragen und Bemerkungen des Studiogasts häufig überraschende Aspekte eröffnen. Auch im Programm von Deutschlandfunk Nova ist das Brüsseler Studio nur punktuell präsent. Allerdings kann ich auch nach so vielen Jahren in Brüssel nicht mit Bestimmtheit sagen, wodurch bei den Programmplanern von DLF Nova ein Brüsseler Thema getriggert wird – oder eben nicht. Die Kollegen dort verfügen über dieselben Ereignisvorschauen, Agenturmeldungen und Medien wie die Redakteure der anderen Programme, haben also dieselbe Toolbox zur Programmplanung. Trotzdem sind wir dort nur selten präsent. Nicht einmal Themen, die ein jüngeres Publikum interessieren könnten, etwa die jährliche kostenlose Vergabe von Interrailtickets an junge Europäer durch die EU-Kommission, werden dort verlässlich abgebildet. Dann wieder werden von der Redaktion EU-Themen für interessant befunden, die abseits jeder Tagesaktualität sind. Meine Vermutung ist, dass die Programmplanung bei Nova insbesondere durch zwei Faktoren beeinflusst wird. Zum einen durch die Komplexität der politischen Prozesse in Brüssel, die es für Redakteure, die sich ganz überwiegend im innenpolitisch geprägten Kosmos bewegen, so schwer machen, die Tragweite von Themen und Ereignissen einzuschätzen (mehr dazu unten). Zum anderen durch die große Rotation in den Planungsteams, in denen überwiegend freie Journalisten arbeiten, die nur einen Teil ihrer Arbeitszeit bei DLF Nova verbringen und darüber hinaus noch bei völlig anderen, zum Teil regional oder lokal ausgerichteten Medien arbeiten (Diese Konstruktion findet sich – das ist mein Eindruck – bei immer mehr öffentlich-rechtlichen Programmen). Diese Kollegen sind in ihrem Arbeitsalltag mit einer Bandbreite von Themen konfrontiert, die den Aufbau einer speziellen Expertise fast unmöglich macht. Insofern ist es logisch, dass die extrem komplexen politischen Prozesse auf EU-Ebene, die sich weit weniger den Kategorien der Personalisierung oder der Skandalisierung beugen als das in der Innenpolitik der Fall ist, bei der Programmplanung regelmäßig das Label „nicht sexy" umgehängt bekommen.

Themen und Berichtsgebiete des Studios. Den Schwerpunkt unserer Arbeit bilden natürlich die beiden großen Organisationen, die in Brüssel ihren Hauptsitz haben: Die Europäische Union mit ihren Institutionen und die Nato. Tatsächlich aber ist unser „Dienstort" nicht auf Brüssel beschränkt. Regelmäßig tagt das Europaparlament in Straßburg, die Ministerräte treffen sich in Luxemburg oder – zu sogenannten informellen Räten – in den Mitgliedstaaten. Viele EU-Institutionen sind über die gesamte EU verteilt, Frontex etwa sitzt in Warschau, die europäische Arzneimittelagentur EMA, die es während der Corona-Pandemie zu einiger Berühmtheit gebracht hat, sitzt in Amsterdam, die europäische Bankenaufsicht hat ihren Sitz in Frankfurt/M. Das heißt für uns Korrespondenten, dass wir regelmäßig aus dem Koffer leben, um Ratssitzungen und Parlamentstagungen zu besuchen. Und zu den übrigen Institutionen, die man nicht persönlich besucht, braucht man wenigstens ein paar funktionierende Drähte, über die sich im Bedarfsfall Informationen einholen lassen. Auch die journalistische Betreuung der Nato bringt manche Reise mit sich: Etwa zum Gipfeltreffen der Organisation in einem der Mitgliedstaaten, zum Besuch eines Manövers oder zu einem Hintergrundgespräch im militärischen Hauptquartier des Bündnisses im belgischen Mons. Darüber hinaus ist das Brüsseler Studio des DLF auch noch für die Berichterstattung über die Beneluxstaaten zuständig. Das heißt, alle Ereignisse in diesen Ländern, die für unsere Hörer und User von Relevanz sind, müssen von unserem Studio abgedeckt werden. Vom brennenden Autofrachter vor der holländischen Küste, über die Parlamentswahlen in Luxemburg bis hin zum Krieg der Kokainmafia in Antwerpen. Diese Fülle von Themen und Regionen allein mit der Manpower unseres Studios abzudecken ist ein Ding der Unmöglichkeit. Ein fester Bestandteil unserer Arbeit ist deshalb die Priorisierung der Themen.

Die Arbeitsabläufe im Studio Brüssel. Vier Leute, die es mit Europa aufnehmen müssen: Das ist der Alltag in unserem Studio. Die Vier, das sind drei Korrespondenten und ein Büroassistent, der Reisen organisiert und abrechnet, O-Töne recherchiert, die DLF-Verwaltung mit der Bearbeitung zahlreicher Formulare bei Laune hält, Telefonate annimmt, E-Mails und Briefe versendet, Akkreditierungen besorgt usw. usw. Ein Tausendsassa, während die drei Korrespondenten versuchen, durch eine Ressortzuordnung der Realität Struktur zu geben. Ein Kollege kümmert sich um die Außen- und Verteidigungspolitik der EU sowie um die Nato. Ein anderer Kollege deckt schwerpunktmäßig die Wirtschafts-, Finanz-, Binnenmarkt- und Agrarpolitik ab, während sich der dritte im Team um die Bereiche Innen und Justiz, Migration, Umwelt, Verbraucherschutz und Digitales kümmert. Ein großer Teil der Themen, die wir bearbeiten, ist nicht fest zugeordnet. Die Regierungskrise in Luxemburg, die Drogenpolitik in den Niederlanden, die ausufernde Staatsverschuldung in Belgien, die Beobachtung des Europaparlaments und der europäischen

Parteienfamilien – solche Themen verteilen wir im Studio untereinander auf Zuruf, je nachdem, wer gerade Zeit hat bzw. in Brüssel anwesend ist, denn, wie gesagt, einen guten Teil der Zeit leben wir „Korris" aus dem Koffer und sind in Europa unterwegs. Jeden Morgen um 9.30 Uhr schalten sich die Sendungsredakteure des Deutschlandfunks zu einer Programmkonferenz zusammen. Nur zwei der DLF-Außenstudios werden zugeschaltet, nämlich das Hauptstadtstudio in Berlin und das Brüsseler Studio. Daraus lässt sich schon eine wichtige Eigenart unserer Arbeit im Studio Brüssel ableiten. Sie ähnelt viel mehr der von der Tagesaktualität geprägten, von Politik und Wirtschaft dominierten Berichterstattung des Hauptstadtstudios als der Arbeit der Korrespondenten in Paris, London oder Prag, die erheblich mehr über „Land und Leute" berichten als wir. Unsere Agenda ist in der Regel von den politischen Ereignissen des Tages geprägt. Über die muss man sich soweit möglich einen Überblick verschafft haben, wenn sich unser Studio morgens in der Teams-Sitzung mit den Kollegen aus Köln und Berlin versammelt. Mit dieser Schaltkonferenz ist der Themenbasar eröffnet. Die Redaktionen entscheiden, welche der von den Außenstudios vorgeschlagenen Themen sie gern für ihre Sendung realisiert sähen. Die eigenen Themen unterzubringen, fällt dabei dem Hauptstadtstudio deutlich leichter als uns. Der Grund ist, dass nahezu jeder Redakteur jederzeit dazu in der Lage ist, ein tagespolitisches Ereignis, das in Berlin stattfindet, zu kontextualisieren. Er ist vertraut mit den politischen Abläufen. Weiß, welche Bedeutung die Präsidiumssitzung einer Partei hat, weiß, welche Gesetze die Zustimmung des Bundesrates verlangen, kennt die Zwänge des Bundeshaushaltes und ist vertraut mit den Ränkespielen innerhalb der Parteien, um nur ein paar Beispiele zu nennen. Die Innenpolitik ist für jeden politisch versierten Redakteur beim DLF das, was man beim Fußball ein „Heimspiel" nennt. Aber wer weiß schon, dass in Brüssel im Rahmen des Komitologieverfahrens eine Runde nationaler Experten über die Einführung von Strafzöllen auf chinesische E-Autos entscheidet? Wer kann den Namen des Vorsitzenden der europäischen Sozialdemokratischen Partei nennen? Und wer kann auf Anhieb begründen, warum es besonders wichtig ist, was der neue niederländische Innenminister zur Reform des europäischen Asylrechts sagt? Das können selbst unter den gewieften DLF-Redakteuren längst nicht alle. Und das bedeutet: Wenn das Brüsseler Studio ein Thema im Programm unterbringen will, dann reicht es meist nicht, stichpunktartig in der Schaltkonferenz auf das Ereignis hinzuweisen, sondern man muss immer zusätzlich erklären, in welchem Kontext es steht, warum es wichtig ist. Wenn das gelingt, kommt es sogar regelmäßig zur Themenkonkurrenz, weil gleich mehrere Redaktionen ihr Interesse anmelden: Ein Treffen der EU-Finanzminister kann sowohl für die Politiksendungen wie für die Sendungen der Wirtschaftsredaktion relevant sein. Für das Problem gibt es verschiedene Lösungen. Entweder, die beiden Redaktionen verständigen sich untereinander, wer das „begehrte" Thema nun in seine Sendung aufnimmt. Oder es wird von uns in unterschiedlicher Form für beide Sendungen aufbereitet. Einmal als gebauter Beitrag mit O-Tönen (BmE), einmal als Live-Gespräch. Darüber hinaus haben unsere Redaktionen natürlich auch eigene Programmideen, die sie umgesetzt sehen wollen. Auch das muss im Rahmen des Möglichen in unsere Arbeit integriert werden. Meistens aber gehen die „Bestellungen" deutlich über das Maß des Machbaren hinaus. Dann greifen die Redaktionen in der Regel auf freie Autoren zurück, die das gewünschte Thema realisieren. Zunehmend jedoch wird dieser Ausweg durch die immer knapper werdenden Honorarressourcen der Redaktionen eingeschränkt. Besondere „Bauchschmerzen" bereiten uns im Brüsseler Studio Aufträge für umfangreiche Programmformate, etwa die Sendung „Hintergrund", eine 20-minütige, monothematische Sendung. Eine solche Sendung zu recherchieren, die O-Töne zu besorgen, sie zu schreiben und zu produzieren, das ist ein mehrtägiger Arbeitsaufwand. Aber niemand von uns Korrespondenten kann sich für mehrere Tage aus dem tagesaktuellen Geschehen verabschieden. Das bedeutet, dass die Arbeit am „Hintergrund" immer wieder unterbrochen werden muss, um ein tagesaktuelles Thema zu bearbeiten. Eine Arbeitsweise, die wenig Freude bereitet.

Neben der täglichen Schaltkonferenz gibt es weitere Fixpunkte im Tagesablauf, die unsere Arbeit takten. Morgens ab 8 Uhr laden häufig Europaabgeordnete zum Frühstück ein, etwa, weil sie über den Fortgang eines Gesetzgebungsprozesses informieren wollen. Täglich um 12 ruft die EU-Kommission zum Mittagsbriefing, dem Brüsseler Pendant zur Bundespressekonferenz. Allerdings mit einem entscheidenden Unterschied. In Berlin ist es die Presse, die Politiker und Sprecher in die Konferenz einlädt. In Brüssel hingegen ist es die EU-Kommission. Und wer einlädt, der bestimmt die Spielregeln, was die Arbeit des Pressechors in Brüssel nicht erleichtert. Über den ganzen Tag verteilt finden zudem Pressekonferenzen unterschiedlichster Couleur statt. Mal informiert der Europäische Rechnungshof über seinen jüngsten Prüfbericht, mal stellt ein EU-Kommissar eine neue Initiative der Kommission vor, parallel dazu tagen die Fischerei- oder die Justizminister der Mitgliedsländer, zwischendurch laden Politiker, Thinktanks oder Lobbyorganisationen zu Pressekonferenzen oder Hintergrundgesprächen. Und abends gibt es in der Regel eine ganze Reihe von Veranstaltungen, die man als Journalist besuchen kann: Empfänge von Unternehmen, Podiumsdiskussionen in den Vertretungen, den „Botschaften" der Bundesländer in Brüssel. Solche Veranstaltungen sind exzellente Nachrichtenbörsen und zudem eine Gelegenheit, den Deutschlandfunk zu repräsentieren. Unsere Stimmen sind den meisten Bewohnern der „Brüsseler Bubble" bekannt, bei den zahlreichen Veranstaltungen in Brüssel sehen sie auch unsere Gesichter.

Wie viele EUs gibt es? Und in welcher bin ich? Luxemburg, ein Montagnachmittag im Oktober. Eine dunkle Limousine fährt in den geschützten Innenhof des „European Conference Centers" auf dem Kirchberg. Die Tür schwingt auf, Magnus Brunner, der österreichische Finanzminister (nun EU-Kommissar, Anmerkung MG) steigt aus, zupft sein Sakko zurecht und geht auf das halbe Dutzend Kameras zu, die am Eingang Position bezogen haben. Beim Treffen der EU-Finanzminister geht es diesmal insbesondere um zwei Fragen: Wie kann man der erlahmten Wettbewerbsfähigkeit der EU auf die Sprünge helfen? Und gelingt es, weitere 35 Mrd. an Hilfskrediten für die Ukraine zusammenzubekommen? Der Minister gibt ein mediokres Statement zu diesen Fragen ab, die Journalisten wollen gerade nachhaken, da prescht die Kollegin des ORF vor. Was er denn zum österreichischen Haushaltsdefizit zu sagen habe. Und ob er dessen überraschende Höhe vor der kürzlich abgehaltenen Parlamentswahl in Österreich absichtlich verheimlicht habe? Die Kollegin scheint da einer ganz großen Geschichte auf der Spur. Einer Geschichte allerdings, die außerhalb Österreichs wohl nur wenige Menschen interessiert. Trotzdem will sie hier in Luxemburg, mitten im Pulk zahlreicher internationaler Journalisten, nicht lockerlassen. Und so dauert es einige Zeit, bis Magnus Brunner auch noch zum Treffen der EU-Finanzminister befragt werden kann. Die Szene ist typisch für den Journalismus in Brüssel. Was immer auf der Tagesordnung steht, wird von den Journalisten durch eine nationale Brille betrachtet. Oder von den Politikern nach Maßgabe der nationalen Interessen interpretiert. Würde man die Berichte, die in den Zeitungen der 27 Mitgliedstaaten über das oben genannte Finanzministertreffen erschienen sind, nebeneinanderlegen, ergäbe sich der Eindruck, dass es da wohl 27 Ratstreffen gleichzeitig gegeben haben muss. So sehr würden sie sich wohl unterscheiden. Das Phänomen weist auf ein wohlbekanntes Problem hin. Es gibt keine voll ausgebildete europäische Öffentlichkeit. Soll heißen: Die Beziehungen der Mitgliedstaaten zur EU sind sehr stark von nationalen Sichtweisen, Problemlagen und Interessen geprägt, sodass sich die öffentlichen Diskurse in den einzelnen Mitgliedstaaten über ein und denselben europäischen Sachverhalt sehr stark unterscheiden. Anders ausgedrückt: Die europäische Öffentlichkeit zerfällt in 27 nationale Öffentlichkeiten. Den Kern der EU macht es aber aus, 27 nationale Ansätze in einem zumeist komplizierten und langwierigen Prozess zu einem gemeinsamen Handeln zusammen zu führen. Dieser Prozess wird aber den Bürgern der Mitgliedstaaten nur unzureichend über die Medien vermittelt, weil die überwiegend der nationalen Perspektive auf ein europäisches Problem verhaftet sind. Ein Beispiel: Durchschnittlich aufmerksame Nachrichtenkonsumenten in Deutschland haben garantiert mitbekommen, dass der Bundeskanzler und die deutsche Autoindustrie vehemente Gegner der Strafzölle auf chinesische E-Autos sind. Aber wissen sie auch, warum die italienische Regierung dieselben Zölle massiv fordert und warum sich Spanien bei der Abstimmung darüber enthalten hat? Wissen sie, warum Ungarn dagegen gestimmt hat, Polen aber dafür votierte? Sehr häufig also leidet die EU-Berichterstattung an einem Mangel an Multiperspektivität, was bei den EU-Bürgern zu einem mangelnden Verständnis von Abläufen und Ergebnissen politischer Entscheidungen in Brüssel führt. Allerdings gibt es auch Licht am Ende des Tunnels. Die Wahlkämpfe vor den letzten beiden Europawahlen 2019 und 2024 haben gezeigt, dass zumindest phasenweise tatsächlich eine europäische Öffentlichkeit existiert. Beide Wahlkämpfe waren jeweils von einem Thema dominiert. 2019 war es der Klimawandel, 2024 der politische Rechtsruck. Die politischen Debatten um diese beiden Themen und deren mediale Abbildung waren in allen Mitgliedstaaten überaus präsent, man hatte den Eindruck, dass die politische Zukunft der EU tatsächlich die gesamte Gemeinschaft zumindest vorübergehend in gleichgerichtete Schwingungen versetzt hat. Ich bin fest davon überzeugt, dass die enorm hohe Wahlbeteiligung, die bei beiden Wahlen erreicht worden ist, ein Ergebnis dieser aufkeimenden europäischen Öffentlichkeit war.

Berichterstattung in stürmischen Zeiten. Nein, die EU-Kommission hatte nie die Absicht, die Größe von Kondomen in der EU zu normieren, mit dem Effekt, dass sie für britische Männer zu klein sein würden. Ebenso wenig schmiedete die Kommission jemals Pläne, eine eigene Polizeitruppe aufzustellen, um in der gesamten EU die korrekte Biegung von Bananen überprüfen zu lassen. Und auch die Geschichte darüber, dass die EU-Kommission vorhabe, für sich selbst das höchste Hochhaus der Welt in Brüssel zu errichten, war nichts anderes als eine reine Erfindung. Eines haben alle drei Lügenmärchen gemeinsam: Den Autoren. Sein Name: Boris Johnson, gescheiterter Premier des Vereinigten Königreichs und in den 1990er-Jahren Märchenonkel in Brüssel im Range eines Korrespondenten des Daily Telegraf. Damals hat Johnson in Brüssel seine Kollegen amüsiert, später, als er mit den gleichen Methoden den Brexit befeuerte, dürfte ihnen das Lachen vergangen sein. Johnson war aber nicht der erste Journalist, der EU-Mythen erfand. Und er hatte zahlreiche Nachahmer. Diese „Brussels Legends" sind fester Bestandteil einer kritischen Betrachtung der EU, die natürlich in Brüssel genauso wie in allen Mitgliedstaaten formuliert wird. Nur eben, dass sie jenseits der Linie liegen, die Wahrheit von Unwahrheit trennt. Mehrmals habe ich in meiner Zeit als Brüssel-Korrespondent erlebt, wie solche Mythen, verdrehte und entstellte Berichte über die EU, den Charakter regelrechter Medienkampagnen annahmen. Zum Beispiel 2004, im ohnehin aufgeheizten Wahlkampf der Europawahlen. Ein österreichischer Abgeordneter namens Hans-Peter Martin filmte damals mit verdeckter Kamera seine Abgeordneten Kollegen dabei, wie sie sich in Anwesenheitslisten im Europaparlament eintrugen und gleich anschließend das Gebäude verließen. Sein Vorwurf: Betrug beim Einkassieren von Sitzungsgeldern. Günther Jauch bei SternTV und die Bildzeitung stiegen groß auf den angeblichen Skandal ein. Die Feinheit, dass EU-Abgeordnete kein Sitzungsgeld erhalten, sondern ein Tagegeld für jeden Tag der Anwesenheit in Brüssel, die interessierte diese Medien nicht. Um das Tagegeld zu erhalten, müssen Abgeordnete einen Nachweis ihrer Anwesenheit erbringen, durch Unterschrift auf einer Liste. Sie sind aber nicht verpflichtet an einer Sitzung teilzunehmen. Sie können genauso gut Gespräche in der EU-Kommission führen, Bürger ihres Wahlkreises treffen oder im Straßencafé sitzen. Das bringt die rechtlich geschützte Freiheit des Mandats mit sich. Aber wie gesagt: Solche Feinheiten interessierten Jauch, SternTV und Bild nicht. Ihr Urteil stand fest: Im Europaparlament wimmelt es von Betrügern. Die Kampagne zog sich über Wochen hin, die Abgeordneten, die sich im Wahlkampf befanden, zeigten Anzeichen von Panik, fürchteten um ihre Wiederwahl und ihre berufliche Existenz. Natürlich hinterließ die Medienkampagne auch Spuren in den Redaktionen, für die ich Beiträge aus Brüssel lieferte. In diesen Beiträgen versuchte ich, die tatsächliche Rechtslage zu erläutern, kam zu dem Ergebnis, dass von Betrug nicht die Rede sein könne. Der Widerspruch zu dem, was meine Redaktionskollegen abends im Fernsehen sahen oder morgens in der Bild lasen, war so gravierend, dass mir einige von ihnen das Grundvertrauen, das das Arbeitsverhältnis zwischen Korrespondent und Redaktion prägen muss, aufkündigten. „Wo Rauch ist, ist auch Feuer", hörte ich dann, wenn ich versuchte, sie von meiner Darstellung zu überzeugen. Oder auch: „Die Bild schreibt sowas nicht, wenn da nicht was dran ist." Ein Redakteur hat sich sogar geweigert, meine Berichte in den von ihm betreuten Sendungen zu spielen. Ein Tiefpunkt meiner Korrespondententätigkeit. Fast zwanzig Jahre später war es wieder die Bildzeitung, die mit einer Kampagne mein Arbeitsverhältnis zu den Redaktionen im Kölner Funkhaus belastete. Das war im ersten Corona-Winter. Die Welt wartete auf die Impfstoffe. Es war völlig klar, dass in der Phase der anlaufenden Produktion der gewaltige globale Bedarf nicht ansatzweise würde gedeckt werden können. In dieser Zeit suchten die Regierungen in den Mitgliedstaaten natürlich bereits nach jemandem, dem sie den schwarzen Peter zustecken könnten. Und sie fanden ihn – in Brüssel. Die Bild fabulierte über die „Füße-Hoch-Kommissarin". Das war die Gesundheitskommissarin Stella Kyriakides, die unbedachterweise in dieser Zeit ein Foto von sich im Netz postete, nachdem sie Joggen gegangen war. Mit hochgelegten Beinen. Die Frau also – und kurz drauf die gesamte EU-Kommission – waren nach Meinung der Bild verantwortlich dafür, dass Deutschland nicht gleich von Produktionsbeginn an mit ausreichend Impfstoffen versorgt wurde. Die Kampagne der Bild wurde gefüttert mit Details aus dem Gesundheitsministerium in Berlin, wo Minister Jens Spahn erkennbar bemüht war, nach dem „Maskendesaster" nicht noch einmal einen Imageschaden zu erleiden. Allerdings deckten sich meine Informationen über die Abläufe bei den gemeinsamen

Impfstoffbestellungen der EU-Staaten und die Auszüge geheimer Impfstoff-Lieferverträge, die ich von EU-Quellen erhalten hatte, ganz und gar nicht mit den aus der Bundesregierung angefeuerten Berichten der Bild. Das Ergebnis war einmal mehr eine Vertrauenskrise zwischen mir und einigen Redakteuren im DLF.

Berichten aus Brüssel: Für wen? Und wie? Als sehr kleine Rundfunkanstalt investiert das Deutschlandradio nicht sehr viel Geld in die Medienforschung. Deshalb wissen wir nur wenig über unsere Hörer. Immerhin so viel ist bekannt: Der durchschnittliche Hörer des Deutschlandfunks ist 58 Jahre alt, männlich und formal gut gebildet. Das Profil des Programms lässt zudem den Schluss zu, dass jemand, der den Deutschlandfunk einschaltet, vor allem informiert werden will, aktuell und hintergründig. Soweit also die wenigen Erkenntnisse, die wir über unser Publikum haben. Was dieses Publikum von uns erhalten soll, das ist in mehreren Rechtstexten und Dokumenten festgeschrieben. Grundsätze, die auch für unsere Arbeit im Studio Brüssel gelten. In den Programmrichtlinien heißt es, dass der Deutschlandfunk die Aufgabe hat, „das Verständnis für die Einbindung Deutschlands in die internationale Staatengemeinschaft, insbesondere den europäischen Integrationsprozess, sowie die Verständigung mit den europäischen Nachbarn zu fördern."[1] Etwas knapper gehalten ist die Festlegung, die sich im „journalistischen Selbstverständnis" findet. Das ist ein programmatisches Dokument, das von den Redakteuren erarbeitet worden ist und die Ziele, Grundsätze und Regeln unserer Arbeit beschreibt. Da heißt es: „Zu unseren Kernaufgaben gehört es, die innere Einheit Deutschlands und die europäische Verständigung zu fördern". Das sind also, abgesehen von den allgemeinen Programmgrundsätzen des Deutschlandradios, die Leitplanken für meine alltägliche Arbeit in Brüssel. Und in der Tat sind sie für mich handlungsleitend. Aus der Tatsache, dass unsere Hörer überwiegend über eine formal gute Bildung verfügen, leite ich für mich zum Beispiel ab, dass ich Ihnen ein hohes Maß an Komplexität zumuten kann. Und wenn ich berücksichtige, wie häufig ich hoch qualifizierte Meinungsäußerungen in den Hörermails, die mich erreichen, finde, sehe ich mich in diesem Grundsatz bestätigt. Trotzdem bleibt natürlich die Feststellung richtig, dass die politischen Prozesse in der EU sich fundamental von den innenpolitischen Verfahrensweisen in Deutschland unterscheiden und vielen Hörern unbekannt sind. Die EU-Kommission ist eben keine Regierung, auch wenn sie Aufgaben einer Regierung wahrnimmt. Der Rat ist ein seltsames Zwitterwesen: Sowohl Gremium der nationalen Regierungen, also Teil der Exekutive, als auch Gesetzgeber, also Teil der Legislative. Und das Europaparlament unterscheidet sich fundamental vom Bundestag. Beispielsweise darin,

---

[1] https://bilder.deutschlandfunk.de/9b/3a/8a/c0/9b3a8ac0-7a07-4c5a-bada-1b755306bf4f/downloads-178.pdf).

dass es ein reines Ausgabenparlament ist, da es nicht selbstständig Beschlüsse zur Erhebung von EU-Steuern fassen, sondern lediglich die Ausgaben der EU mitgestalten kann. Auch die Gesetzgebungsprozesse in Brüssel funktionieren ganz anders als in Deutschland, das Zusammenspiel der einzelnen Institutionen bei der Formulierung von Verordnungen und Richtlinien. Vor allem aber folgt die EU-Politik anders als die deutsche Politik nicht stringent den Strukturen Opposition und Regierung. Eine EU-Kommission muss immer die politischen Ausrichtungen einer möglichst großen Zahl von Mitgliedstaaten repräsentieren. Denn die finden sich ja auch im Rat wieder: Regierungen, in denen Linke und Sozialdemokraten, Grüne und Christdemokraten, Konservative und mittlerweile auch rechtspopulistische Parteien vertreten sind. Aber nicht nur unterschiedliche parteipolitische Orientierungen prägen die Mitgliedstaaten, sondern vor allem auch unterschiedliche historische Erfahrungen, ökonomische Strukturen und politische Interessenslagen. Trotz dieser enormen Unterschiede haben sich die 27 Mitgliedstaaten zusammengefunden, um eine Gemeinschaft zu bilden. Die kann aber nur funktionieren, wenn all diese historischen, ökonomischen, politischen und gesellschaftlichen Unterschiede zu einem Ausgleich geführt werden. Die Europäische Union ist also eine höchst komplexe Kompromissmaschine, was vor allem die Arbeit des Europaparlaments prägt. Sie wird nicht vom Gegensatz Regierung/Opposition bestimmt, sondern vom tagtäglichen Versuch, einen Interessensausgleich bei der Formulierung von Richtlinien, Verordnungen oder Resolutionen herbeizuführen. Das Europaparlament ist viel seltener der Ort offensiver Debatten als der Bundestag, dafür aber viel häufiger der Ort, an dem durch Arbeit am Detail Mehrheiten geschmiedet werden. Für meine Arbeit als Korrespondent bedeutet das zweierlei: Erstens gilt es, diese komplexen Prozesse immer wieder zu beschreiben. Welche Kompetenzen hat die EU-Kommission? Wie funktioniert ein EU-Gipfel? Welche Mehrheit braucht es für welche Entscheidung im Rat? Solche und viele ähnliche Fragen sollen in meinen Berichten permanent beantwortet werden, damit meine Hörer möglichst gut verstehen, wie die EU funktioniert. Darüber hinaus versuche ich die Komplexität der Interessenslagen zu vermitteln, um zu e
rklären, warum ein bestimmter Entscheidungsprozess zu einem bestimmten Ergebnis geführt hat, das häufig genug als „typischer EU-Kompromiss" diskreditiert wird, in Wahrheit aber ein kunstvolles Produkt des politischen Interessensausgleichs ist. Dabei hilft es mir, Kontakte zu Korrespondenten aus anderen Mitgliedstaaten zu haben, mit denen ich mich darüber austauschen kann, welche konkreten Interessen hinter dem politischen Verhalten der einzelnen Regierungen steckt. Sehr hilfreich sind auch die Briefings, die die Ständigen Vertreter, also die Botschafter der EU-Mitgliedstaaten, vor Ratssitzungen abhalten. Wenn man gleich an mehreren davon teilnimmt, versteht man die unterschiedlichen Interessenslagen und die

Debatten, die das Ratstreffen dann prägen. Zusammenfassend bedeutet das: Die Kenntnis der Prozesse und die Fähigkeit zur Multiperspektivität ermöglichen es mir, meinen Hörern die EU zu erklären. Oder wie ich es zu Beginn des Artikels formuliert habe: Die Hauptaufgabe eines Korrespondenten in Brüssel ist es, im Stile eines Ethnologen das Fremdartige dieses Staatenzoos namens EU zu ergründen und die Erkenntnisse seinem Publikum mitzuteilen.

Ein Wort zum Schluss: Keine Angst vor Brüssel! Nun habe ich so oft beschrieben, wie kompliziert das Funktionieren der EU ist, das ich schon fast befürchte, mein Text könnte abschreckend auf alle angehenden oder jungen Journalisten wirken, die mit dem Gedanken spielen, vielleicht auch einmal in Brüssel zu arbeiten. Um es aber ganz klar zu sagen: Ich kann mir keinen erfüllenderen Job im Journalismus vorstellen als den eines EU-Korrespondenten. Dieser Job ist enorm abwechslungsreich, er ist ebenso herausfordernd. Er ist sehr lehrreich. Man arbeitet in einem großen, multinationalen Kollegenkreis. Die Arbeit wird nur sehr selten von der Jagd nach dem Scoop geprägt. Das Verhältnis zu anderen Korrespondenten ist viel weniger als in Berlin von der Konkurrenz geprägt als vielmehr von der Kooperation, vom Austausch. Als ich vor 22 Jahren zum ersten Mal nach Brüssel kam, waren es Kollegen vom Handelsblatt und von der FAZ, die mir die tiefen Geheimnisse der europäischen Agrarpolitik entschlüsselt haben und mich mitgenommen haben auf die erhellende Reise durch die Feinheiten des Stabilitätspaktes. Und diese gegenseitige Unterstützung im Kollegenkreis gibt es heute noch genauso. Das Großartigste an diesem Job ist für mich allerdings etwas Anderes. Nämlich das Wissen, dabei sein zu können, während etwas entsteht, was es in der Menschheitsgeschichte noch nicht gegeben hat. Eine Gemeinschaft von Staaten, die es sich zum Ziel gesetzt hat, immer enger zusammenzurücken, als Lehre aus einer blutigen Vergangenheit und im Bewusstsein, sich in einer sich stark wandelnden Welt nur gemeinsam behaupten zu können.

Peter Kapern ist seit September 2017 zum zweiten Mal Korrespondent in Brüssel. Zuvor arbeitete er als Korrespondent in Tel Aviv. Seit 1989 beim Deutschlandfunk als Redakteur, Moderator der Informationssendungen, Leiter der Redaktion Innenpolitik, Korrespondent in Düsseldorf und Brüssel. Studium in Münster (Politikwissenschaften, Soziologie, Philosophie).

Difficult to Meet the Expectations: Reporting for Hungary: Katalin Halmai, Népszava

20

Working as the Brussels correspondent for a Hungarian daily newspaper, my main task is to cover Hungarian-related events and to investigate Hungarian-related news. I am not expected to function as a news agency, i.e. to report on all the decisions of the institutions and every event in Brussels. Apart from the Hungarian aspects, I naturally cover high-profile events such as summits, important policy proposals, decisions and parliamentary debates. I pay particular attention to the countries of Central and Eastern Europe in Brussels, as my paper also takes a regional approach. Hungary naturally compares itself with its neighbours. But there are so many "Hungarian issues" in Brussels that there is often not enough time to do anything other than cover them properly. Hungary has become a key player in European policymaking, even though the country's size and location do not justify this at all.

The newspaper I work for is Hungary's oldest and has now become the only national daily newspaper not owned by oligarchs or companies close to Fidesz or the government. This is a responsibility. Accordingly, it aims to provide objective, unbiased news with a strong critical focus.

As Brussels and the "Brussels bureaucrats" are at the centre of the current Hungarian government's verbal attacks, readers of my newspaper expect the Brussels correspondent to give an objective news coverage of the EU and, in doing so, to try to make the Brussels institutions respond to the lies and smears spread about them in Hungary. The latter has been modestly successful so far. Since the government publishes a lot of false and half-information about the European Union and the EU-Hungary relationship in its official statements, fact-checking has become also one of my main tasks.

In Hungary, as in many countries of the world, public opinion is extremely divided, but in my country this division is fuelled by the government itself, mainly through a huge propaganda apparatus and machine. The government propaganda is based on the notion that there is a division between "us" and "the others" who disagree with us. The unspoken motto is: Anyone who is not with us is against us. In this environment, it is difficult for a media that claims to be independent or critical of the government to provide objective information. What our readership expects is not so much objectivity, but a vilification of the government, of those who are in power. Unbiased reporting is of no interest to either the opposition or the pro-government readership. These expectations are only reinforced by social media, which is the number one news provider in Hungary according to the latest poll of Eurobarometer. Under such circumstances, it is not easy to maintain a balanced reporting that meets the needs of the readers and also the basic standards of independent journalism.

In the oversimplified government communication about the European Union, Brussels is the evil and Budapest is the good. This is reflected in the statements of the Prime Minister and members of the government and the press releases of Fidesz MEPs. But it is no good either if the independent media claim the opposite, that Brussels is always good and Budapest is always evil. This biased view is also fuelled by the fact that many Hungarians are looking to Brussels for a solution, hoping that Brussels will make decisions that will shake up the system's underlings.

I am convinced that what is happening in Brussels is Hungarian domestic policy, that "they" are in fact "we", because Hungarians sit in all the decision-making institutions: the European Commission, the Council of the EU, the European Parliament and the European Council. Yet, the Fidesz' and government's extremely divisive and hostile communication claim the EU decisions were taken independently of them. As if they had nothing to do with it. And because they distance themselves from the real press, it is impossible or very difficult to confront them with reality. The Orbán government considers the free press as its enemy and, with a few exceptions, does not talk to it. It refuses to provide even the most basic information, does not respond to requests or questions, or, if it does, in many cases it lectures the journalist or responds with propaganda. Because of this, I often find myself in the strange situation of trying to get information from the EU institutions about Hungary and the Hungarian position that I should be getting from the Hungarians.

Thanks to social media, most politicians now communicate by bypassing journalists. You can't blame them for that, they are just taking advantage of the opportunities. This way they reach a much larger audience than traditional media can. And they think it is to their advantage not to have a journalist there to "interrupt" them with questions. But I find it unacceptable for a newspaper to publish a news story from a politician's TikTok or YouTube video. I do not consider the uncritical publication of political statements to be journalism, and I have to fight for my opinion on this every day. But this is certainly not a Brussels-specific phenomenon.

Katalin Halmai arbeitet seit vielen Jahren als Journalistin im EU-Umfeld. Seit 2017 ist sie zum zweiten Mal Brüssel-Korrespondentin der unabhängigen Tageszeitung Népszava. Zuvor arbeitete sie bei verschiedenen anderen Medien, aber auch als Policy Advisor und Press Officer im Europaparlament.

Warum Brüssel ein großartiger Standort für Agenturjournalismus ist: Ansgar Haase, Deutsche Presseagentur

21

Prolog

Es ist der 16. Juli 2018, der zweite Tag eines Nato-Gipfels in Brüssel. Gemeinsam mit Hunderten anderen Journalistinnen und Journalisten aus der ganzen Welt sitze ich am Tagungsort im Pressezentrum unweit des Hauptquartiers des Verteidigungsbündnisses und warte darauf, dass die letzte Arbeitssitzung endet und die Pressekonferenzen beginnen. Routinemäßig kontaktiere ich zwischendurch Quellen und frage, wie die Gespräche laufen. Große Hoffnung darauf, besonders Aufregendes zu erfahren, habe ich nicht. Schließlich sind zu der Sitzung Vertreter der Nato-Beitrittskandidatenländer Georgien und Ukraine eingeladen und in solchen Runden werden in der Regel keine heiklen Themen besprochen. Doch dann kommt auf einmal alles ganz anders. Auf meine Frage nach dem Verlauf der Arbeitssitzung zögert eine Quelle kurz, berichtet dann aber merklich schockiert, was sich gerade im Tagungssaal zugetragen hat. Der amerikanische Präsident Donald Trump habe die Sitzung genutzt, um anzukündigen, „sein eigenes Ding" zu machen, sollten Deutschland und die anderen Bündnispartner nicht sofort ihre Verteidigungsaufgaben auf zwei Prozent ihres Bruttoinlandsprodukts erhöhen, erzählt sie. Wohl so gut wie jeder im Raum habe dies als Drohung verstanden, im Zweifelsfall einen Austritt der Vereinigen Staaten aus der Nato anzustreben. Wenn diese Information wahr wäre, wäre das eine Eilmeldung, Breaking News. Doch natürlich reicht eine Quelle, die namentlich nicht genannt werden darf, für eine so brisante Nachricht nicht aus. Also kontaktiere ich weitere Quellen, und frage sie, ob sie die Äußerungen Trumps bestätigen können. Wenige Minuten später gibt es drei klare Ja und ich formuliere die Eilmeldung, die den bis dato traurigen Höhepunkt in der Transatlantik-Politik Trumps darstellt. Der Präsident des mächtigsten Nato-Staates droht mit dem Austritt der Vereinigten Staaten, eine Eskalation, die das Ende der größten Militärallianz der Welt und für Europa einen massiven Verlust an Sicherheit bedeuten könnte. Mit zittrigen Fingern schicke ich die Eilmeldung zum Redigieren und zur Sendung in den Ticker weiter nach Berlin. Wenig später ist Trumps Drohung weltweit Gesprächsthema. Erst mit einer kurzfristig anberaumten Krisensitzung kann beim Nato-Gipfel noch dafür gesorgt werden, dass Trump die Äußerung öffentlich nicht noch einmal wiederholt und so noch größeren Schaden für das Bündnis anrichtet. Die Nato übersteht letztlich die gesamte erste Amtszeit des Republikaners. Doch 2025 sind die Sorgen sind die Sorgen auf einmal wieder da. Trump fordert von den Alliierten kurz nach seiner Wiederwahl Verteidigungsausgaben in Höhe von fünf Prozent des Bruttoinlandsprodukts. Der Ausgang der Geschichte ist plötzlich wieder völlig offen.

Arbeiten in einer besonderen Hauptstadt

Nicht ganz so schön wie Paris, nicht ganz so mächtig wie Washington, nicht ganz so besonders wie Neu-Delhi, Peking oder Moskau: Brüssel wirkt auf den ersten Blick nicht wie das ganz große journalistische Abenteuer. Gerade für Agenturjournalistinnen und Agenturjournalistin gibt es aber viele Gründe, warum die belgische Hauptstadt ein echter Traumstandort ist, neben dem, dass „Breaking News Lagen" wie die oben geschilderte keine Seltenheit sind. Ein Überblick:

Themen, Themen, Themen/Vielfalt, Vielfalt, Vielfalt

Du berichtest als erster, dass sich die 27 EU-Staaten auf neue Gesetze zur Abwehr unerwünschter Migration geeinigt haben. Du erklärst die Auswirkungen neuer Klimaschutzvorschriften für Wohnungsbesitzer. Oder Du beschreibst, wie die Nato in Reaktion auf den russischen Angriffskrieg gegen die Ukraine aufrüstet wie seit Jahrzehnten nicht mehr. Dies sind nur drei Beispiele dafür, wie vielfältig das Themenspektrum bei der Berichterstattung aus Brüssel ist. Schauplätze des Geschehens sind der Rat der Europäischen Union, die Europäische Kommission, das Europäische Parlament, die Nato und der Europäische Gerichtshof in Luxemburg. Hinzu kommen die vielen EU-Agenturen in Brüssel und den Hauptstädten anderer Mitgliedstaaten. Und natürlich die Berichterstattung über das Gastland Belgien – das reicht vom Papstbesuch, über die Aktivitäten des Königshauses bis hin zu traurigen islamistischen Terroranschlägen.

Als Agenturjournalistin oder Agenturjournalist ist bei all dem die besondere Herausforderung, stets die sehr unterschiedlichen Bedürfnisse der Kunden im Blick zu haben und schnell zu sein. Als eine der weltweit größten unabhängigen Nachrichtenagenturen beliefert die dpa Websites, Zeitungen, Rundfunksender und auch Unternehmen und Organisationen. Neben Meldungen werden auch Analysen, Hintergründe und Interviews produziert – multimedial, das heißt neben Texten gehören auch Videos, Audiostücke, Grafiken und natürlich Fotos zum Angebot

Bei all dem geht es bei Nachrichtenagenturen immer um Präzision, Neutralität, Objektivität, Ausgewogenheit, Unparteilichkeit und natürlich Schnelligkeit. Gerade in der heutigen Medienwelt zählt Aktualität, und viele Medien wollen die ersten sein, die eine Nachricht verbreiten, um Aufmerksamkeit zu gewinnen. Gleichzeitig muss die Priorität immer auf der Richtigkeit der Informationen liegen. Schnell zu sein ist wichtig, aber noch wichtiger ist es, zuverlässige und überprüfte Fakten zu liefern. Schnelligkeit darf niemals auf Kosten von Präzision und Genauigkeit und Wahrheit gehen. „Be first, but first be right" – lautet das Leitmotiv – gerade auch bei der Berichterstattung aus Brüssel.

Das Einzige, was es von der dpa nicht gibt, ist Meinung, weder in Form von Kommentaren und Leitartikeln noch in Form von Glossen oder Satiren. Die größte deutsche Nachrichtenagentur will mit Fakten die Grundlage für die Meinungsbildung der Öffentlichkeit liefern, sich aber nicht selbst auf eine Seite schlagen.

Quellen, Quellen, Quellen (Abwechslung)

Wer in Brüssel für eine Nachrichtenagentur arbeitet und schnell und präzise über wichtige Entwicklungen berichten will, braucht nicht nur gute Kontakte in die europäischen Institutionen und die Nato, sondern auch ein umfassendes Verständnis der zum Teil sehr komplexen politischen Entscheidungs- und Beratungsverfahren. Entscheidungen des Rates der Mitliedstaaten werden beispielsweise oft im Ausschuss der Ständigen Vertreter (AstV) der Mitgliedstaaten, in Brüssel meist Coreper abgekürzt, beschlussreif vorbereitet. Das hat zur Folge, dass eine abschließende Verständigung dort bereits Anlass für große Berichterstattung inklusive Eilmeldungen sein kann. Ähnliches gilt für Einigungen im sogenannten Nordatlantikrat der Nato. Gibt es dort auf Ebene der ständigen Vertreter der Mitgliedsstaaten eine Einigung, steht einer Berichterstattung in der Regel nichts mehr im Wege – auch wenn der Beschluss dann noch einmal bei einem Ministertreffen oder auf Ebene der Staats- und Regierungschefs bestätigt werden soll.

Mit Blick auf die Institutionen ist es wichtig zu wissen, dass relevante Entscheidungen oft in schriftlichen Verfahren getroffen werden. Wer darüber Bescheid weiß und die Fristen kennt, kann direkt nach deren Ablauf in Erfahrung bringen, ob die Entscheidung wie geplant getroffen werden konnte und darüber berichten – während andere noch auf die Pressemitteilungen warten. Hilfreich ist dabei auch, dass als Quellen Diplomaten oder Beamte aus 27 EU-Staaten beziehungsweise 32 Nato-Staaten „angezapft" werden können. Wer sich dabei nicht auf eine kleine Anzahl von Kontakten beschränkt, weitet auch die Sicht auf Themen und reduziert die Gefahr, zu sehr nationalen Spins zu folgen.

Großer Vorteil für deutsche Journalistinnen und Journalisten in Brüssel ist die Relevanz Deutschlands innerhalb der EU und Nato. Die Europäische Kommission, der Rat der Europäischen Union und die anderen Institutionen haben in der Regel ein großes Interesse daran, dass über ihre Arbeit im bevölkerungsreichsten und wirtschaftsstärksten EU-Mitgliedsland berichtet wird. Dementsprechend werden Anfragen in der Regel schnell und professionell beantwortet und auch gerne Gesprächs- und Interviewwünsche erfüllt.

Ganz anders stellt sich die Lage oft an anderen Auslandskorrespondenten-Standorten dar. Wer als deutscher Korrespondent beispielsweise in den USA versucht, bei Ministerien, Behörden oder der Justiz Informationen zu bekommen, muss dort nicht selten länger warten, bis die Anfragen der Kolleginnen und Kollegen der nationalen Medien beantwortet sind. Auch Staats- und Regierungschefs und andere Spitzenpolitiker widmen ihre begrenzte Zeit für Interviews oder Hintergrundgespräche dort meist vorrangig Vertretern den Heimatmedien. Die Gründe sind nachvollziehbar: Für einen französischen Minister oder einen US-Abgeordneten ist es vergleichsweise irrelevant, ob ihre Ansichten oder Ideen in Deutschland gut angekommen. Bei EU-Politikern sieht das ganz anders aus, da Deutschland wegen seiner Bevölkerungsstärke und seiner Wirtschaftskraft eine gewichtige Rolle in allen Entscheidungsprozessen spielt.

Wohl nirgendwo anders im Ausland stehen zudem auch der deutsche Bundeskanzler und die anderen Regierungsmitglieder Journalistinnen und Journalisten bei Pressekonferenzen, in Doorsteps und in Hintergrundgesprächen Rede und Antwort. Meist sind Gipfeltreffen oder EU-Ministerräte der Anlass.

Relevanz, Relevanz, Relevanz

Was die Arbeit in Brüssel besonders macht, ist nicht nur die Bandbreite der Themen, sondern auch die Relevanz der Themen für die Menschen in Deutschland. Wohl in keiner anderen Stadt im Ausland werden so viele Entscheidungen getroffen, die unmittelbare Auswirkungen auf das Leben von Bürgerinnen und Bürger haben wie in Brüssel. Mal geht es um einheitliche Standards für Elektrogeräte oder Lebensmittel, mal um das Verbot von Einwegplastikbesteck, mal um die gemeinsame Impfstoffbeschaffung und mal um Klimaschutzvorgaben für die Autoindustrie. Hinzu kommen wegweisende Urteile des Europäischen Gerichtshofes in Luxemburg – zum Beispiel zum Widerrufsrecht bei Online-Käufen, Ausgleichszahlungen bei Flugverspätungen, zur Einschränkung der Kommunikationsdaten-Überwachung, zur Anerkennung gleichgeschlechtlicher Ehepartner oder zur Verpflichtung, Grenzwerte für saubere Luft einzuhalten. Selbst EU-Entscheidungen, die auf den ersten Blick auf andere zielen, können oft Auswirkungen auf die Menschen in Deutschland haben. So zum Beispiel EU-Sanktionen gegen Russland oder EU-Ausgleichszölle auf EU-Autos aus China.

Eine der wenigen Schattenseiten der Relevanz des Standorts Brüssel sind die daraus resultierenden Arbeitszeiten für Agenturjournalisten. Wer als erster über eine wichtige Entscheidung berichten will, kann nicht ins Bett gehen, wenn Vertreter von Mitgliedstaaten und Parlament auch um Mitternacht noch Kompromisslinien im Streit um neue Asylregeln ausloten oder die Staats- und Regierungschefs bei einem Gipfel um eine gemeinsame Linie im Umgang mit China ringen.

Lage, Lage, Lage

Zugegebenermaßen ist Brüssel nicht die angesagteste Stadt der Welt. Die Internationalität, im Vergleich zu anderen Metropolen erschwingliche Mieten, die gute Anbindung und die Gastronomie, die weit mehr bietet als hervorragende Fritten, Bier, Waffeln und Schokolade machen sie aber doch zu einem äußerst charmanten und lebenswerten Ort. Abwechslung bieten auch eine lebendige Kunst- und Kulturszene sowie die die beeindruckende Architektur mit zahlreichen Art-Nouveau-Gebäuden. Wer will ist zudem in rund 90 min mit dem Zug in Paris, in 110 min in Amsterdam oder in 120 min in London.

Hinzu kommt: Gute Gründe, für den Job zu reisen, gibt es mehr als genug: Drei Monate im Jahr werden die Ministertreffen in Luxemburg organisiert, das eine ganze andere, aber nicht weniger sympathische Atmosphäre hat als Brüssel. Hinzu kommen die Plenartagungen des Europäischen Parlaments, für die der Arbeitsort bis zu zwölf Mal im Jahr für eine Woche nach Straßburg verlegt werden kann. Reisefreudige Korrespondenten können zudem die Spitzenvertreterinnen und Spitzenvertreter der EU-Kommission, des Europäischen Rates oder des Europäischen Parlaments auf ihren zahlreichen Auslandreisen begleiten. Dabei geht es etwa nach Kiew oder zu den G7- oder G20-Gipfel in Ländern wie Indonesien, Japan oder Brasilien. Gerade bei internationalen Spitzentreffen unterrichten die EU-Delegationen oft am transparentesten und am zuverlässigsten über den Verlauf der Geschehnisse. Nicht zu vergessen sind dann auch noch die alle sechs Monate rotierende EU-Präsidentschaften, die in der Regel zu informellen Gipfel- und Ministertreffen einladen, über die in der Regel auch die Brüsseler Korrespondenten berichten.

Konkurrenz und Kollegialität

Ja, Konkurrenz kann manchmal anstrengend sei. In Brüssel steigert sie aber in der Regel den Spaß an der Arbeit. Sie motiviert zu sorgfältiger Recherche, gutem Schreiben und innovativer Präsentation der journalistischen Produkte. Es ist immer wieder ein gutes Gefühl, bei einer Eilmeldung etwas schneller gewesen zu sein als Kollegen der anderen Nachrichtenagenturen oder eine Exklusivgeschichte geschrieben zu haben. Zudem bietet die lebendige Konkurrenz in Brüssel die Gelegenheit, von anderen zu lernen und seinen Blick auf die EU und Welt immer wieder zu erweitern. Das sorgt für Abwechslung und macht es einfach, die Arbeit täglich wieder mit viel Spaß und Leidenschaft anzugehen.

Besonders in Brüssel ist, dass die Kollegialität bei den meisten Journalistinnen und Journalisten einen ebenso großen Stellenwert hat wie der Wettbewerb. Die „Brüsseler Bubble" ist bekannt dafür: Man hilft sich, man tauscht sich aus – ob bei Themen oder Verständnisschwierigkeiten im Dschungel der 24 EU-Amtssprachen. Hilfreich ist dies zum Beispiel auch immer wieder bei der Berichterstattung über die vielen Entscheidungsprozesse. Nicht selten sind es Hinweise von Kolleginnen und Kollegen, die den Anstoß für ertragreiche Recherchen und interessante Nachrichten bringen. Da erzählt beispielsweise eine polnische Kollegin, dass ihr ein Diplomat empört erzählt habe, dass die deutsche Bundesregierung eine geplante Verschärfung von EU-Sanktionen gegen Russland aus Sorge vor negativen Konsequenzen für die Autoindustrie in Deutschland verhindere.

Ganz besonders in Brüssel ist dabei der Europäische Newsroom (enr) – ein von der dpa initiiertes Kooperationsprojekt von Nachrichtenagenturen aus ganz Europa. Die teilnehmenden Agenturen nutzen eine gemeinsame Infrastruktur, arbeiten im Bereich Aus- und Weiterbildung zusammen und entwickeln übergreifende journalistische Standards. Damit soll eine umfassende und vielfältige Berichterstattung über Ländergrenzen hinweg gefördert werden.

Epilog

Wie geht es der EU, der Nato und Belgien, wenn diese Zeilen gelesen werden? Im Idealfall werden die Nachrichtenagenturen ein großes Stück dazu beigetragen haben, dass die Bürgerinnen und Bürgern über alle relevanten Entwicklungen seit

Epilog

der Fertigstellung dieses Textes auf dem Laufenden gehalten wurden – auch mit Hilfe von neuen Technologien wie Künstlicher Intelligenz, die beispielsweise bei der Analyse großer Datenmengen, bei Transkriptionen oder beim Erkennen von gefälschten Bildern oder Videos unterstützen können. Was es dafür weiter brauchen wird, sind engagierte Journalistinnen und Journalisten – die Freude daran haben zu recherchieren, zu hinterfragen und zu informieren – und die bereit sind, sich auf das Abenteuer Brüssel einzulassen.

Ansgar Haase arbeitet seit 2014 als Korrespondent in Brüssel im DPA-Büro und ist seit 2021 dessen Leiter. Er ist vor allem für die Außen-, Sicherheits- und Handelspolitik der EU und die NATO zuständig. Davor war er bereits sechs Jahre in Paris als Frankreich-Korrespondent für Deutschlands größte Nachrichtenagentur tätig.

Bloggen in Brüssel – Ein kritischer Rückblick: Eric Bonse, Autor und EU-Blogger Lost in EUrope

Wie alles anfing

Als ich 2004 nach Brüssel kam, begann für Politik und Medien eine neue, viel versprechende Ära. Damals ging es um die Erweiterung der Europäischen Union um zehn Länder in Ost- und Südeuropa, die als *„Big Bang"* und *„Wiedervereinigung"* präsentiert wurde. Europa war die Zukunft, die EU galt als Modell für die ganze Welt. Das war auch für Journalisten spannend. Die damals rund 1000 akkreditierten Korrespondenten hatten eine Mission – den Menschen das neue, grenzenlose Europa und die Vorzüge der EU zu erklären. Ich habe eine *„europäische Brille"* aufgesetzt und fasziniert drauflos geschrieben.

Das *„Handelsblatt"*, für das ich damals in Brüssel arbeitete, war ein gefragter Gesprächspartner. Uns standen alle Türen offen, eine Zeitlang sogar wortwörtlich: Vor dem Umzug ins Berlaymont war die Europäische Kommission wesentlich zugänglicher als heute. In die Büros mancher Kommissare konnte man als Journalist einfach so hineinspazieren, die Sprecher konnten noch frei reden und nicht nur Sprechzettel ablesen. Viele Infos wurden uns ungefragt zugesteckt. So kam auch mein Scoop über die Ausspähung europäischer Bankdaten durch die USA und das SWIFT-Abkommen zustande.[1]

Leider begann schon bald die „Polykrise" (so der frühere Kommissionspräsident Jean-Claude Juncker) – mit der globalen Finanzkrise ab 2007, der Schulden- und Eurokrise, den Flüchtlingsdramen, dem Brexit etc. Plötzlich ging es nicht mehr um Erweiterung und Vertiefung der EU, sondern um ihre Verteidigung und Rettung.

---

[1] Mehr dazu auf meiner Homepage https://ericbonse.eu/portfolio/swift-abkommen/ Leider ist der Originaltext im Handelsblatt nicht mehr verfügbar.

© Der/die Autor(en), exklusiv lizenziert an Springer Fachmedien Wiesbaden GmbH, ein Teil von Springer Nature 2025
M. Grytz, *EU-Journalismus*, Journalistische Praxis,
https://doi.org/10.1007/978-3-658-48280-0_22

Brüsseler Korrespondenten wurden zu Krisenexperten, die die Spreads an den Finanzmärkten kennen und das griechische Rentensystem erklären mussten. Alles drehte sich um Angela Merkel, Europa sprach deutsch. Auch das war spannend, insgesamt aber eher unerfreulich und unangenehm.

In diese Zeit fiel auch mein Wechsel zur „taz" und der Start meines Watchblogs „*Lost in EUrope*". Wie bei vielen Korrespondenten, war meine Entsendung auf drei plus zwei Jahre befristet. Doch nach Ablauf dieser Frist hatte man plötzlich keine Verwendung mehr für mich beim „Handelsblatt". Angeblich war kein Posten frei, mehrere Korrespondentenplätze in Peking, Moskau und Brüssel wurden gestrichen. Ich habe dann als freier Journalist weitergemacht – und musste feststellen, dass die Türen für Freelancer nicht offen stehen …

Plötzlich gab es keine Einladungen zu Interviews und Hintergrundgesprächen mehr. Dafür öffnete sich für mich, den frisch gebackenen „taz"-Reporter, die bunte Welt der NGOs und EU-Kritiker, die das „deutsche Spardiktat" gegen Griechenland und den rücksichtslosen Umgang mit Migranten kritisierten. Die großen etablierten Medien haben sich dafür kaum interessiert. Die „taz" hingegen war offen für kritische Berichte. Was ich dort nicht unterbrachte, landete in meinem Blog, der sich schnell zu einer viel und gern gelesenen Ergänzung zur Presseschau entwickelte – übrigens auch unter Journalisten.

Sogar die EU-Kommission in Brüssel und das Weiße Haus in Washington folgten meinen Newsfeeds oder Tweets. In den Zehnerjahren waren Blogger noch gefragt, ich reiste zur Re:Publica nach Berlin und knüpfte Kontakte zu anderen experimentierfreudigen Journalisten. Gemeinsam, so die Hoffnung, werde man eine neue „europäische Öffentlichkeit" schaffen – teils mit, teils neben den etablierten Medien. Diese Erwartung hat sich zwar nicht erfüllt. Doch immerhin habe ich es geschafft, mir in der „Brüsseler Blase" einen Namen zu machen und zum „EU-Influencer" zu werden.[2]

Heute sind Blogs nichts Besonderes mehr. Sogar der EU-Außenbeauftragte hat einen eigenen Blog, in dem er seine Politik erklärt. Auch die alten Medien sind dabei – mit „Newsblogs", die seit der Coronakrise in Mode gekommen sind, aber auch mit Newslettern und professionellen „Briefings". Viele Blogformate sind kommerziell und langweilig geworden. Doch gerade für Journalisten sind Weblogs auch heute noch interessant – sei es, um ein Nischenthema zu bearbeiten, oder auch, um sich unabhängig zu machen. Der Erfolg von Online-Plattformen wie Substack & Co. spricht Bände.

---

[2] #EUinfluencer 2024 Unified ranking Top 50, Nr. 37 https://znconsulting.com/articles/euinfluencer-2024-all-the-winners/.

Was ist ein Blog, und wozu soll das gut sein?

Bei einem Weblog, kurz Blog, handelt es sich um eine *„tagebuchartig geführte, öffentlich zugängliche Webseite, die ständig um Kommentare oder Notizen zu einem bestimmten Thema ergänzt wird"* – so definiert es Google.[3] Die Betonung liegt auf *tagebuchartigen Kommentaren oder Notizen*. Es geht ums Innehalten, um Reflexion und Einordnung. Die heute grassierenden Newsblogs sind das Gegenteil. Sie werden im Stunden-, wenn nicht Minutentakt befüllt – und zwar nicht mit persönlichen Kommentaren oder Notizen, sondern meist mit Agenturmeldungen. Es geht um Clickbaiting, nicht ums Nachdenken.

Meine Website *„Lost in EUrope"* greift zwar auch schon mal auf Agenturmaterial zurück. Ich mache aber keinen Newsblog, sondern einen Watchblog. Ich bringe keine News, sondern ich schreibe *über* News – mit Vorliebe über jene, die anderswo unter den Tisch fallen. Im Mittelpunkt stehen Aspekte der EU-Politik, die *nicht* überall vermeldet werden, weil sie im Nachrichtengeschäft verloren gehen (*„lost in the news"*). Davon gibt es erstaunlich viele. Die Spekulation gegen den Euro blieb ebenso unbeachtet wie das EU-Bashing in Großbritannien. Deshalb war Brüssel auf die Eurokrise und den Brexit nicht vorbereitet.

Heute sind es unbequeme Nachrichten rund um den Ukraine-Krieg, aber auch unangenehme Folgen der Sanktionen gegen Russland, die durch den Rost fallen. Das liegt nicht nur daran, dass sich Kommission und Rat darüber ausschweigen – bislang gibt es nicht einmal eine offizielle Folgenabschätzung der 14 Sanktionspakete (Ende 2024, MG). Es liegt auch am spezifischen Blickwinkel der Medien. Selbst eine Zeitung wie die „taz" blendet manches aus. Als EU-Watcher nehme ich eine andere Perspektive ein als der typische Korrespondent – eine distanziertere, kritischere, kommentierende und (wenn möglich) auch korrigierende.

Die Newsblogs hingegen lassen Distanz und Einordnung schmerzlich missen. Sie tragen zur Uniformierung der Medienlandschaft bei, während Blogs für Vielfalt stehen sollten. Ein weiterer wichtiger Unterschied ist die interaktive bzw. kommunikative Funktion. Blogger vernetzen sich untereinander, sie tauschen Artikel aus, und sie wollen Diskussionen anstoßen. Mein Blog hat daher auch eine Kommentarspalte, die fleißig genutzt wird. Aufs Bloggen spezialisierte Content Management Systems (CMS) bieten meist schon von Haus aus Kommentar- und Vernetzungsfunktionen an, Social Media inklusive.

Die Kommentare und die Zugriffszahlen (Klicks) geben einen unmittelbaren Eindruck von den Interessen und Vorlieben der Leser. Das haben Journalisten, die

---

[3] https://www.google.com/search?q=was+bedeutet+blog.

online publizieren, zwar mittlerweile auch. Doch die Beziehung zum Leser – oder zur Leserin – ist beim Bloggen viel enger. Blogger verstehen sich nicht als Gatekeeper, eher schon als Türöffner. Das Feedback geht auch schneller. Während ein Journalist seinen Beitrag erst an die Redaktion schickt, bevor er produziert und veröffentlicht wird, gibt der Blogger seine Artikel, Videos oder Podcasts selbst frei und kann sofort erkennen, was geht – und was nicht.

Meine Erfahrung ist, dass die meisten klassischen EU-Themen nicht gehen. Die Pressemitteilungen der EU-Kommission oder des Europarlaments interessieren keinen Menschen – selbst dann nicht, wenn sie journalistisch aufbereitet werden. Auch Berichte von Ministertreffen und EU-Gipfeln – die „Highlights" der EU-Korrespondenten – werden kaum gelesen. Fast alles, was die Brüsseler Blase tagaus tagein produziert, stößt auf geringes Interesse. Es ist einfach zu weit weg. Und es ist zu viel. Die EU ist in den letzten 20 Jahren zu einer atemlosen News-Maschine geworden, die die Menschen mit schierer Masse erschlägt.

Was hingegen geht, jedenfalls in meinem Blog, sind Beiträge, die die News einordnen und in einen Kontext stellen, der über die Brüsseler Blase und ihren kurzen Zeithorizont hinausweist. Was haben der Ukraine-Krieg und der Krieg im Nahen Osten miteinander zu tun? Welche Rolle spielt die EU, legt sie dieselben Standards an alle Kriege und alle Kriegsparteien an, warum tritt sie nicht mehr aktiv für Frieden ein? Wieso galt die EU vor zwanzig Jahren noch als Modell – und warum wird sie heute nicht einmal mehr erwähnt, wenn es um eine neue, multipolare Weltordnung geht? Das treibt die Leute um und wird geklickt.

Viel gelesen werden auch Beiträge zur Krise der EU und zur Frage, in welche Richtung sie sich entwickelt. Kommen die Vereinigten Staaten von Europa? Wird die EU eine demokratische Republik? Oder nimmt die Zentralisierung überhand, reißt Kommissionspräsidentin von der Leyen noch mehr Kompetenzen an sich? 2004, als ich nach Brüssel kam, hatten die deutschen Föderalisten das Sagen. Doch nach dem Scheitern des Verfassungsvertrags 2005 in Frankreich machte sich Katerstimmung breit. Seit dem Brexit ist die „Finalität" – so heißt das politische Ziel im EU-Jargon – gar kein Thema mehr.

Umso mehr werden echte oder vermeintliche Fortschritte betont. Jetzt gilt es, die EU gegen Populisten, Nationalisten und andere Gegner zu verteidigen – und nicht mehr nur zu erklären. Damit rücken aber auch die Defizite und Fehler der europäischen Einigung stärker in den Blick. Die Berichterstattung aus Brüssel wird kontroverser, auch kritischer. Leider ziehen die EU-Institutionen daraus die falschen Schlüsse – sie versuchen mehr denn je, sich auf das (vermeintlich) Positive zu konzentrieren und Probleme unter den Teppich zu kehren. Die Briefings in Brüssel werden zu PR-Shows, Nachfragen zwecklos.

Wieder ein Fall für den Blog. Hier kann man den Finger in die Wunde legen und auch mal über den Tellerrand blicken. Hier kann man neue Narrative kritisch unter die Lupe nehmen oder zeigen, wie sich der europäische Diskurs verschoben hat – von Frieden zu Krieg, von Freihandel zu Protektionismus, von Grenzöffnung zu Abschottung. In einem Newsblog lässt sich das nicht abbilden, die dort präsentierten Nachrichten dienen oft nur zur Aktualisierung eines vorgefertigten Narrativs. Ein Watchblog wie *„Lost in EUrope"* hingegen kann die EU-Erzählung kritisieren – auch wenn diese verlockend klingt.

„Lost in EUrope"

Geplant war das alles nicht. Als ich 2004 nach Brüssel kam, war die EU noch keine News-Maschine, niemand sprach von Narrativen, und ich hatte auch keinen eigenen Blog. Nachrichten aus Brüssel waren etwas für Spezialisten, sie waren *„nice to have"*, aber nicht Seite-eins-tauglich und schon gar nicht *„kriegsentscheidend"*. Man brauchte keine Erzählungen, denn die Fakten schienen über jeden Zweifel erhaben. Ich habe zwar schon beim „Handelsblatt" mit dem Bloggen begonnen – aber vor allem, weil die Chefredaktion das wollte, und weil ich mich für das Internet und die neue Online-Präsenz interessierte.

Ich hatte also schon etwas Erfahrung, als ich *„Lost in EUrope"* gründete. Es war die Zeit, in der die Eurokrise derart eskalierte, dass es schien, als könne die EU jederzeit auseinanderbrechen.[4] Ich war kein „Handelsblatt"-Redakteur mehr, konnte aber auch nicht vom Schreiben lassen. Jeden Tag passierte so viel, dass ich beschloss, die wichtigsten Ereignisse tagebuchartig aufzuschreiben. Von da war es nur noch ein kurzer Weg zum Blog. Bei „Posterous" konnte jeder „posten", ohne Vorkenntnisse. Als dieser Blogging-Dienst 2013 eingestellt wurde, bin ich zu „Wordpress" umgestiegen, aus der Not war eine Passion geworden.

Der Titel des Blogs war schnell gefunden. Er lehnt sich an den Film „Lost in Translation" von Sofia Coppola an. Dieser Film-Klassiker wurde zwar in Tokio gedreht, er hätte aber ebenso gut in Brüssel spielen können. Die babylonische Sprachverwirrung, der Zwang zum Übersetzen, Interpretieren und Improvisieren, der Verlust von Heimat und manchmal auch das schiere Unverständnis – in der „Brüsseler Blase" findet man all das wieder. Auch die EU ist oftmals *„lost in translation"*, mit ihren 24 verschiedenen Amts- und den drei offiziellen Arbeitssprachen. Es ist nur nicht so leicht und lustig wie im Film.

---

[4] Eine gute Zusammenfassung der Stimmung jener Jahre gibt Ivan Krastev in seinem Buch „Europadämmerung", Edition Suhrkamp 2017.

"Lost in EUrope" ist aber auch Programm. *"Nicht nur die Bürger fühlen sich in EU-Europa verloren ("lost in EUrope")"*, schrieb ich nach der Gründung des Blogs.[5] *"Auch die Chefs haben die Lage nicht mehr im Griff, wie die ständigen Sondergipfel zeigen."* Es war die Zeit der Eurokrise, eine Krisensitzung jagte die andere, eine Lösung zeichnete sich quälend lange nicht ab. Kanzlerin Merkel vertrat eine „alternativlose" Politik, als Reaktion entstand die „Alternative für Deutschland" AfD. Damals entstanden viele Blogs und Webseiten, die meisten sind in der Bedeutungslosigkeit versunken oder in den Populismus abgedriftet.

Ich versuche, diese Fallen zu vermeiden, indem ich meine Beiträge auf offizielle EU-Quellen beziehe und wo möglich mit Links untermauere. Beim Bloggen stütze ich mich auf mein journalistisches Handwerkszeug: Fakten, Zitate, eigene Recherche. Außerdem versuche ich, Nachrichten und Themen in den Kontext einzuordnen. So wie die AfD nicht im luftleeren Raum entstanden ist, so haben auch die Eurokrise, die Flüchtlingskrise oder der Krieg in der Ukraine eine Vorgeschichte, in die fast immer auch die EU verwickelt war. Leider blenden viele Medien diesen historischen Kontext aus – im Blog stelle ich ihn wieder her.

Eine weitere wichtige Methode beim Bloggen ist es, den offiziellen Narrativen nachzugehen und das politische Framing infrage zu stellen. Wie das in der Praxis aussieht, möchte ich am Beispiel der Europawahl 2024 zeigen.

Das Europaparlament und viele Beobachter haben diese Wahl als Entscheidung zwischen Pro-Europäern auf der einen und Populisten und EU-Gegnern auf der anderen Seite dargestellt. Es gelte, die Demokratie gegen ihre Gegner zu verteidigen, hieß es in den Wahlspots des Parlaments.[6] Dieses *Framing* machten sich viele Medien zu eigen. Völlig ausgeblendet wurde dabei, dass die Demokratie in der EU selbst ausbaufähig ist – und dass die 2019 versprochenen Demokratie-Reformen ausgeblieben sind. Ausgeblendet wurde meist auch, dass die Wähler 2024 keine echten Alternativen hatten.

Dass Kommissionspräsidentin von der Leyen im Amt bestätigt werden würde, stand ebenso wenig außer Frage wie die Fortsetzung der bisherigen Russland- und Ukraine-Politik. Selbst die Asyl- und Migrationspolitik, ein besonders umstrittenes Thema, wurde der Wahl entzogen. Dafür brachte das Europaparlament kurz vor Toresschluss einen jahrelang verschleppten „Migrationspakt" auf den Weg. *„Wir haben geliefert"*, hieß die Botschaft an die Wähler. Dass diese keine Möglichkeit mehr hatten, sich zwischen einem repressiven und einem liberalen Kurs zu entscheiden, ging unter.

---

[5] https://lostineu.eu/ueber-diesen-blog/.
[6] https://elections.europa.eu/video/en/ov/en/.

Die Medien folgten weitgehend dem Framing des Europaparlaments, beim dem es am Ende nur noch Schwarz und Weiß gab. In meinem Blog habe ich hingegen versucht, die Grautöne abzubilden und das Demokratie-Defizit anzuprangern. Die Blogposts und eigene Recherchen halfen mir schließlich dabei, einen großen Europawahl-Report im „Cicero" zu veröffentlichen.[7] Dieses Beispiel zeigt, wie sich Bloggen und Journalismus gegenseitig befruchten können – aber auch, wo die Grenzen liegen. Am offiziellen Framing der Wahl hat sich nichts geändert, von der Leyen wurde wie erwartet im Amt bestätigt.

Schreiben gegen den Mainstream

Was bleibt? Ein bitterer Nachgeschmack – und viele Fragen zur journalistischen Arbeit in Brüssel.

Selten haben sich die Medien so sehr für das offizielle Narrativ einspannen lassen wie bei der Europawahl 2024. Selten war das Schwarz-Weiß-Framing – hier die guten Pro-Europäer, da die bösen EU-Gegner – stärker. Und selten war die Enttäuschung größer. Kaum, dass die Wahl gelaufen war und von der Leyen im Amt bestätigt wurde, stellte sich heraus, dass die im Wahlkampf beschworene „Brandmauer" gegen rechts – der „Cordon sanitaire", wie es in Straßburg heißt – brüchig geworden ist. Plötzlich stimmten von der Leyens Konservative und die Rechten im Europaparlament in wichtigen Fragen zusammen ab.

Die EU-Korrespondenten haben darüber selbstverständlich berichtet – das ist Chronistenpflicht. Doch kaum jemand hat die Frage aufgeworfen, ob die Medien (und die Wähler) von der Politik getäuscht worden sind. Kaum jemand hat sich kritisch mit dem Framing auseinandergesetzt. Niemand stellt die Legitimität der Kommissionspräsidentin und des sog. Spitzenkandidaten-Verfahrens infrage. Aus meiner Sicht ist dies ein Rückschritt gegenüber 2019, als dieses Verfahren bereits gescheitert war. Damals haben die Medien durchaus noch kritisch berichtet – diesmal haben sie kaum einmal nachgefragt.

Wir haben es hier mit einem grundsätzlichen Problem zu tun, das weit über die EU hinausweist. Uwe Krüger hat es vor zehn Jahren in seinem Buch „Mainstream" beschrieben.[8] Krüger kritisierte darin die allzu große Nähe zwischen Medien und Politik. Dies führe dazu, *„dass kritische Perspektiven und abweichende Meinungen durchaus einmal vorkommen, aber keinen Einfluss auf die Folgeberichterstattung und die von Tag zu Tag fortgesetzte Erzählung der Geschehnisse (...)*

---
[7] https://www.cicero.de/aussenpolitik/europaische-union-keine-wahl.
[8] Uwe Krüger: Mainstream. C.H. Beck 2016.

haben". Der Meinungskorridor werde immer enger, der Mainstream immer stärker – und das Vertrauen in Medien und Politik schwinde.

Diese Medienkritik war auf die deutschen Verhältnisse gemünzt. Heute trifft sie leider auch auf die EU zu. Mehr noch: Der Mainstream wird zunehmend von Brüssel geprägt. Damit will ich nicht sagen, dass die EU oder die Spindoktoren der Kommission den Korrespondenten vorgeben, was sie zu schreiben haben. Das versuchen sie zwar, doch mit mäßigem Erfolg. Es geht vielmehr darum, dass sich die nationalen Politiken zunehmend an der EU ausrichten. Ob Coronakrise, Green Deal oder Migration – die maßgeblichen Entscheidungen werden immer öfter in Brüssel getroffen.

Spätestens seit der russischen Invasion in der Ukraine hat sich Brüssel – Sitz der EU und der Nato – zum Nachrichtenplatz Nummer eins in Europa entwickelt. Hier werden die Sanktionen gegen Russland ausgehandelt und beschlossen, hier werden Finanzpakete für die Ukraine geschnürt und der EU-Beitritt vorbereitet. Und hier treffen sich die Staats- und Regierungschefs, um den künftigen Kurs festzulegen. Die Korrespondenten haben alle Hände voll zu tun, über diese Entwicklungen zu berichten. Alle hecheln den EU- und Nato-News hinterher, kaum jemand findet Zeit für eine kritische Prüfung.

Natürlich gibt es auch in Brüssel immer noch abweichende Meinungen und kritische Berichte. Doch sie haben *„keinen Einfluss auf die Folgeberichterstattung und die von Tag zu Tag fortgesetzte Erzählung der Geschehnisse"* – ganz so, wie es Krüger in seinem Buch formuliert hat. Der Mainstream setzt sich durch.

Mit meiner Arbeit als Journalist und meinem Blog versuche ich, diesem Mainstream etwas entgegenzusetzen. Doch was? Das ist gar nicht so leicht zu sagen. EU-Kritik kann leicht in Bashing umschlagen, wie der Brexit gezeigt hat. Populisten und Nationalisten versuchen mit Desinformation und Demagogie, gegen „Brüssel" mobil zu machen. Im Europaparlament gibt es keine Opposition, über die man berichten könnte, sondern nur noch zwei Lager – die demokratische „Mitte" und die „Extremisten" – die einander feindlich gegenüberstehen und behaupten, die Wahrheit für sich gepachtet zu haben.

Auf wen kann man sich als proeuropäischer, aber kritischer Journalist beziehen? Bleibt nur der Rückzug in Blogs, Newsletter und andere Nischen?

Nein! Man kann durchaus beides tun – berichten *und* bloggen, die EU den Menschen näherbringen *und* sie zugleich kritisieren. Dies ist sogar nötiger denn je. Die richtigen Bezugspunkte sind dabei gar nicht so schwer zu finden. Es genügt, die News korrekt einzuordnen, den nötigen – auch historischen! – Kontext zu liefern, Anspruch und Wirklichkeit gegenüberzustellen, alte und neue Narrative aufzudecken und dem offiziellen Framing zu widerstehen, sich dem politisch-medialen Mainstream auch mal entgegenzustellen. Es ist das Einmaleins des kritischen Journalismus, es gilt auch für Blogger.

2004, als ich nach Brüssel kam, war das noch kein Thema. Da war die EU noch etwas für Spezialisten und Liebhaber, die „große" Politik wurde in Berlin oder Paris gemacht. Doch heute, da die Musik vor allem in Brüssel spielt, ist es wichtig, sich aus dem europäischen Mainstream zu lösen und die „vergessenen" Seiten der EU-Politik auszuleuchten. Eine „europäische Brille" aufzusetzen, reicht nicht mehr. Es sollte schon auch eine kritische Brille sein, die danach fragt, was in der EU schief läuft. Es läuft nämlich verdammt viel schief. Die „Polykrise" ist längst in eine „Permakrise" übergegangen.[9]

Ich würde sogar sagen, dass die EU vom Kurs abgekommen ist – doch das ist eine andere Geschichte ...

Eric Bonse berichtet seit 2004 als EU-Korrespondent aus Brüssel. Zuvor war er als Reporter und Redakteur für den Tagesspiegel und das Handelsblatt in Paris. Seit 2011 arbeitet Eric Bonse wieder als freier Journalist. Zu seinen Kunden gehören die tageszeitung, Cicero und Focus. Zudem tritt er als EU-Experte in Fernsehsendungen auf. Seit 2012 läuft sein Blog „Lost in Europe".

---

[9] EPC: Europe in the age of permacrisis
https://www.epc.eu/en/publications/Europe-in-the-age-of-permacrisis~3c8a0c.

23 Behaupten, was man nicht ist – Über das tägliche Ritual des Pressebriefings der Kommission: Ulrich Ladurner, Die Zeit

Als ich das erste Mal in den Pressesaal der EU-Kommission im Berlaymont-Gebäude kam, war ich überrascht, wie groß er ist, mit seinen breiten, weichen Sesseln, dem riesigen Bildschirm, den verglasten Kabinen für die Simultanübersetzer, dem Orchestergraben vor der Bühne mit den Rednerpulten. In diesem „Graben" sitzen meist junge, sehr gut gekleidete, vielsprachige, sehr gut ausgebildete Mitglieder des Presseteams der Kommission sowie Beamte mit besonderen Fachkenntnissen zu den Themen, die an diesem Tag zur Sprache kommen könnten. Der Chefpressesprecher begrüßt zuerst die anwesenden Journalisten, dann liest er die Terminkalender der Präsidentin vor: „Die Präsidentin ist heute …" zum Beispiel in Malta, oder in Litauen, oder in Griechenland, nicht selten ist sie auch in einem Nicht-EU-Land, in Tunesien etwa, in der Türkei, im Libanon. Es werden Gespräche geführt, Verhandlungen aufgenommen, Abkommen unterzeichnet, Hilfen versprochen. Das Programm der Präsidentin ist immer ein Mammutprogramm. Stellt ein Journalist eine spezifische Frage zu einem Thema, also sagen wir: ob es denn stimme, dass für den Bau eines Flughafens im bulgarischen Varna EU-Gelder in Millionenhöhe geflossen seien, oder dass die griechischen Grenzbehörden Migranten ins Meer geworfen hätten, ruft der Chefpressesprecher der Kommission Kollegen auf die Bühne, die dafür zuständig sind. Sie oder er steigt dann aus dem Orchestergraben auf die Bühne, ein Aktenbündel auf dem Arm, geht an das Rednerpult und beantwortet die Fragen. Sobald das Thema erschöpfend abgehandelt worden ist, geht er oder sie wieder zurück in den Orchestergraben zu seinen Kollegen.

Dieses Schauspiel gibt es werktags täglich um 12 Uhr. Es ist das Pressebriefing der EU-Kommission. Die Ausstattung des Saals, die Bühne, die Choreografie, die bedeutungsschwere Atmosphäre, das alles dient der Inszenierung der EU-Kommission als europäische Regierung. Das ist sie freilich nicht, aber in dem täglich aufgeführten Stück ist zu erkennen, dass sie sich selbst so sehen möchte. Wenn wir nicht heute regieren, dann morgen. Das ist Botschaft. Das tägliche Ritual nimmt die in der Zukunft ersehnte Macht schon vorweg. Die Distanz zwischen dem Pomp des Pressesaales und den Handlungsmöglichkeiten der Kommission ist immens. Was hier durch große Geste angedeutet wird, findet kaum Entsprechung in der Wirklichkeit.

Die Kommission ist die Hüterin der Europäischen Verträge, sie hat als einzige das Recht, Gesetzesvorschläge zu machen. Das ist nicht wenig. Gewiss. Aber sie ist eingebunden in das Institutionengeflecht der Europäischen Union. Der Europäische Rat gibt die politischen Leitlinien vor innerhalb derer sich die Kommission mit ihrem Initiativrecht bewegen kann, das europäische Parlament hat Kontrollrechte und Einflussmöglichkeiten, die in den letzten Jahren beträchtlich gewachsen sind. Zu welchem Schluss man bei der Beurteilung der Macht der Kommission auch immer kommen mag, sie steht jedenfalls in keinem Verhältnis zur höfischen Inszenierung, die im Pressesaal des Berlaymont gegeben wird. Obwohl jeder weiß, dass die Kommission in absehbarer Zukunft nicht die Macht einer europäischen Regierung haben wird, wird der Gestus der Größe beibehalten und Tag für Tag aufs Neue eingeübt.

Warum bloß?

Weil hier eine Idee, die sich nicht verwirklichen kann, ihre bürokratische Ausformung erlebt. Hier wird nicht nur eine Zukunft imaginiert, in der es eine vollwertige europäischen Regierung mit einem Präsidenten an der Spitze geben soll. Hier gelten die Gesetze der Bürokratie. Sollten draußen vor den Toren des Berlaymont auch Krieg, Vernichtung und Tod herrschen, im Pressesaal werden unerschütterlich Statements abgeben, die selbst einer untergehenden Welt einen beruhigenden Rahmen geben wollen. Für jede Katastrophe hat die EU-Kommission eine *tailor made solution* – eine auf Maß geschneiderte Lösung. Für jede bedrohliche Situation eine passende Formulierung.

Man erkennt das Wirken der Bürokratie auch an den dicken Aktenordnern, die die Mitglieder des Presseteams mit sich herumtragen. Wenn sie Journalisten Antworten geben, verschanzen sie sich gerne dahinter. Nicht jeder ist gleich, nicht jeder macht es auf gleiche Weise, aber eines ist deutlich erkennbar: Je tiefer der Mann oder die Frau in der Hierarchie steht, desto inhaltsleerer sind seine Sätze. Wer unten ist und nach oben will, übt sich in Vorsicht. Das ist ein Gesetz der Bürokratie. Vor einigen Jahren ging das Gerücht um, dass ein sehr hochrangiger Beamter der Kommission, sich täglich unbemerkt von den Journalisten in die

Mittagsbriefings zuschaltete, wenn ihm etwas aufstieß, was einer vom Presseteam sagte, hat er per SMS seinen Unmut sofort – also live – losgelassen. Noch während ein Mitglied des Presseteams die Fragen der Journalisten beantwortete, prasselten schon die Schläge dieses mächtigen Mannes auf ihn ein. Ob diese Geschichte stimmt oder nur eine bösartige Erfindung eines Lästermauls ist, das lässt sich nicht abschließend sagen. Aber sie ist plausibel.

Schon allein deshalb, weil bei den Pressebriefings die Vorsicht deutlich spürbar ist. Nur nichts Falsches sagen, sich nur nicht zu weit aus dem Fenster lehnen, nur keine Aussagen abgeben, die morgen als kritische Schlagzeilen in den Zeitungen stehen könnten, immer unter dem Radarschirm einer potenziell unberechenbaren Öffentlichkeit hindurchsegeln, immer eine Wand aus undurchdringlichen Floskeln gegen jeden Ansturm errichten.

Die Rede ist hier vom Pressebriefing im Normalbetrieb, also vom Alltag. Es gibt auch den Ausnahmebetrieb, die besonderen Tage. Das sind die Tage, wenn im Pressesaal des Berlaymont die Schwergewichte auftreten, die Kommissionpräsidentin etwa, oder die Kommissarin für Wettbewerb, oder ein ehemaliger Präsident der Europäischen Zentralbank. Auch die Auftritte der Persönlichkeiten dieses Ranges sind durchchoreografiert, aber je einflussreicher einer ist, desto offener spricht er, desto weniger muss er sich den Ritualen des Hofes unterwerfen und bestätigt sie damit umso mehr. Während diese Spitzenleute sprechen, scheint die alltägliche Pressemaschinerie der Kommission außer Kraft gesetzt zu sein. Sie scheint zu ruhen, aber das täuscht. Sie tuckert immerzu vor sich hin 24 h auf 24, sieben Tage die Woche. Da kann es schon vorkommen, dass man als Journalist ein Mail oder einen Anruf erhält, weit jenseits der üblichen Bürostunden, spätabends, während Brüssel schon in tiefer Dunkelheit liegt. Da geht es dann in der Regel recht freundlich zu. Ermahnungen kommen als samtpfotige Hinweise daher, nein, nein, nein man sei doch an guter Zusammenarbeit interessiert und wolle alles tun, um die besten Arbeitsbedingungen zu garantieren. Kaum aber hat man das Telefon aufgelegt oder die E-Mail gelesen, wird man das Gefühl nicht los, ein paar verborgene Rädchen der Pressemaschine in Gang gesetzt zu haben. Nach einem solchen Telefongespräch bleibt die nagende Unsicherheit, die einen nie loslassen wird, dass man nun in einem riesigen Schubladenschrank, mit einer Markierung versehen, einsortiert worden ist.

Aber als was?

Als Journalist, der sich nicht an die Regeln hält, vielleicht, als unzuverlässiger Kantonist. Als Rechter, Linker, Liberaler, Grüner, oder einfach nur als Schreiber, der aufgrund seines geringen Leserkreises, keiner weiteren Beachtung wert ist?

Und in wessen Schublade ist man einsortiert? In die eines Kommissars, eines einflussreichen Sprechers, oder eines niedriger gestellten Pressemenschen? Und aus welchen Gründen wird man einsortiert? Weil man mit einem Artikel einen Schmerzpunkt getroffen hat? Oder einfach, weil das Einsortieren zu den unerschütterlichen Gesetzen der Bürokratie gehört?

Auf alle diese Fragen wird man nie eine Antwort bekommen. Das hat seine guten Gründe. Jemanden in der Ungewissheit lassen, ist eine sehr wirksame Form der Machtausübung. Dass das Presseteam der Kommission ein Dienstleistungsteam ist, das ist nur ein Teil der Wahrheit, die andere Wahrheit ist: Es ist ein *gatekeeper*. Wen versorge ich mit wertvollen Informationen? Wem verschaffe ich Zugang? Bei wem platziere ich am besten die uns nützlichen Argumente? Darüber entscheiden sie, ohne dass man je die Gründe dieser Entscheidung erfahren könnte.

Wie findet man in diesem Dickicht **Geschichten, die es wert sind,** erzählt zu werden? Diese Frage stellte sich für den Korrespondenten einer Wochenzeitung anders als für Kollegen und Kolleginnen, die täglich berichten müssen. Als Wochenzeitungskorrespondent hat man – um es salopp zu formulieren – maximal einmal die Woche einen Schuss frei und der musst dann nicht unbedingt ins Schwarze treffen, aber die Geschichte sollte doch einigermaßen sitzen. Als Frischling greift man zu Beginn alle Termine ab, die einem sinnvoll erscheinen und knüpft so viele Kontakte wie möglich, dann reduziert man Termine und Kontakte auf das, was am vielversprechendsten ist, und mit Blick auf die Geschichte, die man erzählen will, holt man sich die wertvollsten aus dem Adressbuch. Was aber nun erzählt man als Wochenzeitung? Zum Beispiel die Geschichte, warum die Briten, die sich für den Brexit entschieden haben, in Brüssel seinerzeit durch die Bank als verrückt betrachtet wurden. Woher stammt diese Selbstgewissheit der europäischen Bürokratie? Ist es ein defensiver Reflex, ist es ideologische Blindheit, ist es Denkfaulheit, Fantasielosigkeit? Das zu ergründen, schien mir wichtig, weil es etwas über die geistige Verfassheit der EU aussagt.

Die Geschichte über den Beitritt der Staaten des Westbalkans ist für eine Wochenzeitung ebenso erzählenswert. Warum dauert es ewig? Wie kann es sein, dass etwa Serbien seit 1999 Beitrittskandidat ist, und die EU seither zugesehen hat, wie sich dort ein autoritäres Regime unter dem Präsidenten Aleksandar Vučić etabliert. Welche Schuld trägt die EU daran, dass noch vor 25 Jahren eine große Mehrheit der Bürger und Bürgerinnen der Balkanstaaten für den Beitritt zur EU waren, heute aber nur mehr eine Minderheit in die EU will? Bei einer Recherche zu diesem Thema habe ich eine sehr lehrreiche Erfahrung gemacht. Ich unternahm eine Reise mit dem zuständigen Kommissar auf den Westbalkan, dort konnte ich das Team des Kommissars besser kennenlernen. Nach der Reise traf ich mich zum Essen mit einer Beamtin des Teams, eine junge, sehr fähige, sehr kenntnisreiche

Frau. Ich hatte das Gefühl, dass sie – so wie ich – nicht glaubte, dass es mit dem Beitritt der Westbalkanstaaten in absehbarer Zukunft etwas werden würde. Ich fragte nach ihrer Meinung mit einer Metapher:

„Wenn sie in einem Zug sitzen und sie merken, der fährt in eine völlig falsche Richtung, oder sagen wir, er fährt ins Leere, würden sie dann aufstehen und sagen: ‚Halt! Da läuft etwas schief, wir kommen nirgendwo an, wir müssen den Zug auf ein ganz neues, ein anderes Gleis setzen?'"

„Nein, das würde ich nicht!", sagte sie rundheraus und natürlich *off the record!* „Warum nicht?", fragte ich erstaunt. „Weil ich in spätestens fünf Jahren in einem anderen Zug der EU sitzen werde. Aber der Platz ist mir nur sicher, wenn ich jetzt eben nicht aufstehe und ‚Halt!' rufe."

Diese Szene ist etwas für Organisationssoziologen, die sich mit der Lernfähigkeit von Großorganisationen wie der EU beschäftigen. Warum lernen Organisationen so langsam, wenn sie überhaupt etwas lernen. Im Falle der EU wäre meine vorläufige Antwort: Weil in den vielen „Zügen" EU-Beamte sitzen, die zwar das große Ganze im Blick haben, aber eben auch an das eigene Fortkommen denken müssen. In dem genannten Beispiel bedeutet das: Niemand spricht die erschütternde Wahrheit über den Beitritt der Westbalkanstaaten aus, weil diese Wahrheit innerhalb der Bürokratie niemandem nutzt. Deswegen macht man einfach weiter, davon hat der Balkan nichts, aber die Bürokratie durchaus.

Ich kam 2016 als Korrespondent nach Brüssel. Eine meiner ersten Erinnerungen ist der Besuch des Pressebriefings im Berlaymont. Ich hatte zuvor 24 Jahre als Kriegsberichterstatter gearbeitet. Balkan, Afghanistan, Irak, Libyen, Mali, das waren die wesentlichen Stationen meiner journalistischen Laufbahn. Bevor ich in die europäische Hauptstadt zog, habe ich das Wirken der EU also in der Peripherie kennengelernt, jedenfalls aus eurozentristischer Perspektive betrachtet. Zum Beispiel in Tuzla, Bosnien-Herzegowina, im Juli 1995. Damals kamen auf dem Flugfeld dieser kleinen bosnischen Stadt tausende Frauen und Kinder aus der jahrelang belagerten und nun von serbischen Milizen überrannten Stadt Srebrenica. Sie waren in Bussen gekommen, in die sie von Milizionären des Generals Ratko Mladić getrieben wurden. Männer waren nicht dabei. Sie wurden massakriert, es waren mehr als 8000. Auf dem Flugfeld standen Zelte für die Ankommenden bereit. Aus allen Zelten waren Schluchzen und Weinen zur hören. Der Schmerz, die Angst, der Schock all das war mit Händen zu greifen. Zwischen den Zelten gingen Männer und Frauen in einem weißen Overall und weißen Baseballmützen umher. Sie hatten Notizblöcke und Aufnahmegeräte bei sich und sprachen Frauen an. Auf den Mützen prangte die EU-Flagge. Ich fragte einen von Ihnen, was sie denn hier machten. „Wir sammeln Zeugenaussagen!", antwortet er. „Warum", fragte ich ihn,

„sind sie denn in ganz Weiß gekleidet?!" Und er antwortet: „Das symbolisiert unsere Neutralität. Die Europäische Union ist keine Konfliktpartei! Das muss deutlich werden!"

Wir waren gerade Zeugen des größten Massakers auf europäischem Boden seit Ende des Zweiten Weltkrieges und die EU signalisierte Neutralität! Das erste Mal in meinem Leben schämte ich mich, Europäer zu sein. Es wird nicht das letzte Mal sein.

„**Wir kommentieren das nicht**" – das ist ein Satz, den wir Journalisten bei den täglichen Briefings im Pressesaal der Kommission sehr häufig zur hören bekommen. Die Begründung für diese Null-Aussagen wechseln, aber es bleiben Null-Aussagen. Das lässt mich an das: „Wir sind neutral!" im Angesicht des Massakers von Srebrenica denken. Das ist ungerecht. Die Europäische Union hat sich seit dem Massenmord von Srebrenica weiterentwickelt, sie ist geopolitisch aktiver und entschlossener geworden. Doch ist ihr der Grundreflex der Nicht-Parteinahme erhalten geblieben. Das Lavieren ist in ihren Genen eingeschrieben. Sie ist gegründet worden, damit auf europäischem Boden keine Kriege geführt werden müssen. Interessen werden am Verhandlungstisch moderiert, ausgeglichen und zusammengeführt. Wer das zum Handlungsprinzip macht, der wird dann ratlos, wenn es kein Gegenüber gibt, das einen Konflikt auf friedlichem Wege lösen will.

Als Russlands Invasionstruppen am 22. Februar 2022 die Ukraine überfielen, da war die Reaktion der EU eindeutig. Auch im Pressesaal des Berlaymont Gebäudes fand man klare, deutliche Worte. Doch kann man dort nun einmal keine Kriegserklärung abgeben, zum Glück möchte man sagen, und doch wird so getan, als hätte man die Macht, dem Feind das Handwerk zu legen.

Wenn der Pressesprecher täglich den Terminplan der Präsidentin verliest und sagt: Sie ist hier und da und dort, dann klingt das gerade so, als würde sie hier und da und dort etwas Entscheidendes bewirken.

Aber sehr viele Kilometer, die sie macht, sind leere Kilometer – sie werden allerdings schön verpackt beim Pressebriefing im Berlaymont.

Ulrich Ladurner studierte in Innsbruck Politikwissenschaft und Geschichte. Er arbeitete als freier Journalist für die österreichischen Nachrichtenmagazine Profil, News sowie den ORF. Seit 1999 arbeitet er als Redakteur bei der Wochenzeitung Die Zeit. Ladurner war als Reporter in den Krisengebieten Irak, Iran, Afghanistan, Libyen und Pakistan sowie auf dem Balkan. Er veröffentlichte mehrere Bücher über den Iran und sein Heimatland Italien. Seit 2016 berichtet er als Europakorrespondent aus Brüssel.

24 EU investigativ: Viele Informationen und einige Informanten: Markus Becker, Der Spiegel

Für investigativen Journalismus ist Brüssel im Grunde ein großartiger Ort, und das aus mehreren Gründen. Die „Blase" ist klein und relativ überschaubar: Insbesondere für langjährig in Brüssel tätige Journalisten ist die Chance groß, in vielen Themenbereichen über gute Kontakte zu verfügen, die selbst Informationen liefern oder Kontakt zu weiteren Quellen herstellen können.

Auch die Zahl an möglichen Informationsquellen ist groß. Allein die EU-Kommission verfügt über insgesamt rund 30.000 Mitarbeiterinnen und Mitarbeiter, eine Präsidentin und 26 Kommissarinnen und Kommissare, die jeweils eigene Kabinette mit Fachleuten und Sprechern haben. Die Behörde wird oft mit einem löchrigen Eimer („leaky bucket") verglichen, und das nicht ganz zu Unrecht. Die Versuche der aktuellen Präsidentin Ursula von der Leyen, die Lecks einzudämmen, war offensichtlich nur begrenzt erfolgreich.

Hinzu kommen Hunderte Diplomaten aus den 27 EU-Staaten, deren Interessen auf vielen Gebieten stark unterschiedlich sind. Fast immer findet sich mindestens ein Land, das bei einem bestimmten Thema ein Interesse daran hat, Journalisten mit Informationen zu versorgen, die andere Länder lieber geheim halten würden. Sofern man weiß, wer welche Information mit welcher Agenda weitergibt, kann dies eine äußerst ergiebige Art der Informationssammlung sein. Auch abseits von vertraulichen Informationen macht es die Vielfalt der Länder, Perspektiven und Interessen leicht, einen guten Eindruck davon zu bekommen, was in den einzelnen Themenbereichen läuft.

Eine ebenfalls gute Quelle ist das Europäische Parlament. Viele Abgeordnete sind nicht nur bestens vernetzt mit anderen Politikern aus diversen Ländern und ihrem Heimatland. Sie eignen sich nicht nur vorzüglich, um einen Eindruck davon zu bekommen, wie man in anderen EU-Staaten als dem eigenen über aktuelle politische Themen denkt. Mitglieder von Fach- oder Sonderausschüssen des Parlaments haben auch Zugang zu vertraulichen Informationen.

All diese potenziellen Informanten sind relativ leicht zu treffen: Botschaftsempfänge, Feiern in den Vertretungen von EU-Ländern oder deutschen Bundesländern, informelle Hintergrundgespräche, private Feiern bieten zahlreiche Gelegenheiten für Kontaktaufnahmen, die man in diskreterer Umgebung vertiefen kann.

Hinzu kommt eine deutsche Besonderheit: Die Vertretung Deutschlands in Brüssel schickt ständig Dokumente, sogenannte Drahtberichte oder diplomatische Korrespondenzen, nach Berlin, um die dortigen Akteure über die Vorgänge in Brüssel zu unterrichten. Diese Berichte, meist eingestuft als „Verschlusssache – nur für den Dienstgebrauch" (VS-Nfd), enthalten beispielsweise Berichte über Sitzungen mit Vertretern anderer EU-Staaten oder vertrauliche Einschätzungen zu aktuellen Themen. Sie gehen auch an den Bundestag – und werden immer wieder von Abgeordneten an Journalisten weitergereicht.

Die Schwelle, auch ranghohe Ansprechpartner zu bekommen, ist in Brüssel oft erstaunlich niedrig. Ein Beispiel: 2022 lief mir bei einem Treffen einer europäischen Parteienfamilie der Regierungschef eines kleineren EU-Landes über den Weg. Ich sprach ihn an, stellte mich vor und bat um ein Interview zu einem Thema, das seinem Land zu der Zeit wichtig war. Er sagte spontan zu. Seine Assistentin gab mir eine Handynummer, unter der ich anrufen sollte. Ich erwartete, dass es sich dabei um die Nummer eines Mitarbeiters handelt, der mich durchstellen würde. Als ich dort anrief, stellte die Nummer sich als die des Regierungschefs heraus. Ich war einige Sekunden sprachlos. In der deutschen Politik kann man getrost ausschließen, dass ein ausländischer Journalist so leicht die Handynummer eines ranghohen Politikers, geschweige denn die des Bundeskanzlers bekommt.

Ist Brüssel also ein Paradies für investigativen Journalismus? Dem stehen zumindest zwei Dinge entgegen. Das erste ist, dass das Interesse an kleineren und größeren Skandalen in Brüssel in nationalen Hauptstädten wie Berlin begrenzt ist. Das mussten wir etwa im Fall unserer Berichterstattung über die teils skandalöse Steuerpolitik der EU-Staaten erkennen. Ein engagierter niederländischer Forscher hatte uns Tausende Dokumente aus internen Sitzungen der sogenannten Gruppe Verhaltenskodex zur Verfügung gestellt. Vertreter der EU-Staaten versuchen in diesem Gremium, die Steuerpolitik der Mitgliedsländer zu koordinieren und schädliche Praktiken abzustellen – etwa die Strategie, mit Mini-Steuern und damit auf Kosten anderer EU-Staaten internationale Konzerne ins Land zu locken. Die Vorgänge in der Gruppe waren über viele Jahre geheim, nicht einmal EU-Abgeordneten wurde Einblick in die Sitzungsprotokolle gewährt. Der Forscher aber hatte sie bekommen, weil er über das Thema seine Promotionsarbeit schrieb – und gab die Dokumente an uns weiter. Uns bot sich damit ein extrem seltener Blick in den Maschinenraum der EU-Steuerpolitik, bei der es um viele Milliarden Euro ging. Allerdings waren die Papiere in schlimmstem Fachchinesisch gehalten. Wir brauchten Wochen, um sie zu analysieren. Am Ende konnten wir zeigen, wie in den Steueroasen der EU nach wie vor getrickst wird und dass auch die Bundesregierung Maßnahmen für mehr Transparenz verhindert hat. Auch das Interesse am Katargate-Skandal um EU-Abgeordnete, die von Ländern wie Katar und Marokko korrumpiert wurden – erlahmte schnell. Und das, obwohl man hier, anders als bei der Steuer-Geschichte, Protagonistinnen wie die fotogene griechische Abgeordnete Eva Kaili hatte und eine Geschichte erzählen konnte, die sich wie eine Mischung aus Krimi und Agenten-Groteske las.

Eine weitere Hürde für investigativen Journalismus in Brüssel ist Personalmangel. Abgesehen von den deutschen öffentlich-rechtlichen Sendern haben die meisten Medien in Brüssel, deutsche und erst recht solche aus anderen Ländern, nur vergleichsweise kleine Teams stationiert. Der SPIEGEL verfügt maximal über drei Korrespondenten, andere deutsche Printmedien haben nur einen, viele auch gar keinen eigenen, sondern nutzen Pool-Lösungen. Diese wenigen Leute müssen das komplette Themenfeld der EU abdecken, das von Glyphosat über Finanzkrisen und Migration bis hin zu Terrorismus reichen kann. Sie müssen zusätzlich auch über die Nato berichten, deren Hauptquartier ebenfalls in Brüssel liegt, und hin und wieder auch über belgische Innenpolitik, was etwa nach den Terroranschlägen vom März 2016 der Fall war. Investigation aber ist zeit- und kostenintensiv und damit für viele Medien in Brüssel aus personellen Gründen fast oder ganz unmöglich.

Eine Möglichkeit, investigative Arbeit dennoch zu ermöglichen, ist die Zusammenarbeit mit Medien anderer EU-Staaten. So hat der SPIEGEL in der Katargate-Recherche etwa mit Medien zusammengearbeitet, die Teil der European Investigative Collaborations (EIC) sind. Die belgische Zeitung „Le Soir" hat dort Hunderte Dokumente belgischer Ermittlungsbehörden mit uns geteilt, wir wiederum konnten die griechische Politikerin Kaili, die zum Gesicht des Skandals wurde, für ein zweistündiges Interview gewinnen. Auch die Dokumente über die Gruppe Verhaltenskodex haben wir mit EIC-Partnern geteilt. Der Arbeitsaufwand investigativer Projekte sinkt durch solche Kooperationen allerdings kaum. Was andere Redaktionen einem an Arbeit abnehmen, kommt durch die oft zeitraubende Koordinierungsarbeit wieder hinzu. Zudem entstehen oft ungeheure Mengen an Material, wenn ein Dutzend oder mehr Reporter an einem Thema arbeiten. Hier den Überblick zu behalten, kostet ebenfalls Zeit. Der Vorteil internationaler Kooperationen besteht deshalb vor allem in der gesteigerten Reichweite: Die Geschichte wird auch in Ländern verbreitet, die einem deutschen Medium schon wegen der Sprachbarriere normalerweise verschlossen bleiben.

Die Arbeitslast vieler Journalisten ist in den vergangenen Jahren zudem durch die Verzahnung von Online- und Print-Publikationen gewachsen: Wer früher „nur" für die nächste Ausgabe einer Tageszeitung schreiben musste, muss heute zusätzlich noch aktuelle Texte für die Website produzieren. Beim SPIEGEL und einigen anderen Medien besteht zudem die Herausforderung, dass das gedruckte Produkt keine Tageszeitung, sondern ein Wochenmagazin ist. Die sich die Anforderungen an die Texte – hier Magazin-, dort- tages-, stunden- oder minutenaktueller Online-Journalismus – noch stärker voneinander unterscheiden als bei Tageszeitungen. Redakteurinnen und Redakteure stehen nicht selten vor der Herausforderung, lange Magazinstrecken mit tiefer Recherche zu produzieren und quasi nebenbei über aktuelle Ereignisse für die Website zu berichten oder auch zu kommentieren. Das ist überhaupt nur möglich mit einer konsequenten Prioritätensetzung und effizienten Arbeitsteilung. Bei den Prioritäten etwa heißt dies, dass ein Medium wie Der Spiegel nicht den Anspruch hegt, alle aktuellen nachrichtenrelevanten Ereignisse selbst zu produzieren – schließlich sind wir keine Nachrichtenagentur. Auf diese greifen wir dann nicht selten zurück, um keine Lücken in der aktuellen Berichterstattung zu haben. Das schafft wiederum mehr Zeit für eigene Recherchen, die im besten Fall exklusive Geschichten generieren – was für uns als Marke wichtiger ist. Allerdings werden Korrespondenten von den Kolleginnen und Kollegen in der Heimatredaktion oft um Einschätzungen vor allem zu technisch anspruchsvollen Themen oder auch um Zulieferungen gebeten, um den Texten einen eigenen Stempel aufzudrücken.

Natürlich gibt es viele aktuelle Ereignisse, bei denen es unseren Ansprüchen nicht genügen würde, vornehmlich mit Agenturmaterial zu arbeiten. In diesen Fällen müssen Korrespondenten voll in die aktuelle Berichterstattung einsteigen. Damit die Kollision mit den Mittelfrist- und Langfristrecherchen nicht allzu groß wird, hilft eine gute Arbeitsorganisation: Wenn ein Kollege mit einer längeren Recherche beschäftigt ist, muss ein anderer die Lücke bei der aktuellen Berichterstattung füllen – was aber natürlich nur funktionieren kann, wenn es mehr als einen Kollegen im Team gibt oder zumindest jemanden in der Heimatredaktion, der unterstützend eingreifen kann. Dennoch kommt es bei uns und anderen Medien selten bis nie vor, dass man – sofern man nicht in einem Investigativ-Team arbeitet – tage- oder gar wochenlang unterbrechungsfrei an einer Recherche arbeiten kann. Insbesondere aus den sehr aufwendigen Projekten wird man immer wieder herausgerissen, um in aktuelle Lagen einzusteigen – weshalb die entsprechenden Langfrist-Recherchen noch länger werden, als sie es ohnehin schon sind.

Markus Becker stammt aus dem Ruhrgebiet und studierte Anglistik, Geschichte und Germanistik in Bochum und Newcastle upon Tyne. Neben dem Studium arbeitete er als freier Mitarbeiter für Zeitung und Rundfunk, absolvierte ein Volontariat bei der „Westdeutschen Allgemeinen Zeitung" und der Journalistenschule Ruhr. Seit August 2002 bei SPIEGEL ONLINE, ab September 2003 Ressortleiter Wissenschaft. Ab Juli 2015 war er Korrespondent in der Redaktionsvertretung Brüssel, seit April 2021 Büroleiter. Seit Juli 2024 ist er Reporter im SPIEGEL-Hauptstadtbüro.

"The Bible of EU-affairs": Jacopo Barigazzi, Politico

A senior EU official recently described in this way what Politico Europe has become in Brussels: "like or not, it's the 28th member state."

Not bad for a publication that went online about ten years ago, on April 21, 2015.

And that "like or not" contains much of the mixed feelings the Brussels bubble shares towards Politico's impact and for its kind of journalism. Our first editor, Matt Kaminski, since the very start, told us that our task "was not to be loved, but to be respected." Which is the reason why our current editor, Jamil Anderlini, in an interview, rejected the idea that Politico has become the 28th member state: "we are not actors, but spectators," he stressed.

In the landscape where media have been struggling for survival not many were ready to bet on Politico Europe making it.

When we got started ten years ago there was much skepticism that we would have succeeded. There had been other attempts to set up a pan European newspaper, all somehow failed, and Brussels was seen as the boring epicenter of the conflict between the faceless powers of the EU capital and the many powerless faces in the national capitals. Now Politico Europe is a profitable operation whose success says something on how to operate in the current media sector, but it also shows how Brussels' role has changed over the years.

Part of this success is also due to moment. All the emergencies the EU went through in this period have enhanced Brussels' role: the end of the financial crisis was quickly followed by the migration crisis, then Brexit, Covid, the rise of the far right and the two wars in Ukraine and the Middle East, one after the other. And what happened with the reaction to pandemic, or the Ukraine war, shows this role. What is now often described as the "polycrisis," several crisis interconnected among them, calls for more answers coming from Brussels.

The old Greeks had the notion of καιρός, the right moment for action. Politico seems to have picked up the right moment to shed the light on Brussels' corridors.

The Difference with National Media

The U.S outlet Politico was set up in 2007 by a group of journalists coming from the Washington Post and led by John F. Harris and James VandeHei. Founded by American banker and media executive Robert Allbritton, in 2021 it was bought by Germany's Axel Springer, for reportedly 1 billion dollars.

In its three floors in Rue de la Loi, the street where sit key EU institutions such as the Commission and the Council, work about 100 reporters, but Politico has also newsrooms in London, Paris and Berlin and keeps on expanding. It pursues a non-partisan journalism for a readership mainly made of decision makers and lobbyists. In its website it states its start-up ethos: "we experiment to avoid being disrupted and we have fun disrupting others."

Compared to national media, there are at least two main differences in the way we operate at Politico. The first, more basic, is the amount of languages we speak in the newsroom, since the real European language is not English or French but translation (as once said the Italian writer Umberto Eco).

We work in English, which means that the great majority of our editors are native speakers with British, Irish, Australian, New Zeland or American passports. But we reporters are mainly Europeans, German, French, Italian, Belgian, Dutch, Spanish, Portuguese, Bulgarian, ... and at time also Swedish, Romanian or Hungarian speakers. The newspaper's number two in Brussels, Christian Oliver, even speaks Farsi as several colleagues speak Russian or Chinese.

The second key difference is in the categories we use to decide which stories to pursue. There are four categories to define what's a news and that apply *grosso modo* to journalism across the globe: novelty, conflict, drama and personality. But, in Politico Europe's case, we add to those four generic categories, other three specific ones.

1) The first one is "pan-European", meaning that the story has to be attractive and easy to understand for readers from Tallin to the Azores but also to Americans and potentially beyond, basically for anyone who has an interest in EU policy making and EU politics. Normally national media follow just a national prospective, and not a pan-European one.
2) The second specific category is "policy", since three quarters of reporters work in so-called "verticals", the services dedicated to specific policy areas like

defense, energy, tech, health, ... Each of this vertical has its own editor and a small team of a few specialized reporters who write newsletters of around 1500 words, published every early morning from Monday to Friday.

They write also "alerts," that are short quick stories, as well as longer, more analytical articles, often working with colleagues from other teams that have a sectorial or national expertise. With a mix of great scoops, documents and good sources, they offer a very granular coverage of the discussions in town.

3) The last category is the "village," which means that we write about those who live in the Brussels bubble, their power struggles, the restaurants where they go, the books they read, their problems with their kids' schools, ...

Each story is basically born from a combination of these seven categories.

Once a week, on Monday morning, there's a meeting of all the editors and the reporters. Then, during the rest of the week, the teams meet in the morning with their editor who takes their pitches to the editors meeting at 10 am. And this is less peculiar.

That Obsession with Narrative Structures

Another feature of Politico is its language, something that has been key to define its role in the Brussels landscape.

And that was shaped up since the very early days.

I was one of the first reporters hired at Politico. When I walked in the big room of our initial office in the Residence Palace, behind the Justus Lipsius, on the Council's buildings, there were some of the co-founders of Politico Europe, John Harris, as well as Florian Eder (German, a former EU correspondent for Welt, who spoke also French and a perfect Italian), our boss Matt Kaminski (who came from Financial Times, the Economist and the Wall Street Journal) and Carrie Budoff Brown (former White House correspondent for Politico, now at NBC).

There was a strong start-up feeling, that somehow is still alive, the idea that to remain ahead of the curve there's much to experiment, to find out, to change. Back then there were many discussions on how to innovate language, which is natural in these situations. I set up an online newspaper a few years ago in Italy, with a few friends, that is still up and running. I know those initial conversations. But one of the differences, I have noticed in my years working for U.S media as European reporter, is American obsession with narrative structures. And that's something else that helps to explain how Politico operates.

Before joining Politico, I worked in London for CNBC, then I joined Reuters and Newsweek, when it belonged to the Washington Post group. When at Newsweek we had regular internal sessions with senior writers on how to tell a story, and the same applies to Politico. During one of these sessions John Harris explained how to write a good story making a comparison with a musical piece, where one has to think where to put the moment for the violins, when to let the trumpet coming in, when to play the percussions... When I speak to colleagues from other European countries, they are often surprised by this constant focus on narrative structures, that in America applies also to other fields of writing, like TV series.

For example, one of the key components of our stories is the so-called "nut graph" (but it has many other names across newsrooms) which is the graph that must explain what's at stake, why the reader should read that story. In the digital age the competition is for attention time, as much as in the print era it was for space. Which means that the nut graph, placed among the first graphs of the story, becomes even more crucial to ensure the reader doesn't drop the story and quickly moves to another web page. In my experience all those discussions on the narrative structures are a feature of some of the Anglo-Saxon newsrooms I worked for.

The Readback Procedure

The way it works is that we reporters file the story to the editor who can challenge what is written, asking for more details, or pointing at discrepancies and sometimes also re-writes chunks of the story or the whole of it. Politico is a newspaper where editors have a big role in shaping the story. Yet any kind of change remains in the control of reporters who have to check the so-called "readback," which is the story after it went through the first editing. The reporter then can check the fixes, add some stuff, reply to questions and discuss with the editor the actual changes. The story goes then for a second reading, that can also trigger further questions for the reporter.

This process is very different from what happens in many newspapers in the continent where the editor can hardly change a word in the story, as the writer is a king. And it's also different from some British newspapers where the editor can heavily change the story, but the reporter doesn't get the "readback" to check what the editor has done, in this case the editor becomes an absolute monarch.

When it comes to the headline, the reporter often suggests it but the final call on it is in the hands of the editors.

Like in all newspapers the best stories come from internal chats, often at the coffee machine. Politico doesn't run editorials spelling out the newspaper's line. For some officials it's the selection of the stories that makes clear the line. And this selection is the product of the constant interaction between editors and reporters.

The Language, as Accurate as a Quality Newspaper, as Fun as a Tabloid

Since we got started the main competitor to face was the Financial Times, and this is another element that has contributed to form our language.

The FT has historically played a key role in Brussels. And not only because of its global readership, it's well-established and highly authoritative brand of journalism and its high flying op-eds. Or because many of the architects of the single market were British: like Leon Brittan, the Conservative politician and former trade commissioner, or Jonathan Faull, who held several positions in the Commission, or Arthur Cockfield, a former U.K. Treasury official who became the country's commissioner and was key in the design of the single market.

Another reason for this role, more political, is that when one sets up a single currency, without a Treasury, and with the largest stock exchange outside that currency, it's kind of natural to set up a strong bond with the main newspaper of that stock exchange.

We needed a different language. Politico organizes events where ambassadors and top officials walk on a red carpet, it uses a Hollywood language applied to civil servants and lawmakers. Our journalism has also mixed-up languages.

In those very early days, we were told the basic idea was to be as accurate as the New York Times but as fun as the New York Post. A mix between the best of the culture of the quality newspapers with the best of the tabloid culture. Which means that our headlines and our stories are often spicier and more irreverent than the competition. While the effort is to have rock-solid reporting for them. And it also means that our journalism can be seen as more abrasive. Which is one reason why in the Brussels bubble you find many Politico supporters but also some who don't like this style. Yet they can hardly ignore what we write.

For the sake of accuracy there are all these procedures already described.

And also, on sourcing we have some strict criteria on the use of anonymous ones. For example: we have to try to identify also unanimous sources, obviously without putting them at risk. Which means that we cannot use formulas like "an EU source said:" we have to describe sources, at least as "EU diplomat" or "official," depending on the institution they work for. One single source is hardly accepted, we need usually at least two or three (who must not be connected, it cannot the be the source of the second source is the first one).

The effort is to get as close as possible to the best quality reporting.

Recently I sat in front of two French colleagues who were discussing whether to best way to describe Politico is "the Bible of EU affairs."

I thought these efforts pay off.

The Impact

When we got started we were about 30–35 reporters. Very little compared to our operations in DC where we had about 500 people. And we thought we were small. Until one evening, when at a reception, a French diplomat argued that we were already bigger than the whole French corps in town.

The first element that had an impact was the sheer size of the newsroom, made of many very talented young reporters and more seasoned staff.

Until Politico's arrival in Brussels EU institutions where not used to having almost hundred reporters in town chasing documents and details of behind-the-scenes discussions.

And EU institutions were not used to its kind of more aggressive language. There were British tabloids that were abrasive, but they often had no Brussels based correspondents. And they were not exactly interested in accuracy, to put it very softly.

Then there's third element: a big difference in EU decision making is the role of member states, that has been growing over the years. The Council, where member states sit, was where we identified there was a vacuum to fill: to follow closely 27 member states in Brussels requires many resources, in linguistic and human terms, that Politico has.

And since then the information flow has changed.

For example, in those initial years there were not many briefings. Now for example before a meeting of EU foreign ministers there are around seven or eight briefings to follow, one ran by the External Service, the EU diplomatic body in charge of the event, but the others from national governments, from big countries like Germany and France, to Sweden, the Czech Republic, the Netherlands and a few others. It's not due necessarily to Politico, as already noticed is Brussels' role that has also changed. But diplomats and officials often recognize the impact Politico had in changing the way they operate in Brussels, pushing them to engage more and often on a daily basis.

This doesn't apply to all member states, as it depends on many factors, starting from how much the capital wants to play a role in shaping the discussion in Brussels. But it also depends on human factors, how much the ambassador is keen and confident to let staff engage with the press. But the change is there and is a clear.

The Morning Prayer

Hegel, the German thinker, observed that newspapers serve modern man as a substitute for morning prayers. Politico was quick to realize that newsletters are the substitute for newspapers' morning reading.

Namely the Playbook, Politico's flagship product, a morning newsletter that reaches every morning tens of thousands of readers and has become a compulsory reading for officials across the bloc. It reaches mailboxes at around 7 CET, like all the other morning sectorial newsletters, but they are behind a paywall, whereas the Playbook is free. Once a sherpa from an Eastern European country asked me whether it was possible to publish it earlier, the hour difference means that the Playbook arrives too late for the first cabinet meeting at 8.30, the official complained.

Like all our newsletters it has a looking forward approach that helps to set the tone for the day. And, also in this case, the language plays a key role, meaning that newsletters have a different tone compared to the articles we write. Newsletter language is more flexible, it's a mix of scoops, reporting, blog, analysis, gossip…but also personalities have a clear impact.

The first Brussels Playbook author was Ryan Heath, an Australian who worked at the Commission. His style and personality were very different from his successor, the German Florian Eder. Supporters of Florian said he was more accurate, supporters of Ryan that he was funnier.

All the newsroom contributes to the Playbook, which requires lots of work, often in the late evening, and is edited and updated overnight. Now there's a team of three writers, Nicholas Vinocur, Eddy Wax and Sarah Wheaton.

Conclusion: The Challenges

In many European languages, like French or Italian, there are not two different words to say "politics" and "policy". It's all one word: "politique." But to reach compromise among the 27 they need to politically "sterilize" the issue and reduce it to a lower "policy" level. Diplomats like to say that a certain issue is just "technical" to indicate that a solution will be easier to come out and is within reach. But everyone knows that the French are right: it's all politics. One of our jobs has been since day one to connect the dots between policy and politics as well as between different policies and often to put back in the story that political aspect that negotiators are desperately trying to leave out of the room—to reach a deal pretending is just "technical."

Yet now competition is growing, often to do the same things. Now every day there are many other outlets publishing morning newsletters. Also the model of the so called Politico Pro, the subscription services dedicated to specific policies, is increasingly being copied.

Politico can be described as a business-to-business publication, a B2B, wrapped into a business-to-consumer publication, B2C, with a tech company in it. That's because it makes a great chunk of its revenues from Politico Pro, as the B2C side works as a window to showcase the best work and to make it relevant. Rivals are getting sharper in all these sectors.

Which for Politico can only be beneficial. The wrong attitude would be to dismiss the competition, as things can change very quickly, especially in the AI age. The Politico model is being copied and this shows how valid it is. But it also means that Politico can find itself in the position to disrupt much of what it has created to remain at the top of curve. For example, the number of newsletters that now pack the morning reading means that probably there's the need to find another product that can go beyond the others.

That's why remaining somehow a start-up, has its downsides, as companies need to evolve, but it can also be beneficial to keep on being innovating and creative.

Jacopo Barigazzi ist von Beginn an Politico-Korrespondent und u. a. zuständig für die Bereiche Migration, Außenpolitik und italienische Politik. Bevor er zu Politico ging, schrieb er sechs Jahre für Newsweek. Er arbeitete zudem für das Wirtschaftsblatt Sole 24 Ore, für Reuters und CNBC in London. In Italien ist er zudem Mitgründer der preisgekrönten Plattform Linkiesta, deren Chefredakteur er war.

26 Wie ein Polit-Briefing in wenigen Jahren zum Leitmedium in der EU-Community wurde: Markus Grabitz, Europe.Table

Anfang Dezember 2024 fand in der Brüsseler Landesvertretung von Baden-Württemberg der Wirtschaftsgipfel statt. Ein Redakteur von Europe.Table moderierte die Podiumsdiskussion, bei der die Krise der Hersteller und Zulieferer im Mittelpunkt stand. Der Moderator bat die Gastgeberin, Wirtschaftsministerin Nicole Hoffmeister Kraut (CDU), um ihr Eingangsstatement zur Lage der Autobauer im Südwesten. Sie reagierte spontan: „Im Grunde muss sich die Automotive-Branche ein Beispiel nehmen an Europe.Table." Und weiter: „Ich bin ein Fan von Europe.Table. Die Macher waren innovativ und haben mit dem Newsletter, den ich täglich lese, den Journalismus zu EU-Themen neu erfunden."

Das Polit-Briefing Europe.Table wurde 2021 ausdrücklich für die Leser im deutschsprachigen Raum entwickelt. Es wird an jedem Werktag zahlenden Kunden per Mail zugestellt. Keine andere deutschsprachige Redaktion in Brüssel verfügt über so viele hauptberufliche Journalisten, die sich nur um die EU-Berichterstattung kümmern. Redaktionsleiter Till Hoppe hat sechs festangestellte Redakteure in Vollzeit sowie drei feste freie Redakteure und viele freie Mitarbeiter verpflichtet. Aus Brüssel, Straßburg und Berlin berichtet die Redaktion detailliert über die wichtigsten Gesetzgebungsvorschläge der Kommission sowie die politischen Prozesse in den EU-Institutionen Rat und Parlament. Wahlen oder die Regierungsbildung in Frankreich, Polen, Spanien, Italien und anderen Mitgliedstaaten werden ebenfalls verfolgt.

Beinahe 900 Ausgaben sind bereits erschienen

Noch mitten in der Pandemie startete Europe.Table im Frühjahr 2021 als zweites so genanntes Professional Briefing im Table.Media-Verlag, einem Start-up, das Sebastian Turner gegründet hat. Vorher war bereits der China.Table gestartet. Inzwischen erscheinen regelmäßig zwölf Briefings, darunter auch Berlin.Table, der von Sonntag bis Donnerstag abends vor jedem Werktag kommt und beleuchtet, was im politischen Berlin am nächsten Tag wichtig wird. Zum Beginn konzentrierte sich das Team von Europe.Table thematisch auf die Twin-Transformation, Digitalisierung und Dekarbonisierung. Die beiden großen industriepolitischen Umwälzungen standen im Mittelpunkt des Green Deal, dem klimagerechten Umbau der EU-Volkswirtschaft, den Kommissionspräsidentin Ursula von der Leyen zum Leitthema ihrer ersten Amtszeit 2019 bis 2024 bestimmt hatte.

Bis Ende 2024 hat die Europe.Table-Redaktion knapp 900 Ausgaben produziert und in dieser Zeit den Fokus der Berichterstattung kräftig ausgeweitet: Binnenmarkt und Wettbewerb, Handel und Lieferketten, Energie und Wasserstoff, Sicherheit und Verteidigung, Arbeit und Soziales sowie Agrar-Food zählen inzwischen auch zu den Themen.

Europe.Table liefert seinen Abonnenten jeden Tag mindestens zwei längere Analysen, die sich in der Tiefe mit einem Thema von EU-Relevanz beschäftigen, sowie mehrere kürzere Nachrichten. Außerdem gibt es Standpunkte von Gastautoren, Porträts von Persönlichkeiten mit EU-Bezug sowie gelegentlich leichte Stücke in der Rubrik „Dessert", in denen die Redaktion mit einem Augenzwinkern ein Thema aufspießt. Der Anspruch ist, den Lesern jeden Tag Neuigkeiten zu präsentieren und Zusammenhänge so umfassend auszuleuchten, wie es anderen Medien nicht möglich ist. Die Tonlage ist nüchtern. Eine Kommentierung oder parteipolitische Stellungnahme findet nicht statt. Es gibt keinen Thesenjournalismus oder Artikel mit aktivistischem Unterton. Aus Leserumfragen weiß die Redaktion, dass die Kunden gerade diesen sachlichen Stil schätzen.

Zielgruppe sind EU-Profis

Das Angebot richtet sich an EU-Profis, die wissen, wie die EU-Institutionen funktionieren und die für ihren Job auf dem aktuellen Stand bei EU-Gesetzgebungsverfahren sein müssen: Experten in Wirtschaftsverbänden, Unternehmen, Kammern und Nichtregierungsorganisationen (NGOs), Regierungszentralen, Ministerien im Bund und in den Ländern, Abgeordnete und ihre engsten Mitarbeiter, Politikberater sowie EU-Journalisten. Das heißt: Europe.Table ist ein B2B-Produkt (business to business).

Die Zielgruppe sind also Geschäftskunden. Lobbyisten zum Beispiel müssen stets die neusten Arbeitsdokumente für ihre Auftraggeber beschaffen. Ihr Arbeitstag beginnt vielfach mit der Lektüre von Europe.Table. Dort erfahren sie etwa, wenn im informellen Vermittlungsverfahren der Co-Gesetzgeber, der im EU-Jargon Trilog genannt wird, ein neuer Textvorschlag auf den Tisch kommt. Im Idealfall gelingt es der Redaktion, das Textdokument zu bekommen. Die Bezieher können es sich dann über einen Link herunterladen.

Weiterleiten verboten!

Das Angebot ist personalisiert, der Newsletter wird über die individuelle Mailadresse des Abonnenten zugestellt. Der monatliche Bezugspreis von Europe.Table ist deutlich höher als bei einer überregionalen Tageszeitung, was sich mit dem höheren Aufwand und den Personalkosten für die große Redaktion erklärt. Immer wieder fällt dem Verlag Table Media indes auf, dass Newsletter von Abonnenten im großen Stil weitergeleitet werden, was ausdrücklich nicht erwünscht ist. Kunden wollen Geld sparen, indem sie etwa eine Lizenz bestellen und die Mail mit dem täglichen Newsletter an alle innerhalb der Organisation weiterleiten, die ihn für ihre Arbeit benötigen.

Viele Leser im Europaparlament

Seit der Gründung ist es Europe.Table gelungen, sich in der deutschsprachigen EU-Szene zu etablieren. Das Europaparlament hat eine stattliche Anzahl an Lizenzen geordert, die von Abgeordneten und Mitarbeitern abgerufen werden. Die Kabinettsmitglieder der Kommissionspräsidentin lesen den Dienst täglich, ebenso viele Mitarbeiter in Bundesministerien. Auch die Bundestagsfraktionen haben eine hohe Zahl von Lizenzen bestellt.

Es gibt auch eine englischsprachige Ausgabe, in der alle Texte eins zu eins übersetzt sind. In der EU-Szene musste sich Europe.Table seinen publizistischen Rang hart erkämpfen, da Politico mit einem ähnlichen Geschäftsmodell und dem finanzstarken Springerverlag im Rücken fest etabliert war, als Europe.Table auf den Markt ging. Neben Politico und Europe.Table gibt es weitere Anbieter von EU-Briefings, etwa Contexte aus Frankreich.

Die drei großen Briefings mit EU-Bezug haben innerhalb weniger Jahre journalistische Relevanz entwickelt. Das ist etwa daran zu erkennen, dass sie bei wichtigen Ereignissen früh informiert werden. Als Ursula von der Leyen im September 2024 in Straßburg ihre 26 neuen Kommissare und deren Portfolios der Öffentlichkeit vorstellte, brieften hohe Beamte im Anschluss zunächst einen kleinen Kreis von Journalisten, darunter Vertreter der relevanten EU-Briefings. Auch in der Führungsetage des Europaparlaments werden die Politbriefings als Leitmedien gesehen, über die eine große Zahl von Publikumsmedien erreicht werden kann.

Scoops ausdrücklich erwünscht

Es gibt in Brüssel und Straßburg wohl nicht viele Journalisten, die sich intensiver mit ihren Themen beschäftigen als die Redakteure von Europe.Table. Der enge Austausch darüber mit Beamten der Kommission sowie mit den Europaabgeordneten bringt es dann mit sich: Häufig erfährt ein Journalist von Europe.Table als erster, was die Kommission plant oder welche Personalrochade gerade ansteht. Natürlich bedeutet es für jeden Journalisten ein persönliches Erfolgserlebnis, wenn er eine Nachricht ausgegraben hat und sie als erster exklusiv melden kann. Die Redakteure der EU-Briefings registrieren es sehr wohl, wenn die Konkurrenz bei einem Thema die besseren Quellen hatte oder zuerst eine Nachricht gebracht hat. So liefern sich die Dienste einen munteren Wettbewerb darum, wer die meisten Scoops liefert. Scoops lassen sich aber nur bedingt planen. Auch haben nicht alle Journalisten in gleichem Maße das Talent, das Potenzial einer Nachricht zu erkennen. Die Redakteure von Europe.Table sind sich bei ihrer Arbeit immer bewusst, dass die Bezieher die Qualität des Dienstes auch an Zahl und Qualität von Exklusivnachrichten messen.

Knapp vier Jahre ist es her, dass Europe.Table gestartet ist. Es hat sich zu dem Briefing von Table.Media entwickelt, das mit Abstand die meisten Lizenzen verkauft. Die Wachstumsraten legen weiter zu. Das heißt: Das wirtschaftliche Potenzial eines kostenpflichtigen Politbriefings zu EU-Themen ist noch nicht ausgeschöpft. Europe.Table wird die Erfolgsgeschichte fortschreiben.

Markus Grabitz ist seit August 2022 Redakteur bei Europe.Table. Er war fünf Jahre Brüssel-Korrespondent für die Stuttgarter Zeitung und arbeitete zuvor für mehrere Zeitungen als Korrespondent aus Berlin.

ENTR und europäischer Journalismus: Patrick Große, Head of content ENTR

ENTR ist vor 5 Jahren entstanden, gemeinsam mit den Auslandssendern in Deutschland und Frankreich, also Deutsche Welle und France Media Monde. Es fand ein wenig im Schatten des Brexits statt und weil sich der Auslandsrundfunk vor allem in Deutschland stark auf andere Regionen konzentriert, Asien, Afrika, Südamerika hat man nach dem Brexit überlegt: Vielleicht sollten wir etwas vor allem für junge Leute in Europa machen, die ja auch stark für den Brexit gestimmt hatten. In einer Zeit von politischer Unsicherheit und Desinformation war dann die Idee geboren, wir machen etwas für junge Menschen in Europa, da war ich selbst noch gar nicht an Bord, aber das war im Grunde die Grundidee. ENTR ist ein Social Media Angebot für junge Menschen in Europa zwischen 18 und 34, das sich komplett auf den sozialen Netzwerken abspielt. Also wir haben tatsächlich jetzt, wenn man alles mitzählt, in 10 Sprachen Kanäle auf Facebook, Instagram, YouTube, TikTok, X oder Twitter, wie es früher hieß. Wir haben aktuell 23 Kanäle in verschiedenen Ländern, die ich mehr oder weniger verantworte. Und das Ziel ist, dass man wirklich mit jungen Menschen in Europa in einen Austausch kommt über das aktuelle und das zukünftige Leben in Europa. Also es gibt ja in Europa und in Deutschland sehr viele Jugendmedien, aber bei uns liegt der Fokus darauf, dass wir über das Leben in Europa sprechen wollen, wir machen es wirklich sehr paneuropäisch. Das bedeutet, dass alle unsere Inhalte paneuropäisch sein müssen. Wir schauen immer in die Nachbarländer, wir schauen immer in die EU, wir machen immer Vergleiche. Wir versuchen, möglichst konstruktiv zu sein, zu schauen, wo funktioniert es in der EU vielleicht sogar schon besser und wie können wir davon lernen. Dafür haben wir in acht Ländern Redaktionsteams, wir arbeiten mit

---

Der Text ist auf Basis eines Interviews mit Patrick Große entstanden.

Medienpartnern von Portugal bis Bulgarien, das ist ein bunter Mix von öffentlich-rechtlichen bis zu privaten Medien. Bei jedem dieser Partner gibt es Redaktionen mit um die 30 Personen, die da jeden Tag arbeiten und in einem täglichen Austausch miteinander sind, um gemeinsam Inhalte zu brainstormen und zu produzieren. Jedes Land ist zunächst für seine Kanäle selbst verantwortlich, es ist dann meine Aufgabe als sogenannter Head of Content, gemeinsam mit den Franzosen dafür zu sorgen, dass da ein reger Austausch stattfindet. Jedes veröffentlichte Thema war vorher abgesprochen, wurde mit Wissen eines anderen Partners erstellt oder von einem anderen Partner adaptiert, also übersetzt und umgeschnitten. Das ist die Arbeitsweise und der Auftrag des ENTR-Projekts und da sind wir jetzt im vierten Jahr und haben auch mit der Zeit neue Partner wie Ungarn oder Bulgarien hinzubekommen. Und wir versuchen, weiter zu wachsen und junge Menschen zu erreichen und Debatten anzuregen. Das ist unser zentraler Punkt: Wir wollen zum einen die Debatten in Europa abbilden, die junge Menschen führen, und wir wollen zur Debatte anregen über Europa.

Große Spannbreite: Wir bilden jedes Thema ab, solange es eine Debatte für junge Menschen ist, im Zentrum der Redaktionskonferenzen steht wirklich immer die Frage, was jungen Leuten Sorgen macht, was junge Leute debattieren, was junge Leute besprechen. Als weiteres Ziel wollen wir den Menschen zwischen 18 und 34 Orientierung geben, das ist eine Lebensphase, in der Menschen viele Entscheidungen treffen müssen, ob sie von zu Hause ausziehen, ob sie ein Studium beginnen, ob sie eine Ausbildung beginnen, also alles Fragen, die in diesem Zeitraum auftauchen, die von Land zu Land unterschiedlich sind. Aktuell berichten wir auch über die Regierungskrise in Frankreich, obwohl das natürlich sehr politisch ist. Allerdings machen wir das dann in einem gewissen ENTR-Stil, wie wir das nennen, wir schauen uns an, wie solch ein Ereignis junge Menschen beeinflusst, oder wir sprechen aktiv mit jungen Menschen in den europäischen Ländern und fragen sie: Was beunruhigt dich daran oder welche Meinung hast du dazu, wie sollte es weitergehen? Wir schauen auch darauf, wo Gemeinsamkeiten liegen könnten, die wir dann über Grenzen hinweg debattieren.

Aufbereitung: Wir haben gerade erst über Rumänien gesprochen,[1] da haben wir verschiedene Ebenen, natürlich bilden wir erst einmal das Wahlergebnis ab. Der ENTR-Stil wäre dann, dass wir ganz konkret auf die Umfrage oder die Ergebnisse unter jungen Menschen schauen. Wir schauen nicht auf das Gesamtergebnis, weil alle das alle machen, das macht auch die Tagesschau. Wir schauen uns die jungen Leute an, das wäre schon mal das Erste, das Einfachste, was wir in der Situa-

---

[1] Anmerkung des Autors: Dort hatte ein prorussischer, nationalistischer Kandidat überraschend zunächst eine Mehrheit bei der Präsidentschaftswahl bekommen.

tion machen. Dann sehen wir uns an, was die Menschen beunruhigt, und dann sprechen wir mit diesen Personen, wir gehen auf die Straße zu den Protesten und reden mit Personen aus unserer Zielgruppe. Da erfahren wir dann, was sie bewegt, und das können wir in unseren Videos zeigen und Debatten anregen. Drittens beleuchten wir den Hintergrund, wir analysieren, wie dieser Wahlerfolg möglich war. Das tun wir auch auf TikTok, das ist ja eine Plattform, die vor allem in dieser Zielgruppe sehr beliebt ist. Uns ist zum Beispiel als letzter Punkt auch ganz wichtig, dass nicht die Chefs der verschiedenen Teams die Themen vorgeben, sondern dass bei uns die jungen Leute aus der Zielgruppe ganz konkrete Themen brainstormen und diskutieren. Wenn wir unsere wöchentliche Planungskonferenz haben, sitzen da 30 Personen aus acht Ländern. Dort stellt jemand aus den Teams die Hot Topics der Woche vor. Das sind dann meistens Menschen zwischen 23 bis 28, die gemeinsam ins Gespräch kommen und gemeinsam überlegen, was wir machen können, was ist uns besonders wichtig. Es geht darum, dass da wirklich junge Leute etwas für junge Leute machen.

Nonkosmopoliten: Wir versuchen so neutral wie möglich zu sein. Man muss dazu sagen, dass unser Projekt teils EU-finanziert ist, wir sind aber trotzdem redaktionell komplett unabhängig. Wir haben natürlich bestimmte Werte, die wir vertreten, die sind auch deckungsgleich mit den Werten unserer Unternehmen, also auch der Deutschen Welle natürlich. Vielfalt fördern, Gleichberechtigung und so weiter. Das wird natürlich in unserer Berichterstattung auch hervorgehoben, trotzdem wollen wir so neutral sein und ein so großes Spektrum wie möglich abbilden. Wir haben auch einen Teil in unserer Zielgruppe, den nennen wir die sogenannten Nonkosmopoliten, Menschen, die in ihren Nationalstaaten leben, aber gar nicht so beeindruckt sind von der EU, die nicht Erasmus nutzen wollen, die in ihrer Nationalsprache sprechen wollen. Das ist auch der Grund, warum wir bereits zu Beginn nicht nur auf Englisch kommunizieren wollten, sondern wir machen 23 Kanäle in 10 Sprachen, weil wir wirklich diese Menschen auch erreichen wollen. Es ist nicht unsere Hauptzielgruppe, aber dadurch machen wir ganz konkret deutlich, dass wir möglichst viele Perspektiven abbilden und mit diesen Personen sprechen wollen, was je nach Thema schwierig ist. Aber wir finden das wichtig und versuchen unsere jungen Journalistinnen und Journalisten im Team daraufhin auszubilden, weiterzubilden, konstruktiv und neutral dieses Thema anzugehen. Dazu haben wir jetzt in diesem Jahr auch einen neuen Partner an Bord, das ist das *Bonn Institute* für konstruktiven Journalismus und da geht es genau um dieses Thema: Konstruktiv an die Themen herangehen mit Perspektivenvielfalt. Neutral in ein Gespräch hereingehen und schauen, was passiert, nicht vorverurteilen, da sind wir ganz aktiv, dass das auch bei uns in der Berichterstattung gelebt wird. Unser großer Vorteil ist, dass wir sehr datengetrieben arbeiten, wir sind auf den sozialen Netzwerken unterwegs, wir können direkt sehen, wie reagieren die Menschen? Wir gehen mit den Menschen direkt in den Austausch und wir erfahren, welche Themen oder welche Aspekte besonders gefragt oder interessant sind, und dadurch können wir direkt sehen, welches Spektrum an Meinungen oder Reaktionen vorhanden ist. Verschiedene Meinungen können wir dann zusammenfassen und dafür entwickeln wir auch eigene Formate. Wir hatten zur Europawahl Europaabgeordnete in Brüssel getroffen und hatten ganz normale junge Menschen aus Europa dabei, die schon eine vielleicht kontroverse, aber auf jeden Fall eine andere Meinung hatten als diese Europaabgeordneten. Die haben dann eine Stunde lang einfach eine Debatte geführt, die wir danach auf Social Media gezeigt haben. Es gibt ja verschiedene Ansatzpunkte, wie man das machen kann, aber wir geben auf jeden Fall unser Bestes, dass wir so etwas immer abbilden können. Die Bubbles sollen auch mal durchbrochen werden. Ein großer Anteil in unserem Projekt sind auch die sogenannten Offline-Events, das bedeutet, dass wir rein physisch wie zur guten alten Zeit in Schulen und Universitäten gehen und ganz konkret über Europa sprechen, und da ist natürlich auch jede Meinung gewünscht. Wir waren in verschiedenen Schulen, in Brandenburg, im Rheinland und haben über Europa gesprochen, aber auch über Medienkonsum von jungen Menschen, und haben dort sehr spannende Rückmeldungen bekommen.

Reaktionen: Wir haben die Erfahrung gemacht, dass Menschen immer weniger gewillt sind, mit Inhalten zu interagieren. Das ist eine der Reaktionen, die sehen wir auf beiden Seiten. Menschen, und auch junge Menschen, wollen immer weniger, wenn wir etwas zu einem kontroversen Thema posten, kommentieren oder teilen, weil sie einfach Angst vor Diskussionen haben, weil sie Angst vor Shitstorms haben. Das ist tatsächlich eine eindeutige Beobachtung. Das ist in dem EU-näheren Spektrum noch deutlicher als in dem anderen, weil dort die Menschen eher denken, ich muss mir jetzt auch mal Gehör verschaffen mit meiner Meinung.

Wir haben allerdings bisher gesehen, dass sich Leute vor den Kopf gestoßen gefühlt haben, weil sie sich überhaupt nicht abgebildet gefühlt haben oder meinten, das sei alles zu EU-nah oder zu EU-fern. Das zeigt mir, dass wir offenbar eine ganz gute Balance haben. Ich kann keine großen Konflikte erkennen, weil wir dieses, ich nenne es einmal so, konstruktive Community Management haben. Wir gehen mit unseren Nutzern und Nutzerinnen, die da regelmäßig kommentieren, in ein Gespräch und wir fragen konstruktiv nach. Wir sprechen mit diesen Personen aber natürlich auch, wenn etwas an die Grenze geht, also verfassungsfeindliche Dinge natürlich und Hate Speech, aber ansonsten läuft das eigentlich sehr, sehr flüssig.

Resonanz: Wir sind natürlich immer noch ein kleines Projekt und wir haben auch nur begrenzte Ressourcen, deswegen sind wir natürlich jetzt nicht so groß wie ein Funk oder eine Tagesschau, das muss man natürlich dazu sagen. Allerdings sehen wir auch, dass wir immer stärker wachsen. Wir haben das in der Corona-

Pandemie gesehen. Da gab es ENTR noch nicht, aber da haben wir ja auch gesehen, dass Menschen sich immer stärker informiert haben. Verschiedene Studien zeigen das Interesse an Informationen und wir sehen das auch über die letzten Tage in Rumänien, dass dort sehr viele junge Leute ENTR konsumiert haben, weil es dort Infos zur Wahl gab. Da haben wir genau unseren Auftrag erfüllt, Orientierung zu geben. Wir sehen, dass immer mehr junge Leute in solchen Situationen in Europa dann doch wieder zurückkehren zu den Medien. Vielleicht auch vor allem zu Medien wie uns, die dann auch auf Social Media unterwegs sind, wo sie sich auskennen. Die jungen Menschen und uns vielleicht sogar noch ein bisschen mehr vertrauen als den klassischen Medien. Das zeigen auch Zahlen, die wir erhoben haben. Wir haben jeden Monat insgesamt 10 bis 12 Mio. Views.

Europäischer Journalismus: Ich würde das Projekt ganz klar als europäischen Journalismus sehen, weil wir bei jedem einzelnen Inhalt den Anspruch haben, paneuropäisch zu sein. Wenn in Frankreich die Regierung zerbricht, werden wir natürlich zunächst dorthin schauen, aber dann direkt europäisch werden und fragen, was ist in Deutschland los, was ist in Rumänien los? Es wird schon deshalb europäischer, weil sehr viele Menschen aus ganz Europa daran beteiligt sind, wir erreichen damit gleichzeitig sehr viele Menschen in Europa. Schwierig ist noch immer die Sprachbarriere. Natürlich ist es immer noch so, dass jetzt niemand aus Rumänien direkt mit einem Nutzer in Deutschland spricht. Da müssen wir dann einen Austausch generieren. Wenn es ein großes Thema gibt in Europa, dann versuchen wir möglichst Meinungen aus allen Ländern einzuholen, wir machen eine Umfrage, eine Presseschau, wir stellen Reaktionen der Nutzer zusammen, auch komplett konträre Meinungen, dann teilen wir das auf allen Kanälen, das haben wir in alle Sprachen übersetzt und dann bekommen wir wieder Reaktionen darauf, die wir zusammenfassen. So machen wir den Dialog möglich, auch wenn die Menschen jetzt nicht direkt miteinander sprechen, weil, wie es erwähnt unser Anspruch ist, dass die Menschen nicht Englisch sprechen müssen, sondern ihre Muttersprache sprechen können. Ich meine, das schafft eine europäische Sphäre, in der wir wirklich europäisch unterwegs sind, Menschen in dieser Art und Weise verbinden. Das ist ein klares Beispiel von 100 % europäischem Journalismus. Für uns war ein bisschen überraschend, dass es eine große Nachfrage nach dieser Orientierung gibt. Wenn wir in Rumänien darüber berichten, dass in Deutschland gerade die Regierung zerbrochen ist, dann bekommen wir sehr viele Rückfragen. Junge Menschen beginnen dann tatsächlich eine Debatte, indem sie Fragen haben, die wir dann aufgreifen, beantworten und zurückgeben.

Künstliche Intelligenz: Anfangs hatten wir noch gar keine gemeinsame ENTR-KI-Strategie. Wir entwickeln das nun immer weiter. Alle nutzen natürlich KI-Tools vor allem für die Übersetzung, um Informationen und Skripte von Partnern zu übersetzen. Wir entwickeln gerade eine eigene KI-Richtlinie für unser Projekt, daran orientieren wir uns natürlich an der DW-Richtlinie, allerdings wird es für unser Projekt eine eigene Richtlinie geben, wie wir KI nutzen wollen. Wir werden sie nicht nutzen, um Inhalte zu erstellen, sondern wir werden sie nur als Assistent nutzen, wie es viele andere Medien, zum Glück, machen. Wir werden sie stärker nutzen, um Skripte zu erstellen, Skripte zu prüfen, Skripte zu adaptieren, das ist einer der Hauptanwendungsfälle. Hinzu kommt, dass wir in der Deutschen Welle schon sehr viele Tools nutzen, die eine KI integriert haben, wir nutzen zum Beispiel ein KI-Tool zur Themensuche. Wir haben ein Tool, in dem wir sehen können, welches gerade die aktuellen Themen in den verschiedenen Ländern auf Social Media sind. Es gibt mittlerweile sehr viele versteckte KI-Anwendungen, die uns im Alltag helfen können, um unsere Arbeit gut zu machen.

KI für EU-Journalismus: Sie kann dabei helfen, die europäischen Prozesse ein bisschen nahbarer zu machen, das kann man vielleicht sagen. Wir wollen ja das, was in der EU passiert, auf die Lebensrealität von jungen Menschen herunterbrechen und zeigen, was uns wie betrifft. Und ich glaube, dass das auch sehr gut mit KI funktionieren kann, dass man da in Zukunft über die KI zeigt, was macht die EU gerade, was passiert da gerade. Sei es jetzt eine Regulierung, sei es eine Gesetzgebung, seien es andere Dinge, die es innerhalb des Konstrukts gibt, dann kann es Bots geben, die uns dann erklären, was habe ich damit zu tun, die vielleicht daraus Erklärungen machen, vielleicht sogar uns in den Medien helfen, uns dann direkt Dinge zu erklären, Explainer, wie wir sagen. Das ist eines der großen Themen. Ein zweites großes Thema ist natürlich, dass die Sprachbarriere, die ich eben aufgeworfen habe, mit KI dann irgendwann der Vergangenheit angehört, weil Menschen aus verschiedenen Ländern vor allem auf sozialen Netzwerken einfach miteinander sprechen können, weil Dinge einfach direkt übersetzt sind.

Auch Echtzeitsprache wird dann in Echtzeit übersetzt werden, von der KI. Also das ist auf jeden Fall ein großer Barrierebrecher, der dann auch sehr viele Vorteile bringt.

Was aber den ersten Punkt angeht, würde ich sagen, das ist heute schon möglich. Es kommt immer aufs Training an, man könnte auch heute schon einen kleinen KI-Bot trainieren und sagen: So sehen die EU-Regulierungen aus und das hier ist die Zielgruppe, das bin ich, das sind meine Bedürfnisse, das sind meine Sorgen, das ist das, was ich jeden Tag mache. Und dann könnte ich den Bot schon mit ein bisschen Training generieren, etwa indem ich da verschiedene Regulierungen hineingebe, verschiedene Infos über mich oder die Zielgruppen, und fragen was hat diese Regulierung mit mir zu tun, also das Ganze greifbar machen. Das ist eigentlich jetzt schon möglich. Die Frage ist nur, was gebraucht wird, und bisher ist mir das noch nicht über den Weg gelaufen, dass das jemand so programmiert hat, aber rein technisch ist das etwas, was auf jeden Fall machbar ist und was vielleicht, wie gesagt, auch vor allem den Medien helfen kann.

Prompten: Zum einen ist es eine Frage des Promptens, man muss einen guten Prompt schreiben, und zum anderen ist das aber eine Frage des Trainings, insofern als dass man die KI wirklich mit Informationen füttert, die auch etwas bringen. Man muss die KI schon ein bisschen begleiten über ein paar Tage, Wochen und mal schauen, ist das Ergebnis jetzt gut oder nicht. Und dann gibt man Rückmeldungen. Also es hängt viel mehr mit der Qualität der Trainingsdaten tatsächlich zusammen als mit dem Prompting. Aber das sind die zwei großen Dinge, die da funktionieren. Das ist mein anderes Projekt, dass ich auch Journalisten mit KI schule. Meine Hauptaussage ist, ihr müsst einfach dranbleiben, schaut euch an, was ihr wollt, schaut euch an, was die KI braucht. Ihr könnt auch die KI fragen, was sie braucht, dafür ist es ja künstliche Intelligenz, und dann sagt die KI euch, welche Dokumente sie braucht. Ladet das hoch, trainiert sie, bleibt dran, gebt Antworten, gebt Feedback und dann habt ihr in kürzester Zeit einen gut trainierten Bot, der euch bei der täglichen Arbeit helfen kann, egal für welche Aufgabe. Es gibt auch Dinge, die nicht möglich sind. Und eines eurer Erkenntnisse kann am Ende auch sein, dass das, was ihr braucht, nicht möglich ist. Aber in diesem Fall glaube ich, dass es auf jeden Fall möglich ist, zumindest grundlegend eine Art Bot aufzusetzen, der schon ein bisschen helfen kann. In jedem Fall kann die KI ein sehr guter Assistent sein. Man geht nach Brüssel und hat einen persönlichen Assistenten an der Seite, den man vorher programmieren muss. Das kostet ein bisschen Arbeit, aber dann kann man den wirklich immer anstellen, Fragen stellen, vielleicht sogar darum bitten, bei der Arbeit zu helfen. Recherche ist möglich, sich ein paar Textinspirationen geben zu lassen, ohne den kompletten Text schreiben zu lassen. Es wird auf jeden Fall eine sehr große Arbeitserleichterung und auch eine große Hilfe sein.

Herausforderungen: Es ist oft ein schmaler Grat zwischen dem nationalen Publikum und dem europäischen Gedanken des Projekts. Oft sind nationale Blasen immer noch vorherrschend, es gibt keine wirkliche europäische Sphäre, wo wir schauen müssen, wie können wir das jetzt paneuropäisch machen. Und das zweite, das ist natürlich eine Besonderheit für soziale Netzwerke, dass wir sehr abhängig sind von den Algorithmen. Wir haben die Situation, dass der Mutterkonzern von Instagram, also Meta, auch entschieden hat, zum Beispiel politischen Content ein bisschen schlechter zu behandeln als andere Inhalte. Und unsere Inhalte sind, obwohl sie sich an die junge Zielgruppe richten, politisch und gesellschaftlich, da müssen wir neue Wege finden, um unsere Zielgruppe zu erreichen und Reichweite zu generieren. Da kommen wir wieder darauf zurück, dass wir wieder nahbarer sein müssen, dass wir nicht plump berichten, was in Frankreich passiert, sondern dass wir auch dann zeigen, was uns betrifft und fragen, was sind die Sorgen der

Menschen? Je näher wir an den Menschen konkret herangehen, desto eher entfernt es sich dann von diesem politischen Inhalt, der dann von Meta geblockt wird. Das ist auch ein Learning. Das komplett auszublenden, wäre natürlich falsch, also wir lassen jetzt nicht die Politik weg. Bei TikTok haben wir dann den Fall, dass wir manche Themen anders angehen müssen. Wir wissen zum Beispiel, dass alles, was Alkohol, Zigaretten, LGBT-Bewegungen anbelangt, von TikTok etwas schlechter behandelt wird. Wir müssen da versuchen, mit Synonymen oder anderen Bildern zu arbeiten. Wir müssen uns den Plattformen anpassen, aber natürlich nicht so, dass wir uns da komplett unterwerfen, sondern wir sind uns immer bewusst, was da passiert. Instagram ist aktuell unsere Hauptplattform, weil es von vielen Menschen genutzt wird, in Zentraleuropa schon seit vielen Jahren, jetzt auch immer stärker in Osteuropa, dazu kommt natürlich YouTube.

Patrick Große ist Journalist bei der Deutschen Welle in Bonn. Er leitet die internationale Redaktion des paneuropäischen Medienprojekts „ENTR what's next". 2023 gründete er „The AI Journalist" und bietet Schulungen, Tutorials und Newsletter an. Große konzentriert sich auf das Prompt Engineering. Er arbeitet daran, die Eingaben in die künstliche Intelligenz so zu gestalten, dass nicht nur bessere Ergebnisse entstehen, sondern sich die künstliche Intelligenz für ihren Nutzer präziser entwickelt.

Konstruktiver Journalismus in der Europaberichterstattung: Roman Rusch, Hochschule Ansbach

„Eine grüne Oase – mitten in der Stadt. Der Kyiwer Zoo. Ein beliebtes Ausflugsziel, und trotz der russischen Angriffe auf die Stadt fast immer geöffnet. Vergünstigter Eintritt lockt Familien mit ihren Kindern – zu einer kleinen Auszeit vom Kriegsalltag."

Nicht wenige Zuschauer des ARD-Europamagazins dürften sich vor rund zwei Jahren einigermaßen verwundert die Augen gerieben haben: War vom Moderator nicht ein Stück über die Situation der Menschen in der Ukraine angekündigt worden? Das Staunen dürfte noch ein wenig angehalten haben: Denn Autor Marius Reichert erklärte in seinem Beitrag auch in aller Detailtiefe, wie mit den teilweise schreckhaften Zootieren bei Raketenalarm umgegangen wird:

„Um die Tiere vor Luftangriffen und Explosionen zu schützen, wurden sie trainiert – nämlich darin, bei Alarm unterirdische Gänge aufzusuchen. Tigerdame Dalia weiß bei Luftalarm jetzt also genau, was zu tun ist, sagt ihre Pflegerin."

Elefant Khorus bekommt gegen den Lärm-Stress zusätzlich einmal die Woche Beruhigungsmittel ins Wasser geträufelt. Was den schreckhaften Dickhäuter in Aufregung versetzt, belastet Tag und Nacht auch die Menschen in der als tierlieb geltenden Ukraine. Stück für Stück verbinden sich im Beitrag nun die Ebenen:

„Das ist ein schöner Tag, nach der Nacht mit Luftalarm. Ich hoffe, dass wir hier etwas runterkommen können.", sagt Besucherin Victoriia. Und Besucher Stas ergänzt:

„Ich glaube, sie fühlen dasselbe wie wir – Verwirrung und Verzweiflung".

In der Europamagazin-Sendung[1] folgte auf diesen emotional dichten Einblick in die wenigen Rückzugsorte, die der Bevölkerung vom Krieg bleiben, eine Schalte

---

[1] Erstausstrahlung: 18. Juni 2023.

nach Kyiw mit Blick auf das aktuelle Frontgeschehen. Am Ende stand eine herausragende TV-Quote.

Was Konstruktiver Journalismus ist – und was nicht
An der kleinen Geschichte über den Zoo in Kyiw lässt sich gut zeigen, worum es bei konstruktivem Journalismus geht – und worum nicht: Um Perspektiven und Hoffnungen, aber nicht um´s Beschönigen. Um ungewöhnliche Einblicke, eng verzahnt mit der Realität. Und um eine holistische Sicht auf komplexe Sachverhalte, die den nötigen Kontext mitliefert. Aber gerade nicht um eine reine Reduktion auf „Good News".

So verstandene „Konstruktivität" kommt beim Publikum an: Qualitative Forschungen zeigen, dass konstruktive Beiträge im Vergleich öfter geliked, geshared oder sonst weiterempfohlen werden und verständnisfördernd sind.

Warum Konstruktiver Journalismus News Fatigue bekämpft
Konstruktiver Journalismus kann auch gegen eines der drängendsten Probleme der Branche wirken: News Fatigue.

Nachrichten werden von immer weniger Menschen gelesen, gehört und gesehen. Der Reuters Digital News Report dokumentiert seit 2022 einen dramatischen Verfall des Interesses an Nachrichten. Viel gravierender noch: Inzwischen geben fast 40 % der Befragten an, Nachrichten aktiv zu vermeiden. Deutschland gehört dabei zu den Ländern mit der stärksten Dynamik.[2] Es lohnt sehr, sich anzusehen, was die Befragten als Gründe für ihr mangelndes Interesse angeben: Rund 40 % sagen, die Nachrichten zögen sie schlicht und einfach zu sehr „runter" – das wollten sie sich nicht antun („bad mood").[3] Und genau bei diesen Rezipienten[4] kann Konstruktiver Journalismus helfen:

In der internationalen Forschung gibt es inzwischen eine Reihe (angenähert) repräsentativer Befunde, die belegen, dass konstruktiv gehaltene journalistische Beiträge signifikant positivere Emotionen bei Konsumenten hervorrufen als andere[5]: Hoffnung, Mut, Zuversicht – das empfinden die Viewer hier eher als bei destruktiven oder rein forensischen Situationsbeschreibungen. Auch im Rahmen eines radikal beschriebenen Problems mit gewaltigen Herausforderungen für die Gesellschaft. Wer also konsequent auf Konstruktiven Journalismus setzt, kann das Phänomen News Fatigue effektiv bekämpfen.

---

[2] RDNR 2024, S. 11
[3] Vgl. schon RNR 2022, S. 10 f.
[4] Lediglich aus Gründen der besseren Lesbarkeit verwende ich das generische Maskulinum. Weibliche und diverse Leser*innen sind gleichermaßen angesprochen.
[5] Vgl. den Überblick bei Rusch, JP 2021, S. 6 f. m. w. N.

Existenzielle Fragen und Konstruktiver Journalismus

Das Ukraine-Beispiel oben zeigt, dass dies auch bei existenziellen Themen wie Krieg und Frieden, Leben oder Tod möglich ist. Eine stimmige, gleichermaßen sensible wie journalistisch-faktische Berichterstattung setzt dann allerdings das nötige Taktgefühl voraus. Es wäre sicher zynisch, nach einem Terror-Attentat auf einem europäischen Weihnachtsmarkt zu betonen, dass doch alles noch schlimmer hätte kommen können. Ein konstruktiv agierender Journalist wird am ersten Tag die Frage nach der Entwicklung, den Kontexten, einer weiter bestehenden Gefahr und der Situation der Opfer in den Vordergrund stellen. Er würde aber auch Resonanzräume für Mitgefühl und Trauer suchen. Stück für Stück würde er den Fokus darauf richten, wie den Opfern in dieser oder ähnlichen Situationen bestmöglich geholfen werden kann, welche präventiven Maßnahmen eine solche Schreckenstat erschweren oder verhindern würden und wie die Viewer mit eigenen Ängsten umgehen könnten.

Ganzheitliche Recherche als Ausgangspunkt

Im Konstruktiven Journalismus steckt das Wort Journalismus immer mit drin, aber es wird ganzheitlicher interpretiert. Elementar ist, dass die Fragen „was nun?" bzw. „was mache ich nun mit dem Befund?" stärker mitschwingen. Insgesamt sind konstruktive Produkte auch gemeinwohlorientierter.

Für Journalisten ist das ein Stückweit die Rückkehr zu den Anfängen ihrer Ausbildung: Zu wichtigen Recherche-Prinzipien wie „audiatur et altera pars" („man höre auch die andere Seite") und zu einer Wahrnehmung der Welt mit scharfen Augen und offenen Ohren – bevor die journalistische Hypothesenbildung Fokus und Blick verengt.

Es gehört zur Lebenslüge auch vieler erfahrener EU-Journalisten, dass sie stets offen an Sachverhalte herangingen. Das Gegenteil ist der Fall. Ausgangsthesen filtern die eigene Wahrnehmung viel zu früh. Und manchmal ist es auch die eigene Eitelkeit oder Bequemlichkeit, die uns an der wirklichen Auseinandersetzung mit einem Sachverhalt hindert.

Dabei ergäbe sich bei größerer Offenheit eine vielfältigere thematische Bandbreite und dramaturgische Varianz bei der Gestaltung der oft spröden, abstrakten und wenig erbaulichen EU-Themen. Denn egal, ob Brexit, Bankenkrise, Corona-Krise, Migrations-Krise und Ukraine-Krieg – gestörte Beziehungen der Mitgliedsstaaten, Werte-Krise oder ein US-Präsident, der multilaterale Abkommen für einen lästigen Bremsklotz hält – wer länger aus Brüssel über die EU und die Mitgliedsstaaten berichtet, fühlt sich oft gefangen in komplexen, negativ-konnotierten Sachverhalten oder Dauer-Themen mit wenig aparten Bebilderungsmöglichkeiten. Konstruktive Fragestellungen können helfen, einen plastischen, konkreten und überraschenden Themenangang zu identifizieren.

Veränderungspotenzial sehen – nicht nur den Schaden

In Nachrichtenredaktionen haben es konstruktive Themen und Umsetzungs-Ansätze trotzdem schwer. Das liegt vor allem an der Art, wie Redaktionen den Nachrichtenwert von Ereignissen bestimmen. Neben der Aktualität/Dynamik ist eine hohe Relevanz für die Zielgruppe gefragt. Die klassischen Leitfragen, die man in vielen journalistischen Lehrbüchern und Ausbildungen dazu nachlesen kann, folgen aber eher einer Schadenslogik. „Wie stark ist meine Zielgruppe von dem Ereignis betroffen"? Und: „Mit welcher Intensität?".[6] Meist bedeutet das: Je schlechter, negativer und heftiger, desto besser. Dabei kommt das Veränderungspotenzial von Entwicklungen viel zu kurz.

Ein plastisches Beispiel: An Malaria erkranken in Deutschland pro Jahr „nur" rund 600 Menschen. Aber es handelt sich bei der Krankheit um die „Geißel der Menschheit", eine der schlimmsten Infektionskrankheiten der Erde. Über 260 Mio. Erkrankte gab es 2023 in über 80 Ländern der Erde.[7] Das Gefährdungspotenzial steigt auch in den südlichen EU-Regionen. Trotzdem erfährt man in den deutschen Weltnachrichten seit Jahrzehnten wenig über die Entwicklungen bei der Malaria. Und wenn, dann eigentlich nur, wenn die Infizierten-Zahlen steigen.

Das ist verwunderlich – und fahrlässig. Denn die Zahl der Infektionen konnte zwischen 1998 und 2018 um rund 30 % gesenkt werden (es waren einmal rund 350 Mio. Infizierte).[8]

Dass jedes Jahr nun eine halbe Millionen Menschen weltweit weniger daran sterben und immer noch rund 90 Mio. Menschen (seit 2018 ist die Zahl wieder etwas angestiegen) weniger als 1998 infiziert sind, war offenbar nicht relevant genug, um darüber zu berichten.

Dabei hätte man die Meldung über die Erfolge im Kampf gegen die Malaria zum Anlass für eine Reihe von lohnenswerten Anschlussfragen nehmen können: „Wie hat die Weltgemeinschaft – in diesem Fall die WHO – das geschafft"? Und: „Lässt sich der Erfolg noch weiter steigern?" Außerdem: „Ist es möglich, diesen erfolgreichen Angang vielleicht auch auf andere Infektionskrankheiten oder Menschheitsprobleme zu übertragen?".

Zu diesen Fragestellungen gelangt eine Redaktion aber nur dann, wenn sie das dahinter liegende Problem und die Dimension der Malaria kennt oder wenigstens danach fragt und in der Recherche darauf stößt. Und wenn sie bei der Bewertung der Nachricht den Fokus weg von Gefahr und Betroffenheit für die eigene Zielgruppe auf das Veränderungspotenzial von Entwicklungen richtet.

---

[6] Statt Vieler sinngemäß: Haller, S. 94 f.
[7] WHO-Report 2024, xvi.
[8] WHO-Report 1998, S. 3 und Folgereporte.

Vielleicht wird der Eine oder Andere spätestens jetzt einwenden, dass in Deutschland glücklicherweise kaum jemand an der Malaria erkrankt sei und eben deshalb die Nachrichten nicht darüber berichteten. Das würde dann aber dennoch nicht erklären, warum große Medien es im ersten Jahr mit einem leichten Anstieg der weltweiten Ansteckungszahlen (2019) sofort in ihren Weltnachrichten getan haben. Übrigens oft, ohne die guten Entwicklungen der Vorjahre auch nur zu erwähnen.

Das lässt sich nur über eine Negativitätsdominanz der großen westlichen Medien erklären („only bad news are good news") – die über viele Jahrzehnte auch auf vermeintlichen Zuspruch der Konsumenten stieß. Das Phänomen „News Fatigue" zeigt jedoch, dass dieser Zuspruch aktuell nicht mehr da ist. Neurowissenschaftliche Forschung legt nahe, dass es ihn auch nie wirklich gegeben hat. Das „Dabeibleiben" vieler Rezipienten bei negativen Beiträgen lässt sich eher durch eine steinzeitlich geprägte Gefahrenwahrnehmung erklären: Wir hören bei Gefahrenberichten und negativen Berichten erst einmal zu, um herauszufinden, ob auch für uns selbst eine Gefährdung bestehen könnte.[9] Davon wird im nächsten Abschnitt noch einmal die Rede sein.

Apropòs: Wie wenig wir Journalisten über die globalen Probleme der Welt häufig wissen und welche Fehlschlüsse wir dann ziehen, zeigt das Beispiel Malaria sehr gut. Oder hätten Sie gewusst, dass eine Malaria-Variante (Malaria tertiana), auch „Marschenfieber" oder „Wechselfieber" genannt, weite Teile des kalten Norddeutschlands im Mittelalter fest im Griff hatte? Dass die Malaria bis Mitte der 1950er-Jahre auch in Westeuropa, in Deutschland ein Thema war? Dass selbst heute noch vereinzelte Ansteckungen bei uns denkbar sind[10] und es deshalb auch bis heute in Deutschland in den Auen und sumpfigen Gebieten jedes Jahr präventive Maßnahmen gegen die Malaria gibt?

Mit dieser „Überraschung" ließe sich übrigens auch sehr gut ein aktueller Beitrag über die Entwicklung der Fallzahlen in der EU begründen. Und angereichert um Überlegungen zum Klimawandel und die mögliche Ausbreitung der Überträger der tropischen Malariavariante auch nach Mitteleuropa journalistisch gestalten.

Schon der große griechische Philosoph Sokrates wusste, dass der Mensch nichts weiß.[11] Wenn Journalisten in Nachrichtenredaktionen in nur wenigen Sekunden über die Frage entscheiden, ob es ein Thema in die engere Nachrichtenauswahl „schafft", dann hilft es ihnen vielleicht, sich das noch einmal bewusst zu machen.

---

[9] Haagerup, S. 68 m. w. N.

[10] Quelle, RKI, URL: https://www.rki.de/DE/Content/InfAZ/M/Muecken/Mueckenuebertragene-Erkrankungen-im-Ueberblick.html, Abruf: 22.12.2024.

[11] Platon: Apologie des Sokrates 22d – zitiert nach: Werner Jaeger: *Paideia. Die Formung des griechischen Menschen*, Berlin/New York 1989, S. 601.

Dann fragen sie sich eher, ob sie wirklich genug über das Thema und sein Veränderungspotenzial wissen. Selbst, wenn im hektischen Nachrichten-Alltag Themen-Recherche eine besondere Herausforderung sein kann, so ist doch ein kurzer „Look behind" im Laufe eines gesamten Vor- oder Nachmittags häufig machbar – zumal, wenn es leicht zugängliche Primärdokumente gibt. Bei der Malaria-Problematik werden die Zahlen zum Beispiel einmal jährlich von der WHO veröffentlicht. Und auf Seite 1, 2 oder 3 des Executive Summary finden sich dann alle zentralen Daten und Erörterungen, die für die Einschätzung des „wahren" Nachrichtenwertes wichtig sind.

Den richtigen Kontext mitliefern
Manchmal reicht die Zeit trotzdem nicht für eine flache oder tiefer gehende Eigenrecherche neben den renommierten Agenturen. Oder es fehlen Zeit und Mittel für eine konstruktive Umsetzung des Themas. Dann können sich EU-Journalisten gleichwohl darum bemühen, ausreichende Kontext-Informationen mitzuliefern. Das ist konstruktiven Journalisten ein besonderes Anliegen.

Stiftungen wie die Gapminder-Stiftung[12] weisen schon seit vielen Jahren nach, dass Europas Bürger erhebliche Fehlvorstellungen von der Wirklichkeit haben: In Befragungen zu allgemeinen Verbesserungen oder Verschlechterungen auf der Welt (in den Bereichen Bildung, Umwelt etc.) gehen sie meist davon aus, die Dinge würden grundsätzlich schlechter. Und – noch fataler: Sie schneiden bei den Befragungen sogar schlechter ab, als wenn sie rein zufällig irgendetwas angekreuzt hätten, ohne darüber nachzudenken.[13]

Neurowissenschaftler haben für dieses Phänomen auch den Medien eine gewisse Verantwortung zugeschrieben. Denn wenn – um noch einmal das Beispiel der Malaria aufzugreifen – immer nur über negative Veränderungen bei den Fallzahlen berichtet wird, aber nicht über positive, liegt es nahe, dass die Menschen von einer stetig negativen Fortentwicklung ausgehen.[14]

Dieser Effekt wird durch die so genannte Negativitätsdominanz unseres Gehirns noch einmal verstärkt. Kognitionspsychologen wiesen bereits vor Jahrzehnten nach, dass negative Erfahrungen und negative Informationen sehr viel länger in unserer Wahrnehmung haften bleiben als positive.[15] Aktuell verfügbaren In-

---

[12] www.gapminder.org (Abruf: 22.12.2024).
[13] https://www.gapminder.org/ignorance/ (Abruf: 22.12.2024).
[14] Vgl. Kahnemann, S. 20 und S. 25 f.
[15] Ein guter Überblick findet sich bei Ehrenberg/Alpium, https://www.bonn-institute.org/news/psychologie-im-journalismus-1 (Abruf: 22.1.2025).

formationen in den Medien kommt dabei eine besondere Entscheidung darüber zu, wie die Menschen Risiken in der Welt bewerten. Im Extremfall ziehen sie aus anekdotischen Einzelinformationen und aus Schlagzeilen-News allgemeine Schlüsse. Und das sind häufig faktisch falsche Schlüsse.

Daher ist es wichtig, in journalistischen Produkten teilweise umfassende Kontextinformationen (zur Malaria, zur Entwicklung von Flüchtlingsströmen in der EU, zur Entwicklung von Plastik-Vermüllung in der EU etc.) mitzuliefern: Wenn eine Entwicklung aktuell geringfügig schlechter gegenüber dem Vorjahr geworden ist, aber in den Vorjahren dafür signifikant besser geworden war, sollte das mitformuliert werden – weil die Information andernfalls Bias-behaftet verarbeitet wird. Fast kein Rezipient würde sonst davon ausgehen, dass die Lage trotz der Verschlechterung gegenüber dem Vorjahr aktuell deutlich besser ist als vor z. B. zehn Jahren.

Wenn Sie nun innerlich empört einwenden sollten, das sei doch eine journalistische Selbstverständlichkeit, dann machen Sie doch einmal den Praxistest: Sie werden auch heute bei einer ganzen Reihe von Artikeln in „Qualitätsmedien" sehen, dass wichtige Kontextinformationen fehlen oder sogar erkennbar bewusst weggelassen worden sind, um eine negative Meldung „dramatischer" oder zugespitzter wirken zu lassen. Hilfreich ist vielleicht auch ein Blick auf die noch gar nicht so lange zurückliegende Corona-Pandemie. Hier war es gängige redaktionelle Praxis in vielen Qualitätsmedien, absolute Corona-Infektionszahlen anzugeben, ohne gleichzeitig die Zahl der absolut getesteten Personen in den EU-Mitgliedsstaaten zu erwähnen und beides in ein Verhältnis zueinander zu setzen. Die Presse folgte dabei der deutschen Bundesregierung, die derart ungefilterte Daten anfangs sogar primär für ihre Einstufung in Corona-Risikoländer bemühte. Die Folgen waren manchmal grotesk: So bekam ein Land wie Luxemburg die höchste Gefährdungsstufe „rot", obwohl nachweislich und vergleichsweise niedrige Infektionszahlen vorlagen, so gut wie niemand dort an Corona erkrankt auf der Intensivstation lag. Das Land hatte einfach eine durchschnittlich viel höhere Zahl an Corona-Tests als Deutschland bei seiner Bevölkerung durchgeführt – und wurde dafür „bestraft". Denn wer um ein Vielfaches mehr testet, findet in der Regel auch mehr Fälle. In absoluten Zahlen waren die Corona-Fälle je 100.000 Einwohner dadurch höher, die Corona-Quote unter Berücksichtigung der vielen Tests war aber sehr viel niedriger als in Deutschland. Nur erfahren haben das die User in der Regel nicht. Eine ähnliche Beobachtung war in Belgien zu machen. In absoluten Zahlen schien es dort viel mehr Infektionen gegeben zu haben. Manche Beobachter leiteten aus diesen Vergleichen die Annahme ab, Deutschland sei gut durch die Corona-Krise gekommen. Dabei hatte Belgien rund zehn Mal mehr Tests durchgeführt.

Good News als eine Variante des Konstruktiven Journalismus

Schon 1993 schlug der BBC-Journalist Martyn Lewis vor, dass Qualitätsmedien nicht nur über Ungerechtigkeiten und Tragödien berichten, sondern auch ein „proper weight to the achievements, successes and triumphs" geben sollten.[16]

So simpel und wahr diese Erkenntnis in Zeiten der Multi-Katastrophen und von News Fatigue erscheint, so unwirsch werden „Good News" von manchen EU-Journalisten aufgenommen. Dahinter steht manchmal eine gewisse Sorge vor „rosarotem" Journalismus, der das Negative ausblenden könnte. Häufiger noch zeigt sich eine gewisse Skepsis, ob es denn überhaupt die Aufgabe von Journalisten sein könne, über das zu berichten, was funktioniere. Man sei schließlich der „Watchdog" der Demokratie, vielleicht sogar die 4. Gewalt und müsse den Fokus auf das legen, was nicht funktioniere.

Dass „rosaroter" Journalismus abzulehnen ist und es eine zentrale Aufgabe von Journalismus in der Demokratie ist, Fehlverhalten und Missstände aufzuzeigen, wird kein konstruktiver Journalist bestreiten. Widerspruch gibt es aber beim ultimativen Fokussieren auf negative Ereignisse in der Welt. Denn das, was Deutschland, Europa und die Welt prägt, sind auch Ereignisse, die gelingen, Persönlichkeiten, die inspirieren und Entwicklungen, die Hoffnung machen. Wenn Journalisten diesen Teil ausblenden, sagen sie gerade nicht, was ist – um Rudolf Augstein zu bemühen. Sie unterdrücken vielmehr einen essenziellen Teil unserer Wirklichkeit.

Die Frage allerdings, was eine gute und was eine schlechte Nachricht ist, kann – gerade in der EU – schwer zu beantworten sein. Wenn etwa die Migration nach Europa abebbt, kann das auf Grund rigider Regulierung, Grenzschließungen oder einer verbesserten geopolitischen Lage in den Fluchtländern so sein. Zusätzlich wird die ungarische Regierung eine solche Entwicklung dann vielleicht auch anders bewerten als die luxemburgische. Daher sind Titel wie „Good News" oder „Gute Nachrichten" als Extra-Labelungen regelmäßig konfliktträchtig. Weil sie sich eben moralischer Begrifflichkeiten bedienen in einem Europa ohne einheitliche Moral und einer Realität der Grautöne. Umso wichtiger ist es, transparent zu machen, welche Kategorien die Redaktion zu einer Einteilung in gut/schlecht verwendet. Darüber hinaus gibt es viele Persönlichkeiten, Entwicklungen oder Ereignisse, die für einen großen Teil der Userschaft mit positiven Empfindungen verbunden sind. Über diese zu berichten ist ein wichtiges Anliegen konstruktiver Journalisten, weil dadurch ein Gegenpol zu den vielen negativen Berichtsthemen online, auf Social Media oder auf linearen Ausspielwegen geschaffen wird.

---

[16] Lewis and Rowe, S. 34.

Lösungen und Alternativen in der EU-Berichterstattung

Besonders lohnenswert für eine vielfältige EU-Berichterstattung ist der Blick auf die Ideen und Kompetenzen der europäischen Nachbarn. In der auf die EU-Institutionen konzentrierten Berichterstattung gerät dieser allerdings oft zu kurz. Brüssel ist die Chiffre für Verordnungen und Richtlinien, die sich in 27 heterogenen Mitgliedsstaaten auswirken. Aber der homogenisierende Ansatz beruht nicht selten auf guten Erfahrungen oder Erfolgsbeispielen in einzelnen Mitgliedsstaaten. Oder zumindest sollte er das.

Wer in Deutschland zum Beispiel Schwierigkeiten hat, eine Haushaltshilfe legal zu beschäftigen, wird einen Blick ins benachbarte Belgien interessant finden. Dort entschied sich die Regierung, die gängige Schwarzarbeit in diesem Sektor mit einem cleveren Anreizsystem auszuhebeln: Wer legal als Haushaltshilfe oder Unterstützung arbeitet, wird von seinem Auftraggeber mit Checks von rund 10 € pro Stunde (Titres Services) bezahlt, die zentral über die jeweilige Föderalverwaltung erworben werden müssen. Der Clou: Der Staat zahlt für jeden registrierten Check die gleiche Summe nochmal dazu an die Haushaltshilfe, die zusätzlich unfallversichert ist und über die Jahre einen fixen Rentenanspruch erwirbt.

Letztlich zahlt der belgische Staat pro Jahr zwar erst einmal in Summe netto „drauf", gewinnt aber dafür viele sozialversicherte Beschäftigte hinzu und stärkt den sozialen Frieden. Nicht selten sind die Haushaltshilfen darüber hinaus der einzige soziale Kontakt für alte Menschen. Sie nehmen Veränderungen oder gesundheitliche Verschlechterungen bei ihnen wahr und schlagen dann rechtzeitig „Alarm" oder sorgen für die Teilnahme alter Menschen am sozialen Leben. Rechnet man die durch die Beobachtungen eingesparten Gesundheitskosten hoch, macht der belgische Staat nach eigenen Angaben ein Plusgeschäft. Und jeder Brüssel-Expat würde das Modell am liebsten nach der Rückkehr „importieren".

Solch beispielhafte „Ideenexporte", wie ein gleichnamiger ARD-Podcast heißt, sind besonders konstruktiv, wenn sie mit der Frage verbunden werden, ob und wie sich dieses System auch in Deutschland oder einem anderen EU-Land etablieren ließe. Selbst, wenn die Antwort der Verantwortlichen am Ende negativ ist, so lernt der User doch viel über die Struktur und Sichtweise anderer EU-Staaten. Und kann natürlich letztlich auch selbst fundierter entscheiden, ob die Ablehnung deutscher Verantwortlicher stichhaltig ist oder doch nur ein unbegründeter Abwehr-Reflex.

Solution Journalism – also ein auf Lösungen fokussierter Journalismus – ist auch in der EU-Berichterstattung erfreulicherweise häufiger geworden: Da wird von Plastik-sammelnden Müllschiffen in der Nordsee berichtet, über Elektro-Flugzeuge aus der Slowakei oder selbstfahrende Elektro-Tanker in Skandinavien, über den größten CO_2-Staubsauger auf Island und so weiter. Dramaturgisch bieten solche Beiträge viele abwechslungsreiche Optionen – ungewöhnliche Orte, spannende Erfinder und örtliche Gemeinschaften, die sich einem Modellversuch Tag und Nacht verpflichtet haben.

Dennoch sollte darauf geachtet werden, dass sich keine Abnutzungs- und Ermüdungserscheinungen einstellen: Es ist z. B. sinnvoll, ein gelungenes Beispiel aus den Niederlanden oder Dänemark zu bemühen. Wenn das aber in jeder Sendung geschieht, ermattet der Zuschauende schnell. Eine ausreichende Vergleichsbasis und Liebe zur Umsetzung sind genauso erforderliche wie bei jeder anderen journalistischen Produktion.

Das Wording sollte zudem präzise sein. Untersuchungen weisen darauf hin, dass gerade deutsche User bei Lösungen und Alternativen begriffssensibel sind und falsche Beschreibungen übelnehmen könnten[17]: Die Lösung ist umfassend und überwiegend. Kann ein vorgestellter Mechanismus oder ein System das nur teilweise erfüllen, sollte man ihn als Alternative (mit Schönheitsfehlern oder Einschränkungen) bezeichnen, aber eben nicht als Lösung.

Selbstverständlich muss sich mit der neuen Lösung oder Alternative auch ebenso journalistisch-kritisch und skeptisch auseinandergesetzt werden, wie mit einer bestehende, die vielleicht große gewinnorientierte Konzerne anbieten. Und es kann auch geboten sein, den Mitbewerber zur neuen Erfindung gezielt zu befragen. Die journalistische Realität ist jedoch reich an euphorisch getexteten „Durchbruch"-Berichten ohne rechten Beleg, bei denen dann oft auch noch fast das gesamte Bildmaterial vom Erfinder der vermeintlichen „Lösung" stammt. Mit diesem Angang setzt man sich leicht dem Vorwurf einer „werbigen" Hofberichterstattung aus, die mit Journalismus nichts zu tun hat. Auch, wenn das am Ende weniger deutlich auf die Redaktionen zurückfallen mag als eine falsche Anschuldigung bei der investigativen Recherche, bleibt es ein journalistisches „No-Go".

Der „Stakeholder"-Approach
Vor allem in den skandinavischen Medien sind auch konstruktive Beiträge verbreitet, die wichtige Stakeholder (Politiker, Wissenschaftler, Firmen etc.) zur Problembewältigung an einen Tisch holen. Ziel ist es dann, den „kleinsten gemeinsamen Nenner" für Alternativen oder Lösungen zu finden. Das Überraschende daran ist, dass viele Politiker, Fachleute oder Wissenschaftler sich nicht immer darüber im Klaren sind, wie nah sie in Wahrheit beieinander liegen. Auf bestimmte Maßnahmen könnte man sich also auch bei komplexen Mega-Themen manchmal einfacher einigen als gedacht.

---

[17] Rusch CS 2017, S. 517.

Für die EU-Berichterstattung von Magazinen und Social Formaten (z. B. auf Instagram oder Twitch) bieten sich beim Stakeholder-Approach eine Reihe von interessanten Realisierungsmöglichkeiten – spielerische wie stark faktenorientierte. Zum einen kann die Diskussion unmoderiert inszeniert werden. Die Teilnehmenden könnten sich aber unter professioneller Anleitung als „Ziel" auch auf ein „Maßnahmen-Paket" verständigen, das alle Teilnehmenden symbolhaft unterschreiben und sich gleichzeitig darauf verpflichten, diese in den kommenden Monaten zu verfolgen.

Egal, welche der vielen Spielarten gewählt werden – wichtig ist auch hier, dass Journalisten ihre Rolle als objektive Berichterstatter streng einhalten. Während in Skandinavien Journalisten in ähnlichen Diskussionen auch schon mal selbst zum „Schiedsrichter" oder „Vermittler" zwischen den Parteien werden, ist das für Deutschland nicht zu empfehlen. In einer meiner früheren Studien zum Thema wünschten sich viele deutsche Befragten eine klare Rollen-Trennung in journalistischen Produktionen.[18] Zu groß ist die Gefahr, sonst als Vertreter einer bestimmten Position – also gleichsam aktivistisch – wahrgenommen zu werden. Für eine Vermittlung bei der Suche nach dem kleinsten gemeinsamen Nenner von Stakeholdern ist ein professioneller (und als solcher eingesetzter) Mediator daher vielleicht die bessere Wahl. Auch eine journalistische Moderation bei der eigentlichen Diskussion der Parteien ist nicht unbedingt empfehlenswert. Dann wird der offene Austausch allzu oft zum Abziehbild der „Talkshow", in der die Parteien rollenbewusst und auf Außenwirkung bedacht den Moderator ansprechen, anstatt sich offen mit den anderen Diskussionspartnern auszutauschen.

Universalwerkzeug im journalistischen Werkzeugkoffer

Kurz gesagt ergänzt, erweitert und bereichert Konstruktiver Journalismus die EU-Berichterstattung. Man kann ihn fast immer aus dem journalistischen Werkzeugkoffer holen, um sein Handwerk professionell auszuüben. Konsumenten fühlen sich dadurch inspiriert und erkennen Perspektiven – wodurch der Ansatz News Fatigue entgegenwirken kann. Und nicht zuletzt ist Konstruktiver Journalismus auch eine Erinnerung an das, was Journalismus im Kern sein soll: Die Beschreibung unserer ganzen Wirklichkeit – nicht nur der von vorgefilterten Teilen.

Dr. Roman Rusch ist seit Oktober 2023 ordentlicher Professor für Journalismus an der Hochschule Ansbach. Vorher war er rund 17 Jahre im öffentlich-rechtlichen Rundfunk beschäftigt, arbeitete u. a. in der Intendanz und der Fernsehwirtschaftsredaktion, zuletzt als Redaktionsleiter und Korrespondent im ARD-Studio Brüssel. Schon seit langem beschäftigt er sich mit Konstruktivem Journalismus.

---

[18] Rusch CS 2017, S. 517.

Danksagung

Zuerst gilt nochmals mein großer Dank den vielen Kollegen und Kolleginnen, die sich für dieses Buch und für mich die Mühe gemacht haben, einen guten Teil ihres Wissens und ihrer Erfahrungen aufzuschreiben. Sie sind alle herausragende Beispiele für außergewöhnliche Kompetenz und exzellenteste Berichterstattung. Ihre Beiträge stellen einen enormen Mehrwert für alle Leser dar.

Mein Dank gilt auch Olga Chládková und Ulrike Brincker, die für ARD-Dokumentationen, die ich als Ratgeber und verantwortlicher Redakteur begleiten durfte, Interviews mit dem deutschen Botschafter und der Kommissionspräsidentin sowie mit Jean-Claude Juncker, Herfried Münkler und Martin Schulz geführt haben. Sie sind eine echte Bereicherung.

Ein großer Dank gilt auch der Herausgeberin dieser großartigen Reihe „Praktischer Journalismus", Frau Professorin Gabriele Hooffacker, die das Entstehen des Buches mit großem Vertrauen und sehr klugen, konstruktiven Anmerkungen unterstützt hat.

Meinem Freund Oliver Schauenberg danke ich von Herzen für die vielen Debatten, auf die er sich mit mir eingelassen hat, für seine EU-Kompetenz und Anregungen.

Ein großes Danke auch an Meret Salm für ihre wichtige Unterstützung beim Entstehen des Buches, bei Quellen, Anmerkungen und Gestaltung des Manuskripts.

Ein ganz besonderes Danke gilt meiner Frau Christiane. Für ihre präzisen und hartnäckigen Korrekturen, ihr stetiges Nachfragen, aber auch für ihre tiefe Kenntnis der EU-Verhältnisse, die immer wieder zu wichtigen Hinweisen und Anregungen geführt hat. Für ihre Geduld, sich ein Jahr lang immer wieder den Stand meiner Fort- und Rückschritte anzuhören. Viel mehr aber noch danke ich ihr dafür, dass sie mir stets den Rücken freigehalten hat, ganz grundsätzlich, aber auch in den 13 Jahren, die wir gemeinsam in Brüssel verbracht haben, mehr als die Hälfte unserer gemeinsamen Zeit, bei all den Reisen, den unendlich vielen langen Tagen und Gipfelnächten, außerdem für unsere zwei großartigen Töchter, die in Brüssel geboren sind. Und überhaupt danke ich ihr für alles.

Literatur

Ehrenberg, Katja/Alpipum, Margarida: Verzerrtes Weltbild: Kognitive Filter und Denkfehler verstehen und vermeiden. Veröffentlicht im Auftrag des Bonn Institut, Quelle: https://www.bonn-institute.org/news/psychologie-im-journalismus-1 (Abruf: 22.1.2025).
Haagerup, Ulrik: „Constructive News. Warum „bad news" die Medien zerstören und Journalisten mit einem völlig neuen Ansatz wieder Menschen berühren", Oberauer 2015.
Haller, Michael: „Methodisches Recherchieren", 8. Auflage, utb 2017.
Kahneman, Daniel: Schnelles Denken, langsames Denken, 11. Auflage, Penguin 2011, zitiert: Kahneman.
Lewis, Martyn, and Dorothy Rowe: "Good News– bad News." RSA Journal 1994: S. 33–44, zitiert: Lewis and Rowe
Reuters Institute for the Studies of Journalism (RISJ): Reuters Digital News Report 2022, URL: https://reutersinstitute.politics.ox.ac.uk/sites/default/files/2022-06/Digital_News-Report_2022.pdf (Abruf: 22.12.2024), zitiert: RDNR.
Reuters Institute for the Studies of Journalism (RISJ): Reuters Digital News Report 2024, URL : file:///D:/Professur/RISJ_DNR_2024_Digital_v10%20lr.pdf (Abruf : 22.12.2024), zitiert: RDNR.
Rusch, Roman: „Erfolgreich mit Konstruktivem Journalismus?! – Ergebnisse einer Zuschauerbefragung im öffentlich-rechtlichen Magazinjournalismus", Communicatio Socialis 2017, S. 509–520, zitiert: Rusch, CS 2017.
Rusch, Roman et al.: „The Impact of Constructive Television Journalism on the Audience: Results from an Online Study. ", Journalism Practise 2021, URL : https://doi.org/10.1080/17512786.2021.190159, zitiert : Rusch, JP 2021.
World Health Organisation (WHO): World malaria report 2018, URL : file:///D:/KJ%20Seminare%202024/WHO_malaria%20report%201998.pdf (Abruf : 22.12.2024), zitiert : WHO 2018.
World Health Organisation (WHO) : World malaria report 2024, URL : file:///D:/KJ%20Seminare%202024/malaria%20report%202024.pdf (Abruf : 22.12.2024), zitiert : WHO 2024.

The manufacturer's authorised representative in the EU is Springer Nature Customer Service Centre GmbH, Europaplatz 3, 69115 Heidelberg, Germany. If you have any concerns regarding our products, please contact ProductSafety@springernature.com

Printed and bound by CPI Group (UK) Ltd, Croydon, CR0 4YY
26/03/2026
02078984-0001